珍藏本
纪念版

汉译世界学术名著丛书

# 资本主义、社会主义与民主

〔美〕约瑟夫·熊彼特 著

吴良健 译

商务印书馆
SINCE 1897 The Commercial Press
2017年·北京

Joseph A. Schumpeter

**CAPITALISM，SOCIALISM AND DEMOCRACY**



Reprinted 1992 by Routledge

本书根据劳特利奇出版有限公司

1992年重印版译出

# 汉译世界学术名著丛书
# （120年纪念版·珍藏本）
## 出版说明

2017年2月11日，商务印书馆迎来120岁的生日。120年前，商务印书馆前贤怀揣文化救国的理想，抱持"昌明教育，开启民智"的使命，立足本土，放眼寰宇，以出版为津梁，沟通中西，为中国、为世界提供最富智慧的思想文化成果。无论世事白云苍狗，潮流左右激荡，甚至战火硝烟弥漫，始终践行学术报国之志，无改初心。

迻译世界各国学术名著，即其一端。早在20世纪初年便出版《原富》《天演论》等影响至今的代表性著作，1950年代后更致力于外国哲学和社会科学经典的译介，及至1980年代，辑为"汉译世界学术名著丛书"，汇涓为流，蔚为大观。丛书自1981年开始出版，历时三十余年，迄今已推出七百种，是我国现代出版史上规模最大、最为重要的学术翻译工程。

丛书所选之书，立场观点不囿于一派，学科领域不限于一门，皆为文明开启以来，各时代、各国家、各民族的思想与文化精粹，代表着人类已经到达过的精神境界。从书系统译介世界学术经典，引领时代思想，为本土原创学术的发展提供丰富的文化滋养，为推动中国现代学术和现代化进程做出了突出的贡献。

为纪念商务印书馆成立120周年，我们整体推出"汉译世界学术名著丛书"120年纪念版的珍藏本，寄望既利于文化积累，又便于研读查考，同时向长期支持丛书出版的译者、编者和读者致以敬意。

两甲子后的今天，商务印书馆又站在了一个新的历史时间节点上。我们不仅要铭记先辈的身影和足迹，更须让我们的步伐充满新的时代精神。这是商务人代代相传的事业，更是与国家和民族的命运始终紧密相连的事业。我们责无旁贷，必须做好我们这代人的传承与创造，让我们的努力和成果不仅凝聚成民族文化的记忆，还能成为后来人可以接续的事业。唯此，才能不负前贤，无愧来者。



商务印书馆编辑部

2017年10月

# 评熊彼特的《资本主义、社会主义与民主》

## （一）

约瑟夫·熊彼特（Joseph Alois Schumpeter，1883—1950 年），美籍奥地利人，是当代资产阶级经济学界的一个重要代表人物。《资本主义、社会主义与民主》一书是熊彼特的主要代表作之一，它综合地表述了熊彼特在哲学、政治学、经济学等方面的思想观点。

熊彼特于 1883 年出生于奥匈帝国摩拉维亚省（Moravia，今捷克境内）特利希镇（Triesch）的一个织布厂主家庭。他幼年就学于维也纳的一个贵族中学；1901—1906 年肄业于维也纳大学，攻读法律和经济，是庞巴维克（Eugen von Böhm-Bawerk）和维塞尔（Friedrich von Wieser）的及门弟子。当时他的同学好友中有后来成为奥地利社会民主党领导人物的奥托·鲍威尔（Otto Bauer），以及后来成为德国社会民主党人、第二国际首领之一的希法亭（Rudolf Hilferding）等人。随后两年，熊彼特游学伦敦，向新古典学派大师马歇尔登门求教。他还推崇洛桑学派瓦尔拉等人。1909—1918 年，他先后在奥匈帝国的捷尔诺维兹(Czernowitz)大学和格拉兹(Graz)大学任教授,中途曾以互换教授名义赴美国哥伦比亚大学短期讲学,并获得该校名誉博士学位。1918 年,他以党外“经济专家”身份,任德国社会民主党的“社会化委员会”(Sozialisierungs - Kommission)的顾问,该委员会的领导人是考茨基、希法亭等。1919 年 2 月,由于奥托•鲍威尔的推荐,熊彼特被任命为奥地利共和国的由社会民主党和基督教社会党组成的混合内阁的财政部长;是年 10 月,因亲英、法并反对工业国有化等等,与社会民主党人意见不合而去职。1921 年他任维也纳私营皮达曼银行总经理,1924 年银行破产。1925—1932 年,他又从官场仕途回到资产阶级学术界,先应邀赴日本任客座教授,不久任德国波恩大学经济学教授。1932 年因受聘哈佛大学而迁居美国,从那时到 1950 年 1 月逝世,一直任哈佛大学经济学教授。1937—1941 年,他担任“经济计量学会”会长;1948 年起任“美国经济学会”会长。1949 年,当代的一些资产阶级学者筹设“国际经济学会”,曾一致同意将来由熊彼特担任第一届会长。

作为当代资产阶级经济学家,熊彼特在他的一生中撰写了许多专著和论文。他的主要代表作,除本书外,还有三本大部头专著:《经济发展理论》,1912 年以德文出版,1934 年译成英文,还译成了意、法、日文和西班牙文;《商业循环:资本主义过程的理论的、历史的和统计的分析》,1939 年出版(两卷);《经济分析史》,生前未完成,1954 年由他的夫人伊丽莎白编辑出版。这三本书中,除《商业循环》至今尚无中译本外,《经济发展理论》和《经济分析史》近年均已译成中文,并于 1987 年和 1988 年分别由笔者作序,由商务印书馆于1990年和1991年先后出版。

从熊彼特的出身、学历、工作经历和著作来看，我们可以明了，熊彼特一方面直接承袭了近代资产阶级经济学大师庞巴维克、瓦尔拉、马歇尔等人的理论；另一方面又与早期社会党人有过密切的关系。这些是我们了解熊彼特的哲学观点、政治见解和经济学说渊源的重要依据。前一方面的渊源，决定了熊彼特是资产阶级经济学的真传嫡系，使他在当代资产阶级经济学界占有重要席位；后一方面的渊源，又使熊彼特的学说和主张带有一些社会主义色彩，以致有人把他看做是"社会主义者"。

《资本主义、社会主义与民主》一书，于1942年在纽约和伦敦出版，是熊彼特生前发表的最后一部著作。据他在第一版序言中宣称，这部著作"是把几乎40年来我对社会主义这个主题的大量思考、观察和研究写成一本易读读物的努力的结果"。全书分为五篇：《马克思的学说》，《资本主义能存在下去吗?》，《社会主义行得通吗?》，《社会主义与民主》，《各社会主义政党史略》。1947年的第二版增加了《第二次世界大战的后果》一章；1950年的第三版又增加了著者逝世前不久(1949年12月)在美国经济学会年会上提出的一篇演讲论文:《大步进入社会主义》。此书出版后，曾受到资产阶级经济学界的热烈赞扬，但同时也遭到有些资产阶级学者的反对。几乎和著者的另一代表作《经济发展理论》一样，被译成多种文字，1946年译成了德文和西班牙文出版，著者逝世后又译成了法、意、日文出版。正由于此书适应着当代资产阶级的需要，所以在资产阶级经济学界曾广为流行。现在，将这本书翻译成中文出版，供我国学术界研究评论之用，是有其现实意义的。

## (二)

本书第一篇,熊彼特以“马克思的学说”为标题,分为四章,连续撰述了“先知马克思”、“社会学家马克思”、“经济学家马克思”、“导师马克思”。在文中,尽管熊彼特在不少地方对马克思的学说表示了不赞成或反对,但总的说来,他对马克思及其学说是非常推崇的。他在本篇开头的“前言”里写道:“大多数智力或想象力的创作,经过短的不过饭后一小时,长的达到一个世纪的时间,就永远消失了。但有一些创作却不这样。它们遭受几度隐没,复又重现,它们不是作为文化遗产中不可辨认的成分而重现,而是穿着自己的服装,带着人们能看到的、摸到的自己的瘢痕而重现。这些创作,我们完全可以称之为伟大的创作——这个把伟大与生命力联结一起的称谓不会不恰当。从这个意义上说,无疑这伟大一词适合马克思的理论”。这里,熊彼特显然称颂马克思的学说是伟大的。



本篇“马克思的学说”,后来收入熊彼特的遗作《从马克思到凯恩斯十大经济学家》一书中。该书由熊彼特夫人(伊丽莎白·熊彼特,亦为经济学家)于 1951 年,根据作者生前从 1910 到 1950 年 1 月所写的传记和评论文章,加以编辑或从德文转译而成,1952 年以英文出版。中译本已于 1965 年由商务印书馆出版。为此,本文对这一部分不拟详加评述,而只就其经济理论方面稍予讨论。

熊彼特在《资本主义、社会主义与民主》一书中,以“创新理论”为根据,提出了“资本主义将活不下去”,并且将自动进入“社会主义”的“过渡”理论。

熊彼特一方面大力推崇马克思是学识渊博、智慧超越、钻研精深的经济理论家，另一方面又反对从李嘉图到马克思的劳动价值理论。熊彼特提出两条反对“劳动价值论”的理由：“首先，在完全竞争以外的情况下，它完全不起作用。其次，即使在完全竞争的情况下，除非劳动是生产的唯一要素和所有劳动都是同一性质，否则它绝不会顺利地起作用”（本书第70页）。基于这种理由，熊彼特认为“边际效用价值论”在许多方面要“优越于”劳动价值论，因为边际效用价值“一方面适用于垄断和不完全竞争的情况，另一方面也同样适用于存在其他要素和存在许多不同种类、不同性质劳动的情况”。我们认为，熊彼特在这里提出的论点是值得商榷的。因为首先，他所提出的反对劳动价值论的“两点理由”并不能成立；因为如果把“假设条件与实际情况之间存在重大矛盾”这一点作为反对理由，那这也同样适用于“边际效用价值论”。其次，更加重要的关键的一点倒是在于：所谓“边际效用价值论”只是一种以主观评价作为基础的主观价值论；而“边际效用”作为一种生活现象虽然存在，但各个消费者千差万别，变动无常，要把它作为最终形成价值和衡量价值的客观依据，不论是“基数”效用论，还是“序数”效用论，那都是不可能的。

以上是就价值论而言的。就分配论来说，这里值得提到的是在利息学说上熊彼特和他的恩师庞巴维克的有名的争论。我们知道，庞巴维克是奥地利学派的代表人物，他和他的弟子们在价值论上都是信奉边际效用论的；但在分配论上师徒之间并不一致。当年庞巴维克以倡导“时差利息论”而名闻经济学界。他认为人们对“现在财货”的评价通常大于对“未来财货”的评价，这种由于对“现在”和对“未来”评价之不同而带来的价值上差异，就是“时差”。时差的存在，要求未来财货所有者必须对现在财货所有者支付“补偿”或“贴水”，这就是“利息”。按照此说，利息来源于时差，与劳动无关。

熊彼特则不赞成老师的“时差利息论”，而提出独树一帜的“创新利润、利息论”。关于“利息”的形成，熊彼特早年就在其成名之作《经济发展理论》中提出了三大要点：①第一，利息实质上来自“剩余价值”或“余额价值”(the surplus values)。在正常的经济生活里，除了上述“余额”或“剩余”，如前所述，乃来自“创新”引起的“经济发展”。因此，在“循环流转”的情况下，也就是在没有“经济发展的”情况下，就不会有利息。第二，“发展”带来的“余额”或“剩余”价值，一般分为两类：一类是企业家利润；一类是同“发展”本身相联系的结果。显然，利息不能来自后者，因此，利息只有来自也必须来自企业家利润。利息便是从这种报酬中支付的，如同对利润的一种“课税”。第三，在一种通行“交换经济”也就是“商品经济”的社会里，利息不是暂时的，而是一种永久现象。

从这一有名争论中，我们可以认识到两点：其一，庞巴维克认为利息来源于“时差”，与劳动无关，更与对劳动的剥削无关。熊彼特认为利息来自利润，最终来自“创新”。两人都不赞成马克思的利息学说，认为正常的利息不是剥削收入。其二，熊彼特在利息学说方面，和乃师庞巴维克争辩达十数年之久，最后仍然是各执己



① 参阅熊彼特，《经济发展理论》，英文本，哈佛大学出版社 1936 年版. 第 5 章“资本的利息”，第 173—175 页。中译本，商务印书馆 1990 年版。第 175—177 页。

见，并不服从对方。这种师徒之间相互尊重、平等待人的争论精神，是值得今天我们学术界大为提倡的。

## （三）

从本书第二篇到第四篇，熊彼特提出了并且回答和解释了三个命题：

第一，“资本主义能存在下去吗？”熊彼特回答说：“不，我不认为它能存在下去”（本书第119页）。

第二，“社会主义能行得通吗？”熊彼特回答说：“当然行得通”（本书第257页）。

第三，“社会主义与民主的关系如何？”熊彼特回答说：“在我们所界说的社会主义和我们所界说的民主之间并没有必然的联系：两者之中任何一个都能够没有另一个而存在”（本书第414页）。

现在我们就来简要地剖析一番，看看熊彼特对这三个命题的答案究竟是怎么一回事。

第一个命题：关于“资本主义能不能存在下去”的问题。

熊彼特说“资本主义不能存在下去”。他所说的“资本主义”究竟是什么呢？这种“资本主义”又为什么“不能活下去”呢？

熊彼特认为，“资本主义本质上是一种经济变动的形式或方法，它不仅从来不是、而且也永远不可能是静止的”（本书第146页）。他说：“开动和保持资本主义发动机运动的根本推动力，来自资本主义企业创造的新消费品、新生产方法或运输方法、新市场、新产业组织的新形式”（本书第146页）。他借用生物学上的术语，把那种所谓“不断地从内部使这个经济结构革命化，不断地破坏旧结构，不断地创造新结构”的这种过程，称作“产业突变”(Industrial Mutation)；并说“这个创造性破坏的过程(Process of Creative Destruction)，就是资本主义的本质性的事实”(本书第147页)。他还比喻说，在建立理论体系时，如果忽视了资本主义的这种本质要素，也会“像没有丹麦王子的《哈姆雷特》”(本书第150页)。很清楚，熊彼特所说的“资本主义”，乃是生产力变革或技术变革的一种形式或方法，他所谓的作为资本主义的“本质因素”的“创造性的破坏”过程或“产业突变”，也只是生产技术的变革过程。在熊彼特的分析里，资本主义的生产关系完全看不到了，资本对雇佣劳动的剥削实质也完全被掩盖了。如果要用上述比喻的话，这些被他掩盖起来的东西，倒真正是莎士比亚的名剧《哈姆雷特》中的丹麦王子。



关于“资本主义之所以活不下去”，熊彼特认为这是由于企业家的“创新职能”日弱，“投资机会”日渐消失所致。他说，像前面所提到的“企业家”的“这种社会职能的重要性正在丧失，……其重要性必定还会加速丧失……革新本身已降为日常事务了”(本书第211页)。“经济进步日趋于与个人无关和自动化。机关和委员会的工作日渐取代个人的活动”(本书第212页)。“此时将出现或多或少的静止的状态。本质上属于一个进化过程的资本主义就会萎缩衰退。此时，企业家将无事可做。……利润以及与利润亦步亦趋的利率都会趋向于零。靠利润和利息为生的资产者阶层将趋于消失。……一种非常清醒型的社会主义将几乎自动地出现”(本书第209—210页)。最后熊彼特归结说：“如果资本主义的进化——‘进步’——停止了，或者变得完全自动化了，那么，产业资产阶级的经济基础,……最后将降为付给日常行政工作的工资。因为资本主义企业由于它本身的成就使它的进步自动化,我们可以由此得出结论:它倾向于使自己变得多余——它会被自己的成就压得粉碎。……而且到最后它还会撵走企业家,剥夺作为一个阶级的资产阶级。……社会主义的真正开路人不是宣扬社会主义的知识分子和煽动家,而是范德比尔特、卡内基和洛克菲勒这类人”(本书第213—214页)。

这就是熊彼特关于“资本主义不能活下去”的分析和说明。他的这种论点,是以他在1912年出版的《经济发展理论》一书,特别是其中的“创新学说”,为其理论基础的。他的“资本主义”和“企业家”,是以不断“革新生产技术”、不断进行“创造性的破坏”为其本质特征和基本职能的。按照他的说法,一旦“经济进步”使一切都“自动化”了,无需“人的作用”了,“投资机会”也就没有了,“企业家”也就用不着了,“资本主义”也就活不下去,而将“自动地”进入“社会主义”。更值得注意的是,在他的笔下,当代垄断资产阶级集团如范德比尔特、卡内基、洛克菲勒等人居然成了“社会主义的真正开路人”,因为照熊彼特看来,正是他们这些“企业家”,“不断革新技术”,“创造了资本主义的成就和自动化”,以致不得不使“资本主义自动进入社会主义”。他把这些垄断资本家,说成既是“资本主义的功臣”,又是“社会主义的先驱”,显然是太言过其实了。

## (四)

第二个命题:关于“社会主义能否行得通”的问题。

熊彼特认为，社会主义社会是指一种制度模式，在这个社会中，对生产资料和生产本身的控制权是授予一个中央当局的，社会的经济事务原则上属于公众，而不属于私人范围（参阅本书第258页）。在1950年补充到本书里的《大步进入社会主义》一文中，熊彼特又给社会主义下了一个定义。他说："我把（中央集权的）社会主义的定义规定为：不是由私人占有和经营企业，而是由国家当局控制生产资料、决定怎样生产、生产什么以及谁该得到什么的那种社会组织"（本书第25页）。我们要判断熊彼特的"社会主义"是什么内容，关键问题是要看他所说的"中央政权"或"公共政权"究竟是什么性质。从以上可以看出，熊彼特所说的"中央当局"或"公共权力机关"，仍然是现代资本主义国家的政权；因而他所说的作为社会主义标志的"公有"和"公营"，实际上仍然是资产阶级国家的国有化和国营，根本没有改变或触动资本主义的私人占有制。熊彼特的这种以"公有化"和"公营"为特点的"社会主义"，既然没有触动生产资料的资本主义私人占有制，它在实质上就只能是国家垄断资本主义。



熊彼特认为，从资本主义向"社会主义"过渡，可以分为三种形式：1.成熟状态下的社会主义化，2.不成熟状态下的社会主义化，3.变法前的社会主义政策。"成熟状态下的社会主义化"，表明"所遇到的困难，不仅不是不可克服的，甚至也不是很严重的"。"成熟意味着遇到的抵抗将是微弱的，即将出现所有阶级中大部分人的合作——其征兆之一就是通过宪法修正案的确切可能性，也就是修正案能以和平的不破坏法律连续性的方式通过"（本书第331页）。"不成熟状态下的社会主义化"，表明这时

“在物质与精神上都尚无这样的准备”（本书第334页）。“那时局势的一个征兆将是必须使用暴力来反对一些集团和一些阶级（而不是反对一些孤立的个人）的必要性，另一个征兆是不可能修改宪法，即不破坏法律连续性来通过社会主义原则：新秩序必须通过革命，尤其是通过可能是血腥的革命来建立”（本书第336页）。关于“变法前的社会主义政策”，熊彼特以英国实行银行、保险、运输、采矿、电力、钢铁、建筑等业的国有化为例，作为采行“社会主义”政策、向“社会主义”过渡的说明。

在三种形式中，熊彼特极力赞扬并主张所谓“成熟状态下”的和平过渡，也赞同在变法前采行实质上是资产阶级国有化的所谓“社会主义政策”，而竭力反对所谓“不成熟状态下”的革命转变，把它描述为“极端恐怖的”。他说：成熟状态下和平过渡的社会主义，将“及时实现它的蓝图中所固有的一切卓越成就的可能性是顺理成章的”（本书第334页），而国有化的“社会主义政策”，亦可免于各种束缚以及财政上或其他方面的负担（参看本书第342页）。总之，熊彼特认为，“在资本主义体系内的逐步社会主义化，不仅是可能的，而且是最明显可以期望的事情”（本书第339页）。



## （五）

第三个命题：关于社会主义与民主的关系问题。

首先，熊彼特认为：“民主是一种政治方法，即，为了达到政治——立法与行政的——决定而作出的某种形式的制度安排”（本书第 359 页）。他接着解释说："如果把'决策'和'统治'等同起来，那么我们才可能得出民主的定义是民治"（本书第 361 页）。他在另一个地方又给"民主"下定义说："民主的方法"就是"某些人通过争取人民选票取得作决定的权力"的方法（本书第 396 页）。他还解释说，"民主政治的原则因此仅仅意味着，政府的执政权应交给那些比任何竞选的个人或集团获得更多支持的人"（本书第 400 页）。这里，熊彼特的所谓"由人民作出决定"或"由人民来统治"的民主，当然只能是资产阶级国家的民主。

其次，熊彼特认为当时在苏联所实行的社会主义是"不民主的"。他说"现存的社会主义可能是民主的真正理想。但社会主义者在实现社会主义时，并不总是那么讲究方法。革命和专政这些字眼出现在圣书中使我们感到刺目"（本书第 350 页）。他又说："一俟我们检查各社会主义政党的记录时，对它们所说的它们一贯拥护民主信条这句话的真实性就难免要有所怀疑了"（本书第 352 页）。



最后，关于社会主义与民主的关系，熊彼特得出的结论是："在我们所界说的社会主义和我们所界说的民主之间并没有必然的联系：两者之中任何一个都能够没有另一个而存在。同时，两者也不是互不相容的：在适当的社会环境状况下，社会主义发动机可以按照民主原则运行"（本书第 414 页）。从熊彼特在本书中所作的分析，我们知道他所界说的社会主义有三种过渡形式，实际上他是指两种社会主义：一种是当时已在苏联实行的社会主义，即他所谓的"在不成熟的状态下"用暴力革命实现的社会主义；另一种是在资产阶级国家宪法允许的范围内逐步加以改良的"社会主义"，即他所谓的"在成熟的状态下"通过修改宪法而和平过渡的"社会主义"，或通过资本主义国家的国有化政策而和平过渡的"社会主义"。熊彼特竭力反对前一种社会主义；而极力主张和赞扬后一种"社会主义"，即实质上是国家垄断资本主义的"社会主义"。

行文至此，我们还要知道，在当代资产阶级经济学界，熊彼特向来是以"不成学派的大师"著称的。当代资产阶级经济学者哈伯勒(Gottfried Haberler)曾经大力推崇熊彼特在解释"熊彼特学派"为什么没有形成时说："熊彼特的博学、虚怀，以及他的体系的复杂性，使得难于形成一个熊彼特学派"。① 但是我们知道，这个"不成学派的大师"却是属于当代资产阶级经济学界的一大学派，而且是它的主要代表人物之一。事实上，熊彼特无论在理论上或方法上，对当代资产阶级经济学的影响都是很大的。特别是美国和日本资产阶级经济学界的许多头面人物，比如"后凯恩斯主流经济学派"(又称"新古典综合派")的保罗·萨缪尔森，被认为对马克思主义有所研究的美国进步经济学家保罗·斯威齐(Paul M. Sweezy)，以及当前位居日本资产阶级经济学界前列的中山伊智郎、东畑精一、都留重人等，莫不出自熊彼特的门下，受过他的熏陶，并在不同程度上一直传播和宣扬熊彼特的学说和学风。凡是曾经受业于熊彼特的人都认为：熊彼特在讲学和讨论中有一个突出的特点，就是"兼收并蓄"，从不把自己的观点强加于人。但也正

① 哈伯勒，《约瑟夫·阿罗斯·熊彼特，1883—1950 年》，美国《经济学季刊》1950 年第 3 期，第 307 页。

因为这样，他通过潜移默化，对他接触过的青年学子的影响就更大。

张 培 刚

1964 年 7 月原稿

1978 年 11 月修改

1996 年 6 月再次修订

# 目　　录



## 第一篇　马克思的学说



## 第二篇　资本主义能存在下去吗?

## 第三篇　社会主义行得通吗？

## 第四篇 社会主义与民主

## 第五篇　各社会主义政党史略

# 导　论

熊彼特此书,如他本人所说,是他对社会主义这个主题几乎 40 年思考与研究的成果。正如他在最早的序文中表达本书主旨时指出:“社会主义形式的社会将不可避免地从同样不可避免的资本主义社会的解体中出现”,但后来在增入本书第三版的题为《大步进入社会主义》的一篇论文中,熊彼特对这个直率预言作了一些修改。他以十分明确的语调否认他试图预言未来,声明他的研究是对“观察得到的趋势”的分析,这些趋势将依据不同的抵抗和相反趋势的力量,有可能产生形形色色的结果,而抗拒与相反趋势的力量是很难甚至不可能预见的。这次他的结论是,“资本主义秩序倾向于毁灭自己,而中央集权的社会主义是……一个很可能的继承人”。

自从熊彼特进行他的研究迄今,几乎又有 40 年过去了,他对那些“观察得到的趋势”的分析显得有多少道理呢?首先,资本主义以什么方式倾向于毁灭它本身?根据熊彼特的见解不是因为资本主义产生不能解决的经济问题。本书写于 20 世纪 30 年代经济大萧条接近结束之际,他直率地反对普遍认为即将出现资本主义经济崩溃的观点。特别是,他强烈地反对他称之为“投资机会消失的理论”,这个理论认定,资本主义有一种经济停滞的长期趋势,那是利润率下降和缺乏新的有利投资与有利经营企业机会的结果。

在熊彼特的心目中，资本主义将被它的经济成功而不是被它的经济失败杀死，因为这些成功造成一种不利的社会与政治气候，或者如他所说，造成一种“几乎普遍地仇恨它自己的社会秩序的气氛”。

在产生这种反资本主义看法中有三个过程是重要的。第一，资本主义经济发展本身破坏熊彼特认为是资本主义基本特征的创业或创新的机能，因为大企业的技术进步和官僚式经营往往使创新成为日常例行的事情，并以专家委员会和专家小组的活动代替个人的创造性。第二，资本主义毁坏从先前社会形式存活下来的保护层——士绅、小工商业者、农民和其他阶层——并削弱个人所有权来支持现代公司中那种较分散的所有制，从而侵蚀了它自己的制度基础。第三，资本主义鼓励一种理性的和批判的心态，它最终反过来反对自己的社会制度，它造就巨大的知识分子阶层，由此大大支持了这个过程，据熊彼特看来，知识分子“在社会动乱中有既定利益”。



20 世纪 30 年代末以后时期所发生的事件，为熊彼特的论点提供了一些支持。毫无疑问是战争使资本主义有可能从衰退中开始恢复，但在它战后的发展中，并没有什么停滞或迫在眉睫的崩溃的迹象。即使 70 年代中期的衰退，现在也开始表明只是暂时性的挫折，整个战后时期，经济增长速度特别快。这种增长在 50 年代和 60 年代是如此明显，当时“富裕社会”的理论日渐普及，以至于对资本主义社会的激进批评往往从经济分析移向文化批评，这样的转变，在马库塞的著作中和在 60 年代后期激进运动的思想中表现得最为鲜明。就在这段时间，“文化革命”和“反文化”的理论具有相当大的影响，在当时激进运动中知识分子发挥的很大一部分作用可以认为与熊彼特所说的资本主义衰落过程中的一个重要因素正好一致。

但还有某些重要的差异。以往10年里的许多激进批评，并未使资产阶级理性主义反对资本主义社会制度，而是更倾向于向任何形式的高度有组织的工业社会（不管是资本主义还是社会主义）中科学和技术思想所体现的理性主义观点的思想意识优势地位挑战。这个行动并未扩散开来形成普遍反对资本主义，而往往把从事文化批评的知识分子阶层和大部分主要关心经济增长因而关心进一步发展和使用科学技术的大部分人区分开。从这个方面说，可以这样认为，普遍敌视资本主义的思想并没像熊彼特想象的那样增长和扩展，而是主要被较快经济发展所遏制，也就是说，被新的经济"成功"所遏制。

而且战后的趋势、尤其是近些年的趋势，对熊彼特的分析提出某些其他怀疑。资本主义经济制度的继续存在依靠创新和扩展，可以这样说，在为了保护自然资源必须限制经济增长率的条件下（包括限制人口增长和使用能源等），这样的扩展很可能越来越困难。在这些考虑之外，还可以加上对继续以过去几十年获得的速度进行技术创新的可能性，和出现过去由铁路随后由汽车发展所提供的那种规模新投资机会的可能性的疑问。熊彼特论述了一些这样的问题，但与现在发生的状况十分不同，他对资本主义经济前景的看法，甚至他对他关心的大约40年的中期未来前景的看法，可能显得过分乐观了。

无论如何，资本主义的衰落（不管如何发生）并不招致社会主义社会的出现，而熊彼特认为社会主义是"很可能的继承人"的观点是以这样的论点为根据的，大意是经济过程倾向于使本身社会化。他进行分析的现代社会发展体系有三个阶段，我们可以称之为进取的资本主义、有组织的或官僚结构的资本主义和社会主义。从一个阶段到下一个阶段的过渡是作为经济变化的后果来到的，在这些变化中最重要的是那些创建以现代科学和合理管理为基础的大实业公司的那些变化。应该注意，熊彼特为社会主义下的定义只是作为一种经济制度，“一种由中央当局控制生产手段和生产本身的制度模式……或者说，原则上社会经济事务属于公有范畴不属于私有范畴”。他在论述中把社会主义的文化目标搁置一旁，以带几分骑士的风度谈到他称之为“社会主义文化不确定性”的东西。结果是，在他的分析中从不思考社会主义是一场阶级运动，它要求消灭和缩小阶级差别，从而获得更大的社会平等，把人民群众从统治阶级强加的抑制中解放出来。熊彼特只关心社会的经济改革，而当他查究社会主义能否发挥良好作用时：他的意思是指社会主义在经济上是否有效率和能否增加生产。

这样看待社会主义运动是非常狭隘的观点，也是夸大社会主义文化多样性的观点。现代社会主义尽管形式多样，可以肯定的是，它们集中关心的是与社会平等和个人自主与自决有关的问题。另一方面，社会主义者中很少有人把社会主义等同于中央集权的公有制和计划经济，或者更广泛地说，把社会主义只想象为一种生产模式。如果一定要用一句话说出社会主义的特性，较适当的是指出它是一场人类解放的运动，在这场运动中，经济制度改造只是一个要素，它本身使建设不同类型的社会制度有多种多样的选择。

熊彼特关于资本主义和社会主义民主的论述也有点儿狭隘。

在用经济术语为社会主义下定义同时，他为民主下了个经济性质的定义，把它想象为类似市场的制度安排。在那样的民主中，不同的集团和个人——相当于企业和企业家——争取选举人，即政治“消费者”的选票。熊彼特特别强调经济与政治组织之间的这种相似性，为了说明这点，他援引一位政界人士的话，大意是“生意人不懂的东西恰恰就是他们做石油生意而我做选票生意”。这个仅仅是选举政治领导人的方法的民主理论（马克斯·韦伯在他后期政治著作中已经表示过这个想法）是作为替代熊彼特反对的“经典理论”的理论提出来的，根据经典理论，民主包括关于公民参与政治生活和关于政治领袖与人民之间关系的性质的特定政治理想。

熊彼特并非总是十分严格地坚持他自己的概念，这一点是确实的，他在论述资本主义形成和现代民主出现之间的历史性联系甚至偶然关连时，他介绍的理性行动、个人责任心、自我约束、容忍等等思想，看来更确切地是属于经典理论。可是，把民主看做争取政治领导权，看做是对任何社会或政治目标没有明确实质的一种形式的观念依然处于中心地位；这种情况使熊彼特不考虑民主是一种历史现象，这个现象可以出现发展和扩大的趋势，也会出现停滞和衰退的倾向。熊彼特提到民主时，只把它作为一种机械，指出它“可行”或“不可行”，它的机能较好或较坏；在他的思想体系中，似乎没有办法检验一个社会的民主是较多还是较少的问题。

但正是这个民主扩大问题是整个上一世纪社会主义运动理论和实践发展中的根本要素，并在近些年来的“分享民主制”思想中找到新的表达。这个世纪的全部阶级斗争和民族解放运动均以这种或那种方式旨在建立一个更民主的社会，在这样的社会里，人部分人(尤其是迄今被排斥的人)将在以各种规模作出影响他们生活的决定中发挥更加直接和更为有效的作用,不管在工作单位、家庭和当地社区,或者在全国和国际范围都是一样。要这样扩大民主的困难现在已非常明显,那些社会主义社会的困难也一样多,在那里,经济落后、专制统治的传统、缺少先前的自由民主形式和单一政党的统治全都反对建立在社会生活各方面保证由人民真正自治的制度。

情况也可能是这样,如熊彼特提出的——后来许多批评社会主义的人追随使用他这个论据——中央集权的经济计划实际上有害于民主参与,往往产生权力完全集中在政治领导人和计划制订者手中,不管这些人选择任何手段。但这里,熊彼特在市场经济和中央集权社会主义之间(用近期作家的话说是市场经济和指令经济之间)所划的界线太刻板了。完全不允许有任何选择或替代。因为在大体上由中央计划的经济可能在决策中依然有相当程度的权力分散。此种权力分散的一个特色就是社会主义市场经济的出现,所以许多领域的经济生活的决定可能是由许多不同的活动中心作出的,而不是一律由上级布置的。在最近10年里,对于社会主义国家中的此类发展以及遵循这个方向的某些实际经济改革,已经有过许多讨论。

权力分散的另一方面,熊彼特在简短评论第一次世界大战后德国社会化委员会时几乎只字不提,它就是社会主义经济中个人企业的生产组织问题。这里也有各种不同的选择,包括由上级或多或少全盘的独裁控制到南斯拉夫模式的自治管理制度。尽管南斯拉夫制度遇到了各种问题,在我看来,它构成公有企业可以存在的有前途的形式，代表20世纪为扩大民主参与社会生活最有意义的贡献之一。自治管理的思想近些年来影响越来越大，不论在社会主义国家还是在资本主义国家的劳工运动中都是这样，看来有可能，关于社会主义与民主或社会主义民主的争论将逐渐以这些条件以及关于现在已经可行的工人自我管理生产的历史经验为准则。

考虑到它的所有局限性，熊彼特把民主视作选择政治领导人方法的观念中还有任何巨大价值的东西吗？也许它最重要的特色（虽然这点不为熊彼特重视）是包含在其中的异议和反对的思想。竞选政治领导权使那些对他们在社会中所处地位不满或对社会政策总方向不满的集团有可能表达他们的批评意见和对那些眼下的政治领导人施加某种影响。但这仍旧不是保证社会可以接受批评和改革以及政策的决定不是用独断方式作出或不是为特殊利益集团服务的唯一重要手段。对于一个完全民主社会有效运作来说，至少有另外两件事是极端重要的：第一，要有尽可能多的公民参与决策，也就是说，他们应该有机会和经验在各种领域为他们生活的某部分行使政治领导权；第二，应当有各种各样的相对自治社团（包括国有工商企业），在这些社团里可以实行这种自治管理办法，它们为对社会安排的持久而不受阻止的批评与改革提供基础。

熊彼特此书刚问世时获得的成功和它对读者持久的吸引力，我想可以用如下事实来解释：它对当代从资本主义到社会主义的伟大社会过渡时期进行了认真和全面的检验（并把有启发性的对马克思理论的批判性赞扬放在全书开端，作为对值得注意的过渡时间的唯一社会主义分析），而不是因为书中对这个社会改革过程所作的那种性质的评价。熊彼特完全不欢迎社会主义的到来，他似乎和马克斯·韦伯一样，以同样阴郁的忧虑心情对这个问题作过沉思。但这个态度并不阻止他尽可能仔细和平心静气地分析那些使社会主义可能出现的趋势，而这种分析可能加强了他对某些形式社会主义出现的困难和危险的认识，社会主义思想家本身在经过多次受骗之后现在能够更容易地意识到这些困难和危险。

汤姆·博托默尔

布赖顿，1976 年

# 初版序言(1942 年)

本书是把几乎 40 年来我对社会主义这个主题的大量思考、观察和研究写成一本易读读物的努力的结果。民主问题之所以硬挤进它目前在本书中所占的位置,是因为要陈述我对社会主义社会制度与政府的民主方法之间关系的看法,要这样做不对后者作相当广泛的分析、证明是不可能的。

我的工作比我所想的还要困难。部分必须整理的性质迥异的材料,反映出一个人的观点和经验,他在他生活的不同阶段具有非社会主义者通常具有的较多的观察机会,他以非传统的方式对观察到的事物作出反应。我不希望抹掉这种痕迹。如果我试图去掉它们,那么本书应有的那种趣味,许多就会消失。

再者,这份材料也反映出一个人的分析努力,他虽然始终认真地试图探索表象下面的真相,但从不把社会主义问题作为他任何一段时间专业研究的重要主题,因此对某些主题比别的主题有多得多的话要说。为避免造成我旨在写出一本处处均衡的专题著作的印象,我想最好把我的材料分辑在 5 个中心题目之下。它们之间的连接和联系,当然已经准备就绪,我希望大致上已经达到表述上的系统统一。但在本质上,这些题目——虽然不是独立的——几乎是自成篇幅的几篇分析文章。

第一篇以非技术性的写法,概述了我对马克思主义学说这个主题一定要说的意见——事实上也是我已经教授了几十年的见解。以对这个真理的说明作为讨论社会主义一些主要问题的开端,是马克思主义者做事的自然次序。但在由一个非马克思主义者建造的房屋的门厅内作这样的说明的目的是什么呢?它在那儿证明我这个非社会主义者相信马克思主义道理具有的独特重要性,这种重要性完全与你接受它或拒绝它无关。但它读起来很困难。此后各篇没有使用马克思主义的工具,虽然此后各篇的一些结论还要一再和这位伟大的社会主义思想家的教义作比较,对马克思主义不感兴趣的读者因此可以从第二篇读起。



在第二篇——“资本主义能存在下去吗?”——中,我试图说明,社会主义形式的社会将不可避免地从同样不可避免的资本主义社会的瓦解中出现。许多读者会感到奇怪,为什么为了得出正在迅速变成甚至在保守主义者中间也是普遍意见的结论,我却认为必须作那么吃力和复杂的分析。理由是,虽然我们大多数人都同意这个结论,但是对于正在杀死资本主义的这个过程的性质以及对于“不可避免”这个词的精确意义,我们的意见是有分歧的。我相信已提出的大多数论点——不论是关于马克思主义还是关于较通俗的理论——都是错误的,我觉得我有责任不怕相当麻烦,不怕打搅读者,以便有效地引导大家理解我这个似非而是的结论:资本主义正在被它的成就所消灭。

明白了——我想我们都会明白——社会主义是一个实践命题,由于当前这场战争的后果,它可能变成立即实践的命题,所以我们在第三篇——“社会主义行得通吗?”——里将考察有关可望社会主义秩序成为经济成功条件的许多问题。这一篇为包括“过渡”问题在内的各种不同主题作了最接近均衡的论述。爱和憎严重地模糊了迄今对这个问题所作的认真研究的结论——这种研究并不很多——以致即使只是重述被广泛接受的观点,看来到处都证明是有道理的。

第四篇——“社会主义与民主”——是论述已在美国进行了一段时间论战的文章。但应该注意,这一篇只论述原则问题。有关这个主题的事实和评论,分布于全书各处,尤其是在第三篇和第五篇中。

第五篇如它意欲做到的,是一个梗概。我希望在这一篇中比在其他各篇更严格地限定自己,只阐明根据我个人观察和极零星的研究得到的必须说出的意见。因此,编入这一篇的材料无疑是令人遗憾的不完整,但在那里的材料都是生动的。

本书的任何章节都从未出版过。但是有关第二篇论点的一份早期草稿,曾成为1936年1月18日在美国农业部研究院演讲的基础,由该院油印成册。承院务委员会主席A. C.爱德华兹先生允许,我将它的增订本收入本书,特表感谢。

# 第二版序言(1946 年)

这一版除增加新的一章外,不作任何变动地重印了 1942 年的原书。我为什么在清楚地应该作文字改动的好些地方保留原状的理由是:这本书中论述的问题,改变文字而不改变意思是不可能的,或者至少会引起意思改变了的怀疑。我确认下面事实有一定重要性:不论是过去 4 年发生的事实,还是评论文章中提到的批评,都没有影响我对形势的诊断和预测,正相反,在我看来,这些业已出现的新事完全证实了我的诊断和预测。新增加的一章的唯一目的是,以这些新的事实来增强旧版本中,尤其是第 19 章第 4 节和第 27 章第 5 节中所论述的某些论点,并表明目前形势如何符合本书已略述大概的历史哲学。在这个序言中,我准备谈谈某些针对本书所作的(不一定在书刊上发表的)批评,或者应该说某些批评的代表。但我想这么做的目的是,我希望我必须提出的答复可能证明对读者有些用处,并不是因为我从本书所受的待遇中挑剔毛病。正相反,我要利用这个机会,向本书的评论者表达我永恒的亲切和好意,并向它的 7 种外国语译者的大量的努力,表示我诚挚的感谢。

首先,让我谈谈两个专业性质的批评。一位有国际声誉的杰出经济学家表示不同意我下列的命题:本书指述的作为社会过程的一部分,利润有消失的长期趋势。他说,销售努力总将博得它的代价。我不认为我们之间存在任何真正的分歧。我们只是以不同的含义使用“利润”这个名词。已经安定下来从事稳定的日常经营的经济中,仍然需要的这样的销售努力,它和属于企业管理范围的其他每一种活动一样,无疑必须获得它的报酬。但是我把这种报酬包括在管理部门的工资里了,为的是突出并强调我相信它是产业赢利的基本来源的收入,即资本主义秩序给予成功地引入新商品、新生产方法或新组织形式的利润。我看不出怎能否认产业史令人信服地证明了的资本主义报酬中这个要素的重要性。我认为,随着产业“进步”的日益机械化(研究部门的协同工作等等),这个要素连同和它一起的资本家阶级的经济地位的最重要支柱,总有一天必定崩溃。

我听到的对本书纯粹经济学论点的最频繁的批评——它有时上升为告诫——是针对许多读者认为是为垄断行为辩护的议论。是的,我真的相信,大多数关于垄断流行的谈论,与目前所有关于储蓄的悲惨后果的谈论一样,只是激进的思想意识,全无事实根据。在心境较轻松时,我偶尔表达比这更强烈的意见,尤其是对以那种思想意识为基础的实际的和计划的“政策”更是如此。但这里,出于专业责任,我只希望说明,读者将在本书中找到的关于垄断的全部论述,最后分析起来,可以归纳为我认为没有一个名符其实的经济学家能够否认的下列命题:

1. 垄断定价的古典理论(古尔诺—马歇尔理论)不是全然没有价值的。尤其是当它经过彻底整理以便不但论述垄断收益的即时最大化,而且论述一段时间最大化的时候更是如此。但它要有若干假定才能运用,而这些假定又如此具有限制性,以致使它不能直接应用于现实。特别是它不能应用于目前教学中正在使用它的那种目的,即用以比较纯粹竞争性经济运行的方式与包含重大垄断要素的经济运行的方式。为什么是这样的,主要理由是,这个理论假定一定的需求条件和成本条件在竞争情况下和在垄断情况下是相同的,而对现代大企业极端重要的是,由于它产出数量的巨大,它的需求条件和成本条件比完全竞争制度下同类企业的需求条件和成本条件远为有利,而且必然是这样。

2. 当前的经济理论几乎都是管理特定产业机构的理论。但比资本主义管理特定产业结构方式远为重要的是它创造这些产业结构的方式(见第 7 章和第 8 章)。而垄断要素必然进入这个创造过程。这一点使垄断问题具有一种全然不同的外貌,也使对付垄断问题的立法和行政方法大大不同。



3. 严厉攻击卡特尔和其他产业自治方法的经济学家经常断言,任何事物的本身都是对的。但他们没有加上必要的限制条件,略去必要的限制条件就不能表达整个真理。还可以提出其他一些说法,但为了转而谈谈第二类反对意见,我就不提了。

我认为,我已非常注意让大家十分清楚,本书不是一本政治书籍,我并不想鼓吹什么主张。尽管如此,使我觉得好笑的是,有人把“鼓吹外国集体主义”的意图加在我头上。就我所知,这种指责不止一次,虽然不是在报刊上公开发表的。我提到这件事,不是为了这件事本身,而是为了指出隐藏在这种指责背后的另一种反对意见。如果我不是在鼓吹外国的或本国的集体主义,或者实际上不鼓吹其他东西,那么我究竟为什么写作?根据观察到的事实,煞费苦心地进行推论,而后却不推荐实际的主张,这不是完全枉费心机吗?不论什么时候,当我碰到这样的反对意见时,我觉得极为有趣——它正是现代生活中能说明许多问题的一种态度的十分明显的征兆。我们常常计划得太多,思考得太少。我们讨厌有人要我们思考,憎恨不符合我们已经相信或想要相信的东西的陌生的议论。我们蒙着眼睛走向未来,正如我们蒙着眼睛走向战争。这正好就是我想要服务于读者的地方。我真的要使他们思考。为了做到这一点,要紧的是不要从任何特定立场出发去讨论"应该对它做些什么",从而分散他的注意力,因为这种讨论会独占他的兴趣。分析有它的明确任务,我希望我能履行这个任务,虽然我完全明白这样的决心使我花费大量时间去回答两三页实际结论会引起的种种意见。

最后,这种情形导致我受"失败主义"的指责。我全然否认这个名词适用于一件分析,失败主义指的是只有牵涉行动时才有意义的某种心理状态。事实本身和从事实作出的推论,永远不能是失败主义的,也不能是任何东西的对立面。某一条船正在下沉的报告不是失败主义的。只有收到这个报告时的精神状态才能是失败主义的:水手们可以坐下来饮酒,但也可以冲向水泵。如果有人否定这个报告(虽然它已被仔细地证实),那么他们是逃跑主义者。此外,即使我对趋势的陈述比原来打算表达的更明确地相当于预言,这样的陈述依然不带有任何失败主义的暗示。哪个正常的人仅仅因为他深信早晚总要死去而拒绝保护他的生命?这一点同样适用于责难我的两类人:私人企业社会的支持者和民主社会主义的倡议者。如果二者都能比他们通常更清楚地看到他们注定要在其间行动的社会形势的性质,他们一定会得益。

坦率地叙述有不祥征兆的事实,从来没有比今天更为必要,因为我们已经把逃跑主义发展成为思想体系。这是我写新的一章的动机,也是我为写了这一章而表示的歉意。那里提出的事实和推论当然不会使人愉快或舒适。但是它们不是失败主义的。失败主义者是对基督教和对我们文明的一切其他价值说了许多好听话却拒绝起来去保卫它们的人——不管他把它们的失败作为预知的结局接受下来,还是把无用的希望当作希望欺骗自己。因为现在是这样的一种形势,在这种形势下,乐观主义只不过是背叛的一种形式罢了。

# 第三版序言(1949 年)

这个新版本给我一个机会按照本书的立场评论最近两年英国的发展状况,并按原样把它们插入我努力建立的分析总框架中。在可由我安排的时间和篇幅里,我所提供的不过是一些断肢残骸。但是另外还有一点我希望从一开始就让大家清楚地了解,我内心根本没有批评别国政策或向它提出"忠告"的打算,我认为这样做是十足不礼貌的。如果在某些字里行间读起来仍然好像我怀有这样意图的话,请读者理解,这仅仅是由于文字极端简略而造成的许多令人不快的后果之一。

在阅读下文之前,读者应细读第 19 章第 4 节和第 28 章第 1 节的内容,这两节和本书其余部分一样,没有一点改动。

1. 从我们的立场看来(从任何其他立场看来也一样),英国的发展图像是复杂的,它的主要特色被下列事实弄得模糊不清,那就是一个社会的转变过程干扰了另一个转变过程,反过来前者又被后者所干扰;这后一个过程因为在当前的国际关系下很难说是从战时经济到平时经济的转变,所以最好还是称之为受抑制通货膨胀条件下的再调整过程。虽然从逻辑上说,这两个过程明显不同,但它们密切交织在一起,不容分开来论述。但我们还是要快刀斩乱麻似的把它们区分开来。我们之所以能够以相对轻松的心情做到这点,是因为一个现代保守党政府(如下次大选产生保守党政府的话)在特定环境中,在劳工利益占支配地位而自由企业的“指路灯在烟雾中熄灭”的社会里,也将不得不设法进行再调整。换言之,如果工党政府被保守党取代——这是我不能自称有能力回答的问题——除了当然不再实行国有化之外,恐怕情况不会比热情的工党党人声称相信的有多大的不同。

2. 那么让我们看一下近两年来英国经济政策的成分,它可以解释为“行动前的社会主义政策”——按照第 19 章第 4 节指定给这个短语的意义。读者将注意到,迄今为止,工党政府的行动保持在制定在那里的国有化纲领范围以内,关于该纲领中最有争议的一点——即第 6 点:钢铁工业国有化——工党以明显温和的态度决定在下一次大选之前不采取决定性行动。我乐意承认,对于这种社会化或国有化纲领到底是否应称之为社会主义,可容许认真的意见分歧。但是我可以确定的是,没有别的任何实际已做的事情可以称为社会主义。因为大部分已经实际执行或提出的“计划”,没有一件按性质可算为社会主义,除非我们采用的社会主义定义过分广泛不能作任何分析之用。当然某些计划方案,尤其是为贯彻这些计划方案所做的某些研究工作的确指向社会主义方向,但是能够期望收益账户和投入产出分析——这两项工作美国比英国先进——结出可消费的社会主义果实之前,一段很长的时间将已过去了。

可是更重要的是形势的另一方面。两年里英国发生的所有事情中最使我有鲜明印象的是沿社会主义方向前进途中遇到抵抗的微弱。议会中反对党——保守党,严格遵守议会日常办事章程行事,对社会主义重建问题产生的反应还不如对待过去相对次要问题——自由贸易、爱尔兰和国民预算——来得热烈。不论在议会还是在全国,主要以完全镇静态度面对社会重建问题的保守党中的重要部分已经占了上风。当然,保守党的报刊提出它的批评,它像以前多次所做的一样,进行争论、规劝、嘲讽,但不比以前更加激烈。批评性的书籍和小册子纷纷出现,情形也像以前几次讨论重大争执问题的时候一样;但是,如果有一位有统计头脑的观察者以“反对者”所出版的报刊书籍的份数和页数来衡量争论问题的重要性,他不可能把社会主义问题的重要性评定得很高。这种现象不是一个强大民族对它所坚决拥护的原则受到攻击时作出反应的方式。我由此推断,在他们中间已不再存在自由企业的原则,社会主义不再受道德感情的抵制。它已成为根据功利主义论点进行讨论的问题了。当然还有个人主义的死硬派,但看来他们不能指望在政治上激起足够的支持。**这正是**坏事的征兆——资本主义精神消失的证明。

3. 在我看来这种形势足以证明我 1942 年诊断的正确,并证实了——只要这样的问题可能证实的话——我作出这个诊断所根据的论点的正确。我以尊敬和钦佩的心情读了我卓越的同事朱克斯教授所写的杰出的书。[①] 但我必须承认,我改变信念的真诚愿望没有实现。朱克斯教授对待问题的这个方法——他的方法更密切

① 约翰·朱克斯,《接受计划的严峻考验》1948 年。对他彬彬有礼地批评我的论点,我满怀感激,但我必须承认,无论如何在批评我的所有观点中我认不出我自己的观点。例如,我应该更加愿意说,由于能预测的范围稳步扩大,企业家的作用必然逐渐过时,但不是说现在它实际上就完全无用了。我也不打算否认,至今尚有出现军事领导人的可能,只不过现在军事领导人的含义不完全等同于过去当拿破仑站在阿尔科尔桥上子弹在他周围呼啸时候的军事领导人了。

地针对再调整政策中发生的恼人事情,而不是针对社会主义的各种问题——甚至可能是在支持本书论题的许多证据中增加新的证据。

以议会民主这个手段解决不管是社会化或者不是社会化问题的可能性已经确立,因而与这种政治制度同性质的特殊方法也确立了,那就是一件一件逐步进行社会化的方法。所作的开端可能不比这个更多,可能仅仅指明一个长期的趋势,但是,看来它们清楚地告诉大家,我们要理解的不仅是民主社会化,而且也是民主社会主义。它们表明,只要民主的定义如本书第 22 章所限定的那样,那么社会主义和民主是可以和谐共存的。第 23 章指出,政治民主的原则——政府应从争取选票的斗争中产生——在某种程度上的确可以保证言论自由和新闻自由,对于保障其余的自由,民主就力不能及了。尤其是关于经济学家关心的“自由”,即投资自由、消费者选择自由、选择职业的自由,现在在我们面前有令人发生兴趣的实验材料,它们证明,这些“自由”可能受到的限制就像社会主义政府在正常条件下可能要求的那么多,在某些方面甚至更多。在现代税制条件下,私人投资自由无论如何已经失去了它的大部分意义;但我们还看到投资怎样从私人领域转入公有领域,不管我们作为个人对其结果有怎样的想法。消费者选择自由在正常条件下运行的社会主义社会能够比现在大得多,但是此外,我们知道人们趣味的适应性比观察家过去想象的更大,因为,即使每个人并不明白限制的实际必要性,人们对限制的憎恨不会达到想要积极抵制的程度。同样,除了相对少的事例外,职业选择的限制正常地没有达到“强迫”的程度,尤其是如果一系列可容许选择的职业配置有报酬的差别,我们明白,以合适条件接受政府"指导"的人是不大介意这些的。

让我再重述一遍,虽然没有这样做的必要:上面所说的话都是以有完全确实的事实为根据的推断,但绝不是我个人的喜爱的表达。就我个人而言,我宁愿要另一种文化模式。

4. 如我业已指出的,对工党政府经济政策的批评主要指向它"在受抑制的通货膨胀条件下进行再调整过程中"的管理与安排。政府及其官僚机构实际上为批评者批评自己提供大量弹药,例如它不断为大量鸡毛蒜皮之类小事制订详细规则;它不恰当地考虑行政决策;它公开发布容易惹起讥笑的文件。这些规则、决策、文件扼杀原来会改善国家经济状况的许多有开拓创业精神的活动。但它们还是避免了战后灾难性的再调整,带领劳工在提高实际收入水平上不失业地度过艰难的年月。如果在许多经济学家看来这是唯一得到承认的经济政策的目标,它可以说是成功的,但从别的角度来看,同样也可以说是失败的。还应该说,这个目标并未完成,如果依靠更多地关心未来,它本来是可以完成的。政府进行的大量国家投资,就个别项目而言是该受批评的,但事实仍旧是,政府并没有忽视使国家经济机构重新充满活力的必要性,尽管许多人发出了反对过量投资的抗议,而且他们中间有几个卓越的经济学家。无论如何,我们只关心一个问题,那就是在马歇尔援助时期内逐渐排除经济形势中脆弱特性,将如何影响我们对问题的预测:社会主义还是资本主义?或者换句话说,因为纯粹社会主义可能提出的解决办法显然不是实际的政治,又因为到终了不得不从相反方向去找寻解决办法,英国或任何其他地方的社会主义将会遭受挫折吗?私人企业制度将得到另一次新生吗?

我不认为答复这个问题十分困难。如果不发生另一次世界大战,社会主义虽将有挫折,但不会是很严重或持续时间很长的挫折。私人企业会重新得到它失去的一些地盘,但不是很多。从根本上说,社会形势将保持目前的状况,加在私人企业上的枷锁不可能去掉很多,使它能根据设想那样发挥作用。导致作出这个结论的论据将在这篇序言的随后两节中简要论述。这个结论只适合英国。很清楚,对美国的诊断和预后完全不同。某些欧洲经济学家似乎抱有这样的虔诚希望,即美国将出现惊人的衰退——不是那种再调整危机——这次衰退将意味对资本主义的致命打击,但是,不论美国政治在无疑会在最近的将来出现的大量可能性面前做些什么,这种希望不可能成为事实。



5. 在英国形势的脆弱特征里,我没有把配给制和对消费者与生产者行为的详细规定包括在内。这些仅仅是抑制通货膨胀后果的方法,当达到目的时即将取消,有一些地方它们业已不见了,但是受压制的通货膨胀状态其本身就是更根本的一些困难的结果,如果没有这些困难,早就可用众所周知的传统补救办法容易地加以对付了,如为了减少过剩购买力采取特别税收以保证预算盈余和适当的信贷政策。这些办法实际上目前正在使用——并非毫无成功——虽然在特定环境中使用这些办法不能充分有效。因为只要仍旧像现在那样存在食品补贴,就不可能有巨大的预算盈余;因为就较高收入阶层情况而言,征税的可能性业已耗竭——在英国不再存在"税后富裕"的人;还因为较高的利率遇到显然不可克服的抵抗。但基本的困难在于过度消费,也就是,实际工资支出加上实际社会服务费用,一方面与只有目前生产力水平的英国经济的其他条件不一致,另一方面就是阻止生产力上升到较高水平的障碍。通常,这个问题总是以另一种较少令人不快的方式谈论的。英国的国际收支差额造成英国经济形势图像中的一个脆弱特征,所以在马歇尔援助时期中要达到的目标看来在于出口盈余,有了出口盈余将使英国重新加入世界经济,并保证做到英镑与美元的有效互相兑换。这样提出问题的方法不是错误的,错误在于相信它就是与我们的诊断不同的诊断。因为,为了达到这个目标,并能在没有外部援助和内部压力下保持它,就有必要使英国国内局势正常化,只要略加思考和具有初级经济学知识就足以明白这个道理。或多或少重商主义地利用英国国际地位的有利条件和调整进出口政策,的确可以有某些收获。最后,当目标已映入眼帘时,英镑贬值可以有助于越过达到目标的最后几步。但持久成功的基本条件在于以如下的方式调整她的经济过程:即要使她的经济在再次生产她国内消费需要的商品和生产准备支付她进口商品所需要的商品和劳务的同时,还能生产为国内外投资所需要的真正净盈余。但是没有消费的暂时性减少和生产的长期性增加,这个目标是达不到的;转过来说,没有不受欢迎的公共开支的减少和更不受欢迎的赋税负担的移转,上面两个条件不可能达到。

6.在衡量这个目标的内涵时,读者不难了解它所包含的政治问题的重要性。要达到的目标不论是什么,必须要在无数问题上运用困难的策略达到它。看来,有理由预测,任何地方,成功不会超出绝对最小的程度,因为眼前状况就是这样,每一个行动都将解释为工人某些既得利益的无偿牺牲;绝对最小成功不足以重新建立自由企业社会,不足以使它表明它有能力做些什么。如果需要这方面的证据,本世纪 20 年代经历的事实提供了充分证据。所以我们不能指望社会趋势的中断。对私人企业生动吸引力的向往不是不可能出现的,这点不但在保守党统治下如此,而且在工党统治下也是如此。但要是它真的出现,更多的是因为社会主义政策与战后盛衰不合逻辑的结合,而不是因为人们讨厌(不论逻辑上是否站得住脚)这些社会主义政策本身。

# 大步进入社会主义[①]

## I

为了使发生误解的危险降低到最小程度(这种误解在这次会议讨论一个主题时曾经出现过),我首先要在着手论述我的主题"目前通货膨胀压力状况对美国经济前景有何关系"之前,澄清几个初步论点。

1. 为了这篇论文的目的,我把(中央集权的)社会主义的定义规定为:不是由私人占有和经营企业,而是由国家当局控制生产资料、决定怎样生产、生产什么以及谁该得到什么的那种社会组织。因此,说大步进入社会主义,我们所指的就是把人民经济事务由私人



① 约瑟夫·熊彼特1949年12月30日在纽约美国经济学会上发表"大步进入社会主义"的演讲,他讲话不是根据准备好的手稿,而是根据他的摘记。他为学会公报把这些摘记改写成论文,在去世前一天晚上才差不多把这篇论文写完。他原望在第二天(1950年1月8日)去芝加哥华尔格林基金会发表演讲之前完成这篇论文稿。现在发表在这里的论文是它的初稿,和所有他的稿件一样,由他亲手书写,而且写得很仔细;但他没有机会作细微处的改正,也没有机会写完结尾几段文字。我们所作的校正工作主要是补上一些标点或偶尔遗漏的字,尽量保持原样不作更动,简短的结尾几段是由他的妻子根据他的摘记和她的记忆补上的。

领域转移到公有领域。虽然社会主义者和反社会主义者对于这个主题当然各有自己的想法,但几乎不可能设想,这种意义上的社会主义可以没有庞大的官僚机构来管理生产和分配过程,同样不可能设想,这样的官僚机构可以不受像我们今天具有的那种政治民主机关——议会或国会——和一批依靠竞选获得地位的政治官僚的控制。因而我们可以把大步进入社会主义与国家征服私人企业等同起来。经典社会主义学说把这个同样过程描述为"国家的消亡"而引起的表面上自相矛盾之处,若考虑到马克思主义关于政府的理论,就不难解决。进一步观察,社会主义并不排除行政意义上的分散决策,恰如一支军队的集中管理并不否定下属单位司令官的全部主动性一样。最后我们观察到,我们见解中的社会主义并没有必要——即根据逻辑上的必要——排除竞争机制的使用,如我们从兰格-勒纳模型中见到的那样。消费者选择自由和选择职业自由在社会主义中也许会受到限制,但不一定必然受到限制。



2. 我并不宣扬社会主义。我也不打算讨论它是否值得想望,不论这种讨论有什么意义。但更重要的是,要说得十分清楚,我对此决不作什么"预示"或预测。任何预测,如果企图超越诊断观察得到的趋势,和根据这些趋势本身的逻辑发展说明将产生什么结果,那就是超科学的预测。这种诊断和说明本身不等于预测或预知,因为在选择的观察范围以外的种种因素可能插进来阻止这些趋势逻辑发展的完成;因为社会现象完全不同于天文学家有幸面对的那种可以舒适观察的条件,在社会现象中,观察到的趋势即使允许它自发发展,也可能不止与一个结果相适应;因为现有趋势与各种抵抗力量相抗争,也许不能完整地发展为合乎逻辑的结果,也可能最终在半途“搁浅”。让我们逐点说明这个道理。

第一，在斯托雷平时代的俄国没有一个有能力的——当然也是充分超然的——观察家能够断定竟会出现朝向像列宁体系那样的趋势，或者说，事实上竟会出现绝非迅速的经济发展以及各项制度滞后与发展结果不能适应的情况。产生布尔什维克政权的是战争和随后的军事与行政的崩溃，对于这个事实，非科学的宿命论是全然不适用的。第二，为了简短起见，我谈到中央集权的社会主义只是因为它在我的论述中处于重要地位，其他可能性也不应该忽视。大家熟悉的我们自己工会做事的实情告诉我们，向某种形式基尔特社会主义的发展不是完全不可能。另外一些大家熟悉的事实告诉我们，有些观察得到的趋势，或者它们中的某几个，可能与根本不是社会主义的、至少不是本文采取的意义上的社会主义的社会改革诸形式是一致的。例如，按照教皇通谕《四旬斋的一年》的路线进行的社会改革，虽然推测起来只有在天主教社会，或天主教会力量足够强大的社会才是可能的，但它无疑提供了可以避开以“无限权力国家”来替代社会主义的方案。第三，大多数任何性质的观察得到的趋势会在完全实现前突然停止，因而，这个国家的社会主义政权如果曾想到触动一下受补助农民的独立性，确实将是十分勇敢的了。甚至“小工商业者”的地位，也可以证明非常强大，不是官僚机构能够征服的，所以有很大一部分比较次要的问题只有用妥协的办法含糊地处理了。

可是更重要的是另外一些事情。随着人们对经济的关心由私人领域转移到公有领域，许多造成这种转移的迫切要求得到全部或部分满足，因此这种趋势可能会失去它的势头。有些经济学家还会说，任何逐渐趋向中央计划经济的行动将为出现相反的发展提供机会，而后者可能对前者起制动作用。我没有时间解释为什么我认为这两种可能性都不很大的理由，尤其是，为什么相当重要的社会集团感到不利的结果更可能发挥推进作用，而不是发挥抑制作用——也就是说，不成功社会化的补救办法不是较少实行社会化而是更多地实行社会化。但就我们的目的而言，注意到以下的情形是极端重要的，即为了达到有利于私人企业生存下去的结果而提出的大多数论点，实际上并不否定存在朝向我们设想的那种社会主义的趋势，而只否定这个趋势将完整地成为现实。由于无人能驳倒这个可能性，论战有沦为言辞之战的危险，尤其是在十分重视言辞的美国，在那里，除了某些人数相当少的团体外，社会主义这个词不受欢迎，在那里，许多人喜欢这件事同时却不喜欢这个词，宁愿用另一个词——如自由主义——来替代它。[①] 因此作简单分类的打算似乎是必要的。



3. 相信资本主义制度趋向于毁灭其本身，中央集权的社会主义——有上面提到的限制条件——可能是它确定继承人的理由，我已经在别处说明过。这些理由可以简略和浅近地概括为四点。第一，实业阶级发展这个国家生产力的这个成就，以及这个成就为一切阶级创造新的生活标准这个事实，却自相矛盾地破坏了实业阶级的社会地位和政治地位，它的经济职能虽然没有陈腐得难以使用，却趋向于被废弃之中，并变得日益官僚主义化。第二，资本

① 由于明显的理由，在更多情况下，把共产主义一词（不是俄国所说的那种共产主义）作为社会主义同义词使用。

主义活动本质上是“理性的”，但它趋向于传播理性的心理习惯，趋向于破坏上下级之间的那种忠诚和习惯，而这些仍是生产工厂制度化了的领导权有效运行所必不可少的：完全以(法律上)平等的缔约各方间签订的自由契约为基础的任何社会制度，(并设想在这些社会制度中指导每个人的只是他自己短期的功利目标)是不可能行得通的。第三，实业阶级集中于工厂和办公室的工作，这种情况有助于造成一种政治体系和一个知识分子阶级，知识分子阶级的结构和利益产生独立于大型企业利益的态度，最后形成对这种利益抱敌视的态度。因而大型企业越来越没有能力抵御攻击保护自己，从短期看来，这种情况对别的阶级十分有利。第四，由于所有这一切的缘故，资本主义社会的价值体系，虽然是由于它经济上的成功建立的，但不但在公众心目中，而且对各色资本家本身，正在失去它的吸引力。不需多少时间——虽然比我能有的时间要多——就能表明，现代追求安全、平等和调节(经济工程学)的努力为何可以用这些话加以解释清楚。



要了解资本主义社会的这种解体过程已经走得多远，能使我们自己满意的最好办法莫过于观察实业阶级本身和大批经济学家(他们认为自己百分之百地反对社会主义，并一贯否认存在朝向社会主义的任何趋势)认定资本主义社会已经解体到什么程度。仅就后者而言，他们不但毫不怀疑、而且赞许地接受以下几点：(1)防止衰退或至少防止萧条的各种稳定政策，也就是由政府大量管理工商业的局势，即使它不是按照充分就业的原则。(2)“更大的收入平等的愿望”在做不到绝对平等时，很难确定它们准备走多远；与这个愿望有关，是实行再分配性的税收原则。(3)经常被反托拉斯口号合理化的各种各样的控制手段，如关于价格控制手段。(4)政府控制劳动力和货币市场，虽然控制的方式多种多样。(5)无限扩大需求的范围，这些需求现在或最终由国营企业予以满足，或者是免费的，或者是按照某种邮局的原则办理。(6)当然还有一切类型的社会保障立法。我相信，在瑞士的一座山上召开过几次经济学家的大会，大会不赞成上边提出的全部或大部分办法。但那些办法并没有引起强烈攻击。

如果你们认为我"不赞成"或者要想批判这些政策中任何一条，那就是对我论点的完全误解。我也不是标榜这些政策的全部或某几条是"社会主义的"那些人们中的一个。其中有几条，甚至在18世纪时已经为保守的甚至专制的统治者所采纳；另外几条已列入保守政党的党纲里，远在"新政时期"以前很久已付之实施。我想要强调的是，我们确实已经远离放任资本主义原则的这个事实，要强调的另一个事实是，很有可能发展和调整资本主义制度，以与真正社会主义计划相差无几的方式来制约私人企业的工作。我记得起的一些经济学家，他们无疑强调了他们认为可能持续下去的差别。他们并非全都同意安放他们可移动的折中方案的确切所在。但他们全都明白马克思未能明白的道理：一方面，资本主义机器巨大生产的可能性允许无限地提高群众的生活水准，辅之以种种免费服务，毋需完全"剥夺剥夺者"；另一方面，事实上可以在一定程度上剥夺资本家利益不至于使经济机器停顿，而经济机器在一定程度上可以按照劳动者的利益运行。他们发现这种劳动者资本主义的可能性后，继续得出的结论是，这种资本主义可能无限期地生存下去，至少在某种有利条件下是如此。情况可能如此，但这并不等于否定我的论点。资本主义并不仅仅意味着家庭主妇可以选择豌豆或大豆来影响生产；或者年轻人可以挑选他要去工作的工厂或农庄；或者工厂经理们在决定生产什么和怎样生产上有某种发言权。资本主义意味着一种价值体系，对生活的一种态度，一种文明——不平等的和家庭财产的文明，可是这种文明正迅速逝去。让我们每个人随自己意愿为这个事实欢欣鼓舞或悲叹哀悼吧；但不要让我们对它闭上眼睛。

一个真正的问题尚未解决。支持有利于劳工主义存在下去的各种道理的诊断完全沉重地依赖于推断目前社会生产力的惊人发展会继续下去。但这里存在一个令人怀疑的因素。过去的成就或多或少是自由资本主义的成就。不进一步认定劳工主义继续会有同样的表现就不能假定有同样的成就。我们不必接受停滞主义的论点，因为这个论点使人担心：如果加在私人企业制度身上的永久性负担和“控制”超过它忍受力的话，停滞主义的论点有可能最终成为事实。在这样的情形下，一种十足的社会主义解决办法甚至可能作为较轻的祸害强加在敌视社会主义者的头上。

## Ⅱ

从一种社会制度转变为另一种社会制度是一个不停顿的、其本身又是很缓慢的过程。对一位研究一段不很长“平静”时期的观察家来说，他看到的社会结构看起来好像根本没有变动。此外，这个过程常常出现倒退，看到这种倒退现象，可能使他认为是一种相反趋向。但我们也时时看到这种过程的加速现象，这种加速现象的最明显原因之一是大的战争。在过去，胜利的战争可以增加统治阶层的威望，增加与统治阶层有关的社会制度的力量，但在现代条件下情况不再是这样了。我们自己时代的第一次世界大战对美国形势的影响不大，因为战争的消耗和战争时间的延长都不足以留下永久性的标记。可是在欧洲，情况就不同了。在战败国里，社会结构着了火，倾向社会主义重建的潜在趋势浮现到表层上来证明它的存在，并在一个短时期内占据绝对优势。更加意味深长的是，在战胜国中，也发生类似的情形，当然规模要小得多。在法国，资产阶级共和国不能再像 1914 年前那样行使它的职能。在英国，虽然不是社会主义的，但受社会主义一派影响的工党勃然升起，它诚然没有执政，但至少进入了内阁。在这两个国家中，政界对私人企业的态度悄悄地经历了根本性的变化。

假定有一种朝着社会主义目标的预先存在的趋势，就不难理解这一点。虽然要求继续执行战争经济时期确立的政策的呼声并没有引起很大反响，虽然有一个时候公众对战时管制的怨恨阻止进一步推进这种政策路线，恢复战前政策证明是不可能的，即使在有人试图这样做的地方也不可能。英国的金本位政策及其最后的失败令人吃惊地证实了这一点：在不再是自由企业世界的世界里，金本位——这个不停地诉说不愉快真理的淘气孩子——拒绝发挥作用。

世界经济危机和第二次世界大战是外加的“加速剂”，这次它们又在美国表明自己的作用，它们制造了一种局势，使人们——正确地或错误地——感觉到这个局势不是推荐给自由企业时代人们的治疗法所能奏效的。实业阶级本身害怕应用那些治疗法所需要的各种“调整措施”，它接受——虽然自始至终喃喃抱怨——可以阻止1929至1933年旧事重现的细琐的管理办法，以后又接受可以防止1921年那样的战后危机的另一些办法。这个阶级在过去的四分之一世纪里学会的东西很多，没有学会的东西更多。它还接受新的财政负担，50年前这样负担的一小部分就会使它负担不了——顺便说一下，所有当时的主要经济学家都认为是不胜负担的。实业阶级接受或不接受这个新形势无关紧要。劳工力量本身几乎足够强大，加上它与其他事实上（如果不是口头上）背弃私人利润经济价值体系的集团结成联盟后力量更加强大，足以阻止超出偶尔削弱其粗糙锋芒的任何复旧。

让我再说一遍：我从不认为，任何单纯的“事件”，甚至“全面战争”那样重大的事件，或者由此造成的政治局势，或者个人或团体对这些局势所怀的态度或心情，能支配社会历史的长期面貌——它关系到一些更加深刻的力量。但我确实认为：此类事件以及由此产生的局势可以廓清更根本趋势发展道路上的障碍，否则这些障碍会绊住社会进化的步伐。请注意，这样说并不为严肃的社会主义者构成欢迎此类事件的理由。没有这类事件，向社会主义发展将会放慢但却更加稳定，很少可能出现倒退和难以控制的局势。国民生活各部分的发展将会协调得更加完善。因为，正如存在着一个有效的反对党是民主政府有秩序地行使其职能的一个必要条件，存在抵抗制度变动的各种经济力量，可能是使这种变动保持在安全限度内所必需的。

现在，使社会变动加速的最强有力因素之一是通货膨胀。有那么多的权威人士告诉我们，再也没有任何东西像通货膨胀那样破坏社会的基础，对这个命题没有必要详加论述。如果我们接受上面的论断，那么就可以从刚才所说的话说下去，根据所有可以想象的立场——只有不负责任的革命家的立场除外——战后调整国家经济过程最重要的办法就是制止出现进一步的通货膨胀。同时很清楚的是，在每个人都害怕此种政策的短期后果的地方，在必要的某些调整措施——尤其是提高先前受控制的物价而不提高货币工资——根本不是“政治上可能”①的地方，这是世上极端难办的事情。在这种环境中所采取的而且1945年后实际执行的一条明显的路线——在互相责备中实施，但仍得到大量同意——就是使用有控制的和平时期通货膨胀的手段来缓和过渡期间的困难，并通过军费开支和对欧洲援助政策，继续保持高水平的国家支出，使上述办法更加有效。实质上，这一切全达到了目的，因为大多数人都已明白——虽然不是所有经济学家都明白——强劲有力的经济发展所必然会引起大量投资需要的时期马上就要来到，而希望避免重大的动乱，希望美国经济将在一个缓慢上涨的物价水平上扩展，这种希望只要不发生另一次世界大战，不管国外发生什么变动，在一个时间内不是完全不合理的。



但这种类型的思路没有把预示不详的事实考虑进去。在不论是“自然的”或由高就业政策促成的高就业水平上（我们似乎终于放弃了充分就业口号），增加雇佣劳动货币成本的工资需求和其他需求变得不可避免并会引起通货膨胀，它们之所以不可避免，因为

① 另一条路线，即压低货币工资和物价，不但更少“政治上的可能”，而且更难不引起严重的经济萧条。

高就业水平失去了工资需求和其他需求不应提高的唯一理由。它们之所以会引起通货膨胀，是因为在高度利用资源情况下，向银行借款和向上调整价格为满足这些要求提供最容易的方法。虽然谈判仍和各别工会进行，而满足工资需求实际上是普遍的行动，所以我们正进入凯恩斯所说的境地，即货币工资率不再影响产量和就业，而只影响货币单位价值。只要工会领导和政府的情况像目前那样，任何东西都阻止不了这个过程——不包括由于某些企业的特殊形势所产生的例外——它意味着持续不断的通货膨胀压力。对国库不断提高的需求和我们特高的累征税制当然使这种局面更加严重，当然这种局面并不是它们造成的。

没有必要说明，像已经出现过的和还将发生的物价下跌，并不证明不存在通货膨胀的压力。即使不提战后农产品价格的变化和其他不言自明的事例，每次通货膨胀过程中都特有地出现这种物价下跌，这种情形可以用第一次世界大战后德国的通货膨胀恰当地加以说明。"受通货膨胀痛苦"的人们此时大声呼吁通货紧缩，与我们同时代的那些经济学家这时也呼吁收缩通货，他们曾持有通货紧缩的预后办法以改正过去的错误，无论如何，他们似乎没有能力预见除了通货紧缩以外的任何事物。但这是对美国产业生产力的称赞，因为是无心的所以更加真诚，关于我们社会受通货膨胀还是受通货紧缩的威胁，美国产业完全可能对此表示怀疑。



## III

持续不断的通货膨胀压力状态，从质的方面说，将产生削弱社会结构和加强起破坏作用的倾向的后果(不管怎么小心地用“自由的”词语包裹起来),每一个有能力的经济学家习惯于把这种后果归因于较触目的通货膨胀。但事实不仅如此。此外,对这样局势的某些标准补救办法不会缓和,甚至还可能加剧目前的局势。在我看来,人们似乎还没有充分理解这一点。所以让我们以最简短方式,谈一谈三种类型的补救办法。

1. 控制通货膨胀的全部办法中最正统的方法是通过利率或信贷配额之类的手段对借款数量采取行动。我当然充分理解,如果要达到的是自由企业经济意义上的正常状态,利率必须从低利率政策的控制下摆脱出来,对于每一个希望恢复这样正常状态的人来说,解放——或重建——自由货币市场必定是极端重要的一点。但这点不会改变这样一个事实,那就是目前限制性的信贷政策产生的后果将十分不同于旧信贷政策理论促使我们指望的那种后果。不附带任何条件地接受旧信贷政策理论——为方便论述起见——我们不禁要说,它适用于任何事物皆完全灵活可变的世界,而那个世界不怕我可以称之为补救性衰退的那种东西。在那样的世界里,提高利率被认为会减少工作量、货币工资和就业机会。这些后果目前肯定不会出现,万一出现这些后果,将立即引起政府采取行动以抵消其作用。换言之,信贷限制在目前除了增加工商业困难外达不到别的目的,甚至对消费者信贷的限制也有某种程度的同样后果,虽然在这个领域里无疑有某些事情可做。

2. 以增加税收的办法来控制通货膨胀同样是正统的补救办法,而且它是受否定信贷限制的现代经济学家欢迎的补救办法,但在它面前也有同样的困难。提高消费税可完成某种意图是十分确实的。在通货膨胀形势下这个办法甚至算得上良好的凯恩斯主义。但是，如果增加的是公司税和高收入阶层的所得税，对通货膨胀压力的作用充其量也很小，甚至可能产生相反的作用。因为，如果目前产业发展的速度要继续下去，从而目前设备报废率要继续下去，为弥补可使用的非通货膨胀集资手段的减少，不得不日益依赖通货膨胀性质的银行信贷。反过来，降低产业发展和设备报废的速度，的确可以减轻通货膨胀压力于一时，但从长期看却会增加通货膨胀的压力。①

3.第三种通常的补救办法是直接控制——限定物价，列出优先项目以及诸如此类的办法(包括补助金制度)。某些舆论为什么对这些办法如此喜爱是不需要在这里评论的问题。特别对官僚政治机构来说，重新采用这些办法等于再度征服已经丧失的地盘；对于工会来说，这意味着在争夺有利项目中取得决定性的优势；对工商业来说，这意味退路的丧失，因为在此之前，对它的大部分(即使不是全部)打击可以部分地(即使不是完全地)用物价调整来抵消。或者说，采用了这些办法至少将使工商业的退路要取决于政府的许可，没有理由相信政府会为获得改进生产机器的手段而给予这种许可。换言之，价格控制可能造成私人企业向政府当局投降，就是说等于向完全的计划经济跨出一大步。



① 我不难理解为何这个主张不能打动我们的激进朋友。但我坦率承认，我觉得很难理解某些卓越经济学家的立场，丝毫不能怀疑他们欢迎我们产业机器不能成功地运转，但他们认为在美国和英国，可以把降低产业投资作为制止通货膨胀可接受的办法之一。附带说，应当注意某些忠实的保守分子的意见，他们认为推行高额和高度累进的税制可能有助长通货膨胀的危险，而(在恰当场合)降低税收则可能减少通货膨胀的危险，这个意见不一定应受它常常受到的嘲笑。

[到这里，约瑟夫·熊彼特停止了把演讲摘记改写成文的工作。听过他这篇演讲的人会记得，在演讲末尾，他几乎没有时间回过头来谈谈开场时提到的有关问题，只是极简短地总结一下在现存政治条件下这个国家的经济未来和目前通货膨胀压力状况。他"极端简略"地提到的某几个论点，可以在《资本主义、社会主义与民主》的美国第2版或英国第3版，或者在1948年6月号《全国商业》杂志刊登的《还有时间制止通货膨胀》一文中找到比较详尽的论述。

以下几段是根据回忆和根据演讲的摘记整理出来的。]

我并不假装有能力预言；我仅仅辨明事实并指出那些事实表明的趋势。

持续的通货膨胀压力对于官僚政治结构最后征服私人企业制度能够发挥重要作用——由此产生的磨擦和僵局归咎于私人企业，并作为进一步限制和管理私人企业的论据。我并不是说，任何集团有意识地执行这条路线，但执行一条路线达到一个目的从来不是完全有意识的。非常可能出现一种局势，在这个局势中大多数人将认为完全的计划经济是可能造成的所有祸害中最小的祸害。他们当然不会称这种局势为社会主义或共产主义，推测起来，他们在计划中可能为农民、零售商人和小工厂主作出某种例外的规定；在这种环境下，作为价值体系、生活方式和一种文明的资本主义（自由企业制度）也许不值得人们操心了。

美国大规模生产的才能（对这种生活方式所抱的乐观情绪完全依托在过去这种才能的表现上）能否经得起这种考验，我不敢肯定；造成这个局势的种种政策有没有可能颠倒过来，我也不敢肯定。

马克思断定资本主义崩溃的方式是错误的;但他预言资本主义最终瑟将崩溃并没有错。停滞主义者对资本主义进展停滞原因的诊断是错误的;但他们诊断——即使有国家部门的充分帮助——资本主义发展会停滞,看来可能还是正确的。①

1949 年 12 月 30 日

① 本文为美国经济学会的《论文与记录汇编》(1949 年 12 月)而写,现得到该学会允许重印于此。

# 第 一 篇

# 马克思的学说

# 前　言

大多数智力或想象力的创作，经过短的不过饭后一小时，长的达到一个世纪的时间，就永远消失了。但有一些创作却不是这样。它们遭受几度隐没，复又重现，它们不是作为文化遗产中不可辨认的成分而重现，而是穿着自己的服装，带着人们能看到的、摸到的自己的瘢痕而重现。这些创作，我们完全可以称之为伟大的创作——这个把伟大与生命力联结一起的称谓不会不恰当。从这个意义上说，无疑这伟大一词适合马克思的理论。把几度复活解释为伟大还有另一个好处：这样解释可以独立于我们的爱憎之外。我们不一定要相信，一个伟大的成就必然是光明的来源，或者根本主旨或细节上必然毫无缺陷。相反，我们可以相信它是黑暗的力量；我们可以认为它是根本错误的，或者不同意它的一些特殊论点。就马克思的理论体系而言，这样的反面评价甚至正确的驳斥，不但不会给予它致命的伤害，只会有助于显示出这个理论结构的力量。

过去20年出现了最令人感兴趣的马克思理论的再度流行，以至于这位社会主义教义的伟大导师在苏俄得到他应得的荣誉就不足为奇了。这样的加圣号过程存在着唯一的特征，那就是在马克思理论的真正意义和布尔什维克实际行动和思想意识中间有一条鸿沟，它至少有卑谦的加利利人的宗教与红衣主教或中世纪好战领主的实际行动和思想意识之间的距离那么大。

可是它在另外一个地方的再度流行就较难解释了，那就是马克思主义在美国的再度盛行。这个现象之所以令人感兴趣，是因为20世纪前，在美国的劳工运动中或在美国知识分子思想中均不存在马克思主义的重要种子。那时候的马克思主义一直是肤浅的、无意义的和没有声望的。此外，布尔什维克类型的复活在过去最盛行马克思学说的那些国家里没有产生同样的迸发。特别在德国，它是所有国家中马克思主义传统最强烈的国家，在第一次大战后的社会主义兴旺时期，那里实际上有一个小小的正统派和以前萧条时一样继续存在。但社会主义思想的领导人（不仅指与社会民主党结成同盟那些人，而且也指在实际问题上走得远远超过该党谨慎保守主义的那些人）显露出没有多少兴趣恢复老教义；虽然崇拜这个神祇，却十分小心地与它保持距离，并和别的经济学家完全一样地讨论经济问题。因此，在俄国以外，美国现象是独特的。我们并不关心它的原因。但值得花时间探讨一下如此众多的美国人把它作为自己信条的这个理论的轮廓和含义。①



① 本书提到马克思著作的地方将限于最小程度，对于他的生平也不提供什么资料。看来这样做是必要的，因为任何希望有一份他著作清单或知道他生平概况的读者可以从任何词典，尤其可从《不列颠百科全书》或《社会科学百科全书》中找到他所需要的一切。对马克思的研究，最方便的是从《资本论》第一卷（1886年恩格斯编辑的S.穆尔与E.艾夫林合译的第一本英译本）开始。尽管有大量新近的著作，我仍旧认为F.梅林的马克思传记是最好的，至少从一般读者的观点来看是这样。

# 第一章　先知马克思

我允许与宗教界相似的名词闯入本章的标题不是由于疏忽，而是有超出比拟的道理。在一个重要意义上，马克思主义是一种宗教。首先，对它的信徒来说，它提出体现生活意义的一套最终目标，这些目标是判断事物和行动的绝对标准；其次，它提出达到这些目标的指导，那就是一个救世计划和指出人类或人类中经过挑选的一部分人可以免除的罪恶。我们可以进一步详细说明：马克思的社会主义也属于允许在人世间建立天堂的宗派。我相信，一个圣典学家对这些特征的系统阐述将给人们分类和评述的机会，而这样的分类和评述比单纯经济学家所说的任何理论可能会远为深刻地挖掘出马克思社会学的本质。



上面所说道理中最不重要的一点是，它解释了马克思主义成功的原因。[①] 纯粹的科学成就，即使比马克思的成就远为完美，决计得不到属于他的历史意义上的不朽。对方装备党派口号的武库也做不到这一点。他成功的一部分，即使是很小的一部分，确实应归功于他交给他的信徒的可以在任何讲台上现成使用的许多白热的言

① 马克思主义的宗教性质从正统马克思主义者对反对者的特别态度上也看得出来。对于他，如同对于任何宗教信徒一样，反对者不仅仅犯了错误而且犯了罪。不但从理论上驳斥他，而且从道德上责备他。一旦真理昭示，反对者不能再得到宽恕。

词、热情的控诉和愤怒的姿势。在这方面需要说的是，这批弹药过去曾经、现在还在很好地为它的目的服务，但是弹药的生产也带来不利：为了铸造在社会斗争舞台上使用的那种武器，马克思有时不得不歪曲或偏离从他理论体系逻辑地引申出来的主张。无论如何，如果马克思只是一个空泛的布道者，到现在他早已默默无闻了。人类不会感谢那种服务，会很快忘记为政治歌剧写歌词者的名字。

但他是一位先知，为了弄懂这个成就的性质，我们必须在他自己时代的背景中理解它。当时是资产阶级成就达到高峰、资产阶级文化落入低谷而机械唯物主义盛行的时代，当时的文化环境还没有透露出新艺术和新的生活方式已经孕育在它的母胎里的信号，仍放纵在最可厌的陈腐之中。社会与所有阶级急剧地消失任何真正意义上的信仰，与此同时，唯一的一线光明（从罗奇代尔态度[①]和储蓄银行发出的除外）在工人世界中熄灭了，而知识分子则声称他们对穆勒的《逻辑学》和济贫法甚为满意。



现在，马克思主义关于社会主义人间天堂的学说，对于千百万人的内心意味着一道新的光线和新的生活意义。如果你愿意，可以叫马克思主义宗教为冒牌货，或者是一幅对信仰的讽刺画——对这个看法有许多话可说——但不要忽视或者不去称赞这个成就的伟大。不要介意这千百万人中几乎全部不能懂得和正确评价这个教义的真正意义。那是所有教义的命运。重要的是教义已经构想出来，并以当时具有实证主义思想的人可以接受的方式传播开去——这种思想本质上无疑是属于资产阶级的，说马克思主义基

① 罗奇代尔是英国合作事业的诞生地。——译者

本上是资产阶级思想的产物并不荒谬——做到这一点有赖于，一方面要以无比巨大的力量系统阐述受挫败和受虐待的感情（这是许多不成功者自我治疗的态度），另一方面要宣称社会主义解救那些痛楚的肯定性经得起理性的检验。

看吧，这里最高超的艺术如何成功地把二者交织在一起，一个衰落的宗教任其像丧家之犬那样跑来跑去的超理性渴望，另一个是不容忍任何没有科学或只有伪科学内涵信条的当时必然出现的理性主义和唯物主义的倾向。宣讲今后目标不会有效果；分析社会发展过程只能使几万个专家感兴趣。但穿上分析的外衣宣讲，着眼于深切的需要进行分析，这就是马克思主义者得到人们热情皈依和最高奖励的原因，它使人们深信，他信仰的和支持的东西绝不会失败，必然在最后取得胜利，当然，这个成就的原因还不止于此。个人的力量和先知的闪光，独立于教义力量以外而起作用。没有它们就无法有效地启示新的生活和新的生活意义。但在这里，这点与我们无关。

关于马克思试图证明社会主义目标的不可避免性的说服力和正确性还必须说上几句。但是关于上文所说他对许多失败者的感情所阐述的东西只需一句话就足够。这的确不是对有意识或下意识实际感情的真实阐述。我们宁可称它是以社会进化逻辑的真实或虚假的启示来代替实际感情的一种企图。由于他这样做了，由于他把自己的术语"阶级意识"很不现实地说成是群众自发的，他无疑歪曲了工人的真实心理（工人心理主要想成为小资产阶级，希望政治力量帮助他达到那个地位），但一旦他的教导起了作用，他也就扩张它和拔高它。他不曾为社会主义理想的美人一洒感伤之泪。这是他自称强于他称为空想社会主义者的优点之一。他也不称赞工人为日常辛劳操作的英雄，而资产阶级在担心分不到他们红利时倒喜欢这样做。有一些他的较差的追随者，具有十分明显拍工人马屁的倾向，而他从不这样做。他也许非常了解群众的特点，他的目光注视社会目标，远远高于群众，超越群众所想所要的境界和目标。他还从不以他自己所定的任何理想教导群众，这样的虚夸作风是他不曾想到的。正如每一个真正的先知都说他自己是上帝的卑微的代言人一样，马克思同样只宣讲历史辩证过程的逻辑。这一切显示出来的尊严能抵消许多褊狭和粗俗的缺点，在他的著作和生活中，这种尊严与这些缺点形成十分奇怪的结合。

最后另外还有一点也应该提到。马克思个人教养极深，不会同意那些粗俗社会主义教授们的意见。那些人见了神殿却不认识。他完全能够理解一种文化和这种文化价值的“相对的绝对”价值，不管他觉得他自己离开它多么遥远。在这方面，《共产党宣言》为他的胸襟广阔提供了最好的证明，这个宣言不乏称赞资本主义光辉成就的叙述①；即使在宣布资本主义未来死刑的时候，他也从



① 这句话看来是夸张，让我们从权威的英译本中摘录一些话：“资产阶级……首次证明了，人类的活动能够取得怎样的成就。它创造了同埃及金字塔、罗马水道、哥特式教堂根本不同的艺术奇迹；……资产阶级……把一切民族……都卷入文明……它创立了规模巨大的城市，使城市人口比农村人口大大增加了起来，因而使很大一部分居民脱离了乡村生活的愚昧状态……资产阶级争得自己的阶级地位还不到一百年，它所造成的生产力却比过去世世代代总共造成的生产力还要大，还要多。”鉴于提到的所有成就都单独归功于资产阶级，这比许多彻底资产阶级经济学家所说的还要多。这是我说上面这段话的全部意思——完全不同于今日粗俗化的马克思主义的观点或现代非马克思主义激进派凡勃伦的废话，让我现在就说清，我将在第二篇关于资本主义成就里要说的意思。

不否认它在历史上的必要性，当然，这个态度暗示马克思本人不愿接受的许多东西。但是，由于他的历史理论给予事物有机逻辑观念一种特殊的表达，这种态度无疑加强了他的地位，也使他更容易采取这种态度。在他看来，社会事物是有一定秩序的，在他一生的某些关键时刻，不管他可能多像一个咖啡馆阴谋家，他真实的自我却厌恶这类事情。对他来说，社会主义不是抹煞所有其他生活色彩，并制造对其他文明怀有不健康和愚蠢的憎恨的偏见。因之，在不止一种意义上，有理由把由他的根本立场融合一起的他那种社会主义思想和社会主义意志称为科学社会主义。

# 第二章　社会学家马克思

现在我们必须做一件使信徒非常不愉快的事情。他们自然不满意有人对他们认为是真理之源的东西进行冷酷的分析。但最使他们憎恨的一件事是把马克思的著作分解成片断，逐一加以讨论。他们会说，这个行动表明资产阶级没有能够领会辉煌的整体，这个整体的每一部分相互补充和解释，因此一旦以任何一个部分或方面被分开来单独考察时，真实的意义就失掉了。但我们别无选择。我冒大不韪，谈论先知马克思之后又谈论社会学家马克思，我既无意否定存在社会见解的统一性（它成功地给马克思著作以某些程度的分析统一性和更多的统一外表），也无意否定这个事实，即它的每一部分不论本质上怎么独立，都由作者使它与别的部分相互关联。但这巨大领域里的每一部分仍保有足够的独立性，使学者可能接受这一部分中他的劳动成果，同时舍弃另一部分中他的劳动成果。在这个过程中，许多宗教性的魅力消失了，但由于抢救了重要而激动人心的真理而有所收获，这个真理本身要比如果它被缚在绝望的遭难船上要有价值得多。

这一点首先适用于马克思的哲学，关于他的哲学我们三言两语就可以一劳永逸地不再加以议论。像他那样受过德国训练具有思辨头脑的人，他对哲学有完整的基础和热烈的兴趣。那种德国式的纯哲学是他的出发点和青年时的爱好。有一段时间他认为研究哲学是他真正的使命。他是一个新黑格尔派人，所谓新黑格尔派大致上就是在接受老师的基本态度和方法的同时，他和他的同志舍弃黑格尔许多门徒加给黑格尔哲学的保守主义解释，代之以他们的许多相反见解。这种背景情况在他所有的著作中只要有机会就表现出来。他的德国和俄国读者由于相类似的思想倾向与训练，他们首先抓住这个要素，把它作为理解马克思思想体系的关键，就不足为奇了。

我相信这样说是一个错误，是对马克思的科学力量的不公正。在他的整个一生中，他保持他早年的爱好。他喜欢某些形式上的类似，这种类似可以在他与黑格尔的论点中找到。他喜欢证明他的黑格尔主义，喜欢使用黑格尔的术语。但事情仅止于此。他在任何地方都没有背叛实证科学去玩弄形而上学。在《资本论》第 1 卷第 2 版的序言中，他自己就这样说过，他在那里说的都是真的，分析他的论据可以证明他并不自欺，而他的论据在任何地方都以社会事实为根据，他的主张的真正来源，没有一个出自哲学领域。当然，本身只从哲学方面出发的评论家或批评家做不到这一点，因为他们不完全懂得其中包含的社会科学。此外，哲学体系建立者的癖好使他们只知道根据某个哲学原理的解释反对任何其他解释。所以他们把哲学看做对经济事实的最实事求是的陈述，由此把讨论岔到错误的轨道上去，把朋友和敌人同样带上错路。

社会学家马克思进行工作的手段主要是广泛掌握历史和当代的事实。他对当代事实的知识常常显得有点过时，因为他是最有书卷气的人，因此，有别于报纸上资料的基本资料到达他那里时往往稍晚。但他那个时候的任何具有一般重要性和影响的历史著作他几乎都看过，虽则有许多专门文献逃过了他的眼睛。虽然我们不能像称赞他在经济理论领域中的博学那样称赞他在这个领域见闻的完备，但他还是能够不仅使用巨大的历史图景而且也能使用种种历史细节来说明他的社会见解，他使用的大多数历史细节的可靠性都高于而不是低于他那个时候其他社会学家的水准。他用穿透乱七八糟不规则的表层深入历史事物的宏伟逻辑的眼光抓住这些事实。要做到这样，不仅要有热情，不仅要有分析的劲头，而且必须两者兼备。他试图系统阐述那个逻辑的成果，即所谓经济史观①无疑是迄今社会学最伟大的个人成就之一。在这个成就面前，究竟这个成就是否完全首创，有多少荣誉应部分地给予德国和法国的先辈们，这些问题就成为无关紧要的了。

经济史观并非指人们有意识或无意识地，完全地或主要地受经济动机的驱使。相反，非经济动机的作用和机制的解释以及社会现实如何反映在个人精神上的分析是这个理论的重要成分，也是它最有意义的贡献之一。马克思并不认为，宗教、哲学、艺术流派、伦理观念和政治决断可以简化为经济动机，或者无关紧要。他只是试图揭示造成它们、并成为它们兴衰原因的经济条件。全部马克斯·韦伯的事实和论点②完全符合马克思的体系。社会集团和阶级以及它们自认本身存在的地位和行为的方式，当然是马克思最感兴趣的事情。他对按表面价值接受那些态度及其浮夸辞令



① 第一次发表在对蒲鲁东《贫困的哲学》的毁灭性攻击的著作中，题为《哲学的贫困》(1847 年)。另一次的阐述包括在《共产党宣言》(1848 年)里。

② 这里指韦伯对宗教社会学的研究，特别指他著名的著作《新教伦理和资本主义精神》，此文收在他的全集里。

(意识形态或如帕累托所说的衍生物),并试图用它们解释社会现实的历史学家发泄了最暴烈的愤怒。但是,如果说在他看来,思想或价值不是社会过程的主要推动力,它们也不是毫无作用的。如果我可以使用比拟的话,它们在社会机器里具有传动带的作用。我们还不能谈论这些原则最有趣的战后发展——知识社会学,[1]它会提供用以解释这个问题的最好例证。但必须把这个问题说透,因为马克思在这方面一直受到误解。甚至他的朋友恩格斯,在马克思墓前的演说中,也把这个理论的确切含义解释为个人和团体主要受经济动机的支配,这个解释在某些重要方面是错误的,在其余方面也平凡得可怜。

当我们说到这点时,我们也可以保卫马克思免受另一种误解:经济史观一直被称为唯物史观。马克思自己也这样称呼它。这种用语大大增加它在某些人中的声望,而在另外一些人中却大不受欢迎。但这个称谓完全没有意义。马克思的哲学不比黑格尔的哲学更加唯物主义,他的历史理论也不比任何其他运用经验科学方法说明历史过程的尝试更加唯物主义。应该明白,这在逻辑上是和任何形而上学或宗教信仰相容的,恰如世界的任何自然图景与它们相容一样。中世纪神学本身提出了可能建立此种相容性的一些方法。[2]



---

① 知识社会学的德语是 *Wissenssoziologie*。应该提到的最好作家是马克斯·谢勒和卡尔·曼海姆。后者在德文《社会学词典》中关于这个主题的文字,可作入门作品读。

② 我曾碰到几个天主教激进分子,全是虔诚的天主教徒,其中有一个是神父;他们都具有这个观点,事实上他们宣称自己在任何方面都是马克思主义者,除了有关他们信仰的事情。

这个理论的真正含义可以归纳为两个命题：(1)生产形式或条件是社会结构的基本决定因素，而社会结构则产生各种态度、行动和文化。马克思以著名的陈述说明他的意思，即“手工磨坊”造成封建社会，而“蒸汽工厂”造成资本主义社会。这个说法把技术要素强调到危险程度，但理解了单纯技术不是一切，它还是可以接受的。通俗化一点儿说(并认识到通俗化使我们会丧失许多意义)，我们可以这样说，我们的日常工作形成我们的思想，我们在生产过程中所处的地位决定我们对事物——或我们看到的事物的各方面——的看法，并决定我们每个人可以支配的社会活动范围。(2)生产方式本身有它们自己的逻辑；也就是说，它们根据内在的必然性而变化，以致只凭它们自己的作用就产生它们的继承者。用马克思的同一例子说明：以“手工磨坊”为特征的生产体系造成一种经济和社会形势，在这个形势里，采用机器方法磨粉成为实际的必然性，这种必然性是个人或集团无力改变的。“蒸汽工厂”的出现和运作转过来造成新的社会职能与社会地位、新的集团与观点，这些新东西发展壮大相互作用，以致冲破和舍弃它们自己的框架。那么，在这里我们有了推进器，它首先是经济变化的原因，由于经济变化，又成为任何社会变化的原因。这个推进器动作本身不需要任何外来的推动力。

这两点无疑包含大量真理，在我们以后的叙述中它们还要多次出现，它们是非常宝贵的假设。大部分流行的反对意见全都彻底失败，如针对伦理或宗教因素影响的反驳，或已由爱德华·伯恩斯坦以可爱的单纯提出的那个反对意见(他断言“人有头脑”，因而能根据他们选择的去做)。说了上面这些话以后，几乎不需要详述这种论点站不住脚的地方。当然，人们可以“选择”的行动路线不是受环境的客观事实直接强制决定的，但他们根据他们的立场、观点和癖好来进行选择，而他们的立场、观点和癖好并不构成另一组独立的事实根据，它们本身都是由那套客观事实根据构成的。

可是，这里产生一个问题：经济史观是否不仅是个方便的近似法，必须认为它运用在某些事例要比在其他事例中较难使人满意。一个明显的限制条件从一开始就出现了。社会的结构、类型和态度是不容易熔化的铸币。它们一旦成形，会持续下去，可能长达数世纪之久，因为不同的社会结构和类型显示不同程度的这种生存能力，所以我们几乎总会发现，一个集团和一个民族的实际行为与我们应该期望的根据生产过程主要形式推断的行为有或多或少的距离。虽然这个情况十分普遍，但只有在一个高度持久的结构整个从一个国家转移到另一个国家时看得最清楚。诺曼征服西西里在当地造成的社会形势，可以说明我所说的意思。这样的事实马克思不会忽略，但他几乎不理解它们的全部含义。

一个有关的事例具有更不吉利的意义。看一下六七世纪时法兰克王国封建型地主私有制的出现吧。这当然是极其重要的事件，它形成延续许多世纪的社会结构，也影响包括需求与技术在内的生产条件。但它最简单的解释可以从明确征服新领地后变成封建领主的家庭和个人（仍保有军事领导职能）先前担任的军事领导职能中找到。这并不完全吻合马克思的公式，而且很容易被解释为指向不同的方向。这种性质的事实无疑也可以借助于辅助性假设使其符合命题，但插入这样假设的必要性通常是一种理论告终的开始。

以马克思主义公式解释历史的尝试过程中会产生许多其他困难，这些困难能够以承认生产领域和其他社会生活领域之间存在某种程度相互作用而得到解决。[①] 但环绕这个公式周围的基本真理的魅力明确地依靠它所断言的单程关系的精确和简单。如果做不到这一点，经济史观将必定处于与其他类似命题同等地位，成为许多局部真理之一，否则就让路给能够说出更多基本真理的理论。可是它作为一种成就的地位，或者作为一种有用假设的方便性，不会因此受到损害。

对信徒来说，当然它简直就是揭开人类历史全部奥秘的万能钥匙。如果我们有时感到想嘲笑有人对它作相当天真的应用，我们应该想到被它取代的是哪种论点。即使经济史观的跛子姐妹——马克思的社会阶级理论，当我们记起这一点时，就变得较易理解了。



再说一遍，首先它是我们必须记录下来的一个重要贡献。经济学家认识社会阶级现象令人奇怪地缓慢。当然，他们经常把各种力量分成不同阶级，这些阶级相互作用，产生他们加以研究的过程。但这些阶级几乎就是显示某种共同性的一批批个人，例如把某些人归类为地主或工人，因为他们占有土地或出卖他们劳动的服务。可是，社会阶级不是分类观察家的创造物，而是这样存在的活生生的实体。他们的存在必然有种种后果，而把社会看做是个人或家庭无定形的集合体的公式完全看不到这种后果。在纯经济理论领域的研究中，社会阶级现象究竟有多大重要性，是完全可以

① 在他的晚年，恩格斯直率地承认这一点。普列汉诺夫在这方面走得更远。

讨论的。它在许多实际应用上和对于一般社会过程的所有较广泛方面是十分重要的，这点无可怀疑。

粗略地讲，我们可以说，在《共产党宣言》包含的社会历史是阶级斗争历史的那句名言里，社会阶级这个概念初次露面。当然，这是把这个概念放在最高地位上。但是，即使我们压低它，改口说历史事件经常可以用阶级利益和阶级态度来解释，现有的阶级结构在解释历史中常常是重要因素，仍有足够的理由使我们有权利说，它是和经济史观本身有差不多价值的概念。

很清楚，由阶级斗争原理开辟的前进道路上的成功依赖于我们自己作出的特殊阶级理论的正确性。我们对历史的描绘和我们对各种文化模式以及社会变化机制的所有解释，将根据我们选择的理论的不同而不同。例如选择种族的阶级理论，就像戈比诺那样把人类历史归结为种族斗争的历史，或者选择施莫勒或涂尔干式的劳动分工的阶级理论，把阶级对抗分解为职业集团利益之间的对抗。分析中可能出现差异的范围不限于阶级的性质问题。不论我们对此持什么观点，根据阶级利益的不同定义①和关于阶级行动怎样表现的不同意见，就产生不同的解释。这个主题至今是产生偏见的温床，还没有达到它的科学阶段。

十分奇怪的是，就我们所知，马克思从未系统地阐明显然是他



① 读者将能察觉到，一个人关于阶级是什么和关于什么促使阶级存在的观点并不能独一无二地决定那些阶级的利益是什么，和每一阶级将怎样根据“它”——例如阶级领导人或一般群众——所认为或感到（长期的或短期的，正确的或错误的）是它的利益所在而行动。集团利益问题充满它自己的荆棘和陷坑，完全与研究中的集团性质无关。

思想枢纽之一的东西。很可能他推迟这个工作直到为时过晚，显然是因为他的思想专注于阶级概念，使他不觉得完全有必要花力气对此作明确的陈述。同样可能的是，有关这件事的某几个问题，在他自己的思想里尚未解决，他趋向成熟的阶级理论的道路被某些困难堵住了，这些困难是由于他对这个现象坚持一个纯经济的和过分简单化的概念从而为自己制造的。他本人和他的门徒都把这个未成熟的理论应用于特殊事例，他自己的《法兰西阶级斗争史》是这种情况的突出例子。[①] 除此之外，没有得到真正的进步。他的主要合作者恩格斯的理论是劳动分工型的理论，它的涵义基本上不是马克思主义的。除此之外，我们只有一些间接说明和概略——其中有一些具有惊人的力量和光辉——散布于这位大师的全部著作，特别在《资本论》和《共产党宣言》中。



把这些片断拼合在一起的工作是棘手的，不能在这里尝试。但基本思想足够清楚。划分阶级的原则在于占有生产手段的所有权或被排斥在所有权之外，如厂房、机器、原料以及列入工人预算的消费品。这样，我们基本上有两个而且只有两个阶级。那些占有者即资本家，那些一无所有被迫出卖劳动的，即劳动阶级或无产阶级。当然不能否定存在二者之间的中间集团，如由雇用劳动但也参加体力工作的农民或手工业者组成的集团，由职员和自由职业者组成的集团；但它们被当作不正常的集团，将在资本主义发展过程中趋向消失。这两个基本阶级，由于它们所处地位的必然性

① 另一个例子是以后将提到的社会主义者的帝国主义理论。O. 鲍尔有趣地试图以资本家与工人间的阶级斗争来解释居住于奥匈帝国内各不同民族间的对抗（《民族问题》，1905 年），也值得一提，虽然分析者的技术只表明他所用工具的不适合。

和完全独立于个人的任何意志，本质上彼此对抗。每个阶级内部的分裂和阶级内各小集团的冲突发生了，这甚至可能具有决定性的历史重要性。但在最后分析中，这样的分裂和冲突是偶然的。唯一不带偶然性而是资本主义社会基本结构中所固有的对抗，是建立在生产手段的私人控制上：资产阶级和无产阶级间关系的真正性质是冲突——阶级斗争。

如同我们即将了解的那样，马克思试图表明，在阶级斗争中资本家如何彼此毁灭并最后毁灭资本主义制度。他还试图说明，资本占有如何导致进一步积累。但这样的论辩方式以及把占有某些物品视为社会阶级特征的那个定义只有利于增加“原始积累”问题的重要性，也就是说，只有利于增加资本家最初如何成为资本家或者他们怎样获得如马克思理论所说为了能够开始剥削所必要的那批商品这个问题的重要性。在这个问题上，马克思说得很不明确。[①] 他轻蔑地驳斥“资产阶级养成所”这个童话所说的：某些人（而不是其他人）过去变成，现在仍旧天天在变成资本家，是因为他们在工作中和在储蓄上有超人的智慧和精力。他讥笑这个好孩子的故事是经过深思熟虑的。因为，犹如每个政治家所知，引起一场哄笑肯定是埋葬掉令人不舒服的真理的极妙办法。每个以无偏见的眼光正视历史和当代事实的人，都不会看不到这个孩子的童话虽然远远没有说出整个真理，却说出了大量真理，过人的智慧和精力十有八九是事业成功特别是建成事业的原因。在资本主义和每一个个人企业的初创阶段，储蓄不论过去和现在都精确地是创业



① 见《资本论》第1卷，第26章，“原始积累的秘密”。

过程的重要要素，虽然不完全像经典经济学所说明的那样。确实，一个人通常难以靠工资或薪金储蓄的资金装备他的工厂得到资本家（工业雇主）的地位。巨额积累来自利润，因而先得有利润——事实上这是区别储蓄和积累的正确理由。创办企业需要的资金通常靠借用他人的储蓄（储蓄由无数小宗款项形成是容易说明的）或者依靠银行为供未来企业家使用而积集的存款。不过，后一个来源的确可以说是惯例：他储蓄的作用是使他不必为每天的面包天天做苦工，给予他休息时间以便考虑问题，使他能制订计划取得合作。因此，作为经济理论而言，当马克思否定储蓄具有经典经济学家归属给它的作用时，他有实际的理由，虽则他把它说得过分了。只是他由此作出的推论没有同等的理由。要是经典经济学理论正确的话，那种哄笑很难证明它有比它应得的更多的理由。[①]



但这场哄笑的确有其作用，有助于为马克思另一种原始积累理论廓清道路。可是这另一种理论不像我们希望的那样明确。对群众的暴力、抢劫和征服的理论，征服便利于他们的掠夺，而掠夺的结果反过来又促进征服，这当然是对的，极妙地吻合各种类型知识分子共同具有的思想，而且在今天比在马克思当年更加吻合。但它显然没有解决某些人怎样获得制服人和掠夺人的权力的问题。通俗的作品不为此操心。我不会想到从约翰·里德的著作里

① 我不想一直强调，虽则我必须指出，甚至古典经济学理论也不像马克思声称的那么错误。最严格意义上的“储蓄”不是不重要的“原始积累”的方法，尤其在资本主义的早期。此外，还有另一种和它同类的虽然不是完全相同的办法。17世纪和18世纪时，有许多工厂只是一个人的双手就能搭起来的工棚，只要极简单的设备就可以开工。在这样的例子里，未来资本家的体力工作加上很小一笔储蓄资金就是所需要的全部东西了——当然还要有头脑。

找到这个问题的答案。我们在讨论马克思对这个问题的看法。

现在，至少有一个近似的解决办法由马克思全部主要理论的历史特性提出来了。对他来说，资本主义出生的社会的封建状态不仅仅是事实，而且对资本主义逻辑是极端重要的。在这种情况下，当然也出现关于社会阶级形成的原因与机制这样一个相同的问题，但马克思实质上接受了封建主义是暴力统治这种资产阶级观点①，认为群众在这种统治下受压迫和剥削是既成事实。主要为资本主义社会条件设想出来的阶级理论扩充到它的封建先辈身上——犹如资本主义经济理论的许多概念一样。② 某些最棘手的问题都被偷偷丢到封建的院落里，然后以已经解决的状态，以可靠事实的形式，重新出现于资本主义模式的分析中，封建剥削者不过是由资本主义剥削者来替代罢了。在封建领主实际上转化为产业家的那些事例中，单是这一点便能解决遗留下来的问题。历史证据给予这个观点一定程度的支持：许多封建领主，特别在德意志，事实上建造并经营工厂，常常从他们封建地租那里取得资金，从农业人口（不一定，但有时是他们的农奴）那里得到劳动力。③ 在所有其他事例中，可以用来充塞裂口的材料显然很差。表明这种形

① 马克思以外的许多社会主义作家对暴力要素和控制实施暴力的物质手段的解释价值，表示出无批判的信任。例如，费迪南·拉萨尔在解释政府权威时，除了大炮和刺刀外，几乎没有提出什么东西。我觉得迷惑不解的是，这么多人竟会看不到这样一种社会学的弱点，看不到这样的事实，即说权力导致控制大炮（和愿意使用大炮的人），显然要比说先控制大炮然后产生权力要正确得多。

② 这是马克思学说和K.罗德贝图斯学说相类似的一点。

③ W.桑巴特在其《现代资本主义理论》的第1版中，试图充分利用那些事例。但他把原始积累整个以地租积累为基础的企图表明是毫无希望的，这点桑巴特本人最后也认识到了。

势的唯一直率方法是：按照马克思主义观点，无法作出令人满意的解释，也就是说，不依靠会令人联想起非马克思主义结论的非马克思理论，是不会有任何解释的。①

但这就使这个理论的历史依据和逻辑依据两方面失去效用。因为大部分原始积累的方法也是以后积累的方法——原始积累看来继续贯穿整个资本主义时期——所以不可能说马克思的社会阶级理论是完全正确的，除了解决遥远过去积累过程中的困难。但对于甚至在最有利的事例中还不能说明它打算说明的现象的核心，因而早就不该严肃对待的理论，坚持指出它的缺点也许是多余的。这些最有利的事例主要可以在以中等规模由业主自己经营的企业盛行为特色的资本主义发展时期找到。在那种类型以外，阶级地位虽然在大多数情况下或多或少反映相应的经济地位，它常常是经济地位的原因而不是后果：企业的成功显然并非在任何地方都是社会显赫名望的唯一来源，只有在生产手段所有权能够决定一个集团在社会结构中的地位的地方才是这样。但即使在那个时候，把所有权看做决定社会地位的要素，其合理性等于把一个碰巧有一支枪的人看做士兵一样。把一些人连同他们的下代永远看做资本家，把另一些人连同他们的下代永远看做无产阶级，在二者之间作严密的划分，正如有人常常指出，不但绝对不现实，而且是



① 即使我们承认抢劫的程度达到可能这样描述而不会侵犯知识分子稗官野史领域的最高限度，这一点依旧是正确的。在许多时候许多地方，抢劫实际参与商业资本的积聚。腓尼基人和英国的财富提供大家熟知的例子。但即使如此，马克思的解释也不适当，因为作为最后一着，成功的抢劫必定以抢劫者个人优势为基础。只要承认这一点，一个十分不同的社会分层理论就出现了。

看不到社会阶级的显著特点——各别家庭不断地上升进入和下降退出高等阶层。我提到的事实全都明显而无可争辩。如果这些事实没有出现在马克思的论述中，理由只能是它们的非马克思主义含义。

可是，考虑一下那个理论在马克思主义结构中所扮演的角色，并问问我们自己，马克思的意思要它服务于哪种分析目的，不会是多余的。

一方面，我们必须记住，对马克思来说，社会阶级理论和经济史观不像我们看来它们是两种独立的学说。马克思眼里，前者以特殊的方式补充后者，从而限定——使之更加明确——生产条件或生产形式的运用方式。这些决定社会结构，并通过社会结构，决定文化的所有表现形式以及文化史与政治史的整个进程。但在全部非社会主义时期，社会结构以阶级——两个阶级——表示，那两个阶级是真正的历史舞台的登场人物，同时是资本主义生产制度——通过它影响其他任何事物——逻辑的仅有的**直接**创造物。这就是为什么马克思不得不把他的阶级说成是纯粹的经济现象，甚至是非常狭隘意义上的经济现象。由此他不可能对它们有更深刻的认识，而是把它们放置在他分析纲要的精确位置上，他只能这样做，别无选择。

另一方面，马克思希望用为阶级划分下定义的同样特征来为资本主义下定义。只要略作思索就能使读者深信，这不是必需或自然要做的事情。事实上，这是分析战略的大胆一着，这一着把阶级现象的命运和资本主义的命运联结在一起，以致实际上与社会阶级存在与否没有关系的社会主义，按照定义成为除原始群落以外的唯一可能的无阶级社会。除了马克思选择的阶级定义和资本主义定义——私人占有生产手段——外，再也没有任何定义能够同样好地获得有独创性的同义反复了。因此，那里必须刚刚有两个阶级(有产者和无产者)；因此，所有其他划分原则(其中有几个相当言之成理)必须予以忽视，或者贬低其价值，或者转化为那个原则。

在这个意义上的资产阶级和无产阶级之间划分界线的明确性和重要性的夸张，只被对它们之间存在对抗的夸张超过。对于未被拨弄马克思主义念珠习惯造成偏见的人来说，在正常时候，它们之间的关系基本上是合作关系，这该是明显的，任何相反的理论必然多半拉扯一些反常的例子来证明它的正确。在社会生活中，除了极罕见的情况外，对抗和融合当然都是普遍存在和事实上不可分离的。但我不禁想说，在陈旧的和谐观点中虽然也充满胡说，但这种胡说比马克思想象的生产手段占有者和使用者之间的不可逾越的鸿沟那种绝对性胡说还要好一点。但马克思还是别无选择，并非因为他想要达到革命的后果——他同样能从许多别的可行纲要获得这些后果——而是因为他自己分析的需要。如果阶级斗争是历史的主题，也是带来社会主义曙光的手段，如果必定要刚好有那两个阶级，那么它们的关系在原则上必须是对抗性的，否则在他的社会动力学体系中的力量就会失去。

现在，虽然马克思从社会学角度即以私人控制生产手段制度为资本主义下定义，但资本主义社会的机械学却是由他的经济理论提供的。这个经济理论表明，包含在阶级、阶级利益、阶级行为、阶级间交替这类概念中的社会学论据是怎样通过经济价值、利润、工资、投资等的中介而作出的，它们又怎样精确地产生最后将打破自己制度框架同时为另一个社会制度出现创造条件的经济过程。这个特殊的社会阶级理论是分析工具，它联结经济史观和利润经济概念，调度所有的社会事实，使所有现象集中在一个焦点上。所以，它不是单单解释个别现象不作别用的个别现象理论，它具有一种有机功能，这种功能对马克思主义体系的实际重要性比解决紧迫问题的成功手段大得多。如果我们要理解马克思这样有能力的分析家怎样能容忍这种理论上的缺点，必须要看到这种功能。

现在有，过去也一直有赞美马克思社会阶级理论本身的一些热心人。但更加可以理解的是所有那些人的心情，他们赞美作为整体的那个理论的力量和伟大，达到愿意原谅各组成部分里几乎任何数量的缺点的程度。我们将试图为我们自己对它进行评价（第 4 章）。但首先我们必须了解马克思的经济机械学如何完成他的总计划给予它的任务。

# 第三章　经济学家马克思

作为一个经济理论家，马克思首先是十分博学的人。人们对我称作天才和先知的作家，认为有必要对他的这个特点作出如此突出的评价，看来可能有点奇怪。可是，赞扬这个特点是重要的。天才和先知通常并不精于专门学识，如果他们有什么创造力，常常正是由于他们在专门学问上无过人之处。但在马克思的经济学中，没有什么缺点可归结为他在理论分析技术中缺乏学识和训练。他是个诚实的读书人和不倦的工作者。他很少遗漏有意义的文献。他读什么消化什么，仔细考虑每一个事实或每一个论点，热情地深入细节，这对于一个目光习惯地环绕整个文化和长期形势发展的人来说是极不寻常的。不论是批判、反对，或是接受、同意，他总要把每一个问题理解彻底。这一点的突出证明是他的著作《剩余价值学说史》，这是一本热情研究理论的不朽之作。这种要求增加知识和掌握应该掌握的任何学问的不断努力，使他能够在一定程度上摆脱偏见和超科学的目标。虽然他肯定地为了证实一个明确的见解而工作。对他强大的智力来说，对作为问题来研究的问题的兴趣是最最重要的，是不由他自主的；不管他把他研究的最后结果的意义看得怎么大，当他工作时，他主要关心的是淬砺他那由时代科学所提供的分析工具，解决逻辑上的困难，和在这些成就的基础上建立起在性质上和意向上都是真正科学的理论，不管它可能有什么缺点。

为什么朋友和仇敌都误解他在纯经济领域所取得的成就的性质，是容易明白的。在朋友眼中，他不仅是一个专业理论家，以致给予他这方面工作过多的颂扬，看来几乎是对他们自己的亵渎。敌视他的态度和论证背景的敌人，觉得几乎不可能承认，在他著作的某些部分中他所做的工作，若出于别人之手，正是他们将大加赞赏的那种工作。此外，经济理论冰冷的事实，在马克思的文章中用大量热气腾腾的言辞表达出来，以致得到的不是它自己自然具有的热度。不论是谁，凡怀疑马克思有权利被认为是一位科学意义上分析家的人，当然只想到这些措辞，没想到思想，只想到充满热情的语言、和对“剥削”与“贫困化”的强烈控诉（贫困化 immiserization 一词也许是德文 verelendung 最好的译法，verelendung 不是好德文，正如英文 immiserization 不是好英文一样。这个词在意大利文中是 immiserimento）。可以肯定，所有这些事情和许多其他事情（如对奥克尼夫人的恶意嘲笑和庸俗评论）[①]，都是论述中的重要部分，对马克思本人是重要的，对他的信徒和非信徒也是重要的。它们部分地说明了，为什么许多人坚持认为，在马克思原理中，他们看到了比他老师的相似命题更多的东西，看到了甚至与他老师的相似命题根本不同的东西。但这些并不影响他分析的性质。

那么马克思有老师吗？是的，要真正了解他的经济学，首先要

① 威廉第三的朋友——这位国王在世时不受欢迎，那时已成为英国资产阶级的偶像了。

认识，作为理论家，他是李嘉图的学生。他是李嘉图的学生不仅因为他自己的议论显然从李嘉图的命题出发，更重要的是他从李嘉图那里学会推理的艺术。他一直使用李嘉图的工具，他碰到的每一个理论问题都是以他深入研究李嘉图学说时出现的困难的形式和他在研究中找到的作为进一步工作的启发的形式出现的。这些，马克思本人大都承认，当然他不会承认他对李嘉图的态度是典型的学生对教授的态度：到教授那里去，聆听他连续多次讲人口的过剩、过剩的人口以及使人口过剩的机器，然后回到家里努力把道理悟出来。对马克思主义进行长期争论的双方不乐意承认这件事，也许是可以理解的。

李嘉图的影响不是施加在马克思经济学上的唯一影响，但任何其他影响都没有像魁奈的影响那样需要略加叙述，因为马克思从他那里得到整个经济过程的根本概念。1800 年和 1840 年间，一批试图发展劳动价值理论的英国作家可能已经为他提供许多见解和细节，但按照我们的意图，这一点我们在提到李嘉图思潮时已包括在内。对某几个作家，马克思的态度是离他越近的他越不客气，而他们的著作，在许多方面与他相近似（西斯蒙第、罗德贝图斯、约翰·斯图尔特·穆勒）。这些人不必提到，凡与主要论题无直接关系的一切事情同样不必提到——例如马克思在货币领域明显微弱的成就，在这方面他没有成功地达到李嘉图的水平。

现在，为了对马克思的论据作最最简单的素描，不可避免地要在许多方面对《资本论》结构有不公正之处，这部部分未完成部分受成功的攻击打击的著作，依然在我们面前展现它强有力的轮廓！

1. 马克思使价值理论成为他理论结构的基石，说明他赞成他那个时代以及较晚时代理论家的普通倾向。他的价值理论是李嘉图式的价值理论。我相信像陶西格教授那样的杰出权威不会同意这个说法，并一直强调他与他们的不同之处。在用语、演绎方法和社会学含义方面有许多区别，但在原理上并无不同，而只有原理才与今天的理论家有关。[①] 李嘉图和马克思都说，一切商品的价值（在完全均衡和完全竞争中）与包含在该商品内的劳动量成比例，只要这种劳动与现有生产效率标准（“社会必要劳动量”）相一致。两人都以工作小时作为劳动量的度量标准，并使用同样方法以便使不同质量的工作化为单一标准。两人同样一开始就遇到由这个方法带来的困难（就是说，马克思遭遇到从李嘉图那里得知的那些困难）。两人都没有对垄断和我们现在称为不完全竞争的现象说过任何有帮助的话。两人都以同样的论据来答复批评者。不过马克思的争辩较缺礼貌、较为冗长、更有“哲学气味”——从这个词的最坏意义上说。



谁都知道，这种价值理论不能令人满意。在有关这种理论所

① 可是，与马克思本人有关系的是否全在于此，这是可以怀疑的。他有与亚里士多德相同的错觉，即以为，价值虽然是决定相对价格的一个因素，它还是与相对价格或交换关系不同的和独立存在的东西。商品价值就是包含在商品内的劳动量这个命题，很难有别的任何意义。如果是这样，那么李嘉图与马克思之间存在着差异，因为李嘉图所说的价值就是交换价值或相对价格。这一点值得指出，因为，如果我们接受这个价值观念，他理论中很多在我们看来站不住脚或甚至毫无意义的东西就会不再如此了。当然我们不能这样设想。如果我们根据某些马克思研究者的说法采取这样的看法，即不管它是不是独特的“实体”，马克思的劳动量决定价值的学说，其意图仅仅是用它来说明社会总收入应划分为劳动收入和资本收入（那时个别相对价格理论就成为次要问题）。因为，我们很快就将明白，马克思的价值理论也不能完成这个任务（就算我们能把这个任务与个别价格问题分开）。

进行的连篇累牍的讨论中，的确不全是单方面正确，它的反对者使用了许多错误的论点。实质性的争执点不在于劳动是否是经济价值的真实“来源”或“原因”。这个问题对要由此推断出产品伦理权利的社会哲学家可能有极大兴趣，马克思本人对问题的这一方面当然不会不感兴趣。因为经济学是一门实证科学，无论如何它必须叙述或解释实际过程，更重要的是查问一下作为分析工具的劳动价值理论工作得怎么样，而使用它的真正困难就在于它工作得非常之坏。

首先，在完全竞争以外的情况下，它完全不起作用。其次，即使在完全竞争的情况下，除非劳动是生产的唯一要素和所有劳动都是同一性质，否则它绝不会顺利地起作用。[①] 假使两个条件中有一个不齐备，就必须使用外加的假设，而分析的困难会很快增加到不可收拾的程度。因而根据劳动价值理论的路线推理等于根据一个没有实际重要性的十分特殊的事例进行推理，虽然，如果用大致近似相对价值的历史趋势的意义来解释它，还可能为它说出一



---

① 需要第二个假设特别有害。劳动理论也许能够处理由于训练（获得技术）产生的劳动质量的差别：用于训练过程的适当工作定额必须加到每一熟练工作小时中去，因而我们可以不离开原则范围使熟练工人所做的工作小时相等于非熟练工人一小时工作的确定倍数。但是，在由于智力、意志力、体力、敏捷性等引起的工作质量“自然”差异的情况下，这个方法就不适用了。于是必须求助于分别由天然低能工人和天然优秀工人作出的每小时价值的差额——这是其本身不能用劳动量原理解释的价值。事实上，李嘉图确实是这样做的。他直率地说，这种质量上的差别可以用发挥市场机制的办法设法使它们进入正确的关系，这样我们毕竟可以说，工人 A 所做的工作相当于工人 B 所做工作的若干倍。可是他完全忽略了在他以这种方式辩解时，他求助于另一种确定价值的原理，并且实实在在放弃了劳动量原理。可见这个原理由于出现劳动以外的其他要素，在它一开始，在它自己的境界之内，在它有机会失败之前，就失败了。

些道理来。取代它的理论——最早的、但现在已过时了的形式称作边际效用理论——可以说在许多方面都比它优越，其真正的优点是具有大得多的普遍性，可以同样恰当地应用于各种条件，一方面它适用于垄断和不完全竞争的情况，另一方面也同样适用于存在其他要素和存在许多不同种类、不同性质劳动的情况。此外，如果我们把上面提到的限制性假设引入这个理论，就会推得价值和使用劳动量之间的比例。① 因此，应该很清楚，不但马克思主义者怀疑（如一开始他们想做的那样）边际效用价值理论（这是他们面对的）的正确性是完全荒谬的，而且称劳动价值理论为“错误”也是不恰当的。无论如何它已经死掉并已被埋葬。

2. 虽然，不论是李嘉图还是马克思，看来都不完全知道他们采取这个出发点使他们自己处于很不利的地位，但他们十分清楚地看到某些不利因素。特别是他们两人都努力设法排除起作用的自然力要素的问题，他们倡导的单独根据劳动量的价值理论，剥夺了自然力在生产和分配过程中的正当地位。大家熟悉的李嘉图的地租理论，本质上是完成这个排除工作的一个企图，马克思的理论是另一个。一旦我们掌握了一种分析工具，用它像清埋工资那样自然地清理地租，全部困难将不再存在。因此，关于马克思主张的与级差地租不同的绝对地租固有的功过，或者关于它和罗德贝尔图



① 事实上，按照价值的边际效用理论，为了达到均衡，每个要素必须这样地分配在向它开放的生产用途上，使得分配在任何用途上的最后一个单位产生出与这个单位分配到其他每一个用途上相同的价值。如果，除了一种性质和质量的劳动外没有别的要素，这显然意味着，所有商品的相对价值或价格必然与包含在它们之中的劳动时间的数量成比例，只要存在完全的竞争和流动性。

斯学说的关系，不需要再多说。

但是，即使我们把这一点放过去，我们仍面对由于出现大批生产资料形式的资本（其本身也是生产出来的）而引起的困难。在李嘉图看来，这个问题很简单：在他的《政治经济学及赋税原理》第1章著名的第4节中，他丝毫不加怀疑地介绍和接受一个事实，那就是在把诸如厂房、机器和原料等资本货物用于生产一种商品的地方，这种商品出售的价格将使那些资本货物的所有者获得一份净收益。他懂得，这个事实和从投资到产出可售产品之间的时间长短有某种关系，当经过的时间在各产业中不一样时，它将迫使产品的实际价值偏离"包含"在产品内的工时——包括投入生产资本货物本身的工时——的比例。他冷静地指出这点，好像这个现象符合而不是和他关于价值的基本定理抵触，除此之外，他实际上没有再深入一步，而是把自己局限在由这方面引起的某些次要问题上，显然相信他的理论依然是论述价值的基本决定因素。



马克思同样介绍、接受和论述同一事实，从不怀疑它是事实。他也了解，这点看来会拆穿劳动价值理论的虚假性。但他认出李嘉图对这个问题处理得不适当，所以当他按李嘉图提出的形式接受问题本身时，开始认真地钻研它，在李嘉图花了几句话的地方，他花费了几百页的篇幅。

3．马克思在这样做的时候，不仅显出他对有关问题的性质有更敏锐的感性认识，而且改进了他接受下来的概念机制。例如，他为了自己的目的，以不变资本和可变资本（工资）之间的区别代替李嘉图固定资本和流动资本的区别；用以不变资本和可变资本之间关系为根据而又比它严密得多的"资本有机构成"的概念，代替李嘉图关于生产过程持续时间的初步观念。他还对资本理论作出许多其他贡献。但我们现在只限于讨论他对资本净收益的解释，即他的剥削理论。

群众并不总是觉得被损害和受剥削。但为其制作观点的知识分子一直告诉他们，他们在被损害和剥削，而没有任何精确的东西说明这一点。没有这个用语，马克思即使想做也做不出什么来。他的功绩和成就是，他看出在他之前充当群众思想的老师试图用来说明剥削如何发生，而且今天甚至仍为寻常激进分子提供武器的各种不同论点的弱点。任何关于讨价还价能力和欺骗手段的普通口号都不能使他满意。他想要证明的是，剥削不是产生于偶尔的或意外的个别情况；而是由资本主义制度的必然性所产生的，它是不可避免的和完全独立于任何个人的意图之外。

这就是他的看法。劳动者的头脑、肌肉和神经从来是潜在劳动力（Arbeitskraft 通常不能令人满意地译为劳动力）的一笔资金。马克思把这笔资金看做一种确定数量存在的物质，在资本主义社会里和别的商品一样也是商品。想想奴隶制度的情况我们可能澄清我们自己的思想：在马克思的思想里，工资契约和奴隶买卖之间没有本质上的区别，虽然有许多次要差异——“自由”劳动力的雇主购买的当然不是像奴隶制度的情况那样是劳动者本身，而是他们潜在劳动力总量中一个确定的份额。

现在，既然这个意义上的劳动力（不是劳动服务或实际的工时）是一种商品，价值规律必须对它适用。这就是说，在均衡和完全竞争中，它必须取得与“生产”它所花费的人工小时数成比例的工资。但“生产”贮藏在工人体内的潜在劳动力的人工小时数是多少呢？那就是以前和现在抚育劳动者，为劳动者提供吃、穿、住的人工小时数。[①] 这构成那份潜在劳动力的价值，如果他出卖它的若干部分——以日、周或年表示——他将得到与那部分劳动力价值相当的工资，恰如奴隶贩子卖掉一个奴隶，在均衡状况下将得到与那些人工小时总数成比例的价格。应该再次说一说，马克思因此小心地避开了所有这些通俗口号，这些口号以这种或那种形式持有这样的见解，即在资本主义劳动市场上，工人受掠夺或欺骗，或者由于他的软弱，他简直被迫接受强加的任何条件。事情并非如此简单：他得到了他潜在劳动力的全部价值。

可是一旦“资本家”获得潜在劳务量，他们就处在使劳动者工作更多小时的地位，也就是叫劳动者提供比生产这份潜在劳动量更多人工小时或实际劳务。在这个意义上说，他们能够勒索比他们支付的更多的实际劳动小时。由于这样生产的产品还是以与生产它们所花费的工时成比例的价格出售，于是出现两种价值之间的差额——它只不过是从马克思主义价值规律的运用中出现的——这个差额必然由于资本主义市场机制的原因而归资本家。这就是剩余价值。[②] 由于侵吞了这个价值，资本家就“剥削了”劳动，虽然他付给劳动者的不少于他们潜在劳动的全部价值，他从消费者那里得到的不多于他出卖产品的全部价值。还应该说一下，这里不存在求助于不公正定价、限制产量或在市场上进行诈骗这



① 除“劳动力”和劳动之间的区别外，这种解释，S. 贝利的《关于价值的性质、尺度和原因的批判研究》(1825 年)事先就认为它是荒谬的，马克思本人不是没有注意到(《资本论》第 1 卷第 19 章)。

② 剩余价值率(剥削的程度)被确定为剩余价值与可变资本(工资)之间的比率。

类行为。当然，马克思无意否认存在这类行为，但他正确如实地了解它们，因此从不根据它们作任何基本结论。

顺便让我们表扬一下他的教学法：不管剥削这个词现在取得的意义如何特殊，如何远离它平常的含义，不管它从自然法、经院哲学和启蒙作家那里得到的支持如何可疑，它终于被接纳进科学争论的范围，从而符合安慰奋勇向前进行战斗的门徒的目的。

关于这个科学论证的功绩，我们必须小心区分它的两个方面，一个方面一直受到批评家的忽视。在静止经济过程的寻常理论水平上，很容易指出，根据马克思自己的假设，剩余价值学说是站不住脚的。劳动价值理论，即使我们同意它用在其他每一种商品上都有效，它绝不能适用于劳动力这个商品，因为这将暗示，工人和机器一样是在合理成本计算下生产出来的。既然他们不是，那就没有正当理由假定劳动力的价值与“生产”劳动力所花费的人工小时数成比例。从逻辑上说，马克思如果接受拉萨尔的工资铁律，或干脆像李嘉图那样，按马尔萨斯的理论进行论证，本来可以改善他的地位。可是，由于他自作聪明地拒绝这么做，他的剥削理论从开始就失去一根极其重要支柱。①

此外，可以看得出来，在全部资本家雇主都能取得剥削收益的形势下，不可能存在完全竞争的平衡。因为在这种情况下他们人人努力扩大生产，而这样做的总效果不可避免地趋向提高工资率，使剥削收益减少到零。毫无疑问，如果求助于不完全竞争理论，引入竞争活动中的摩擦和制度性抑制，强调货币和信用领域中各种

① 下文我们将见到马克思如何争取恢复那根支柱。

障碍的全部可能性等等，有可能稍稍改善这种情况。但用这些方法只能勉强造成两可状况，而这是马克思由衷蔑视的。

但这个问题还有另外一方面。我们只需看一下马克思的分析目标就不难理解他无需在十分容易被人打败的地方迎战。只要我们明白，剩余价值理论仅仅是关于在完全均衡状态中静止经济过程的一个命题，打败他就是十分容易的。因为他想要分析的不是一种均衡状态，在他看来资本主义社会决计达不到这种状态，而是恰恰相反，他分析的目标是经济结构中不停地改变的过程，这样一来根据上述理由所作的批评就不是完全决定性的了。剩余价值在完全均衡状态下也许是不可能产生的，但是，因为那种均衡绝不会出现，剩余价值就能永远出现。它们可能总是趋向消失，但是一直存在，因为它们不断地被重新创造出来。这个辩词救不了劳动价值理论，特别是应用在劳动本身这个商品时是这样，也救不了现在这样的剥削论据。但它将使我们能够对结论有一个比较令人满意的解释，虽然一个令人满意的剩余价值理论将夺走它特有的马克思主义涵义。问题的这一方面证明具有相当大的重要性。它还使马克思经济分析装置的其他部分有了新的意义，并能更好地解释为什么那个装置没有因针对它基础的成功批评受到更致命的损害。

4. 但是，如果我们在寻常进行马克思主义学说讨论的水平上继续探索，我们将越来越深地陷入困难，或者毋宁说，我们会察觉到马克思主义信徒试图遵顺老师指出的道路时遇到的困难。首先，剩余价值学说并不使解决上边提到的问题比较容易，这些问题是劳动价值理论与经济现实的一般事实间的差异造成的。相反，它加重了问题的严重程度，因为根据它，不变资本——即非工资资本——转入产品中的价值正好等于它在生产中失去的价值；只有工资资本增加价值，而因此获得的利润，在各企业之间要根据它们资本的有机构成而有所不同。马克思深信资本家之间的竞争带来剩余价值"总量"的再分配，这样，每家企业应赚得与它总资本成比例的利润，或者说，各企业的利润率将趋于平均。我们很容易看出，这个困难的性质属于不合逻辑问题那一类，它经常是由于试图运用不健全的理论引起的，①而解决办法只能是对绝望的忠告。马克思相信，不但竞争有助于统一利润率的出现和有助于解释为什么各种商品的相对价格偏离它们的劳动价值，②而且他的理论为在经典学说中占有重要地位的另一个"规律"提供解释，那就是

① 然而，其间有一个因素不是不健全的，觉察到这个因素（不论如何模糊）应该是马克思的功绩。生产出来的生产手段会在完全静止状态中产生净收益这个事实，并不像迄今几乎全体经济学家相信的那样，是无可怀疑的。如果实际上它们确实似乎产生净收益，那很可能是由于经济从来不是静止的缘故。马克思关于资本净收益的论点，也许可以解释为承认这件事的迂回办法。

② 对这个问题的解答，他收录在手稿内，他的朋友恩格斯据以编成他死后出版的《资本论》第3卷。因此我们不知道马克思本人最后想说的话。正因为如此，大多数批评家毫不犹豫地断定，他的第3卷肯定和第1卷的理论有矛盾。从表面上看，这样的断定没有道理。如果我们使自己站在马克思的立场上——在讨论这种问题时我们有责任这样做——把剩余价值看做由社会生产过程产生的一个"总体"，看做一个单位，并把遗留下来要做的事情看做这个总体的分配问题，是并不荒谬的。假如说这不荒谬，那么依旧可以认为，第3卷中推断的商品相对价格是根据第1卷的劳动数量理论演绎而来。因此，像从莱克西斯到科尔那些作家那样，断言马克思的价值理论完全脱离他的价格理论，对后者毫无贡献，是不正确的。但马克思坚持认为，清除矛盾对他没有什么好处。其余的指责是颇有道理的。关于马克思体系中价值与价格如何彼此相关的整个问题的最好著作（它也提到一场并不真正迷人的争论中某些较好的议论）是L.冯·博尔特凯维兹的《马克思体系中价值计算和价格计算》（《社会科学及社会政策汇编》1907年）。

声称利润率有下降的内在趋势。事实上它似乎是相当有理地从工资一商品产业中总资本的不变部分的相对重要性有所增长推理出来的:如果那些产业的厂房和设备的重要性增加(如资本主义发展过程中表现的),如果剩余价值率或剥削程度不变,那么总资本收益率一般将下降。这个论点博得很多赞美,马克思本人也可能以十分满意的心情看待它,如果我们自己的理论能解释一个原来它不曾解释的观察结果时,我们也习惯于体会到这种心情。不理会马克思对它作推断时所犯的错误,以它本身的优点来讨论它是令人感兴趣的。我们不需要一直这么做,因为这个论点受到它诸前提的足够指责。不过还有一个同源但不完全相同的命题,它既提供了一种马克思动力学最重要的"力量",并提供了剥削理论和马克思分析结构中下一个情节之间的纽带,这个命题通常称为积累理论。



从被剥削劳动力那里榨取来赃物的主要部分(在有些门徒看来实际是赃物全部),资本家把它变为资本——生产资料。就它本身说,除去马克思用语引起的含义,这当然正是寻常的储蓄和投资二词来描述的最最熟悉的事实。然而对于马克思,这个单纯的事实是不够的:如果把资本家这种做法用无情的逻辑来阐明,这个事实必定是这个逻辑的一部分,实际上这意味着它一定是必要的。承认这个必要性产生于资产阶级的社会心理也不能令人满意,例如这种心理在某种程度上类似马克斯·韦伯的心理,他把清教徒态度——不把个人的利润用于享乐主义的享受显然十分适合他们的作风——说成是资产阶级行为关系重大的决定因素。马克思不轻视他觉得能从这个方法获得的任何支持。[①] 但是对像他这样设计的体系必须有比这更实质性的某种东西，这些东西迫使资本家进行积累，不管他们对此的感觉如何；这些东西十分强有力，其本身足以说明是那种心理状态的原因。很幸运，这些东西是存在的。

在阐明那种储蓄的强制性质时，为方便起见，我将在一个要点上接受马克思的教导，那就是我将像他那样假定，资产阶级进行储蓄根据事实本身就是意指实际资本的相应增加。[②] 这个动作最初总是发生在总资本的可变部分（工资资本），尽管资本家意在增加不变部分，特别是李嘉图称作固定资本的那一部分——主要是机器。

在讨论马克思的剥削理论时，我曾指出，在完全竞争经济中，剥削收益将诱导资本家扩大生产或者试图扩大生产，因为从每一个资本家的观点看来，扩大生产意味着更多利润。为了这样做，他们必须进行积累。这样做的重大后果——通过随后引起的工资率上升，如果不是通过随后引起的产品价格的下降——趋向于减少剩余价值，这是马克思十分重视的资本主义固有矛盾的极好例证。而那个趋势本身对个别资本家而言构成了为什么使他们感到被迫



① 例如，在一个地方（《资本论》普及本第1卷第654页），他异乎寻常地使用生动的修辞论述这个主题——我想，对于经济史观的作者来说，未免走得太远了一点。积累对资产阶级可能是、也可能不是“摩西和所有的先知”（!）这样想象力的奔放可能会、也可能不会大大使我们觉得可笑——马克思以那种风格，使用那种类型的议论，常常令人联想到他有必须加以掩饰的某种弱点。

② 在马克思看来，储蓄或积累等于“剩余价值向资本”转化。就这点而言我不想争论，虽然个别的储蓄企图不必然和自动地增加实际资本。在我看来马克思的观点比许多当代人发起的反对他的观点更接近真理，以致我不认为在这里值得花时间向它挑战。

积累的另一个理由[①]，虽然这种积累对整个资产阶级来说，最后将使事情更糟。因此，甚至在否则便会静止的过程中也会有一种迫使积累的强制，如我上文业已提到，这种静止过程难以达到稳定的均衡，除非积累使剩余价值下降到零，从而毁灭资本主义本身。[②]

可是，远为重要和远为剧烈地激动人的是另外某种事情。事实上，资本主义经济不是、也不可能是静止的。它也不仅仅以稳定的方式扩大。它是由新的企业从内部进行不停的彻底改革，其方式是新的商品或新的生产方法或新的商业机会在任何时刻闯入现存的产业结构。任何现存的结构和经营企业的所有条件一直处于变动的过程中。每一种局面在它有时间耗尽其力量之前就被推翻。资本主义社会的经济进步意味着骚动。我们将在下一篇里看到，在这种骚动中，竞争起作用的方式与它在不管怎样完全竞争性的静止过程中起作用的方式迥异。以生产新产品或更便宜地生产旧产品可得到的获利可能性一直成为事实并招来新的投资。这些新产品和新方法在与老产品和老方法竞争时不是处于平等条件，



---

①　一般说来，来自较小收入的储蓄当然比来自较大收入的储蓄少。但任何一定数目的收入，如果不希望它保持长久，或者预料它会减少，那么来自那个数目收入的储蓄将比至少能稳定地保持目前数目的同样收入的储蓄多。

②　马克思在某种程度上承认这一点。但他认为，如果工资上升由此妨碍积累，积累率势将减低。“因为利润的刺激变得迟钝了”，因此“资本主义生产过程的机构，本来会把它暂时造成的障碍物除去”（《资本论》第1卷，第25章，第1节）（中译本，人民出版社1963年版，第23章，第1节，第681页）。现在资本主义平衡自己的机制肯定有了问题，对它作任何断言需要（从最低限度说）仔细地附加限制条件。有趣的是，我们应该称那种说法是绝对非马克思主义的；如果碰巧我们在其他经济学家著作中见到它，只要它是站得住脚的，它会大大削弱马克思论证的主旨。在这一点上和在其他许多点上一样，马克思显示出他那个时代资产阶级经济学加给他的惊人程度的桎梏，而他自信他已经打碎了这个桎梏。

而是具有可能意味着后者死亡的决定性优势。这就是资本主义社会出现“进步”的情形。为逃避廉价出卖，每一家企业最后被迫学样，进行新的投资，为了能够这样做，只能保留利润的一部分进行再投资，这就是积累。① 这样每一家企业都积累。

马克思比同时代任何别的经济学家更清楚地看到这个产业变化的过程，更全面地理解它的关键重要性。这点并不意味着他正确懂得了它的性质或正确分析了它的机制。对他来说，这个机制只能归结为构成大量资本。他没有适当的企业理论，他未能分辨企业家与资本家的区别，加上有缺点的理论分析技术，这些就是出现许多不根据前提的推论和许多错误的原因。但是，单是对这个过程的看法，其本身就成为马克思所考虑的许多论题。如果不符合马克思论点的东西能从另一个论点推断出来的话，不根据前提的推断就不再是致命的反对理由，甚至明显的错误和错误的解释常常可从争论过程中出现的主旨的正确性那儿得到补救——特别是那些可视为不妨害进一步分析的错误，而那些错误在未能意识到这种似非而是情况的批评家看来，似乎理应一棍子打死。

前面我们曾举过一个这样的例子。就其实际内容而言，马克思剩余价值理论是站不住脚的。但因为资本主义过程确实经常多次产生暂时的超过成本的剩余收益（这种情况其他理论能够解释得头头是道，虽然使用的完全不是马克思主义的方法），所以马克

① 当然这不是为技术改良集资的唯一方法。但实际上它是马克思考虑的唯一方法。因为它确实是一种非常重要的方法，在这里我们不妨跟着谈谈这个方法，虽则其他方法特别是向银行借款（即创造存款）方法会产生它们自己的后果。为了给资本主义过程画一幅正确的图像，谈谈各种方法确有必要。

思的下一步，即他在积累理论中所说的道理，不会由于他先前的失误而完全失效。同样，马克思本人并没有令人满意地证明积累的强迫性，而这点对他的论证是十分关键的。但他说明上的欠缺并不产生巨大的损害，因为使用上面提到的方法，我们自己便能够轻易地提供一个更令人满意的解释。在我们的解释里，别的不说，利润下降这一点能自动地找到正确的原因，整个工业资本的总利润率从长期来看不一定下降，不管是因为马克思提出的不变资本相对于可变资本在增加的理由，或是因为任何别的理由。① 正如我们业已知晓，每一家工厂的利润不断受到新产品或新生产方法实在或潜在竞争的威胁，这些竞争或早或迟将使工厂亏损。所以我们得到所需要的推动力，甚至得到马克思主张不变资本不产生剩余价值这个命题的类似物——因为没有一个个别的资本货物的集合体能永远保持为剩余收益的来源——不必依赖他理论中那些效力令人怀疑的部分。



另一个例子是由马克思体系链条的下一个环节——即他的集中理论——提供的，这是他对资本主义过程中工厂和控制单位的规模日益增长的趋势进行研究的结果。他在解释中必须提出的全

① 根据马克思的理论，利润当然能够由于另一个理由，即因为剩余价值率的下降而下降。而剩余价值率的下降是由于工资率的增加，或者由于如立法通过的工作时间的减少。即使根据马克思主义理论，也可以这样说，这个情况将诱导"资本家"使用节省劳动的资本货物来代替劳动，因而也会暂时增加投资，不论有没有新商品和技术进步的冲击。但我们不能深入讨论这些问题。不过我们可以提一提一件奇怪的事情。1837 年，纳索·W. 西尼尔出版一本题为《论工厂法的信》的小册子，他在书中试图表明，提出缩短工作日时间将造成棉纺业中利润的消失。在《资本论》第 1 卷第 7 章第 3 节中，马克思一反常态严厉指责这个说法。西尼尔的论证事实上近乎愚蠢。但马克思是最不该指责他的人，因为西尼尔所说的情况，完全符合马克思自己的剥削理论。

部议论，[①]除去形象化的描述，可以归结为这样平淡的陈述，竞争战是以商品的低廉化来进行，廉价商品在“其他事情不变，商品的低廉取决于劳动的生产率”；而这又依靠生产的规模；因而“较大的资本会打击较小的资本”。[②] 这种说法很像当前教科书对这个问题所说的，本身并不深刻或值得赞美。特别是这种说法并不适当，因为它独特地强调各个“资本”的规模，同时在他对效果的描述中，马克思受到他技术的阻碍，他的技术不能有效地处理垄断或少数控制的问题。

可是，有这么多马克思信徒以外的经济学家声称对这个理论感到钦佩不是没有理由的。首先，预言大企业的出现(考虑到马克思当时的条件)其本身就是一种成就。但是他所做的远不止此。他利索地把集中和积累过程拴在一起，或者毋宁说他把集中设想为积累过程的一部分，不仅是这个过程实际模式的一部分，而且是它逻辑的一部分。他观察到的某些后果是正确的——例如“各别资本量的日益增大成为生产模式本身不断革命的物质基础”——而观察到的另外一些后果是片面的或扭曲的。他使用阶级斗争和政治的发电机在这个现象四周大气中充了电——仅此一项就足以使他对这个现象议论的吸引力远远超过有关的枯燥的经济定理，特别对没有自己的想象力的人更是这样。最为重要的是，他能够继续前进，无论是他构图中的个别笔触的动机不当，还是从专家看



① 见《资本论》第 1 卷，第 25 章，第 2 节，中译本，人民出版社，1963 年版，第 23 章第 2 节，第 688 页。

② 这个结论常被称为剥夺理论，它对马克思来说，是资本家彼此毁灭的那种斗争的唯一纯经济基础。

来他论点中缺乏严密性，都几乎完全不能加以阻挡。因为归根到底，产业巨人确实出现在地平线上，它们必然要创造出来的社会形势也已可见。

5. 再加上两项，这个概述就完全了。这就是马克思的贫困化理论和他与恩格斯的经济周期理论。在前者，分析和见解无可补救地失败；在后者，两方面都显出高明之处。

马克思无疑认为，在资本主义发展过程中，实际工资率和群众的生活水平，在较高工资阶层会下降，在最低工资阶层无法改善，这种情形的出现不是由于任何偶然的或环境的条件，而是由于资本主义过程本身的逻辑。① 作为一种预言，它当然突出地不恰当，各种类型的马克思主义者曾作过艰苦努力，把面对的显然不利的证据作有利的解释。最初，甚至在直到今天还有的某些孤立事例中，他们在挽救这个"规律"（说它是从工资统计数字产生的实际趋势）的努力中表现出惊人的固执。尔后，他们试图把它说成另一种意义，也就是说，说它指的不是实际工资率或工人阶级所得的绝对份额，而是指劳动收入在国民总收入中的相对份额。虽然在马克思著作的几段文字中事实上可以解释有这样的意思，但这显然违反他大多数论述的含义。何况，接受这样的解释也无济于事，因为马克思主要结论



① 马克思主义者和大多数辩护士一样，习惯于设置这样的第一道防线来提防埋伏在如此直截了当陈述后面的批评意图。马克思不会完全看不到事情的另一方面，他常常"认出"工资上升之类的情况——实际上任何人不可能认不出——涉及的事情是，他完全预见批评者必定会说的任何意见。经常用多层次历史分析插入其论证的如此啰唆的作家自然比任何教堂神父会为这样的防线留出更大的余地。但是"认出"难对付的事实，如果不允它影响结论又有什么用处呢？

的前提是:劳动的绝对人均份额必将下降,或者说,至少不增加。要是他曾确实想到相对份额,那只会增加马克思主义的困难。最后,这个说法本身仍然是错误的。因为工资和薪金在总收入里的相对份额逐年变化极小,长期来看明显地不变——肯定不会显示出任何下降的趋势。

但是,摆脱困难似乎还有另一条出路。有一种趋势可能在我们统计的时间数列中看不出来——它可能像在这个事例那样甚至显示出相反的趋势——但它可能是在研究的这个体系所固有的,看不出来是因为它可能被意外条件所隐藏。事实上这种论调是大多数马克思主义者持有的。所谓意外条件可以在殖民地扩大或者更普遍地在19世纪新国家的开创中找到,他们认为这些事件为剥削下的受难者带来"禁猎季节"。[①] 本书下一篇将有机会谈谈这个问题。与此同时,让我们注意到,有些事实给予这个论点一些证据确凿的支持,在逻辑上这个论点也是无懈可击的,因此,如果那个趋势确实存在的话,这个论点可能解决困难。

但真正的困难在于马克思的理论结构在那个部分根本不可以信赖,如同观察力一样,它的分析基础也有缺点。贫困化理论的基础是"产业后备军"的理论,即生产过程机械化造成的失业。[②] 而产业后备军理论又是以李嘉图论机器那一章里详细阐述的理论为基础。马克思学说的任何部分——当然除了价值理论——都没有



① 这个观念是由马克思本人提出的,虽然新马克思主义者对它有所发挥。

② 这种失业当然必须和别种失业区分开。特别是,马克思注意到因商业活动周期变化而产生的那种失业。由于这两种失业不是独立的,由于在他的论证里他时常依据后者而不是依据前者,于是出现了不是所有批评家都完全了解的解释困难。

像这一部分那样不作任何重要补充完全依赖李嘉图的理论。① 当然我在说的只限于这个现象的纯理论。马克思像平常一样,确实添加许多小小的润色,如用巧妙的概括方法把不熟练工人替代熟练工人进入失业的概念,他还添加了无限丰富的例证和辞藻;最重要的是,他添加了给人深刻印象的布景,即社会过程的广阔背景。

李嘉图最初倾向于同意任何时候都普遍具有的观点,即生产中引入机器能给群众好处。当他终于怀疑那个意见,或者无论如何怀疑它的普遍有效性时,他带着特有的坦率态度修改他的主张。同样特有的是,他在这样做的时候仰身后靠,用他惯用"想象的有力例证"的方法,作出所有经济学家所熟知的用数字表示的例子,来表明事物也可能产生另一种结果。一方面,他无意否认他证明的不过是一种可能性——虽然不是一种不可能的可能性——另一方面,他也无意否认,最终说来,劳动者的净利益产生于机械化,是通过机械化对总产量、价格等等的进一步影响而实现的。



这种例子就其本身范围来说是正确的。② 今天多少更精致的方法支持它的结论达到这样程度,即它们既承认它想要建立的可能性,也承认相反的可能性;它们所起的作用还不止于此,它们还说出决定将随之产生这个或那个后果的正式条件。当然这是纯理

① 任何理论家必须研究《资本论》下列章节来明白这点:第1卷第15章第3、4、5节,尤其是第6节(这里马克思论述补偿理论,上文业已指明),还有第24和25章(中译本章次各推前2章——译者),这里重复和较精细地论述同样问题,只是形式上稍有不同。

② 或者,可以纠正它而不失其本意。关于这个论点有一些可疑之点,也许是由于它可悲的技巧造成的——这种技巧是好多经济学家喜欢永久使用的。

论能够做到的全部事情。要想预测实际的效果，进一步的资料是必要的，但就我们的目的而言，李嘉图的例子呈现另一种有趣的特色。他设想一家拥有一定数量资本和雇用一定数量工人的企业，它决定实行机械化。相应地，它指派一批工人去建造一部机器，一俟装置完成就将使企业能解雇这批工人中的一部分。利润可能最终不变（经过竞争性调整将使暂时性收益消失），但总收入将受到削减，下降数字正好是先前付给现在已经被“解雇”的工人的工资数。马克思的由不变资本代替可变资本（工资）的概念几乎就是上述方式的精确复制品。马克思强调接着发生的剩余人口同样与李嘉图强调接着发生的人口过剩完全相似，马克思使用剩余人口一词作为“产业后备大军”这个术语的替代词。李嘉图的教导实际上被他全部吞了下去。

但是，在李嘉图设定的有限目标范围内可以合格的东西，一旦用它考虑马克思在这个脆弱基础上建立的上层建筑时，便变得完全不合适了——事实上，最终结果的正确见解这次难以补救另一个不根据前提推理出来的结论。看来他本人也曾有这样的感觉。因为，他使用有点不顾一切的精力抓住他老师有条件的悲观主义结论，好像他老师强有力的例证是唯一可能的例证，他使用更加不顾一切的精力与那些发挥李嘉图在论补偿时暗示的涵义的作家们进行争论，李嘉图的涵义认为，机器时代会支持劳动，即使在引用机器的直接后果带来损害的地方也是如此（所有马克思主义者对补偿理论均抱恶感）。

马克思采取这种方针有充分的理由。因为他急需为他的后备军理论找到一个坚实的基础，这个理论将有利于（除几个次要目标外）两个极其重要的目标。第一，我们已经明了，由于他厌恶使用马尔萨斯的人口论（这点本身完全可以理解），他的剥削理论丧失了我们所说的一根关键性支柱。他用永远存在（因为永远再创造的）①常备军的理论代替这根支柱。第二，他采用的关于机械化过程特别狭隘的观点是为了激发《资本论》第1卷第32章内响亮语句所必不可少的，这一席话在某种意义上说，不但是那一卷、而且是马克思全部著作的最为关键的结论。我要加以全部引用——比在讨论的论点所需要的更完全——目的在于让读者看一看马克思的态度，它同样适当地说明某些人对它热情另一些人对它蔑视的原因。不管它是并非如实的事物的混合物，或者是先知真理的中心。原文如下：

"和这种集中或多数资本家为少数资本家剥夺的现象联在一起，……一切民族在世界市场网中形成的密切联系，从而，资本主义制度的国际性质，跟着发展起来。把这个转化过程所有的利益横加掠夺，并实行垄断的资本大王的人数在不断减少，贫穷、压迫、奴役、退步、剥削的总量，则跟着在增加；但是，人数不断增长，为资本主义生产过程的机构自身所训练、所联合、所组织起来的工人阶级的愤激反抗，也跟着在增长。资本垄断，成了这种和它一起，并且在它下面繁花盛开起来的生产方式的桎梏。生产资料的集中和劳动的社会化，达到了同它们的资本主义外壳不能相容的地步。



① 强调不停地创造当然是必要的。像某些批评家那样，把马克思的语言和含义想象为：他假定引入机器将把工人逐出工作岗位，于是此后他将永远失业。这是很不公平的。他不否定吸收。以每次造成的失业都会被吸收的证据为基础的对马克思的批评，属于无的放矢。

这个外壳会被炸开。资本主义私有制的丧钟响起来了。剥夺者被剥夺了”。

6. 马克思在经济周期领域的成就特别难以评价。它真正可估价的部分就是几十个观察结果和评论，其中大多数有偶然的性质，这些文字几乎散布在他所有的著作中，包括他的许多信札。要根据这些零星片断重新组成整体的企图任何地方都没有真正出现过，也许甚至在马克思自己的思想里也没有存在过，除非只是一种胚胎形式。这样的企图若由不同的人来做容易产生不同的结果，它可能因为马克思崇拜者可以理解的美化马克思的倾向而失去真实性，他们依靠合适的解释方法，使用他们自己同意的几乎所有那些后来研究的结果，为马克思歌功颂德。

普通的朋友和敌人过去从不、现在也不理解评论者面对任务的性质，这是因为马克思对这个主题所作贡献的性质千变万化。他们看到马克思如此频繁地对它发表意见，又看到它显然与马克思的基本主题十分贴切，他们就想当然地认为必定有某个简单而明确的马克思主义周期理论，这个理论有可能产生于他对于资本主义过程逻辑的其余部分，正如剥削理论产生于劳动理论。相应地，他们开始寻找这样的理论，在他们面前出现的会是什么，是不难猜想的。

一方面，马克思无疑赞美——虽然他没有很充分地宣扬——资本主义发展社会生产能力的巨大力量，另一方面，他不断地强调群众日益增加的不幸。因此作结论说，危机或萧条是由于受剥削群众买不起永远扩大的生产设备生产出来或准备生产出来的东西，和因为我们不需重说的这个或那个理由使利润率下降到破产水平，难道不是最最自然的事情吗？因此，我们看来确实需要根据我们想要强调的那个因素，谈一谈最可轻视类型的消费不足理论或生产过剩理论。

马克思主义的解释事实上可归入把危机归因于消费不足理论一类。[①] 有两个条件可以援引来支持这个理论。第一，在剩余价值理论和其他问题上，马克思的教导与西斯蒙第及罗德贝尔图斯的学说的亲密关系是显然可见的。这两个人的确支持消费不足观点。我们推断马克思也可能如此不是不自然的。第二，马克思著作中的几段话，特别是《共产党宣言》里关于危机的简短陈述，无疑说明了可以作这个解释，虽然恩格斯的言论更加表明是这样。[②] 但是，由于马克思表现出卓越的判断力，明确地舍弃了它，这些也就无关紧要了。[③]



① 虽然这种解释已成为时髦的事情，我只提两个作家，一个对这个理论作了修正，另一个可以表明是坚持这个理论的。杜干-巴拉诺夫斯基的《马克思主义的理论基础》(1905 年)责备马克思以那个理由为根据的危机理论；M. 多布的《政治经济学与资本主义》(1937 年)对马克思这个理论给予较多的同情。

② 恩格斯关于这个问题的有点平凡的观点，在他题为《欧根·杜林先生在科学中所实行的改革》(1878 年)的论战著作中的已成为社会主义文献中援引的最为频繁的章节中表现得最为明显。他在书里对危机形态的十分生动的描述无疑十分优秀，可供通俗演讲之用，但“市场的扩张赶不上生产的扩张”这个意见，它的涵义人们还要找寻解释。他还赞许地提到傅立叶以不言自明的语言表达的“充血性的危机”的意见。但马克思写了该书的第 10 章，他对全书分担责任。

我注意到，包括在这个概论里的对恩格斯的几处评论有贬抑的性质。这是不幸的，不是出于任何轻视这位杰出人物功绩的意图。但我的确认为，应该坦率承认，在智力上，特别作为一个理论家，他远远不如马克思。我们甚至不能肯定，他一直理解后者的意图。因此他对马克思理论的解释，必须小心地使用。

③ 《资本论》1907 年英译本第 2 卷第 476 页，但也见《剩余价值学说史》，(英译本)第 2 卷，第 3 章。

事实是这样，马克思没有单纯的经济周期理论。从他的资本主义过程的“规律”中也不能逻辑地引申出这个理论。即使我们接受他关于发生剩余价值的解释，同意积累、机械化（不变资本的相对增加）和过剩人口（它无情地加深群众的不幸）确实联成一条逻辑的链，这个链的末端是资本主义制度的大崩溃——即使到那时我们还是找不到一个因素来说明周期性波动必然成为过程的一部分，并是繁荣与萧条内在交替的原因。① 毫无疑问，我们手头一直有大量偶然的小事情可供我们拿来补充下落不明的重要解释。存在计算错误、预期错误和其他各种错误，存在乐观主义和悲观主义的浪潮，存在过度投机行为和对这种行为的反应，存在“外部因素”不会枯竭的来源。然而，马克思的积累的机械过程是以均匀的速度前进的——没有什么可以表明，在原则上它不应这样——他描述的过程可能也是以均匀的速度前进的；至于就它的逻辑而论，本质上既无繁荣又无萧条。

当然这不一定是不幸。许多其他理论家过去一直认为、现在还是认为，不论什么时候只要某种相当重要的事情出现差错，就会发生危机。它也不完全是障碍，因为它有一次使马克思从他体系的束缚中解脱出来，使他自由自在地不加曲解地看一看事实。从而，他考虑了各种各样多少有关系的因素。例如，他不无肤浅地利用在商品交易中有货币作中介的现象——就是这个，没有别

① 对外行来说，对立面是如此明显，即使我们有充分篇幅，要确立这个说法也是不容易的。读者使自己相信它的真理的最好办法是研究李嘉图有关机器的论点。那里描述的过程可能引起任何程度的失业，但任这个过程无限地继续下去，不会引起不同于制度本身最后崩溃的崩溃。马克思会同意这个说法。

的——使萨伊关于不可能出现普遍供过于求的命题失去效用；或者利用银根宽松的货币市场指出以大量投资耐用资本货物为特征的行业中不成比例发展的原因；或者利用诸如市场开放或出现新社会需求这样的特殊刺激物，来解释"积累"的突然迸发。他不很成功地试图把人口增长列为产生波动的一个因素。① 他注意到（虽然他未作真正说明）生产的规模以"突发的痉挛式的"扩大，而这种形式的扩大是"它的同样突然收缩的序曲"。他说得很好，"政治经济学的肤浅性也表现在它把信用的膨胀和收缩，把工业周期各个时期更替这种单纯的征兆，看做是造成这种更替的原因。"② 当然，他要求一连串偶然小事作出重大贡献了。

所有这一切都是常识，本质上是健全的。我们实际上发现，凡在认真分析经济周期中曾加以考虑的所有因素，基本上很少错误。此外，一定不要忘记，单是察觉到周期活动的存在，在当时就是伟大的成就。在他之前的许多经济学家都看到周期的细微迹象。可是，他们主要把注意力集中在后来称为"危机"的引人注意的衰退上。他们看不到这些危机的真实面貌，就是说，按照周期过程看来，这些危机仅仅是小事件。他们考察时不看看它们的前景或基础，认为它们是孤立的灾祸，它们是由于错误、



---

① 这样做的也不止他一个人。认为他最终会看到这个方法的弱点，对他不是不公平的。指出他关于这个主题的文字出现在第 3 卷，不能相信这些话必定是他的最后看法，这样说是适当的。

② 《资本论》第 1 卷第 23 章第 3 节，人民出版社 1972 年版。紧接这段话之后，他朝研究现代经济周期理论的学者十分熟悉的方向迈出一步："而结果又会成为原因，于是不断地再生产出自身条件的整个过程的阶段就采取周期性的形式"。（黑点是作者加的——译者）

过度、指导出错或信用机构工作不妥才出现的。我相信，马克思是超出传统看法和先于——统计补充除外——克雷蒙·朱格拉研究工作的第一个经济学家。虽然如我们所觅，他对经济周期并没有提出理由充分的解释，但他清晰地看清在他面前的这个现象，并了解它的许多机制。和朱格拉一样，他毫不犹豫地说出“受小波动打断的”十年一次的周期。① 他对这种周期原因可能是什么的问题有很大兴趣，考虑到它可能与棉纺业中出现机器有某种关系。还有许多其他迹象说明他曾专心研究与危机问题有关的经济周期问题。这就足以保证他在现代周期研究的先驱者中处于很高的地位。

还必须提一提另外一方面。在大多数情况下，马克思以它的寻常意义使用危机这个词，和别人一样说到1825年的危机和1847年的危机。可是他也以它的另一种不同意义使用它。相信资本主义发展总有一天会瓦解资本主义社会的制度结构，他认为在真正崩溃来到之前，资本主义将开始在越来越多的摩擦中运行，并显出它致命疾病的症状。对于他当然设想为或久或暂症状延长的历史时间这个阶段，他也使用同一名词。同时他显示出一种倾向，要把那些一再发生的危机与资本主义制度这个独特的危机连在一起。他甚至提出，前者在某种意义上可以

① 恩格斯走得比这更远。他在马克思的第3卷中所作的注释说明，他也怀疑存在较长时间的摆动。虽然他倾向于把19世纪70年代和80年代的较弱繁荣和较强萧条解释为结构变化造成的，而不是较长幅度萧条阶段的结果，恰恰就像许多现代经济学家关于战后发展事态尤其对于最近10年发展事态所作的判断一样。康德拉季耶夫关于长周期著作中的某种预见也可以看做这一类。

看做是最后崩溃的预演。既然对许多读者来说，这可能像是理解寻常意义上马克思危机理论的线索，就有必要指出，按照马克思意见，促成最后崩溃的一些因素，没有恰当的外加假设，不可能是成为一再发生萧条的因素，[①]而那个线索并不能使我们超出这个平庸的命题："剥夺剥夺者"在萧条时期要比在繁荣时期是更容易做到的事情。

7. 最后，资本主义发展将冲破——或生长得太快必须舍弃——资本主义社会制度（灾祸不可避免的理论），这个论点提供了把不根据前提的推理与有助于补救这个结论的深刻见解结合在一起的最后一个例子。

马克思的"辩证演绎法"是以驱使群众起来反抗的悲惨和压迫的增长为基础的，使建立贫困不可避免地增长这个论点无效的不根据前提的推理，也使演绎法失去效用。此外，在其他方面是正统的马克思主义者长久以前就开始怀疑产业控制的集中必定与"资本主义外壳"不相容这个命题的正确性。这批人中第一个以组织良好的论证说出这个怀疑的是鲁道夫·希法亭，[②]他是重要的新马克思主义者团体的领导人之一，他实际上倾向于相反的推论，即通



① 为了使自己相信这一点，读者只需再看看上面的引文。事实上，虽则马克思经常玩弄这个观念，他对此并不深信不疑；这点意味深长，因为错过一次概括的机会，不是他研究理论常用的方式。

② 《金融资本论》(1910 年)。怀疑以一些次要的事实为根据，拿这些事实来表明马克思过分地使用他认为他所确立的趋势，并表明社会发展比马克思指出的要复杂得多和远非始终如一的过程，当然这种怀疑以前经常出现。提一提 E. 伯恩施坦就够了(见第 26 章)。但希法亭的分析并不以情有可宥的情况为理由，而是根据原则和马克思自己的理由来攻击这个结论。

过集中，资本主义可能获得稳定。① 我对这个问题必须说的，我打算推迟到下一篇里再说，我现在要说的是，在我看来希法亭走得太远了，虽然，如我们将要看到，在美国的目前的趋势里，相信大企业将“变成加在生产方式上的桎梏”是没有根据的，尽管马克思的结论不是从他的前提推演出来的。

但是，即使马克思所据的事实和所作的推理，其缺点比现在人们指出的更多，就其断言资本主义发展将毁灭资本主义社会基础这点而言，他的结论是正确的。我相信这一点。我称 1847 年就把真理揭示得如此清楚的见解为深刻的见解，我不认为我言过其实。现在它是毫无疑义的道理。第一个提出这个见解的人是古斯塔夫·施穆勒，施穆勒教授阁下是枢密院顾问官和普鲁士贵族院议员，他不是激进的革命者，也不热中于宣传鼓动。但他平静地说出这个真理。至于为什么和如何会这样，他同样平静地保持缄默。



几乎没有必要作细致的总结了。不管怎么不完整，我们上面的概述应该足以证实：第一，没有一个认真关心纯经济分析的人能够说是无条件成功的；第二，没有一个认真关心大胆创立学说的人能够说是无条件失败的。

在审理理论技术的法庭上，裁决必定是不利的：坚持一种一直是不适当的在马克思当时就迅速变得过时的分析工具；一长串不

① 这个命题时常（甚至被它的作者）与另一个命题相混淆，后者主张经济波动将随着时间推移会慢慢缓和。情况可能是这样，也可能不是这样（1929—1932 年证明这点）。但资本主义制度的较大稳定，即我们价格和数量的时间数列表现出较少的变幻无常，不一定意指较大稳定，即资本主义秩序有承受攻击的较大能力；反过来说，后者也不是意指前者。这两件事当然互相关联，但不是一件事。

是从正确前提推理出来的、或者是彻底错误的结论；如果改正将改变基本推论，有时变为完全相反推论的错误——所有这些都可以拿来合理地指责这位理论技术家马克思。

即使在那个法庭上，有两个理由必须对上面裁决加上限定条件。

第一，虽然马克思常常犯错误，有时是无望的错误，他的批评者远非总是正确的。由于在这些批评者中有杰出的经济学家，这件事实应该算是他的光荣，特别因为他不能亲自与他们中大多数人见面。

第二，马克思在大量个别问题上的贡献（有批评性的也有建设性的）也应该是他的光荣。在本文这样的概述中不可能一一列举，更不用说公正地评价它们了。但在我们研究他对经济周期的论点时，对其中几个已经提出我们的意见。我还提到能改进我们有形资本结构理论的他的见解。他在这个领域中设计的图式虽非毫无缺点，但它再次证明对处处显得宣扬马克思主义的近期著作很有帮助。

可是上诉法庭——即使仍限于审理理论问题——可能想完全推翻这个裁决。因为有一个真正伟大成就可以抵消马克思理论上的轻微过失。通过他分析中的有缺点甚至非科学的全部东西，贯穿着一个没有缺点也不是非科学的根本观念——一种理论观念，不仅是无数不连接的各别模式，也不仅是一般性经济数量的逻辑，而是那些模式或经济过程的实际序列，它在历史进程中以自身的动力前进，每时每刻产生由本身决定下一个状态的状态。因而，这位有许多错误观念的作者也是想象出即使在今天仍可算是未来经济理论的第一人，为了这个经济理论，我们正在慢慢地、吃力地积累石块和石灰、统计资料和函数方程式。

他不只怀有这个观念，他还试图实现这个观念。使他著作受损害的全部缺点，由于他的论证试图达到的伟大目标，必须不同地加以判断，即使如在某些情况下那样，这些缺点不能由此完全抵消的地方也应如此。但有一件对经济学方法论极端重要的事情实际上是他完成的。经济学家总是或者自己写经济史或者利用别人所写的经济史。可是经济史中的事实都被放置在单独的分开的地方。如果它们进入理论，仅仅担任说明问题的角色或者可能担任证明结论的角色。它们与理论只是机械地混合。可是马克思的混合是一种化学结合；也就是说，他引用事实进入产生结论的论据之中。他是系统地看到和教导他人经济理论如何可以进入历史分析和历史叙述，如何可以进入历史理论的第一个一流经济学家。①有关统计学的类似问题他不想解决。但从某种意义上说这个问题在其他问题中已有暗示。这也回答了这么一个问题，即马克思经济理论使用上一章末所解释的方式在多大程度上成功地完成他的社会学体系。这个工作没有成功；但在失败中，他建立起一个目标和一种方法。



① 如果虔诚的门徒因此声称，马克思为经济学的历史学派设定了目标，这个声称不能轻率地不予考虑，虽然施穆勒学派的著作当然完全与马克思的启发无关。但如果这批人继续声称，马克思（只有马克思）懂得怎样使历史合理化，而历史学派诸君只知道怎样描绘历史事实而不知道它们的意义，他们将把事情弄糟。因为那些人实际上知道怎样进行分析。如果说他们的概括不够彻底有力，他们的叙述不够去芜存菁，这全是对他们的称赞。

# 第四章　导师马克思

马克思主义结构的主要组成部分现在已放在我们面前。这个宏大的综合体从整体上说怎么样呢？这不是多余的问题。如果它是正确的，在这种情况下，那是整体比各部分的总和更多点什么的缘故。此外，这个综合体可能糟蹋了精华或利用了糟粕（几乎每一部分都有这两种情形），以致整体可能比它的任何部分单独看来更加正确或更加错误。最后，有一种信息只来自整体。但关于它不能多说什么。我们每个人必须满足于他对它所能体会到的东西。



我们的时代厌恶专门研究的绝对必要性，因而大声疾呼，要求作综合研究，这种呼声在社会科学方面声调最高，因为在这个领域里非专业因素所占分量最大。① 马克思体系表现得十分清楚：虽然综合可能意味着新的启示，它也意味着新的桎梏。

现在我们已经看出，在马克思论证中社会学和经济学互相渗透。在意图上，某种程度也在具体实践上，它们是一件事。因此所

---

① 马克思的一些崇拜者表现的非专业因素特别强烈，这些人的态度比典型的马克思主义经济学家更加偏执，依旧坚持马克思作品中的任何表面价值。这一点十分重要。在每一个国家的马克思主义者中，有一个学识丰富的经济学家至少有三个门外汉，而这个经济学家通常只是本篇引言中限定意义上的马克思主义者，他向神礼拜，但在做他的研究工作时却不理会这个神。

有重要概念和命题既是经济学的又是社会学的，在两个平面上具有相同意义——按照我们的观点，我们仍可以称之为论证的两个平面。因此，经济学范畴的“劳动”和社会阶级的“无产阶级”至少在原则上是一致的，在事实上是同一的。或者经济学家所说的职能分配——也就是解释收入作为各种生产服务的报酬而出现的方式，与领取这种报酬者属于哪个社会阶级无关——而在马克思主义体系中就呈现社会阶级之间分配的形式，于是得到不同的涵义。或者在马克思主义体系中，资本只有在明显的资本家阶级手中才是资本，如果在工人手里，同样的东西就不是资本。

由此给予分析的生命力是不能怀疑的。经济理论的一些幽灵似的概念开始呼吸。无生气的定理逐渐能够活动、奔驰和呐喊；不失其逻辑性，它不再仅仅是一个关于抽象体系的逻辑特性的命题；它是描绘社会生活急剧动乱的画笔的笔触。这样的分析不仅传达了比所有经济分析所描绘的更丰富的意义，而且它还包含远为广阔的领域——它把每一种阶级活动绘入图画，不管这种阶级活动是否符合经济程序的一般规律。战争、革命、各种类型的立法、政府结构的变化，总之，所有非马克思主义经济学完全当作外部干扰对待的一切事物，全都与（譬如说）机器投资或劳动交易一起，找到它们的位置——单一的解释性图式包罗了每一件事物。

这样的做法同时有其缺点。受这种做法束缚的概念布置，在效力方面的损失很可能与在活力方面的收获一样多。工人——无产阶级这一对概念可以用作一个有力的虽然不免有点陈旧的例子。在非马克思主义经济学中，个人的劳务报酬全是工资性质，不管那些人是大律师、电影明星、公司经理还是扫街工人。因为从有关的经济现象的观点看，所有这些报酬有许多共同之处，所有把它们这样归为一类不是无益或无效的。相反，即使对事物的社会学方面而言，这样做也有启发作用。可是，把劳动和无产阶级等同起来，我们把它弄混了；事实上我们把它从我们的画面上全都抹掉了。同样，一项有价值的经济学定理可以由于它的社会学变形，得到的是错误而不是更丰富的含义，反过来说也是一样。因而，一般性的综合，尤其是根据马克思主义路线的综合可能容易造成较坏的经济学和较坏的社会学。

一般性的综合——不同前进路线各种方法和结果的配合是很少有人能够处理的难事。因之通常根本不这样处理，而从所受教育只能看到个别树木的学者那儿，我们听到断断续续的要求看到森林的喧嚷。但他们不理解，困难的部分原因是材料多得令人困惑，而综合的森林可能看来极不寻常，像是一座知识的集中营。

马克思主义路线的综合——着眼于把任何事物都纳入单一目标的经济学分析和社会学分析的综合——当然特别容易看来像是知识集中营。目标——资本主义社会的历史论证——足够广泛，但分析体制不够广泛。这里确实有政治事实和经济定理的密切结合；但它们是被强制结合在一起的，两者都没有生命力。马克思主义者宣称，他们的体系解决了非马克思主义经济学解决不了的重大问题；事情确实是这样，但他们只是用阉割它们的方式做到的。关于这一点需要说得详细一点。

刚才我说过，马克思的综合体包括所有那些历史事件（战争、革命、立法变化）和所有那些历史制度（财产、契约关系、政府形式），这些事件和制度在非马克思主义经济学家眼中习惯于把它们当作干扰因素或数据资料，也就是说，他们不打算解释它们，而只分析它们的作用和后果。无论如何，为了为任何研究计划限定对象和范围，这样的因素和数据资料当然是必要的。如果说它们总是没有被明显地详细说明，那只是因为作家预期任何人都知道它们是什么。马克思主义体系的独有特性是，它使那些历史事件和社会制度本身服从于经济分析的解释过程，或者用行话来说，它不把它们当作数据资料，而是当作变数。

因此，拿破仑战争、克里米亚战争、美国内战、1914 年世界大战、法国的投石党运动、法国大革命、1830 年和 1848 年的革命、英国自由贸易、整个劳工运动及其任何特殊表现、殖民地扩大、制度改变、每一国家每一时期的国家和政党的政策——所有这一切都进入马克思主义经济学领域之内，马克思的经济学根据阶级斗争、企图剥削和反抗剥削、资本结构中的积累和质的变化、剩余价值率和利润率的变化找到理论解释。经济学家不再满足于为技术问题作出技术解答；他教导人类它斗争的隐蔽含义。"政治"不再是可以和必须从基本原理研究中提取的独立因素，当政治真的闯入时，它根据人们的爱好，或者扮演顽童的角色，他在工程师转过身去时恶意地瞎弄机器，或者扮演具有哺乳类可疑种族的神秘聪明、被崇敬地称为"政治家"的天外飞来的救星的角色。不，政治本身受经济过程的结构和状况决定，它在经济理论范围内和在任何买进或卖出中同样完全地变成财物管理人。

再说一遍，理解综合施展的魅力是最最容易的，综合给予我们的正是这个。青年人和那些看来上帝已经赐给他们永恒青春的新闻界几十个知识分子特别了解这种魅力。不耐烦地渴望走好运，热望用这种或那种方式拯救世界，厌恶无法描写的单调的教科书，因为自己的努力做不到综合，从感情上和理智上感到不满，他们从马克思那儿找到他们祈求的东西。那里正好有打开所有最深奥秘的钥匙，有能指挥大小事件的魔杖。他们看到能说明一切的图式——如果我可以暂时信奉黑格尔主义的话——这个图式既是最一般的又是具体的。他们在重大的人生事务中用不着因找不到答案而彷徨，他们一下子看透对周围事物一窍不通的政界和实业界自负的木偶。考虑到能得到的可选择的办法，谁能责备他们呢？

是的，当然是这样——但除了这点外，马克思主义综合体的这种用途还有些什么呢？我不知道。描述英国转向自由贸易或早期英国工厂立法成就的谦卑的经济学家不可能忘掉——过去也从不会忘掉提到产生这些政策的英国经济的结构条件。如果他们在写一篇纯理论的文章或一本书中不提到这一点，那只会使分析更简洁和更有效。马克思主义者必须添加的只有对原则的坚持以及用以补充原则的特别狭隘和有偏见的理论。这个理论无疑产生结论，而且是十分简单和明确的结论。但我们只需系统地把它应用于个别事例上，就会对占有人与非占有人之间的无穷尽的阶级斗争滋生彻底的厌倦，我们便会痛苦地感到它的不适当，或者更坏一点，会痛苦地感到它的浅薄无聊，如果我们不信赖作为该理论基础的图式，我们感到它的不适当，如果我们信赖这个图式，我们会感到它的浅薄无聊。

马克思主义者习惯于洋洋得意地指出他们对据说是资本主义发展中固有的经济和社会趋势的诊断是成功的。如我们已经看到，这个说法有点道理：马克思比他同时代的其他作家更清楚地辨认出朝向大企业的趋势，他不仅看清这一点，还看清随后出现的形势的某些特色。我们还看到，在这件事例中，见解帮助了分析，补救分析的某些缺点，并使综合体的含义比综合前在分析中起作用的一些因素更加正确。但也只有这么些。这个“贫困日益增长”预言的失败必然抵消马克思主义的那个成就，这个预言是错误见解和不正确分析的联合后果，大量马克思主义关于社会事态未来进程的推测，都以这个预言为根据。谁要是信任作为整体的马克思主义的综合体，用它来理解目前的形势与问题，往往陷于可悲的错误。① 这一点，事实上现在有很多马克思主义者看来已经感觉到了。

特别是没有理由摆出一副骄傲的样子，好像马克思主义综合体说明了最近 10 年的经历。长期的萧条或不能令人满意的复苏证明了悲观的预测的正确，也恰好证实了马克思主义预测的正确。在这种情况下，意气消沉的资产阶级和洋洋得意的知识分子的言论制造出一种相反的印象，由于他们的害怕和希望，他们的言论自然带有马克思主义的色彩。可是没有确凿的事实证明任何明确的马克思主义诊断是有道理的，更无法证明下述推断的正确：大意是，我们目击的并不是一次简单的萧条，而是如马克思预期发生的那种资本主义过程中结构变化的症状。如我们将在下一篇中看

① 有些马克思主义者会回答说，非马克思主义经济学家对于了解我们时代简直没有作出贡献，所以马克思的门徒在这方面要强一些。究竟什么也不说好，还是说些错话好，这个问题暂且不谈，我们务必记住，上面的说法是不对的，因为非马克思主义的经济学家和社会学家提出的见解事实上也有重大贡献，虽然大多数在于个别问题上。马克思主义者的这个说法，如果把马克思教导与奥地利、瓦尔拉或马歇尔学派的教导作比较，绝对找不到根据。这些学派成员的兴趣在大多数情况下全部（在所有情况下，主要）集中于经济理论。因此他们的成就与马克思的综合体是不能作比较的。它只能与马克思的理论工具作比较，而这方面的比较结果都对他们有利。

到，因为所有观察到的现象，如超过正常的失业、投资机会的缺乏、货币价值的下跌、企业亏损等等，都未超出 19 世纪 70 年代和 80 年代严重萧条时期人所共知模式的范围，对于那些年代的萧条，恩格斯的评论语调克制，它为今天热情的追随者树立一个榜样。

有两个突出的例子可以说明被看成解决问题机器的马克思主义综合体的功过。

首先我们来考虑马克思主义关于帝国主义的理论。它的全部根据可以在马克思的主要著作中找到，但一直由本世纪最初 20 年十分昌盛的新马克思主义学派加以发扬，这个学派虽未与像卡尔·考茨基那样的卫道士断绝联系，它确实为仔细检查马克思体系做了许多工作。维也纳是新马克思主义学派的中心；奥托·鲍尔、鲁道夫·希法亭、马克斯·阿德勒是它的领导人。在帝国主义问题上，他们的工作由其他许多人继续下去，只是在侧重点上有稍微的转移，这些人中著名的有罗莎·卢森堡和弗里茨·斯登堡。他们的论点如下。



一方面，因为没有利润资本主义社会就不能存在，它的经济制度就不能运行；另一方面，因为这个制度本身的运行使利润永远在消失中，使保持利润的不停努力成为资本家阶级的中心目标。如我们业已看到，积累伴随着资本构成中质的变化，是一个补救办法，这个办法虽然能暂时缓和个别资本家的困难处境，但最终使事情变得更坏。因此听任日益下降的利润率摆布的资本——我们记得利润率下降是因为不变资本相对于可变资本的增加，也是因为如果工资趋向上升和工作小时在缩短，剩余价值率就下降——企求在那些有劳动力可以任意剥削，机械化过程无充分发展的国家寻找出路。这样，我们看到资本向不发达国家输出，这种输出基本上是资本设备的输出或者是消费品的输出，输出消费品的目的在于购买劳动力或者交换可以用以购买劳动力的东西。[①] 但也有这个词寻常意义上的资本输出，因为输出的商品不是——至少不直接——由输入国的货物、劳务或现金支付的。如果为了保护投资防止当地人民的仇恨反应（你如果愿意可以说为了防止当地人对剥削的抗拒），也为了防止其他资本主义国家的竞争，就得使不发达国家处于政治上受支配的地位，于是资本输出就成为殖民化的工具。殖民化一般用军事力量完成，武装力量由进行殖民的资本家自己装备，或者由他们母国政府提供，这种情形符合《共产党宣言》里所作的定义：现代国家政权是……管理整个资产阶级共同事务的委员会。当然这种武装力量不只用于保护性目的，它将使用于征服，使用于资本主义国家间的摩擦和敌对资产阶级间的自相残杀的战争。

另一个因素使这个帝国主义理论完善到现在寻常见到的样子。至于由资本主义国家下降的利润率促使的殖民地扩大，它发生在资本主义发展的后阶段——事实上，马克思主义者说帝国主义是资本主义的一个阶段，更愿意说是资本主义的最后阶段。这个阶段与资本家控制企业高度集中和作为中小企业时代特征的那种类型的竞争处于衰落的时间相一致。马克思本人并不十分重视由此引起的朝向产量垄断性限制的趋势和随之发生的朝向保护国内禁猎区反



① 想一想卖给酋长以交换奴隶或者交换雇用土著劳动力的工资货物的奢侈品。为简要起见，我不考虑这样的事实，那就是我们设想意义上的资本输出，一般地将作为两国总贸易一部分而出现，总贸易也包括与我们所想的特殊过程无关的商品交易在内。这种商品交易当然会大大促进那种输出，但不会影响那种输出的原则。我也不想谈别种类型的资本输出。我们讨论的理论不是、也不打算是关于国际贸易和金融的一般理论。

对其他资本主义国家越境偷猎者侵入的趋势。也许他是一位能力极强的经济学家不会过分相信这种论证方法。可是新马克思主义者却乐于利用它。因此我们不仅得到推行帝国主义政策的另一个刺激因素和帝国主义种种纠葛的另一个原因,而且还得到作为副产品的、其本身不一定是帝国主义现象的理论——现代保护主义。

注意在这个过程中还有一个索结,它将使马克思主义者在解释进一步困难的工作中处于有利地位。当不发达国家取得发展时,我们谈论的那种资本输出将减少。嗣后有一段时期,宗主国和殖民地的交易将以制造品交换原料进行。但到最后,制造品的出口也必将减少,那时殖民地的竞争将在宗主国里坚持自己的利益。阻止这种状况出现的企图将是产生进一步摩擦(这次产生在老资本主义国家和其殖民地之间)和发生独立战争等等冲突的根源。但无论如何,殖民地的门户最后将向宗主国资本关闭,这种资本不再能够从国内正在消失利润的环境逃往国外比较富饶的市场。缺乏出路、过剩的生产力、完全的停滞,到最后经常一再出现的全国性破产和其他灾难——也许是因为资本家彻底失望而爆发的世界大战——这些都是有把握预料到的。历史就是这么简单。



这个理论是一种相当好——也许是最好——的例子,说明马克思综合体试图解决问题和借此获得权威的方式。整个事情似乎绝妙地根据牢固地植根于马克思体系基础里的两个根本前提引申出来的:阶级理论和积累理论。我们时代的一系列重要事实似乎可以完全用它们来说明。整个国际政治的迷宫似乎可以用单一的、有力的一次分析便能澄清。我们在这个过程中看到,本质上一直保持相同的阶级行动为何和怎样根据只决定策略方法和术语用法的条件，有时采取政治行动的形式，有时采取经济行动的形式。如果一群资本家掌握的手段和机会就是这么多，倘若商谈借款比较有利，就会商谈借款。如果手段和机会就是这么多，倘若发动战争比较有利，就会发动战争。后者的抉择和前者抉择有同等权利进入经济理论。甚至纯保护主义现在也很漂亮地从资本主义发展的逻辑中生长出来。

此外，这个理论充分表现出它和通常称为应用经济学领域内大多数马克思主义概念有一种共同的优点。这就是它和历史事件与当代事件密切结合。也许没有一个读者，读了我的概述，对这个论证的每一步都能十分容易地得到大量历史例证会不感到惊讶。难道他没有听到过在世界的许多地方欧洲人压迫土著劳工吗？难道他没有听到过例如中南美洲印第安人在西班牙人手中受苦受难吗？或者他没有听到过猎取奴隶、贩卖奴隶和苦力劳工吗？资本输出在资本主义国家不是永远存在吗？资本输出不是几乎不变地伴随着有利于降服土著人和与其他欧洲强国作战的军事征服吗？殖民化即使完全由商业公司如东印度公司或英国南非公司管理时，不是总有相当明显的军事一面吗？马克思自己想望的例证能有比塞西尔·罗得斯和布尔战争更好的吗？在1700年以后的所有事件中，殖民野心至少是欧洲纷争的一个重要因素，不是极为明显吗？至于现代，谁没有一方面听到关于“原料战略”，另一方面听到关于热带地区当地资本主义的成长对欧洲的反击？如此等等。至于保护主义——啊，它比什么都明白。

但我们最好还是慎重一点。根据未经详细分析的乍一看有利的事例作出的明显证据可能是很靠不住的。而且，正如每一个律师和每一个政治家都知道的，有力地诉之于大家熟稔的事实大大有助于诱导陪审团或议会接受他希望提交给它们的建议。马克思主义者充分地利用这个技术。在这个例子中这种技术特别成功，因为正在谈论的事实兼有两个优点：每个人都肤浅地知道它；只有极少数人彻底地理解它。虽然我们不能在这里详加论述，但事实上，甚至匆匆地想一想，就足以产生"事情并非如此"的怀疑。

关于资产阶级与帝国主义的关系，我们将在下一章作简单的论述。现在我们要考虑这么一个问题，那就是，如果马克思主义对资本输出、殖民化和保护主义的解释正确，那么当使用帝国主义这个松散而误用的名词时把它用作解释我们想到的所有现象的理论是不是也适合呢。当然，我们能够把帝国主义的含义限定为正如马克思主义解释的意思；我们也能够一直自认深信，所有那些现象必定可以用马克思方式加以解释。但此时帝国主义问题——姑且承认这个理论本身是正确的——只能老生常谈地加以"解决"。[①] 马克思



① 强加给我们的这种空洞的老生常谈的危险在个别事例中有最清楚的说明。例如，法国用武力征服阿尔及利亚、突尼斯和摩洛哥，意大利用武力征服阿比西尼亚，并没有任何重大的资本主义利益迫使它们这样做。事实是，此种利益的出现是很难成立的托词，这种利益的随后发展是一个缓慢的过程，这个过程在政府的压力下以令人不满的速度继续发展。如果这样说不是完全马克思主义的，那么只有这样回答：那种行动是在潜在的或预期的资本主义利益的压力下采取的；或者回答说：在最终分析中，在那种行动的底部"一定"有某种资本主义利益或客观必要性。于是我们能追寻确凿的证据，这种证据绝不会全然缺乏，因为资本主义利益和其他利益一样，会受到不管什么样的形势的影响，也会利用不管什么样的形势，因为资本主义有机体的特殊条件总是呈现并不荒谬地与那些国家扩张政策相连接的某些特色。显然，促使我们这样不顾一切地进行一项工作的不是别的，是先入为主的信念；没有这种信念我们绝不会从事这项工作。我们确实不需找这个麻烦；我们大可以这么说"事情一定如此"，就让它这样吧。这就是我所说的老生常谈的意思。

主义的方法，或在这个问题上，能否以任何纯经济方法提出不是老生常谈的解决办法还仍需加以考察。但我们在这里不必对它担心，因为在我们对它进行稍稍深入考察之前，它的基础就崩溃了。

乍看起来，这个理论似乎还适合某些事例。最重要的事例是由英国和荷兰在热带地区的征服提供的。可是对在新英格兰进行殖民的另一种事例，却全然不适用。甚至前一类型事例，马克思主义的帝国主义理论也不能描述得令人满意。承认获利的诱惑在推动殖民地扩张上发挥作用显然是不够的。① 新马克思主义者不想主张如此令人憎恶的陈词滥调。如果这些事例对他们有用，那么也有必要指出，殖民地的扩大是在资本积累对利润率的压力下以上面指明的方式出现的，因而它是衰败中的资本主义，无论如何是充分成熟的资本主义的特色。但殖民冒险的英雄时代，恰恰就是早期和未成熟资本主义的时代，那时积累刚刚开始，任何这样的压力——特别是剥削国内劳动力的任何阻碍——显然尚不存在。垄断的因素不是不存在，正相反它的存在比今天远为明显。但那只是增加这个解释的荒谬性，它把垄断和征服说成是后期资本主义的特征。

此外，这个理论的另一条腿——阶级斗争——情况也不较好。人们必须戴上有色眼镜才能集中注视殖民地扩张的那一方面，那一方面几乎不曾发挥超过次等的作用；也必须戴上有色眼镜才能用阶级斗争这个术语来解释那种提供了一些最瞩目阶级合作事例

① 强调每一个国家实际上的确"剥削"殖民地也是不够的。因为这是作为整体的国家剥削作为整体的另一个国家（或者说所有阶级剥削所有阶级），它与马克思主义特殊种类的剥削无关。

的现象。阶级合作是提高利润的运动，同样它也是提高工资的运动，而从长期看来它给予无产阶级的好处肯定比给予资本家的多（部分因为剥削殖民地劳动力）。可是我不想强调它的后果。最重要的一点是后果的起因与阶级斗争没有多少关系，它和阶级结构的关系最多也只是那些属于资本家阶级（或由于殖民地企业而上升为资本家阶级）的集团和个人的领导权所暗示的关系。但如果我们去掉有色眼镜，不再把殖民化或帝国主义看做仅仅是阶级斗争的附属品，这个问题中按特性属于马克思主义的东西就所剩无几了。亚当·斯密有关这个问题所说的话说得同样好——事实上还要更好些。

那个副产品，即新马克思主义的现代保护主义理论，还需一谈。经典文献充满对"邪恶利益"的抨击——在当时主要（决非全部）指的是农业利益——它吵吵嚷嚷地要求保护，犯下损害公众福利的不可饶恕的罪行。因此经典著作有很好的保护主义成因的理论——不仅仅有其后果的理论——如果我们现在添加对现代大企业的保护主义利益，我们已经走到这个理论合理范围的尽头了。同情马克思主义的现代经济学家真应该懂得多一点，不要说他们的资产阶级同事们甚至到现在还看不到朝向保护主义的趋势与朝向大控制企业的趋势之间的关系，虽然这些同事可能认为没有必要去强调一件这样明显的事实。不是说经典学派及其迄今的继承者关于保护的看法是正确的，因为对保护的解释过去是、现在还是和马克思主义的看法同样是片面的，而且他们对后果和所涉及的利益的评价常常是错误的。但是，马克思主义者懂得的保护主义中的垄断成分，他们对它的了解至少已有 50 年。鉴于这个发现的平凡性质，了解它不是什么困难的事情。

经典派在一个很重要方面优于马克思主义理论。不论他们经济学的价值如何——也许它是不大的——他们通常对它坚持不渝。[①] 在这种情况下，这是一个优点。认为许多保护性税收的产生是由于大企业希望利用这些税收来使它们产品在国内的价格高于未征税前的价格，以便使产品在国外卖得更便宜一些而施加的压力，这个论调虽是老生常谈但却是正确的，虽然从来没有一种关税的征收是整个地或主要地由于这个特殊原因。就是马克思主义综合体使这个说法显得不适当或错误。如果我们的愿望只是想理解现代保护主义在政治上、社会上和经济上的全部原因和涵义，那么它是不适当的。举例说，美国人民只要有机会表达他们的想法，他们总是一贯地支持保护主义政策，这种态度不是因为他们爱护大企业或者受大企业的控制，而是出于热望建立和保持一个自己的世界，并摆脱世界其余部分盛衰变化的任何牵连。忽视这个情况中的此种因素的综合，绝不是资产而是负债。可是，如果我们的愿望是要把现代保护主义的所有原因和涵义（不管它们是什么）归结为现代产业的垄断因素，把它看做唯一的主要原因，如果我们相应地对这个命题作系统的阐述，那么它就是错误的。大企业一向能够利用群众的感情，并且鼓励这种感情；但要说大企业造就这种感情则是荒谬的。产生——我们毋宁说，假定——这种结论的综

① 他们并不总是使自己局限于经济学。当他们不局限于经济学的时候，效果绝不是令人鼓舞的。詹姆斯·穆勒的纯经济学著作虽然不是特别有价值，但不能简单地认为它毫无价值而置之不理。真正的胡言乱语——极其平凡的胡言乱语——是他论政府及与此同类主题的文章。

合比根本没有综合更糟。

如果我们不顾事实和常识，把那种资本输出和殖民化的理论吹捧为国际政治的根本解释，把国际政治分解为一方面是垄断资本集团之间彼此斗争，另一方面是每一个垄断资本集团和它自己的无产阶级之间的斗争，则事情会变得非常糟糕。这种说法对党派文献可能有用，否则的话，它仅仅表明是童话不是资产阶级经济学的专利品。事实上，大企业——从富格尔家族到摩根家族这一类金融资本家——施加于外交政策的影响微乎其微。在此种大企业或大金融业能够试一试它们身手的大多数情况里，它们天真的浅薄涉猎都以失败告终。资本家集团对他们国家政策的态度主要是适应性的而不是成因性的，在今天比以往任何时候更加如此。而且，他们的态度受短期考虑影响达到惊人的程度，他们同样很少关心深谋远虑的计划和任何明确的"客观的"阶级利益。在这一点上，马克思主义降格为群众迷信的配方。①



在马克思主义结构的所有各部分中，还有类似情况的事例。提一下其中之一。刚才从《共产党宣言》中援引的政府性质的定义，其中肯定有真理成分。在许多情况下，这个真理可以说明政府对比较明显的阶级对抗现象所抱的态度。但就真实性而言，这个

① 这种迷信和许多可尊敬而又头脑简单的人所怀有的另一种迷信完全一样，他们以这样的假设解释历史，以为在某个地方有个由极端聪明而恶毒的犹太人组成的委员会在幕后操纵国际政治，也许是一切政治。马克思主义者不是这种特殊迷信的受害者，但他们迷信的水平并不较高。说来好笑，当我面对这两种迷信的任何一种时，我总觉得很难以使我自己满意的方式加以回答。这不仅因为对于根据事实的断言总是很难加以否定，主要困难来自这样的事实，那就是对国际事务及其有关人物缺少第一手知识的人们也缺少察觉荒谬的任何本领。

定义中所含的理论却是价值不大的。值得不嫌麻烦讨论一番的是，在大量事例中，这个理论为什么和怎样不能与事实相符，或者即使相符，也不能正确地描绘那些“管理资产阶级公共事务的委员会”的实际行为。而且，实际上在所有事例中，人们能用反复论述的办法使这个理论变得正确。因为除了消灭资产阶级的政策外，任何政策都被看成有利于资产阶级的经济或超经济、短期或长期的利益，至少从它能挡住更坏局面的意义上说是这样。但这并不能使这个理论有较多价值。让我们转而谈谈马克思主义综合体解决问题能力的第二个例子。

科学社会主义，按照马克思说法，它有别于空想社会主义的标志就在于证明：不管人的意志或愿望如何，社会主义是不可避免的。如上文已述，这句话的全部意思是，资本主义发展由于其本身逻辑，趋向于毁灭资本主义的事物秩序，并产生社会主义的事物秩序。[①] 马克思在证实这种趋势的存在上，得到多大程度的成功呢？



关于自我毁灭的趋势，这个问题已经有了答复。[②] 资本主义经济由于纯粹经济理由而不可避免地崩溃的学说，从未被马克思证实，如希法亭的反对意见足以表明这一点。一方面，他对于与正统立论极为重要的未来事实的某些命题，尤其是关于苦难与压迫不可避免地增加这个命题是站不住脚的；另一方面，这些命题即使全对，也未必能由它们引申出资本主义秩序的崩溃。但资本主义过程发展形势中的其他因素以及（我希望表明是这样）最后结果本

① 见第 2 篇引言。

② 见上文第 3 章第 7 节。

身是马克思正确地看到的。关于后者，可能有必要以另一种连接关系来代替马克思主义的连接关系，而“崩溃”一词那时可能被证明用词不当，特别如果把它理解为由资本主义生产机器发生故障而引起的那个意思的崩溃；但这点不影响这个学说的本质，不管它对这个学说的构架和某些涵义有多大的影响。

关于朝向社会主义的趋势，我们务须首先了解，这是个性质截然不同的问题。资本主义秩序或任何其他事物秩序可能明显地溃崩——或者经济和社会发展可能把它冲破——但社会主义的凤凰未必会从它的灰烬中升起。可能出现混乱，除非我们把任何取代资本主义的无混乱的秩序叫作社会主义，否则还有其他可能性。普通正统马克思主义者——至少在布尔什维克出现前——似乎在期望的特殊类型的社会组织肯定只是许多可能情况中的一种。



马克思本人虽然很聪明地不详细描述社会主义社会，但他着重地指出它出现的条件：一方面是存在巨大产业控制单位——当然能大大促进社会化——另一方面是存在被压迫、被奴役、受剥削但人数众多、有纪律、团结一致、组织起来的无产阶级。这显然暗示将出现成为两个阶级间长期战争激烈阶段的最后战斗，那时这两个阶级将作最后一次的列阵交锋。这还暗示将随之出现的某些情况；它暗示这样的无产阶级将进行“接管”，通过它的独裁终止“人对人的剥削”，造成无阶级的社会。如果我们的目的是要证明马克思主义是千年至福信条这个家族的一个成员，说了这些实际上足够了。因为我们关心的不是那一方面，而是科学的预测，它显然是不够的。施穆勒所处的地位要安全得多。因为虽然他也拒绝作详细的描述，他显然设想这个过程是一个逐步官僚化、国有化等等的过程，结局是国家社会主义，这种社会主义不管我们喜欢与否，他至少表白了明确的意思。因此，即使我们完整地同意马克思的崩溃理论，他也没有把社会主义可能性成为肯定性；要是我们不同意这个理论，那么失败是当然之事。

不管我们是否接受马克思的推理或者任何其他推理，无论如何社会主义秩序在任何情况下不会自动实现；即使资本主义的发展以可以想象的最符合马克思主义的方式为它提供一切条件，实现社会主义仍需特殊的行动。① 这一点当然符合马克思的教导。他的革命不过是他的想象力喜欢披在这种行动上的特殊外衣。对暴力的强调，对于在思想定型年代经历了 1848 年全部骚动，虽然很能鄙视革命空论但从未能摆脱它的束缚的人来说，也许是可以理解的。此外，他的大部分听众大概不愿听缺乏神圣而响亮的号角声的道理。最后，虽然他看到和平过渡的可能性——至少对英国是这样——他也许没有看到可能成功的迹象。在他那个年代，这种迹象不是很容易看到的，而他喜爱的列成战斗阵势的两个阶级的思想使得看到这种迹象更加困难。他的朋友恩格斯艰辛地研究革命策略。但是，虽然革命可能被降格为非本质的混合物，对独特行动的必要性依然如故。

这能否解答他的门徒为何划分为革命派和渐进派的问题？如果我真正了解马克思的意思，答案不难作出。在他看来，进化是社会主义的父母。他受社会事物固有逻辑的感染如此强

① 参见第 3 篇第 5 章。

烈，以致不能相信革命可以替代进化所做工作的任何部分。不过革命仍然会来到。但革命是为了在一整套前提下写出结论才来到的。所以马克思的革命在性质和职能上全然不同于资产阶级激进派和社会主义阴谋家提出的革命。它本质上是时机成熟的革命。[①] 确实，不喜欢这个结论，尤其不喜欢把它应用于俄国事例的门徒们，[②]能够从圣书中指出许多似乎和它矛盾的段落。但在那些段落中，马克思本人和《资本论》的分析结构明确无误地说出来的话与他最深刻和最成熟的思想相矛盾——由于任何思想必然受事物固有逻辑观念的浸染——并在可疑的宝石的奇异闪光下，带有显然保守的涵义。再说，究竟为什么不该这样呢？从来不曾有过一种严肃的论点无条件地支持任何"主义"。[③] 说马克思允许对他的论点（删去一些空话）作保守意义的解释，这只是说他是可以被严肃对待的。



① 应该注意这一点，以后我们还要提到它。我们将多次回到这个主题，除讨论别的事情外要讨论"时机成熟"的标准。

② 卡尔·考茨基在他给《剩余价值学说史》所作的序言中甚至宣称 1905 年的革命拥护马克思社会主义，虽然大家都明白，少数知识分子使用的马克思主义词汇就是社会主义的全部。

③ 这个论点可以进一步加以引申。特别是，在劳动价值理论中没有什么东西按性质是社会主义的；熟悉这一学说历史发展的任何人当然会承认这一点。这点对剥削理论（当然除言词外）同样是正确的。我们只需承认，马克思称之为剩余的这个东西的存在，是——至少过去是——我们包括在文明一词中所有事物出现的必要条件（事实上这是难以否认的），我们认识到这一点。成为一个社会主义者，没有必要一定是一个马克思主义者；但要作为一个社会主义者，仅仅做一个马克思主义者也是不够的。在任何科学理论之上可以加上社会主义或革命的结论；但没有一种科学理论必然意指它们。没有一种科学理论使我们处于萧伯纳在某个地方描述的社会学狂热，除非它的作者为了激动我们的情绪，故意写成这个样子。

# 第 二 篇

# 资本主义能存在下去吗？

# 前　言

资本主义能存在下去吗？不，我不认为它能存在下去。但是像任何其他经济学家就这个主题发表的意见一样，我的这个意见本身是完全不令人感到兴趣的。作任何社会预测，有价值的不是由总结事实与论据所导出的是或否，而是那些事实与论据本身。它们包含着在最后结论中合乎科学的一切东西。此外的一切不是科学而是预言。不论是经济分析还是别的分析，得到的最多只是关于可以观察到的模式中所呈现趋势的一份报告书，这些趋势永远不会告诉我们这个模式将发生什么，只会告诉我们，这些趋势如果像我们观察时一直活动那样继续活动，如果没有别的因素侵入时会发生什么。“不可避免性”或“必然性”绝不会有比这更多的意义。

读下文论述时必须记住这个条件。但决定我们的结论及其可靠性的还有其他一些条件。社会生活过程是众多变数的函数，许多变数经不起任何尺度的检验，甚至用它对某种事物状态作诊断也会变成可疑的事情，更不用说在我们试图作预测时立刻会碰到可怕的出错的苗头了。但不应夸大这些困难。我们应该看到，画面上占主要地位的特色清楚地支持某个推论，不管必须加上任何限制条件，这个推论是如此有力，不能因为不能像证明欧几里得命题那样被证明，而加以忽视。

在我们开始讨论正题前还有一点要说一说。我将努力建立的论点是，资本主义制度的实际和预期的成就足以否定它要在经济失败的重压下崩溃的观点，但就是它的成功破坏了保护它的社会制度，“不可避免地”创造出资本主义不能生存下去并强烈地指定社会主义为它继承人的条件。因此，虽然我的许多论点不同于许多社会主义作家、特别是所有马克思主义者的论点，我的最后结论却与他们并无不同。但为了接受这个最后结论，不一定需要是一个社会主义者。预测并不是意指事态按照他称心地预计的方向发展。如果一个医师预计他的病人将立刻死亡，这并不是说医师希望他死亡。有人可以憎恨社会主义或者至少以冷酷的批判态度对待社会主义，但他还是可以预见它的出现。许多保守主义者过去和现在都是这样。



作为一个合格的社会主义者，并不一定要接受这个结论。人们可以热爱社会主义，热情地相信它在经济、文化和道德上的优越性，但同时仍然相信资本主义社会并不含有自我毁灭的趋向。事实上有一些社会主义者相信，资本主义秩序随时间推移正在聚集力量，正在使自己处于牢固地位，所以希望它崩溃是幻想。

# 第五章　总产量的增加率

我们马上得加以解释的对资本主义的敌视气氛，使人们对它的经济和文化成就形成合理的意见比没有这种气氛要困难得多。现在公众心理对它变得如此彻底的心情恶劣，以致使谴责资本主义及其全部工作成为预定的结论——几乎成为符合论述规则的需要了。不论他的政治倾向如何，每一个作者和演说者都急于遵守这个规则，强调他的批判态度，表明他没有"满足情绪"，他相信资本主义成就的不足，他厌恶资本主义和对反对资本主义利益集团的同情。任何其他态度不但被看成愚蠢无知，而且被看成是反社会和不道德的奴隶心理的表现。这种情形当然是完全自然的。新的社会宗教总有这种效果。只是使分析者完成其任务更加困难了：公元 300 年时，向热情的基督教信徒详细讲解古代文明的成就在当时也是不容易的。一方面，最明显的真理从一开始就被置之不理，①另一方面，最明显的错误意见得到宽容或者得到喝彩。

经济成就的第一个检验标准是总产量，即一个单位时间内——一年、一季或一月——生产的全部商品和劳务的总量。经

① 但是还有另一种对待明显但不舒服的真理的办法，那就是讥笑它毫无价值。这样的讥笑所起的作用同反驳一样，因为一般观众总是对事实毫无所知，这就使得否认成为不可能——社会心理的绝妙标本。

济学家试图从一系列代表各种商品产量的数字中得到指数,用以度量总产量数量的变化。“严格的逻辑是冷酷的老师,如果有谁尊重它,他就绝不会编制或使用任何生产指数”。[①] 因为,不但资料和编制此种指数的技术的可靠性极可怀疑,而且这个以永远变化着的比例生产的不同商品的总量的概念也是很靠不住的。[②] 但是,我相信,这个办法可以足够可靠地给予我们一个总的概念。

在美国,从内战以后就有数量充足的很好的系列资料保证可以用来编制这样的产量指数。选择称为戴·珀森斯总产量指数[③],我们发现从1870年到1930年的平均增长年率为3.7%,其中制造业为4.3%,让我们集中谈谈前一个数字并努力了解其含义。为了做到这一点,我们首先必须作一点校正:由于工业耐久设备的相对重要性一直在增加,可用于消费的产量不能与总产量以同一速度增加。我们必须把这一点考虑进去。但我相信,留出1.7%的余地是够多的了;[④]这样我们“可得到产量”的增长率可以达到每年2%(按复利计算)。

现在假定资本主义机器在从1928年开始的另一个50年中保持这个增长率。对这个假定有种种不同的反对意见,我们嗣后还要谈到,但反对的理由绝不能是:从1929年到1939年的10年中资本主义已经不能达到这个标准。因为从1929年最后一个季度



---

① 参见A.F.伯恩斯,《1870年以后美国的生产趋势》,第262页。

② 这里我们不能深入讨论这个问题,但在下一章我们再谈到这个问题时,我还将略加论述;较详细的论述见我所著的《经济周期》,第9章。

③ 参见W.M.珀森斯,《经济周期预测》,第11章。

④ 事实上这个余地留得过大了。参见F.C.米尔教授的估计数:1901—1913年期间为3.1%,1922—1929年期间为3.8%(不包括建筑业;《美国的经济趋势》,1932年)。

到1932年第3季度经历的萧条不能证明资本主义生产推进机制中已经出现长期的停顿，因为这种严重程度的萧条曾经一再出现过——大约55年一次——还因为一次这种萧条的后果——从1873年到1877年那一次——已经计算在每年2%的增长率之中。1935年前低于正常的复苏，1937年前低于正常的繁荣以及其后的不景气，很容易看出是由于适应新财政政策、新劳工立法以及政府对私营企业态度的普遍改变而引起的困难，所有这些在后来规定的意义上都能与生产机构的作用区分得开。

因为对这一点的误解特别非所愿，我希望着重指出，上边所说的最后一句话本身并不意指对新政的各项政策的非难，也不意指这样的主张——我确信它是正确的，但我当前不需要它——即这种类型的政策从长期观点看会与私人企业制度的有效运转不相容。目前我有意指出的是，社会舞台上如此广泛而急剧的变化自然会在一段时间里影响生产成就，大多数热情的新政拥护者必定也能够承认这一点。我本人就看不出，否则怎么有可能说明这样的事实：有最好机会迅速恢复的美国却明显地是经历了最令人不满的恢复过程的国家之一。唯一有点类似的情况是法国的经历，法国情况支持同一推论。由此可见，从1929到1939这10年间事态的进程本身并不构成拒绝听取上面提出的论证的充分理由，这个论证无论如何有助于说明资本主义过去成就的意义。

如果从1928年起在资本主义制度条件下可得到的产量继续像此前那样发展，即以每年2%的长期平均增长率增长，50年后，到1978年产量将达到1928年数字的大约2.7倍(2.6916倍)。为了把这个增长用每人平均实际收入来说明，我们首先要说，我们总产量的增长率大致上相等于可用于消费的私人货币收入总数的增长率,[①]这个数字业已根据消费者的美元购买力的变动作了校正。其次,我们必须具有我们预期的人口增长的观念:我们选择斯隆先生的估计数,他认为到1978年达到16000万人,因此那50年间的人均收入将增加到略多于1928年数字的两倍,1928年人均收入约650美元,1978年增至1928年购买力的1300美元。[②]

也许有些读者觉得,关于总货币收入的分配应该加上附加条件。直到大约40年前,马克思和其他许多经济学家相信,资本主义过程趋向于改变国民总收入的相对份额,以致根据我们的平均数所作的明显推论,可能由于富者越富和贫者越贫而归于无效,至少相对无效。可是不存在这样的趋向。不管我们对为此目的而编造的统计数字有怎样的想法,下面的说法是肯定的:以货币表示的收入的金字塔结构,在我们使用资料所涉及的时期内没有很大变化——关于英国的资料包括整个19世纪[③]——在这段长时间内,



① “消费”包括购买诸如汽车、冰箱和住宅那样的耐久消费品。我们不把易耗消费品和有时称作“消费资本”的东西区分开来。

② 这就是说,人均实际收入将按$1\frac{3}{8}$%复利率增加。在第一次世界大战前的一个世纪中,英国的情形就是这样,全国人口的人均实际收入几乎正是按这个速度增加的(参见洛德·斯坦普《财富和纳税能力》)。对这种巧合不能给予很大的信任。但我认为这一点有助于表明我们的计算并不过分荒谬。在《全国工业会议委员会研究丛书》第241号第6页和第7页表1中,我们发现,经纽约联邦储备银行调整的“人均实际国民收入”和全国工业会议委员会的生活费用指数在1929年的数字为1829年的数字4倍还略多一些——这是个类似的结果,虽然其可靠性仍值得认真怀疑。

③ 见斯坦普前书。如果我们去掉后一段时间内各种资料所证明的不同长短周期的干扰性影响,在所有国家内都可见到同一现象,有足够统计资料表明这一点。维尔弗里多·帕累托设计的收入分配测度法(或收入不平等测度法),有多处可以反驳。但事实本身和这个方法的缺点无关。

工资加上薪金的相对份额实质上始终不变。只要我们在讨论，如果让资本主义机器独自运行，它将会干出什么来，就没有理由相信，收入分配或者我们平均数的分布到 1978 年会大大不同于 1928 年。

表达我们研究成果的结论是，如果资本主义从 1928 年起的下一个半世纪里重复它以往的表演，将使按现在标准可称为贫穷的任何东西绝迹，甚至在最底层的人民中也会如此，只有因疾病而贫困者例外。

事情还不止此，不论我们的指数能说明或不能说明其他问题，它肯定没有夸大实际增长率。它没有算上可以随意支配的闲暇这种商品。把重点主要放在基本商品和中间产品的指数，往往未列入新出现的商品或只列入它们中的一部分。由于同一理由，几乎完全没有考虑商品质量的改进，虽然改进质量在许多方面是所获进步的核心——没有办法充分表示 1940 年的汽车和 1900 年汽车的区别，或表示汽车每单位效用的价格已经跌落的程度。估量一定数量的原料或半成品比过去多生产成品的比率更接近可以办到——一个钢锭或一吨煤虽然自然质量上没有变更，其经济效率已是 60 年前的两倍。但这方面的工作几乎没有做。如果有办法用上述这些因素或类似因素来纠正我们的指数，我不知道这个指数会发生什么变化。但可以肯定的是，它的变化百分率将提高，我们在这里已留下余地，足以使我们采取的估计数保证不会受任何可以想象的往下修正的影响。而且，即使我们有了测量工业产品技术效率变化的办法，这个方法仍不能传达出适当观念来表明这样变化对人生的尊严、充实或快乐有什么意义——老一代的经济学家把这些全都列在需求的满足的标题下。对我们来说，这毕竟是需要恰当地考虑的事情，是资本主义生产的真正“产品”，是我们对生产指标及其中的磅数和加仑数发生兴趣的原因，而这些数字本身是不值得花时间考虑的。

但让我们坚持我们的 2%。要正确估价这个百分数还有很重要的一点要注意。上文已经说过，粗略地说，国民收入的相对份额在过去 100 年里一直保持实质上的不变。可是，这只是在我们用货币来计量时是正确的。如果用实物计量，相对份额会发生有利于低收入阶层的变动。这点是根据以下事实得出的，即资本主义机器始终是大规模生产的机器，它不可避免地也意味着为在个人收入阶梯上向上爬的群众而生产，我们发觉个人收入花费在个人服务和手工制品上的比例不断提高，而这种服务和商品的价格主要是工资率的函数。



证明它是容易的。无疑有一些现代工人可以得到的物品是路易十四本人极喜欢得到但无法得到的东西——如现代的牙科医术。但从整体上说，那种高水平收入的人从资本主义成就中得到真正想要得到的东西是极少的，甚至快速旅行对于一个高贵的绅士来说也不是很值得重视的事情。电灯对有钱买足够蜡烛和雇佣照料蜡烛的任何人来说，不是巨大的恩惠。便宜的衣服、便宜的棉织品和人造丝织品、皮靴、汽车等是资本主义生产的典型成就，但一般说来这些并不是对富人生活有了不起的改进。伊丽莎白女王有丝袜。资本主义成就并非典型地在于为女王们提供更多的丝袜，而在于使丝袜的价钿低到工厂女工买得起，作为稳步减少劳动量的回报。

如果我们看看经济活动的长波，同样的事实更加明显，对它的分析能把资本主义的性质和机制看得比什么都清楚。每一次长波包含一次“产业革命”和对它后果的吸收。例如，我们能够从统计数字上和从历史上看到——现象是如此清晰，以致即使我们稀少的资料也足以证实——这样的长波在18世纪80年代末升起，高峰在1800年左右，它向下冲刷，然后是一段在19世纪40年代初结束的恢复期。这就是教科书作者喜爱描述的产业革命。但接踵而来的是产生另一次长波的另一次这样的革命，那次长波在19世纪40年代升起，高峰正在1857年以前一段时间，退潮直到1897年，这个长波转过来又被再一个长波追随，它的高峰约在1911年，而目前已处于它的退潮期。①

这些革命用引入新的生产方法、新的商品、新的组织形式、新的供应来源、新的贸易路线和销售市场等而改变现有产业结构的形状。新生产方法包括机械化和电气化工厂、化学合成法等；新商品包括铁路服务、汽车、电气用具；新组织形式指企业合并；新供应来源如拉普拉塔的羊毛、美国棉花、加丹加的铜等。这个产业改变过程掀起为经济界定基调的轩然大波：当这些新事物刚创造出来时，我们有了旺盛的开支和占支配地位的“繁荣”——无疑要受较短周期消极方面的干扰，这种较短周期是加置在大波之上的——当这些新事物齐备时，它们的成果层出不穷，我们消灭了产业结构中过时的因素和占支配地位的“萧条”。因此出现了长期的价格、

① 这些叫“长波”，在有关经济周期的作品中，这个名称最早是由N.D.康德拉季耶夫提出的。

利率、就业等的上升和下降,这些现象构成使生产结构多次恢复青春这种过程的机制的一部分。

这些成果每次都表现为永久地加深与拓宽实际收入流的消费品的剧增,虽然一开始,这些成果招来骚动、亏损和失业。如果我们看看这些消费品的剧增,我们又会发觉,每一次剧增的是群众消费的物品,并增加工资美元的购买力,增加得比任何其他美元更多。换言之,资本主义过程逐步提高群众生活标准并不是巧合,而是由于它的机制,它做到这点是通过盛衰交替的过程,而这个过程的严重程度刚好和前进速度成比例。可是它做到这点非常有效。向群众供应商品的一个又一个问题,都使用资本主义生产方法范围内提供产品从而成功地解决了。[①] 其中还未解决的一个最重要问题即住房问题,它通过使用预制件造屋的办法也接近解决。



这还不是全部。如果评价一种经济秩序,只停留在相应的经济传送器传送给社会不同集团的产品上,而不描述经济传送器不直接传送,但为此提供手段和政治意志的所有那些东西,以及由经济传送器产生的精神状态诱导出来的所有那些文化成就,那么评价就是不完整的——附带地说,也是非马克思主义的。关于文化成就,留待以后考察(第 11 章),我们现在先谈谈前者的某些方面。

争取社会立法斗争的技巧和气氛模糊了否则十分清楚的事实:一方面,部分立法是先前资本主义成功(换言之,即资本主义企业先前创造的财富)的先决条件,另一方面,社会立法产生和普及

① 这当然也适用于农产品,大量廉价的农产品完全是资本主义大企业(铁路、航运、农业机械、化肥)的杰作。

的许多东西是很早就由资本家阶层本身行动首先提出的。当然，这两件事必须加到资本主义总成就里去。现在，如果资本主义制度像它在1928年以前60年中那样，还有另一个60年，真正达到了人均1300美元的生产总值，那就容易看出，任何社会改革家迄今支持的所有迫切需要的东西——实际上毫无例外，甚至包括大部分幻想在内——或者会自动地得到满足，或者毋需重大地干预资本主义过程便能得到满足。特别是给予失业者的丰盈供应，到那时不但是可以容忍的负担，而且是很轻的负担。不负责任地制造失业和资助失业者，当然在任何时候都会形成难以解决的问题。以寻常谨慎态度进行管理，对连同家属在内平均数为1600万的失业者（占人口10%），提供平均每年160亿美元开支，在可用国民收入达到数字级2000亿美元（1928年购买力）情况下，本身不会是严重的问题。

我可否提请读者注意，为什么每个人都同意必定是讨论资本主义时最重要问题之一的失业——有些批评家甚至把它作为控诉资本主义的唯一根据——在我的论证里却扮演比较次要的角色？我不认为失业是一种像贫穷那样资本主义发展本身能够消灭的罪恶。我也不认为从长期看来存在失业百分比上升的趋势。包括一段相当长时间间距的唯一数列——大致是第一次世界大战前60年——让大家看到英国工会失业会员的百分比。它是一个典型同期性数列，并不表示一种趋势（或者一种水平型的趋向）。[①] 因为



① 这个数列常常被制成图表并加以分析。例如，见A. C. 庇古的《工业波动》或我的《经济周期》。在每个国家里似乎都有一个不能减少的最小数额，加在这个数额上面是周期性的运动，运动的最强烈部分大约有9到10年的时间。

这点在理论上是可以理解的——没有理论上的理由怀疑这个证明——所以我这两个意见看来对1913年前的战前时期来说是可以确立的。在战后时期的大多数国家里,甚至直到1930年前,失业处于极不正常的高水平上。这个情况以及30年代更严重的失业都可以用一些理由加以说明,这些理由与资本主义机制本身所固有的原因而引起失业百分比增加的长期趋势无关。上文我已提到完全可以作为资本主义发展过程特征的那些工业革命。超过正常的失业是紧跟每次革命带来"繁荣阶段"之后的适应时期的特色之一。我们在19世纪20年代和70年代见到它,1920年后的一段时间简直就是另一个这样的时期。只要这种现象本质上是暂时性的,就不能用它来推断未来。但还有一批别的因素往往使失业趋于激化——战争的影响、国外贸易的混乱、工资政策、某些制度的变更(它使英国、德国财政政策中的统计数字扩大;1935年后对美国也很重要)等等。在这些因素中,无疑有一些是资本主义将以递减效率运行那种"气氛"的征兆。但这是我们以后一定要注意的另一回事。

可是,不管是持久的还是暂时的,不管是否越来越严重,失业无疑现在是、并且经常是苦难的根源。在本书的下一篇里我们将在主张社会主义制度优越性的断言中间列入可能消灭失业的方法。然而我认为,真正的悲剧不是失业本身,而是失业加上不可能适当地为失业者提供救济而又不损害进一步发展经济的条件。显然,如果失业者的生活不因失业而严重恶化,那么我们意想中与失业同在的苦难与堕落,即人的价值的毁灭,将大部消失,失业的可怕实际将不再存在,虽然生产资源的浪费还存在。人们对资本主义的控诉提到，在过去——譬如说，约在19世纪末之前——资本主义秩序不但不愿意而且完全没有能力保证做到这一点。但如果资本主义能在今后半个世纪内保持它过去的成就，它便有能力做到这一点。到那时候，人们对它的控诉，如童工、16小时工作日和5人合居一室等悲惨情景将被遗忘；当我们谈到为资本主义成就过去所付的社会代价时，强调这些是很正确的，但在为将来权衡选择对象时，说这些就不一定合适了。我们自己的时代正处在资本主义发展早期阶段的无能力和资本主义制度充分成熟阶段的有能力之间的某一点上。至少在美国，甚至现在就能不使这个制度过度紧张地完成这个任务的大部分。困难看来主要不在于缺乏充分的剩余资金去抹掉画面上的最黑暗部分，而在于：一方面因为反资本主义政策促使失业人数的增加超出30年代应有的数字，另一方面当舆论一旦意识到对这个问题的责任时，它立即坚持一些经济上不合理的筹款救济方法和松弛而浪费的管理赈济方法。

这同一论点大部分适用于将来——在很大程度上适用于现在——资本主义发展为照顾老人和病人、为教育和卫生等等提供的可能性。而且，从个人家庭立场而言，可以合理地期望越来越多的商品不再属于经济物品的范畴，实际上人人可以得到达到充分满足的程度。这个任务或者可以通过政府机构和生产企业之间的安排，或者可以用国有化或市有化的方法实现，用这些方法取得逐渐进步当然是将来发展的特色，甚至是未受束缚资本主义将来发展的特色。

# 第六章　似乎合理的资本主义

上一章的论证似乎会招来对我显然不利的答复。1928 年前的 60 年中获得的总产量的平均增长速度，我把它设想在未来的发展中。如果这仅仅是为了说明过去发展的重大意义的一种方法，这样做没有什么能动摇统计学的良心。可是当我意指今后 50 年实际上可能出现同样年均增长速度时，我显然犯了统计学上的罪行；当然，很清楚，过去任何一段时期的历史产量记录，其本身根本不证明外推法是正确的，[①]更不用说半个世纪之久的外推法了。因此，很有必要再次强调，我的外推法并非打算预测未来实际产量。除了说明过去成就的意义外，它仅仅想告诉我们一个数量概念：如果资本主义机器在今后半个世纪里重复它过去的成就，可想象它将达到怎样的成就，而今后实际表现则是完全不同的事情。至于能不能期望它做到这一点，回答与外推法本身完全无关。为了这个目的，我们现在就必须作一番漫长而困难的研究。



---

① 按照一般原则，这个命题适用于任何历史的时间数列，因为历史连续性概念意味着经济结构发生不可逆转的变化，它必然会影响任何既定经济数量规律。所以，甚至最谨慎的外推法也需要理论上的证明和一般地需要统计数字上的处理。但是可以说，我们的推理得到下面事实的支持，即在以产量数列所表示的综合体中，个别项目的特异性质将在某种程度上互相抵消。

在我们能够讨论资本主义有无可能重复它过去的成就之前，我们必须弄清楚，观察到的产量增长率在什么意义上真正测定了它过去的成就。毫无疑问，提供数据的时期是比较自由的资本主义时期。但这个事实本身并不能充分说明过去成就与资本主义机器之间必然存在联系。为了使人们相信这不只是巧合，我们必须证明：(1)资本主义制度和观察到的产量增长率之间存在一种可以理解的联系；(2)有了这样一种联系，增长率确实是由于这种联系而不是由于和资本主义无关的某些特殊的有利条件产生的。

必须先解决这两个问题才能提出能否有"重复成就"的问题。然后第三点就是，有没有任何理由使资本主义机器在今后 40 年里不能继续像它过去表现的那样运作。

我们将依次论述这三个问题。

第一个问题可以重新表达如下：一方面，我们有完全可以说明"进步"速度的大量统计数据，甚至严厉的批评者对之也表示钦佩。另一方面，我们有关于那个时期这个经济制度的结构和关于这个结构运作方式的一批事实；分析工作根据这些事实已经提炼出专门术语称之为资本主义现实的"模型"的东西，也就是关于资本主义本质特征的一幅概括性图画。我们希望知道，那种经济类型对我们观察到的成就是有利的、无关的还是不利的，如果是有利的，是否可以合理地认为那些特征能为这种成就提出适当的解释。尽量撇开技术细节，我们将以常识为根据探讨这个问题。

1. 和封建领主不一样，商业和工业资产阶级以事业成功而升起。资产阶级社会是从纯经济模子里铸造出来的：它的基础、梁柱和指向标完全用经济材料制成。建筑物面向生活的经济方面。奖励和惩罚用金钱来衡量。上升和下降的意思就是赚钱和亏本。这些情况当然没有人能否认。但我还想说,在它自己的构架内,社会秩序是非常有效率的,过去所有事实都表明这一点。这部分由于它呼吁、部分由于它创造一种无比简单和有力的动机图式。它提供富裕的指望和贫穷的威胁,它以无情的果断予以实行。凡是资产阶级生活方式充分显示自己、足以使其他社会体制信标黯然失色的地方,这些指望就有力地吸引大多数优秀人才,并把个人的成功等同于经营企业的成功。这些指望不是随便提出的;这里的确存在各种诱人的机会:这场赌博不像轮盘赌,更像打扑克。指望是对有才能、有精力和有不寻常工作能力的人提出的;但是,如果存在衡量一般才能或衡量获得任何特定成功的个人业绩的方法的话,这个制度实际给予的奖励可能远远超过二者中任何一个。它以比激发特定努力所需多得多的惊人的奖赏,给予少数胜利者,从而能以较平等和较"公正"的分配方法更为有效地推动大多数实业家积极工作,他们中有的得到很有限的补偿或者得不到补偿或者还要亏本,但他们还是尽力工作,因为有巨大的奖赏闪耀在他们眼前,他们过高估计了好好干所能得到的机会。同样,威胁是对无能者提出的。可是,虽然无能的人和过时的工作方法有时很快被消灭,有时过一段时间被消灭,但失败也威胁或实际上压倒许多有才能的人,它同样比较平等和比较"公正"的惩罚制度能更加有效地鞭策每一个人。最后,经营的成功和经营的失败理想地清楚,二者都不是嘴上说说的事情。



为今后提到时方便,也为了它在目前讨论中的重要性有一个方面应予以特别注意。体现在私人企业制度中的资本主义秩序以上面指出的方式、也以下文将论述的其他方式把资本家阶层有效地束缚在它的事业上。但它做得还要多。决定在任何特定时间使个人和家庭成为资产阶级的表现条件的同一机制，根据同样条件挑选上升进入该阶级或下降退出该阶级的个人和家庭。决定机能和挑选机能的这样结合并非必然之事。正相反，大多数社会选择方法与生物选择“方法”不一样，它不能保证被选择个人的成就，它做不到这一点，这就形成社会主义组织的一个至关重要的问题，这个问题将在我们研究的另一阶段讨论。就目前而言，我们要做的仅仅是观察资本主义制度如何巧妙地解决这个问题：在大多数情况下，首先上升进入实业阶级而后在这个阶级里也是一个能干实业家的人，很可能他的能力越强，上升得越快——这完全是因为在那个图式里，上升到一定地位和在这个地位上干得出色，一般说来过去和现在都是一回事。这个事实常常被失败者为否定它而进行的自我解嘲的努力弄得十分模糊，这个事实在评价资本主义社会及其文明时比从资本主义机器纯理论里能够搜集的任何东西重要得多。

2. 但是，我们从感兴趣的“最理想地挑选出来的一批人的最高成就”中推论而得的全部论证会因进一步的事实而归于无效吗？进一步的事实是：那种成就不是为了社会服务——我们可以说为消费而生产——而是为了赚钱，也就是它的目的是利润最大化而不是社会福利。在资本家阶层以外，这当然一直是普遍的意见。经济学家们有时反对、有时支持这个意见。在反对和支持中，他们提供了比他们各自达到的最后判断本身更有价值的某种东西，而最后判断在大多数情况下只不过反映他们的社会地位、利益、同情或反感。这些东西慢慢地增加我们的实际知识和分析能力，以致我们今天对许多问题的回答要比以往正确得多,虽然没有我们先辈的答复那样的简洁和彻底。

不必追溯太远,所谓古典经济学家①实际上都持一个见解。他们中的大多数人不喜欢他们那个时代的社会制度和那些制度工作方式中的许多东西。他们反对地主利益,赞成并不完全符合自由放任主义路线的社会改革——尤其是工厂立法。但他们坚信,在资本主义制度构架中,工厂主和商人争取最大成就的自我利益对全体人民有利。面对我们正在讨论的问题,他们会毫不犹豫地把观察到的总产量增长率归因于相对自由企业和利润动机——也许他们会提到作为一个条件的"有益的立法",可是他们所说的有益的立法可能指取消束缚,尤其可能指取消或降低19世纪时的保护性关税。

此时此刻要公正地对待这些见解特别困难。这些见解当然是英国资产阶级的典型见解,而资产阶级的有色眼镜几乎在古典作家所写的每一页上都显然可见。其他种类的有色眼镜同样显而易见:古典经济学家根据他们无批判的理想化的特殊历史条件进行推理,他们无批判地据以引出一般性的结论。而且,他们中的大多数人似乎只根据英国利益和他们那个时代的问题进行争论。这就是为什么在别的国家和别的时代人民不喜欢他们的经济学以致常常不想理解它。但是因为这些理由而舍弃他们的教导是不对的。一个怀偏见的人还有可能说出真理。从特殊事例引出来的命题还



① 古典经济学家一词在本书中指的主要是英国经济学家(他们的著作发表在1776到1848年之间)。亚当·斯密、李嘉图、马尔萨斯、斯图尔特·穆勒父子是杰出的名字。这点务请牢记,因为这个名词更广泛的使用,后来是很流行的。

有可能是普遍有效的。古典经济学的敌人和后继者过去和现在都有不同但同样多的有色眼镜和偏见;他们过去和现在都设想不同的但同样特殊的事例。

从经济分析家的观点看,古典经济学家的主要功绩在于他们除了驱除许多其他重大错误外还驱除了这样的幼稚思想,即资本主义社会中的经济活动因为以利润动机为基础,单单这个事实就必然与消费者的利益背道而驰;换句话说,赚钱必然使生产背离它的社会目标;或者最终的结论是,私人利润本身和由它引起的经济过程的扭曲一直是获得利润者除外的所有人的净损失,因此只有使私人利润社会化才能使人民获得净收益。如果我们看到任何有资格的经济学家都不想为之辩护的这些命题和类似命题的逻辑,古典派的反驳似乎并没有什么了不起。但一旦我们看到有意识或下意识地暗示这些命题的所有理论和口号(今天有人再次把这些理论和口号搬了出来),我们将更加尊敬古典派的成就。让我立即再加上一条,古典派作家也清楚地看到(也许他们有点夸张)储蓄和积累的作用,他们以基本上(或者只是近似地)正确的态度把储蓄与他们观察到的"进步"速度联结在一起。总之,他们的学说有实际智慧、负责的长期观点和与现代歇斯底里呼喊相对照的果敢的气度。



但在实现追逐最大利润的目标和力图做到最大生产成就之间并非必然是互不相容的,为了证明前者必然——或者在大多数事例中——意味着后者,其间还存在比古典经济学家所想的更宽阔的鸿沟。他们从来没有成功地把二者沟通过。现代研究他们学说的学者从未停止怀疑他们怎么可能满意他们的论证,怎么会错误地把这些论证当作证据;根据后来的分析表明,不管古典经济学家想象力中可能含有的真理分量有多少,他们的理论被看成是一座纸牌搭成的房子。①

3.后来的这个分析,我们将分两步来讨论——为了弄清楚我们问题的需要,我们要详加说明。从历史上说,第一步把我们带到本世纪第一个10年,第二步包括科学经济学战后发展的若干情况。坦率地说,我不知道这样做对非专业的读者有多大好处;像我们知识的其他每一分支一样,经济学由于分析方法的改良,它命中注定地远离了使每个受过教育而未受专门训练的人能够懂得全部问题、方法、结果的幸福阶段。但我将尽力而为。

第一步与迄今仍受无数门徒尊敬的两个伟大名字连在一起——只要门徒们不认为对他们中间许多人显然钦佩的任何事物或任何人表示尊敬是一种不好的形式——艾尔弗雷德·马歇尔和克努特·威克赛尔。②他们的理论结构与古典经济学没有什么共同之处——虽然马歇尔尽力隐藏这个事实——但它保留了古典派的命题:在完全竞争情况下,生产者对利润的关心倾向于使生产达到最大限度。它甚至提出几乎令人满意的证明。只是在作更正确的



① 读者会记得我在马克思事例中强调的一个人的理论和他的想象力之间的区别。但永远重要的是,记住一个人正确地看事物的能力可能(常常)与他正确推理的能力不相符,倒过来也一样。这就是为什么一个人可以是十分优秀的理论家,但在他碰到要诊断作为整体的具体历史模式的任务时,会说出极端荒谬的语言来。

② 马歇尔的《经济学原理》(1890年第1版)和威克赛尔的《讲义》(1901年瑞典文第1版。1934年英文译本),我认为是杰作,因为两书对许多人在他们思想形成阶段的影响,也因为两书以完全求实的精神叙述理论。根据纯科学理由,领先地位应属于莱昂·瓦尔拉的著作。在美国应该提到的名字是J. B.克拉克、欧文·费雪、F. W.陶西格。

说明和证明过程中，这个命题失去许多内涵——当然，命题确实是从运作中出现的，但它一出现就没有力量，勉强存活而已。① 在马歇尔-威克赛尔分析的一般假设里，依旧能够看出，企业不能够以它们的个别行动对其产品价格或对其使用生产要素的价格施展任何影响——因此它们为生产的任何增加倾向于减少产品价格和增加生产要素价格的事实而哭泣是没有用的；但企业还将扩大其产量，一直达到为了产量有另一次微小的增加而必然出现的新加成本（边际成本）刚好与它们能为微小增加量获得的价格持平的程度，也就是说，它们将生产不亏本条件下尽量多的产量。这个产量可以表明就是"社会希望"生产那么多的产量。用专业术语说，根据个别企业的观点，在那种情况下价格不是变数而是参数；如果那个地方的情况确实如此，那里就存在所有产量全达到最高、所有要



① 在提到后面论证之前（见第 8 章第 6 节），我在这个注释中简单澄清上面这段话。对利润经济机制的分析不但导致发现对竞争行业趋向于有最大化产量这个原理的种种例外，而且发现这个原理的证据本身需要种种假设，以致使它沦为与老生常谈差不多的东西。它的实际价值特别受以下两点考虑的损害：

1. 这个原理——只要它最后能被证明——适用于静态均衡状况。但资本主义现实始终是一个变化过程。因之在对参与竞争企业成就的估价中，探讨企业在经济过程完全均衡静止条件下会不会倾向于使产量达到最大限度这个问题，几乎是无的放矢。

2. 如威克赛尔所说，这个原理是一个更具雄心的命题遗留下来的东西——后者虽具有较纯净的形式，但在马歇尔的著作中仍能找到——那就是竞争行业趋向于产生最大地满足欲望的状态的原理。即使我们不坚持认真反对的态度，不谈看不见的心理重要性，这个原理也很容易被看做陈词滥调，不管资料怎么样，尤其是不管社会制度如何，人的行动（只要是有理性的）总是努力做到最好地利用任何一定条件。事实上这个原理变成理性行动的定义，因而社会主义社会相类似的原理能与它并行不悖。但最大产量的原理也能做到这一点。两者都不能提出私营竞争性企业的特有优点。这样说并不意味着不存在这样的优点。但它的确意指，这些优点并非完全是竞争逻辑所固有的。

素皆充分运用的均衡状态。这种情况通常称为完全竞争。回想起关于对所有企业及其经理人员起作用的选择过程说过的话，受利润动机驱使的一批精心挑选的人，在那种模式中绷紧每一根神经，以便取得最大化产量和最小化成本，我们对他们作出的成果，自然可以怀有非常乐观的期望。尤其是，乍一看似乎是符合这个模式的一种制度将明白显示不存在社会浪费的主要根源。但稍作思考即将明白，这事实上仅是陈述上面一句话内容的另一种方式罢了。

4. 让我们谈谈第二步。马歇尔-威克赛尔的分析当然没有忽视不符合那个模式的许多事例。在这个问题上，古典经济学家也没有忽视它们。他们认清"垄断"的事例，亚当·斯密本人仔细地谈到限制竞争各种措施的盛行[①]以及由此产生的价格灵活性的所有差异。但他们把这些事例视为例外，而且，既然是例外早晚必将被消灭。那种看法，有些也是马歇尔具有的。虽然他发展了古诺的垄断理论。[②] 虽然他后来的分析，提请人们注意这个事实，即大多数企业拥有它们专有的市场，在这种市场中它们决定价格而不仅是接受价格，[③]他和威克赛尔一样，对完全竞争模式作出他的一般结论，很像古典经济学家所为，他提出完全竞争是常规。不论是马歇尔和威克赛尔还是古典经济学家都不把完全竞争看做例外，但



① 斯密甚至以对现时人们态度有惊人启发性的方式强调每一行业利益与公众利益之间的不一致，他谈到反对公众利益的阴谋，他认为这些阴谋可能是在实业家宴会上发起的。

② 奥古斯丹·古诺，1938 年。

③ 这就是为什么后来的不完全竞争理论完全可以追溯到他的原因，虽然他并未对它详加论述，他对这个现象的看法比大多数研究这个现象的人更正确，特别是他没有夸张它的重要性。

即使它是常规，也不像人们想象的那样有许多理由值得庆贺。

如果我们更细致地看一看为产生完全竞争必须具备的条件——马歇尔和威克赛尔没有清楚地说出、甚至没有清晰地看到全部条件——我们就会立即了解，除了大规模农业生产外，不可能有许多完全竞争的事例。事实上农民在这些条件下供应棉花和小麦：从农民的立场看，棉花或小麦的市价是数据，虽然是极具变化的数据，他的个人行动不能影响它们，他只以其产量来适应这个数据；因为全体农民都这样做，价格和数量最终会像完全竞争理论要求的那样进行调整。但甚至还有许多农产品的情况并不是这样——例如鸭子、灌肠、蔬菜和许多乳制品。实际上就工商业的所有成品和劳务而言，每一个杂货商、加油站和手套、修面膏、手锯的制造商都有他们自己的小小而不稳定的市场。他们试图——必须力图——以价格战略、质量战略（产品变化）和广告来建立和保持他们的市场。这样我们得到一个完全不同的模式，在那里似乎没有理由指望产生完全竞争下所产生的结果，却更适合于垄断的图式。在这种情况下，我们谈到**垄断性竞争**。提出这个理论是战后经济学的一个重要贡献。①

还有一大批性质上相似的产品——主要为工业原料和诸如钢锭、水泥、未染色棉织品等半成品——对于这些产品，出现垄断性竞争的条件似乎还未成熟。事情就是这样。但一般说来，在那些产品领域里，由于大部分产品由一些最大规模的企业（独资或合伙）经营，它们有能力即使不改变产品也可操纵价格，因而产生相



① 特别见 E. S. 钱伯林的《垄断竞争理论》和琼·罗宾逊的《不完全竞争经济学》。

似的后果,这就是少数寡头垄断。垄断图式经过适当改制,看来比完全竞争图式更加适合这类行为。

一旦人们承认垄断竞争或寡头垄断或二者联合的优势,马歇尔-威克赛尔那一代经济学家以最大信心常常用以教导人们的许多命题就变得不适用了,或者变得难以证明了。首先,这些命题只有针对均衡的基本概念才是正确的,也就是说,只适用于针对经济有机体的一种确定状态,任何经济有机体的特定状态总倾向于这种确定状态,它显出某种简单的特性。在寡头垄断的一般情况下,事实上根本不存在确定的均衡,非常可能有无穷尽的一系列运动和反运动,有企业间无限的斗争状态。在许多特定情况下,从理论上说存在均衡状况是正确的。其次,即使在这些情况下要得到均衡不但比在完全竞争情况下困难,而且要保持均衡更加困难,但"有益的"古典型的竞争看来可能被"掠夺的"或"残酷的"竞争或者干脆被为控制金融领域的斗争所取代。这些事情是众多社会浪费的根源,还有许多其他的浪费,如广告战的耗费、扼杀新生产方法(为了不使用新方法而买下专利)如此等等。最为重要的是:在人们面对的条件下,均衡,即使以付出极大代价的方法最后获得,也不再保证它能达到完全竞争理论所说的充分就业或最大产量。均衡可能在没有充分就业条件下存在;但它必然(看来如此)在低于那个最高标志的产量水平上存在,因为在完全竞争条件下不可能实行的保持利润战略,现在不但成为可能,而且必然出现。

这点还不能证明一般人(实业家除外)对私人企业一直在想的是什么吗?现代分析不是完全驳斥古典学说而赞成通行的观点吗?一般认为在为利润而生产和为消费者而生产之间没有什么平

行不悖的可能，认为私营企业只不过是为了攫取利润（当时人们正确地称之为通过税和赎金）而削减产量的一种手段，终究不是十分正确的吗？

# 第七章　创造性毁灭的过程

垄断竞争理论和少数企业操纵价格竞争理论以及两者的通俗变体可能被用来以两种方式服务于这样的观点，即资本主义现实不利于生产的最大成就。人们可能认为情况一直如此：尽管当事的资产阶级长期进行破坏，产量始终在扩大。倡导这种主张的人必须提出证据，说明瞩目的增长率能够归因于一系列与私人企业机制无关的、其强烈程度足以克服私人企业机制抵抗的有利条件。这正是我们打算在第9章讨论的问题。但支持这个主张的那些人至少避而不谈另一种主张倡导者不得不面对的有关历史事实的麻烦。历史事实证明资本主义现实曾经趋向于促进最大生产成就，或者无论如何，生产成就达到如此可观，以致成为对资本主义制度任何严肃评价中的主要方面。可是后来垄断结构的盛行，扼杀了竞争，如今把趋势倒了过来。



首先，这个过程包括创造一个纯属想象的、完全竞争的黄金时间，在某个时候不知怎么变形为垄断时期，而十分清楚的是，完全竞争在任何时候都没有像今天更接近现实。其次，必须指出，产量的增长率从19世纪90年代起没有降低过，我以为，至少在制造业中，最大规模企业的盛行也必须追溯到那个时候。在总产量时间数列中，没有任何迹象表明“趋势的中断”。最为重要的是，群众的现代生活标准在相对自由的“大企业”时代有所改善。如果我们历数进入现代工人家庭预算的物品，并观察1899年后购买这些物品以劳动时间（不是以货币）计算的价格——即以每年支付的货币价格除以每年的小时工资率——我们不能不为进步的速度而吃惊，再考虑到物品质量的明显改善，看来生活标准的提高比以往任何时候较大而不是较小。如果我们的经济学家少一点一厢情愿的思想，多观察一点事实，便立即会对那个引导我们希望产生很不相同后果的理论的现实价值发生怀疑。事情还不止于此。一俟我们深审细节，去探究进步最为瞩目的个别项目时，引导我们的线索不是把我们带到在比较自由竞争条件下工作的那些企业的门前，而是明确地把我们带到大公司的门前——大公司和农业机器的情况一样，取得进步的大部分发生在竞争部门——于是我们心头升起强烈的怀疑，大企业在创造生活标准（而不是降低它）上可能起了较大的作用。



上一章结尾提到的结论事实上几乎是完全谬误的。可这些结论是根据观察和几乎完全正确的定理作出的。[①] 经济学家和通俗作家又一次轻易接受他们偶尔碰上的某些现实片断。这些一鳞半爪本身大多数看来很正确，它们的表面特性也大多数得到正确发展。但根据这样的零碎分析得不出关于整个资本主义现实的结论。如果我们还是要从零碎分析获得结论，只有在偶然机会中我

① 事实上，那些观察和定理并不完全令人满意。寻常论述不完全竞争理论的文章对许多重要的情况没有给予应有的注意。在这些情况中，甚至按照静态理论，不完全竞争也有近似完全竞争的结果。在另一些情况中，不完全竞争不能取得近似的结果，但它也提供补偿，这些补偿虽不进入任何产量指数，但对产量指数最终企图衡量的东西还是有所贡献的——例如一个企业用质量或服务来建立信誉以保卫其市场。可是为了简单起见，我们不准备以这个理论本身的理由来和它进行争论。

们才能是正确的。有人这样做了,但没有出现幸运的偶然机会。

要掌握的实质性要点是,研究资本主义就是研究一个发展过程。看来奇怪的是,有人竟会看不到卡尔·马克思很久前就强调过的如此明显事实。可是产生了大批有关现代资本主义职能命题的那种零碎分析却固执地忽视这个事实。让我们再次指出这一点,看看这个事实对我们的问题有什么影响。

资本主义本质上是一种经济变动的形式或方法,它不仅从来不是、而且也永远不可能是静止不变的。资本主义过程的这种进化性质不仅是由于经济生活是在变动着的社会与自然环境里继续下去,而且这个环境的变动改变了经济活动的数据。这个事实很重要,这些变动(战争、革命等)常常是产业改变的条件,可是这些变动并不是产业改变的主要推动力量。资本主义过程的这种进化性质也不是由于人口与资本半自动的增加或由于货币制度的变幻莫测,但人口、资本和货币制度的确也是产业改变的条件。开动和保持资本主义发动机运动的根本推动力,来自资本主义企业创造的新消费品、新生产方法或运输方法、新市场、新产业组织的形式。

上一章中我们已经看到,劳动者预算的内容(譬如说从 1760 到 1940 年)不光是以不变的形式增加,它们经历了质变的过程。同样,一家典型农场生产设备的历史,从作物轮作、耕种与施肥的合理化开始到今天的机械化装置——由传送机和铁路连接起来——是一场革命的历史。从木炭炉到我们今天炼钢炉的钢铁工业生产设备的历史,从上射水车到现代电厂的电力生产设备的历史,从邮车到飞机的运输史也全是革命的历史。国内国外新市场的开辟,从手工作坊和工场到像美国钢铁公司这种企业的组织发展，说明了产业突变的同样过程——如果我可以使用这个生物学术语的话——它不断地从内部使这个经济结构革命化，[①]不断地破坏旧结构，不断地创造新结构。这个创造性破坏的过程，就是资本主义的本质性的事实。它是资本主义存在的事实和每一家资本主义公司赖以生存的事实。这个事实从两方面支持我们的论点。

第一方面，由于我们是在研究一个过程，这个过程的每一个要素需要相当时间才能揭示其真正特色和最终效果，因而在估价那个过程的成就中没有理由以某一瞬间视界所及为根据；我们必须从一段长时间来判断它的成就，根据它经过几十年几百年展示出来的实际情况来下判断。一个制度——任何经济或别的制度——能在每一个特定时刻充分利用它的可能性达到最有利的程度，但从长期来看这个制度可能还不如在任何特定时刻做不到这一点的另一个制度，因为后者之所以做不到这一点，可能就是达到长期成就的水平和速度的条件。

第二方面，由于我们是在研究一个有机过程，所以对这个过程任何特定部分所发生事情的分析——譬如说发生在个别公司或行业的事情——实际上可能弄清楚机制上的细节，但除此之外是无法确定的。每一个经营战略只是在这个过程的背景下和在这个过程造成的形势中才有它真正的意义。必须在不停的创造性破坏的风暴里它所担负的任务中去看它；不理会风暴，或者假设风暴后有长期的平静就不能理解它。

① 这些革命严格地讲并非是不停顿的；它们以不连续的冲刺形式发生，它们彼此分隔，中间有比较平静的间距。但整个过程的作用不断，不是革命就是对革命后果的吸收，它们一直存在，二者一起形成称为经济周期的过程。

但只在某一时刻，从少数寡头垄断行业——由几个大企业组成的行业——的行为中寻找事例的经济学家，看到这个行业里众所周知的运动和反运动，这些运动的目的似乎只在于保持较高的价格和限制产量，他们显然就作出这样的假设。他们接受瞬间形势的数据，好像既无过去又无将来，他们认为已经了解他们想要了解的东西，以为可以用与那些数据有关的最高利润原则解释这些企业的行为。一般的理论家论文和一般的政府委员会报告实际上从不试图把这些企业行为看做是过去一段时间历史的结果，也不把它看做是应付肯定立刻就要变化的形势的企图——这些企业要在正从它们脚下溜走的地面上站住脚跟的企图。换句话说，一般在想的问题是，资本主义是如何管理现有结构的，而与此相关的问题是，资本主义是如何创造并破坏这个结构的。只要不认识这个问题，研究者所做的工作就没有意义。一旦认识了这个问题，他对资本主义实践及其社会效果的看法就会大大改变。①



改变的第一件事是对竞争所起作用的传统观念。经济学家现在终于从只见到价格竞争的阶段摆脱出来。一旦容许质量竞争和销售努力进入神圣的理论境域，价格变数就被逐出它所占的支配地位。但在不变的条件、不变的生产方法、特别是不变的行业组织形式的僵硬模式中的竞争，实际上依旧是人们唯一注意的中心。但在迥然不同于教科书所说的资本主义现实中，有价值的不是那

① 应该理解，这只是我们对经济成就的评价，不是我们的道德评定，二者大不相同。由于它的意志自由，道德的赞成和反对完全独立于我们对社会（或任何别的）效果的评价。除非我们恰巧采用如功利主义那样的伦理体系，按定理，这个体系根据社会效果决定道德上的赞成和反对。

种竞争,而是新商品、新技术、新供应来源、新组织形式(如巨大规模的控制机构)的竞争,也就是占有成本上或质量上决定性优势的竞争,这种竞争打击的不是现有企业的利润边际和产量,而是它们的基础和它们的生命。这种竞争比其他竞争有大得多的效率,犹如炮轰和徒手攻击的比较,这种竞争是如此重要,以致在寻常意义上它的作用发挥得快还是慢,变得比较无关紧要了;可是从长期观点看,扩大产量和降低成本的有力杠杆无论如何是用其他材料制成的。

几乎没有必要指出,现在我们所想的这种竞争不但在它存在时起作用,而且在它还仅仅是一种永远存在的威胁时也起作用。它在攻击之前先进行训练。实业家觉得自己处身于竞争的形势中,或者在战场上孑然一身,或者虽然不是只身孤影而是在守住阵地。但进行调查的政府专家看不到在这个战场或邻近的战场上,在他与任何其他企业之间有任何有效的竞争,因而专家得出结论是,经过调查,他关于为竞争而忧虑的话完全是装模作样。在许多情况下(虽不是全部),从长期看来这种情形会迫使企业的行为变得十分类似完全竞争的模式。

许多理论家持有相反的观点,这在下边例子里最清楚地表达出来。我们假定一个地区有一定数目的零售商,他们试图用服务和"气氛"来改善其相对地位,但避免价格竞争而严守当地传统的做法——一幅停滞的和按部就班的画面。随着另外一些人闯入这个行业,这个半均衡的局面当然被打破了,但出现的状况对他们的顾客不利。由于每一家商店周围的经济空间变小了,店主人不再能够以此为生,他们将试图在心照不宣、彼此同意下提高价格来补救局面。涨价会进一步减少其销售，就这样螺旋般步步升级，从而出现一种局面：增加潜在供应招来的不是减价而是涨价，不是增加销售而是减少销售。

这样的情况确实发生，把它们表达出来是正确而适当的。但正如一些实际例子表明的那样，它们只是在离开最典型的资本主义活动最遥远的地方才能找到的最次要的事例。[①] 何况它们的性质是短暂的。在零售商例子中，重要的竞争不是由增加同类型的商店引起的，而是来自百货店、连锁店、邮购商店和超级市场，这些商业机构迟早必然毁灭那些销路越来越窄的零售商店。[②] 现在，忽视这个事例中本质要素的理论结构，也忽视了这个事例中属于最典型资本主义的所有东西；即使在事实和逻辑上是对的，它也像没有丹麦王子的《哈姆雷特》。



① 我们在论述不完全竞争理论中，经常遇到的定理也表明这一点。这个定理说，在不完全竞争条件下，生产或销售企业总是不合理地小。因为与此同时，他们把不完全竞争看成是现代产业的杰出特色，我们不能不奇怪，这些理论家生活在哪个世界里，如上文所说，他们的思想里所有的只是一些最次要的事例。

② 在小型零售商这种特殊的环境条件和人员条件中，仅仅这种竞争的打击的威胁不可能具有寻常的惩戒影响，因为小商人严重受成本结构的制约，他在他逃避不掉的有限范围内不论管理得如何出色，他绝不能适应竞争者的手法，这些竞争者有能力以他进货的价格出售货物。

# 第八章　垄断的做法

迄今所说的一切确实足以使读者能够应付他可能碰到的大部分实际例子，并且了解那些直接或间接依赖不存在的完全竞争来对利润经济进行的批评大多数是不适当的。但因为我们针对那些批评提出辩论的意义可能在初看之下不很明显，为了使我们议论中的几个论点更加清晰，值得花时间作比较细致的阐述。

1. 刚才我们已经知道，作为事实和作为威胁的新事物——例如新技术——对一个行业现有结构的冲击，大大减少了旨在通过限制产量来保持既得地位和使既得地位产生的利润达到最大限度的这种做法的长期前途和重要性。现在我们还必须认清进一步的事实，这种限制性做法（只要行之有效）在创造性破坏的长期风暴中得到新的意义，而在静止状态或在缓慢而平衡增长状态中是得不到这种意义的。不论在静止状态还是在缓慢而平衡增长状态中，限制战略产生的结果只能是以牺牲顾客来增加利润，除非在平衡发展状态下这个战略仍旧可以证明是筹集资金用以提供增加投资资金的最容易和最有效的办法。① 但在创造性毁灭过程中，限

① 理论家们往往把承认这种可能性的任何人看成犯了重大错误，并且直接证明，向银行或私人储蓄者借款筹资，或国营企业从所得税收入中筹资，要比通过限制政策而获得

制做法大大有助风浪中船只的稳定和减轻暂时性困难。事实上这个论点是经常在经济萧条时候出现的很熟稔的论点,正如人人皆知,它受到政府及其顾问们的欢迎——国家复兴法案可以为证。虽然它多次被误用和十分错误地被执行,由于这点,大多数经济学家从内心蔑视它,他们中那些为法案负责的顾问们全都看不到它的非常一般的理论基础。[①]

实际上,任何投资必须有(作为企业家行动的必要补充)某种保护行动,如保险或套头交易。在急剧变动的条件下,尤其在新商品和新技术冲击下任何时刻都会变动的条件下进行长期投资,就像打不但模糊而且活动——颠簸地活动——的靶子。因而有必要依靠这样的保护措施,如申请专利、生产方法的暂时保密,在某些情况下,依靠事先签订长期业务合同。但这些保护措施,虽然大多数经济学家承认是合理经营的正常办法,[②]但它们只是包括许多其他措施的更大保护办法中的特殊情况,而大多数经济学家谴责其他措施,其实其他措施和得到认可的措施之间并无根本的不同。

例如,倘若战争风险可以投保,那么没有人会反对企业从买



---

剩余利润来筹资合理得多。就某几种行为模式而言,他们是对的。但就另外几种行为模式而言,他们是完全错的。我相信,资本主义和俄国型共产主义属于后一类。但重要的是,理论性思考,尤其是短期性的理论性思考不能解决我们将在下一篇里再次碰到的问题,虽然这样的思考有助于解决这个问题。

① 特别是在旨在维持“平准价格”的政策中,很容易指出那里存在没有意义的和有大量害处的东西。

② 但某些经济学家认为,甚至那些措施也是进步的障碍,虽然在资本主义社会里它们也许是必要的,但在社会主义社会它们不会存在。这个看法有一定道理,但它并不影响下述命题,即由专利权等提供的保护,在利润经济条件下,衡量起来是推进因素,不是阻碍因素。

它产品的买主那儿收集它的保险费用。但这种风险也是企业长期成本中一个要素，如果没有承保这种风险的机构，在这种情况下，针对同一目标的企业价格战略似乎会涉及不必要的产量限制，并产生超额利润。同样，如果得不到专利权，或者有了专利权不能有效地起保护作用，为了证明这笔投资是正确的，可能不得不使用其他手段。其他手段中就有价格政策，它有可能更快地摊销投资，虽则不那么合理；或者追加投资，以便提供只用于侵略或防御目的的额外生产能力。还有，如果长期合同不能在投资前签订，可能必须设计其他方法，以便牢牢吸引未来顾客到投资企业来。

在分析给定时刻的这些业务战略中，研究这个问题的经济学家或政府代表都看到在他看来是掠夺性的价格政策和在他看来与损失生产机会同义的产量限制。他没有看到，在长期风暴条件下，这种类型的限制是长期扩张过程的附带事情，并常常是不可避免的附带事情，它们保护而不是抑制扩张过程。这样说较之说汽车因为装了刹车装置比没有装刹车装置时开得更快，没有更多的矛盾。

2. 在任何时候都有新事物和新方法对其现有产业结构发生影响的那些经济部门中，上面所说的情形呈现得最为清楚。要得到产业战略生动而现实的印象的最好方法，莫若具体观察那种引进新商品或新方法的新企业的行为（如铝工业），或者观察部分或全部改组的企业的行为（如原美孚石油公司）。

正如我们业已知道，这样公司在本性上就是侵略者，它们挥舞真正有效的竞争武器。它们的入侵，只在极少数情况下未能改进总产量的数量和质量,两方面的改进都是通过新方法本身——即使任何时候都没有发挥全部优势——和通过新方法施加给原有企业的压力。但这些侵略者的处境使他们为了攻击和防御的目的不得不需要(除了其产品的价格和质量之外)几件盔甲,同时必须一直战略性地操纵产品的价格和质量,以致在任何时候他们似乎只是在限制产量和保持高价。

一方面,最大规模计划如果从一开始就不知道沉重的资本需要或经验不足将阻挠竞争,或者不知道可以找到挫伤或打败竞争对手的手段,借以得到进一步发展的时间和空间,这样的计划在许多情况下根本不能实现。甚至对原来处于无懈可击地位的竞争企业财政控制权的征服,甚至获得与公众公平竞争观点背道而驰的利益——铁路运费折扣——只要单独设想它对总产量的长期效果,也就呈现出不同的面貌;[①]它们可能是廓清私有制放置在进步道路上的障碍的方法。在社会主义社会里,同样需要时间和空间。在那里由中央当局的命令保证获



① 我想外加的条件会消除由上述命题可想象地引起的攻击的任何正当理由。万一这个外加条件不够清楚,我请求允许我再说一遍,在这个情况下和在任何情况下一样,道德方面必须完全不受经济争论的影响。至于其他情况,让读者细思,即使在处理确凿有据的犯罪行为时,每个文明法官和每个文明陪审员也要考虑发生犯罪行为所追求的隐蔽目的,考虑一个犯罪行为有或没有他们认为对社会说来是可取的影响。

另一个反对意见更说到点子上。如果一个企业只能凭这种手段取得成功,本身不就证明它不能带来社会收益吗?能提出一个很简单的论点来支持这个说法,但这个论点必须加上严格的"假使其余情况相同"的限制性条件。就是说,它提出的条件正好等同于排除创造性毁灭过程——资本主义现实。试加思考就可以看出,我们正在讨论的做法和专利权极为相似一节,就足以说明这一点。

得那种时间和空间。

另一方面，新办企业如果从一开始就不知道可能出现特别有利的局势，不知道如果操纵价格、质量、数量来利用这种局势将产生的利润足以度过在老一套管理下将出现的特别不利局势，在大多数情况下这个企业是办不起来的。这又需要从短期看来常常是限制性的战略。在大多数成功的事例中，这种战略正好用来达到目的。但在某些事例中，这种战略是如此有效，以致获得的利润远远超过吸引相应投资所需要的水平。于是这些事例提供诱饵，引导资本走上未经试验的荒芜小径。这些事例的存在部分地说明这样大的一部分资本主义世界怎么有可能无利润地经营：在20年代中期，美国大约有一半公司有的亏本，有的毫无利润，有的所赚利润之少，如果能事前预见，就不足以招来经营企业的努力和费用。



让我们的议论超出新公司、新方法和新行业的范围。老企业和现有行业不管是否受到直接攻击，依旧生活在长期的风暴中。在创造性毁灭过程中出现了一些局面，在这些局面里许多企业可能不得不灭亡，如果它们能经得住一场特殊风暴的话，有可能精力充沛和有用地活下去。没有这样的普遍危机或萧条，局部的局势出现了，在这种局势里，作为那个过程特色的数据急剧变化，在一段时间里严重地打乱了一个行业，以致招来无谓的损失并造成可以避免的失业。最后，试图无限期地维持过时的行业当然没有必要，但试图设法避免它们一下子崩溃却是必要的，也有必要努力把一场混乱——可能变为加重萧条后果的中心——变成有秩序的撤退。相应地，在早期经营不善但仍获得而不是丢失其阵地的行业中,存在着可称为有秩序前进的东西。①

所有这些当然是最平凡的常识。可人们十分顽固地坚持忽略它,以致有时会怀疑这些人是否真诚。结果是,在创造性毁灭过程中,理论家习惯于把这个过程的所有现实写入论经济周期的书籍和论文中去。工业的自我组织问题也还有一些侧面是理论家们所没有想到的。卡特尔类型的"贸易限制"以及仅仅属于价格竞争中默契的组织,在萧条情况下可能是有效的治疗方法。只要它们行之有效,它们最终可能使总产量有稳定和大量的增长,增长的程度要比完全无控制冒进能得到的更大,而后者难免遭受灾难。但也不能说这些灾难在任何情况下都会发生。我们知道在每个历史事例中发生了什么。考虑到这个过程的惊人步伐,如果完全没有这样的做法,我们对会发生什么情况就只有极不完整的概念了。



① 说明这一点——事实上说明我们许多一般性论点——的极好例子是战后汽车工业和人造丝工业的历史。汽车工业的历史恰当地说明我们可以称之为"经过校订的"竞争的性质和价值。繁荣期大约在1916年结束。不过以后有大批企业涌入这个行业,这些企业中的大部分到1925年都垮了台。通过猛烈的生死搏斗有三个企业崭露头角,现在它们的销售量超过全行业总销量的80%。尽管它们占有稳固的地位、出色的销售和服务组织等优势,但它们仍处于竞争的压力之下,如果不能保持和改进产品的质量,或试图结成垄断性的联合,就会招来新的竞争者。在它们自身中间,这三家企业的行为应称之为各自为政而不是竞争:它们尽量不采取某种侵略性的措施(顺便说一下,在完全竞争中也不会有这种措施);它们彼此跟上,在这样做的时候争取在尖端领域领先。到现在这种状况已继续了15年。如果在那15年中实行那种理论上的完全竞争条件,现在市场上能否有更好、更廉的汽车提供给公众,是否能有更高的工资和更稳定的职业提供给工人,就不清楚了。人造丝行业在20年代有它的繁荣期。它向原来没有空隙的领域介绍一种商品所呈现的特色和它在这种情况下使用的政策,比汽车工业更加清楚。这两个行业之间有许多其他差异,但基本情况是类似的。人造丝产品在数量上和质量上的发展与提高是众所周知的。然而限制政策在有些时候还是统辖着发展。

但即使像这样把范围扩大，我们的论证还未包括所有的限制性或控制性战略，无疑有许多战略对长期产量发展具有损害性的影响，可是人们无批判地把这种影响归到全部战略上，即使在我们论证包括的事例中，净效果是个别行业的环境问题和该行业在每一个个别情况下控制它自己的方式与程度问题。当然，可以想象一个包罗万象的卡特尔制度可能破坏一切进步，它也有可能以较小的社会成本与私人成本实现人们设想完全竞争能实现的一切。这就是为什么我们的议论不等于反对国家控制议论的理由。情况确实表明，无区别地"打倒托拉斯"或者取缔够得上贸易限制的一切，也不合一般道理。政府当局有区分地控制是合理的还是恶意的，是个极端微妙的问题，特别在反对大企业的呼声中，并不是每一个政府机构都能得到信任来解决这个问题的。[①] 我们为驳斥有关现代资本主义和总产量发展之间关系的一个流行理论及由它得出的推论而提出的论证，只不过产生另一个理论，即对事实的另一种观点和另一个解释事实的原则。就我们的目的而言，这就足够了。至于其他，事实本身有其发言权。



3. 其次，对近来受到这么多注意的刚性价格这个主题说几句话。它实际上只是我们一直在讨论的那个问题的一个特殊方面。我们把刚性一词定义如下：凡价格对供需条件变化的反应比在完

① 不幸的是，这个说法阻止人们同意政府政策。其效用几乎就像最彻底否定任何政府控制的理由一样。事实上它会使讨论变得过激。政治家、政府官员和经济学家能够忍受我有礼貌地称之为"经济保王党人"的全部反对意见。对他们能力的怀疑——在我们思想中充满这种怀疑，特别在我们见到法律精神起作用时——是他们极难忍受的。

全竞争中不敏感的就是刚性价格。[①]

从量的方面说，价格的刚性程度在那个意义上要根据我们选择的资料和测定方法而定，因此是可以怀疑的事情。但不管资料和方法如何，价格并不像它们表面上看来那么僵硬。有许多理由表明实际上价格的变动不显示在统计图表上；换言之，有许多理由造成非常虚假的僵硬。我只提出与我们分析所强调的事实密切相关的一个理由。

一般地对资本主义过程，特殊地对资本主义的竞争机制，我曾注意到新商品闯入的重要性。现在新商品可以有效地降低先前存在的价格结构，以低得多的每一服务单位的价格满足一定的需求（例如运输服务），而在这样的过程中不需要改变一项原定的价格；形式意义上的刚性可以伴随恰当意义上的伸缩性。还有其他不属于这个类型的情况，在这种情况下，企业推出一个新商标的唯一动机是降低价格，而让老商品保持先前的标价——这又是一种不表现出来的减价。此外，绝大部分新消费品——特别是所有适合现代生活的新发明——最初以试验和不能令人满意形式引入，以这样形式它们绝不能征服潜在的市场。因之改进产品质量实际上是公司和行业发展的普遍特征。不管这样的改进是否需要外加成本，一个正在改进商品的每单位的不变价格，在未作进一步调查之



① 这个定义能满足我们的目的，但不会满足其他人的目的。见 D. D. 汉弗莱文章（《政治经济学杂志》1937 年 10 月）和 E. S. 梅森的文章（《经济统计评论》1938 年 5 月）。梅森教授的文章指出（除其他问题外），与广泛传播的见解相反，价格刚性不再加剧，无论如何它不比 40 年前更加严重，这个结论足以使目前流行的刚性理论的某些含义黯然失色。

前，不应说它是刚性的。

当然，还是存在真正价格刚性的大量事例——有的价格不变是因为业务政策，有的保持不变是因为难以变动，例如卡特尔经过艰苦磋商订立的价格。为了估计这种事实对产量长期发展的影响，首先必须理解这样的刚性实质上是短期现象。不存在长期价格刚性的重大事例。我们选择作一段时间调查研究的有一定重要性的不论哪家制造业或哪一些制造品，我们实际上总是发现，从长期看来价格无不使自己适应技术进步——响应技术进步，价格经常作触目的下降①——除非受货币变动和政策的阻挠，或者在某些情况下，受工资率自动变动的阻挠，不能降低价格。当然应该重视工资率的变动，恰如应该重视产品质量的变动一样，并据此作适当的纠正。② 我们先前的分析充分表明，在资本主义发展过程中何以必定如此的缘故。



在讨论的经营战略的真正目标——无论如何，就能够达到的全部目标而言——是要避免价格的季节性、任意性和周期性的波动，做到价格只有在作为那些波动基础的条件发生较根本性变动时才相应变动。由于看清这些较根本性变动需要时间，它以不连

---

① 它们的下降不像在完全竞争条件下必然下降那样是一种规律。但这只是"在其他一切相同"的附带条件下才是正确的，而这个附带条件夺走这个命题的所有实际重要性。我以前提到过这一点，下文(第 5 节)还将再次提到这一点。

② 从福利观点看，采用与我们定义不同的定义，以劳动小时测定价格变化是恰当的，劳动小时是目前赚取能购买一定量工业消费品(考虑其质量变化)美元所必需的。在以前论证过程中我们已经做到这一点。于是显露出一个长期的价格向下的挠性，这是真正使人有深刻印象的。价格水平的变动产生另一个问题。只要变动受货币的影响，为研究刚性的主要目的，应剔除这种变动。但如果价格变动反映了一切生产行业正在增加效率的联合作用，这种变动不应剔除。

续的步子慢慢变动,因之要保持价格不变,直到看到新的相对持久的趋势出现为止。用专业术语说,这个战略的目标是使价格沿着近乎趋势的等级函数运动。这就是大多数情况下真正和自愿的价格刚性的含义。事实上,大多数经济学家承认这一点,至少暗示同意这一点。因为,虽然他们某些关于刚性的论点只对长期现象才是正确的——例如他们的多数论点断言,价格刚性不让消费者分享技术进步的果实——实际上测定和议论的主要目标是周期性的刚性,尤其是指在萧条和衰退中许多价格没有或没有很快下降的事实。因之真正的问题是,这种短期刚性如何影响总产量的长期发展。[①] 在这个问题上,唯一真正重要的关键是:在萧条或衰退中居高不下的价格无疑会影响处于周期这个阶段的经济形势;如果这种影响有强烈损害性——使事情比价格完全灵活时糟得多——那么每次都在起作用的破坏性也可能影响嗣后的恢复期和繁荣期的产量,从而永久地降低总产量的增长率,使之低于不存在刚性能达到的水平。人们提出了两个论点支持这个看法。

为了使第一个论点尽可能清晰,让我们假定,一家在衰退期里拒不减价的企业继续销售与如果减价能销售的同一数量的产品,因而,买主口袋损失的钱等于该企业从价格刚性中得到的利润。如果买主是罄其所有的那种人,如果这个企业或分得它纯利的人



① 但是,应该看到,这个短期所持续的时间可能比“短期”一词寻常所指的时间较长——有时达到10年甚至更长。不止一个周期,而是有许多同时发生的历时长短不等的周期。最重要的一个周期平均持续约9年半。要求价格调整的结构变动在一些重要事例中确实持续了这么长的时间。惊人变化的全过程只出现在比这长得多的时期中,对于铝、人造丝、汽车的价格,必须调查研究45年左右才能作出公允的判断。

不花费企业多得的钱，而把钱闲置在家或归还银行贷款，那么经济中的总支出因而减少。如果发生这种情况，其他行业或企业可能遭受损害，如果因此它们也一个个实行限制，我们可能承受累积的不景气的后果。换句话说，刚性可能严重影响国民收入的总数和分配，以致减少资金余额，或增加闲置资金余额，或者增加——如果我们使用普遍误用的名词——储蓄。这样的情况是可以想象的。但读者毋需担忧，他可以自慰的是，它的实际重要性，如果有的话也是十分有限的。①

第二个论点是，在各个企业或其他地方，如果价格刚性导致额外的产量限制，即导致比萧条时期任何情况下必然发生的还要大的限制，它可能产生打乱正常秩序的作用。由于这些作用是伴随而来失业增加的最重要导体——就业的不稳定事实上是最普通的、直接针对价格刚性的指控——和随后导致总开支的减少，这个论点于是走上了第一个论点的途径。由于考虑到在最惹人注目的事例中，导致价格刚性的显然是需求对短期价格在行得通的范围内的变化不敏感，这第二个论点的重要性大大降低，虽然经济学家对它的重要程度有很大的不同意见。在萧条时期为自己今后担心的人们，不可能购买新汽车，即使价格减去25%也一样，特别是如果这笔购买容易推迟，和减价使人们期望进一步减价时更加如此。

但除了这一点，这个论点也是无说服力的，因为它又有附加



① 研究这个问题的最好方法是小心地作出所有有关的假设，不仅要注意想象中最有力的事例，还要注意在实践中同样可能出现的较不重要的事例。此外，不应忘记从保持高价得到的利润也许是避免破产的手段或至少是避免停工的需要，这两点在向下“恶性循环”开始时，可能比减少总支出的后果更加实际。见对第二个论点的评论。

"在其他一切相同"这个我们研究创造性破坏过程所不容有的条件的缺陷。根据较灵活的价格能在"其他一切相同"条件下卖出较多数量产品这个事实,也不能由此得出结论说,所讨论商品的产量或总产量以及就业能因此有实际的增加。因为我们可以假定,拒绝降价加强了采取这个政策的行业的地位,因为这样做增加了收入或者因为这样做避免了它们市场的混乱——就是说,只要这个政策在它们一方有一定作用——它有可能使原来可能是遭劫中心的地区变成堡垒。正如我们业已知道,根据较一般的观点看来,使用由这个政策带来的限制要比听任萧条严重破坏价格结构更能使总产量和就业保持在较高的水平上。① 换句话说,在资本主义发展所创造的条件下,完全和普遍的价格灵活性在萧条期间可能会使价格体系进一步不稳定,而不会使它像在一般理论所设想的条件下那样保持稳定。这一点在经济学家同情直接有关的利益集团的那些事例中,在很大程度上得到承认,例如在议论劳工和研究农业的事例中;在这些事例中经济学家很乐意承认,看来像是僵硬的东西可能只是受控制的适应罢了。



读者也许会感到吃惊,前几年谈论得如此之多的理论,分析之下竟所剩无几。价格刚性在某些人看来已变成资本主义机器的突出缺陷,它几乎又成了解释萧条的根本要素。但这种情况没有什么可奇怪的。有些个人和团体抢夺可称为发明的又能支持当前政治倾向的任何东西。具有少许值得赞扬的真实性的价格刚性理论

① 理论家说明这点的方式是,在萧条期间,如果钉住价格的全部钉子都拔掉,需求曲线可能会向下移动,达到十分猛烈的程度。

远远不是这种事情中的最坏例子。

4.另一个理论已成为一个具体的口号，即在大企业时代，维持现有投资价值——保存资本——成为企业家行动的首要目标，有可能停止一切降低成本的改进。因此资本主义秩序变得与进步不相容。

如我们已知，进步必然会使与新产品和新生产方法竞争的阶层里的资本价值遭到破坏。在完全竞争的环境里，旧投资必须以牺牲来适应新情况或者干脆放弃；但是，当不存在完全竞争时，和当每一个行业都由少数大公司控制时，这些旧投资就能以不同方式与威胁它们资本结构的攻击进行斗争，并努力避免资本账户的损失；就是说，它们能够而且将和进步本身进行斗争。

只要这个理论仅仅阐明限制性经营战略的一个特定方面，就没有必要在本章概述的论点上增加任何东西。至于这个战略的运用界限和它在创造性毁灭过程中的功能，我们只要重复我们已经说过的就行了。如果我们看到保存资本价值和保存利润是一回事，上面所说的道理就更明显了。现代经济理论事实上倾向于用**资产净现值**（等于资本价值）这个概念来代替**利润**概念。不论资产价值还是利润，当然不是简单地保存而是要使之最大化。

但是关于破坏降低成本的改进这一点，仍需附带地加以评论。稍作思考便能明白，只要考虑一下一家拥有一项技术设计——如某项专利——的公司，使用这个设计将使公司部分或全部机器装备废弃这样的事例就够了。当一位不受资本家利益束缚的经理人员（如社会主义经理人员）能够和愿意使用这个设计为所有人谋利益的时候，这家公司为了保护它的资本价值会不会制止利用这个设计呢？

提出这个事实问题是很诱人的。一个现代企业,一旦发觉它力所能及,它首先要做的一件事就是建立一个研究部门,这个部门的每一个成员都懂得,他的生计取决于他设计改进办法的成功。这种做法当然不表示对技术进步的厌恶。我们回答说,公司获得的专利权没有很快被利用或者根本未被使用也不是厌恶技术进步,因为这样做可能有完全正当的理由;例如,获得专利的发明可能结果证明它没有用途,或者至少不能保证在商业上可以应用。不管是发明者本人还是调查研究的经济学家或政府官员都不是这件事的公正的裁判者,从他们的抗议或报告,我们很容易看出一幅十分歪曲的图画。①



可是我们关心一个理论问题。大家都会同意,私人企业和社会主义企业的经理人员如果期望每单位产品的总成本小于现有生产方法的每单位产品的主要成本,他们都愿意引进新生产方法来改进现状,如果这个条件得不到满足,那么人们认为,私有企业经理人员在现有厂房设备完全摊销之前,不愿采取节省成本的方法,而社会主义企业经理人员为了社会利益,一俟可获得任何新的节省成本方法,就会用它替代旧的方法,即他们不顾资本价值。可是事实并非如此。②

---

①　附带说一下,应该注意到,就算正在讨论的那种限制做法在相当大的范围内存在,这种做法对社会福利并非没有补偿作用。事实上,奢言破坏进步的那些批评家同时强调资本主义进步速度带来的社会损失,特别是那个速度引起的失业,而失业以放慢进步的步伐来得到一定程度的缓解。对他们来说技术进步太快了还是太慢了,他们最好决定下来。

②　应该看到,即使这个论点是正确的,依旧不足以支持资本主义在设想的条件下"与技术进步不相容"的命题。这个论点所能证明的全部,只是在某些情况下,引进新方法存在一段并不太长的时间滞后罢了。

私人企业的经理人员，如果受利润动机的驱动，他们对保持任何给定建筑或机器价值的兴趣，不会比社会主义企业经理人员更大。私人企业经理人员试图去做的全部行动是，使相等于预期净收益的贴现价值的现有总资产净值达到最大。这就是说，他们永远会采取新的生产方法，因为他们相信新方法将产生的每单位相应于将来支出流的将来收入流（两者都折为现值）大于现有方法产生的收入流。过去投资的价值（不论是否抵得过必须摊提的债券债务）根本不列入考虑的范围，除非鉴于它也进入社会主义企业经理人员决策所依据的计算。只要使用旧机器比立即引用新方法能节省将来的成本，这些旧机器服务价值的剩留部分当然是资本主义经理和社会主义经理决策时的一个要素；否则对二者来说，过去的就让它过去吧，任何保存过去投资价值的企图不但违反为社会主义企业经理人员行为规定的规范，同样违反根据利润动机形成的规律。

但是，私人企业拥有的设备，其价值受到也由它们控制的新方法的威胁（如果它们不控制新方法，就不存在问题也不存在矛盾），它们只有在新方法和总单位成本小于使用旧方法的主要单位成本时，或者只有在旧投资已经根据新方法出现前决定的计划完全摊销时，才采用新方法，这种看法是不正确的。因为新机器装置起来时，企业期望它的使用期要比先前规定的旧机器使用期限的剩余部分长，旧机器在剩留时间里的折扣价值是需要考虑的另一项资产。由于类似理由，认为行为合理的社会主义企业经理人员总会立刻采用有希望以较小总单位成本生产，从而对社会有利的任何新方法，这个看法也是不正确的。

可是有另一种要素,它深刻地影响人在这件事情中的行为,却始终被忽视。[1] 它就是可以称为期望进一步改进而作的**事先**资本保存。一家在经营的公司并非经常(如果不是在大多数情况下)简单地面对是否采用一种最好的、立刻可以得到的、并能期望它保持优势地位一段相当长时期的新生产方法的问题。一种新型机器一般说来只是改进锁链中的一个环节,可能很快变为过时。在这样的情况下,不管每次资本损失,循着锁链一节一节改下去,显然是不合理的。所以真正的问题是公司在哪一节上采取行动。答案的性质必定是在主要属于种种猜测性考虑之间的妥协。它一般说来包括等待,以便看清这锁链是怎样发展的。由外界人士看来,这样做外表很像为了保存**现有**资本价值而试图抑制改进。倘若一个社会主义企业的经理人员竟愚蠢到遵从理论家的劝告,年复一年地继续废弃机器和设备,那么甚至最有耐心的同志也会起来反对的。



5.我把这一章的标题定为垄断的做法,因为本章大部分论述一般说来是与垄断和垄断做法有联系的事实与问题。迄今我尽可能少用这些名词,为的是保留对特别与它们有关的少数主题的一些评论放在单独一节里。但绝不是说,我们不曾碰到这种形式或那种形式的垄断做法。

(a)先说说这个名词的本身。垄断者意思就是独家卖主。因此从字面讲,凡出售包括包装、地点和服务等每一方面都不

[1] 当然还有许多其他要素。务请读者理解,在研究少数原则问题时,不可能对提到的任何论题,全都做到完全的公平。

和其他人出售的东西完全相同的任何人就是垄断者，如每一个杂货商、每一个缝纫用品商或在没有排满出售同一牌子冰淇淋小贩的路旁出售“好脾气”冰淇淋的每一个小贩。但这些不是我们谈到垄断者时意指的人。我们意指的只是那些他们的市场不向想要成为同一商品生产者开放，也不向类似商品实际生产者开放的独家卖主，说得稍稍专门一点，意指的是那些面对一定需求表的独家卖主，这种需求表与独家卖主自己的行动完全无关，也与其他公司对它行动所作的反应完全无关。经过后来作家扩充和修正的传统古诺-马歇尔的垄断理论认为，只要我们以这种方式为它下定义，看来没有理由把不适用这个定义的任何东西叫作垄断。

但如果我们因此下这样的定义，那么立刻很清楚，纯粹的长期垄断的事例必定非常罕见，甚至稍稍近似这个概念的条件，一定比完全竞争的事例更为少见。任意地利用一种给定的需求模式——或者其变化与垄断行动和由垄断行动引起的反应完全无关的需求模式——的权力，在完整的资本主义条件下，其持续的时间很难长到足以对总产量的分析起任何作用，除非受到政府当局的支持，如在财政垄断的事例中那样。一家未受这样保护的现代企业——即使受进口税或禁止进口措施保护——仍在运用那种权力的例子（除非是暂时的）是不易找到的，甚至是不易想象的。即使铁路和电力公司也首先必须创造人民对它们服务的需求，在完成这一步时，而后再保护市场对付竞争者。在公用事业领域以外，独占卖主地位一般地能够被占有——并保持几十年——但只有占有者不像垄断者那样办事才行。现在谈谈短期垄断。

那么为什么到处都在谈垄断?这个问题的答案对于研究政治心理学的学者是颇有兴趣的。当然,垄断的概念正如任何其他概念一样,正被松弛地使用着。人们谈论一个国家对这些物品或任何其他物品实行垄断,即使谈论的行业是高度竞争的等等。[①] 情况还不止此。在这个国家里的经济学家、政府代理人、记者和政客显然爱用垄断这个名词,因为它已成为肯定会引起公众对被贴上垄断标签的任何利益集团产生敌意的邪恶名词。在英美世界,垄断一直受到咒骂,并被看做一种无效用的剥削,在16和17世纪,就是英国政府建立大量垄断地位的做法一方面很好地回答了垄断行为的理论模式,另一方面完全证实群众对它的愤怒浪潮是正当的,甚至伟大的伊丽莎白对这一阵阵怒潮也有忘不掉的印象。



任何事情都没有一个民族的记忆保持久远。我们的时代提供了别的更重要的一些事例,说明一个民族对几个世纪前发生的事情的反应。这种习惯使得说英语公众对垄断如此敏感,以致实际上使他们养成把工商界里他们不喜欢的任何事情归因于这个罪恶力量的习惯。特别对典型自由主义资产阶级而言,垄断几乎成为所有弊病的根源——事实上,成为它的头号妖魔。亚当·斯密首先想到都铎王朝和斯图亚特王朝型的垄断,他以令人生畏的庄严态度表示对

---

① 这些所谓垄断后来与拒绝向侵略国运去某些原料一起引起人们的注意。这类讨论的教益由于性质类似,对我们的问题也有意义。开始时人们对这种武器的可能作用想得很多。以后经仔细观察,人们发觉列入禁运单上的原料种类应该缩减。因为越来越清楚,只有极少数原料是禁运地区不会生产或找不到代用品的。最后怀疑开始出现,人们慢慢明白,从短期看即使能对它们施加某些压力,但长此下去可能最终实际上破坏留在禁运单上所有原料的生产。

垄断行为的痛心疾首。[1] 罗伯特·皮尔爵士和大多数保守党人一样，有时知道怎样从煽动者的武器库借用武器，在他最后一届任期发表的大大激怒他的同僚的著名的离任演说中，提到面包或小麦的垄断，虽然英国的谷物生产尽管有保护措施，当然是完全竞争性的。[2] 在这个国家里，垄断实际上正在变成任何大规模做买卖的同义语。

(b)简单和有差别的垄断理论告诉我们，除了少数例外，垄断价格比竞争价格高，垄断产量比竞争产量低。倘若二者的生产方法和生产组织——以及其他一切——完全一样，这样说是对的。可实际上，垄断者能得到优越的生产方法，一大批竞争者或者根本得不到这些方法或者很难得到它们；因为有一些有利条件虽然并不是竞争性企业绝对得不到，但事实上只有垄断企业能够得到，例如，因为垄断化可以增加才能高者的势力范围减少才能低者的势力范围，[3]或者因为垄断企业享受财政支持的比例特别高。当处于这种情况的



---

① 亚当·斯密和一般古典经济学家不合批评原则的态度比他们后继者采取同样态度有较多的理由，因为那时我们所说的大企业尚未出现。但即使是这样，他们还是走得太远了。一部分是由于他们没有令人满意的垄断理论，这就导致他们不但把这个词运用得很杂乱(例如亚当·斯密，甚至西尼尔把地租解释为垄断收入)，而且把垄断者的剥削权看成实际上是无限的，当然即使在最极端事例中，这也是错误的。

② 这个例子说明垄断这个词是怎样渐渐被不合理地使用。保护农业和垄断农产品完全是两回事。斗争针对保护而不是针对并不存在的地主或农民的卡特尔。但在与保护作斗争中，用这个词也是为了博得喝彩。显然，把保护主义者称作垄断者是最简单的达到目的的方法。

③ 读者应能看到，虽然通常说来，那种类型特殊的优越性是完全不容置辩的，可是智力较低者，尤其他们完全受排斥的时候，不可能承认这一点，而公众和人云亦云的经济学家的同情心放在他们一边，不同情别人。这种情形也许与人们贬低半垄断联营组织的成本或质量优越性的趋势有关，这种联营组织的发起人过去以典型的创议书或宣言书夸张这些优越性，至今仍作这样的声称。

时候，上面的说法就不再正确了。换言之，此时竞争情况下的这个要素可能完全失去作用，因为垄断价格和垄断产量与那种和竞争假设相一致的企业能达到的生产效率和组织效率水平上的竞争价格和竞争产量相比，价格不一定较高，产量不一定较小。

没有理由怀疑，在我们的时代条件下，这种优越性事实上是典型大规模控制单位的突出特征，虽然单单规模大并不是取得这种优越性的必要和充分条件。这些单位不但在创造性毁灭过程中产生，并以完全不同于静态图式的方式发挥作用，而且在许多有决定重要性的情况下，它们为取得成就提供必要的形式。它们利用的东西主要是它们创造的。因而关于它们对长期产量产生坏影响的通常结论归于无效，即使它们是这个名词的专业意义上的真正垄断组织。



动机是不重要的。即使取得机会制定垄断价格是唯一的目的，改进了的方法的压力或大型机构的压力一般地往往使垄断组织的最适合点移向或超出上述意义上的竞争性成本价格，这样就做了竞争机制——部分、全部或多于全部——的工作，[①]即使实施了限制并始终明显地存在过多的生产能力。当然，假如垄断化或

① 美国铝业公司不是上面所说严格意义上的垄断组织，因为除其他理由外，它必须建立它的需求表，这个事实就足以说明它的行为不符合古诺-马歇尔所说的图式。但大多数经济学家称它为垄断组织，而在真正事例不足的情况下，我们为了这个脚注的目的，也把它作为垄断企业对待。从1890年到1929年，这个铝的独家卖主的基本产品价格下降约12％，或者说，按价格水平变动（劳动统计局批发价格指数）校正，大约下降8.8％。产量从30公吨上升到103400公吨。1909年中止专利权保护。批评这家“垄断企业”成本与利润的论点必定认定下列事实为当然之事：各种各样竞争企业在降低成本的研究中、在生产设备合乎经济原则的扩展中、在宣传产品的新用途中和在避免浪费性的损坏中，都会取得同等的成功。事实上，这类批评都假定了这一点，也就是现代资本主义的推进要素被假定掉了。

与垄断化有关的行动不能像寻常卡特尔那样改进生产方法和组织方法等等，古典派关于垄断价格与垄断产量的定理势将再度流行。[1] 另一个通俗观念，即垄断化具有催眠作用的观念也会流行起来。因为有关后者的例子也不难找到。但不应据此建立起一般性理论。因为垄断地位，特别在制造业中一般地不能高枕无忧。由于垄断地位能够设法挣得，所以只有用警惕与精力才能保持它。现代企业中的催眠作用别有原因，这一点下文还要提到。

(c)从短期看来，真正的垄断地位或近似垄断的地位是十分常见的。俄亥俄河旁村庄里的食品商在一次洪水期间可能是若干小时、甚至是若干天内真正的垄断者。每一次成功的囤积居奇行为可能在当时形成垄断。一家专门印制啤酒瓶纸质标签的企业可能处于这样的环境中：潜在的竞争者了解，一旦它们进入这个行业，现在看来不错的利润立即会化为乌有，因而这家企业至少在金属标签粉碎它的需求曲线以前，能够自由自在地在一个中等但仍有限的一段需求曲线内活动。

新生产方法或新商品（尤其是后者），即使只有单独一家企业使用或生产，本身并不构成垄断。新生产方法生产的产品必须与旧方法生产的产品竞争，新商品必须介绍出去，也就是说它的需求表必须建立起来。一般说来，不管专利权还是垄断行为都无法做到这一点。但是，如果新发明具有显著的优越性，尤其是如果它像制鞋机那样可以租赁；或者新商品在专利权满期以前已建立起永久性的需求表，就能做到这一点。



① 参见上文第 1 节。

所以,在那些企业家利润之中包含或者可能包含一种真正垄断收益的因素,它是资本主义社会颁给成功革新者的奖金,这是正确的。但那个因素的数量重要性、它的短暂易变的性质、和它在出现过程中的功能,使它自成一类。对一家企业而言,由专利权或垄断策略获得的独家卖主地位的重要价值,主要不在于可以有暂时根据垄断图式行事的机会,而在于它提供了应付市场暂时混乱的保护和保证企业执行长期计划的空间。不过,这个论点到此已与以前提出的分析融合为一了。

6. 回顾上文所述,我们理解到,本章所述的大部分事实与论点,倾向于使以前环绕完全竞争的光环黯然失色,同时这些事实与论点提出较有利于垄断的观点。现在我将从这个角度简要地重述我们的论据。



传统理论本身,即使在它所选择的静止经济或稳定增长经济领域内,自从马歇尔和埃奇沃思时代起,已经发现对完全竞争附带地对自由贸易这个旧命题越来越多的例外,因而动摇了从李嘉图到马歇尔之间这一代人——大约就是英国 J. S. 穆勒这一代和欧洲弗朗切斯科·费拉拉这一代——怀有的对完全竞争的无条件信任。尤其是这样的命题,即完全的竞争体系能最理想地节约资源,并能按照一定收入分布状况以最合适的方式分配资源(与产量状况极为有关的命题),现在不再能保持人们原有的信任了。①

远为严重的是动态理论领域内近期著作(弗里希、丁伯根、鲁

① 由于我们不能对这个主题详加论述,我向读者介绍 R. F. 卡恩先生所写题为"概论理想的产量"的论著(1935 年 3 月《经济杂志》),该文对这个主题有深入的论述。

思、希克斯等人)造成的突破口。动态分析是连续时序的分析。在解释某一经济量(如价格)在某一时刻为何呈现我们所见的模样时,这种分析不但像静态理论所做的那样,考虑同一时刻其他经济量的状况,而且还要考虑它们在以往各个时间的状况以及预期它们今后的价值。我们在制定与各个不同时点数量[①]有关系的命题中发现的第一件事是,一旦平衡遭到某些干扰的破坏,建立新平衡的过程不像完全竞争旧理论建立新平衡那样的可靠、迅速和方便;而为调整所作奋斗的结果可能导致这样的一种状况,即离开新的平衡更加遥远而不是更加接近。除非遭受的干扰很小,否则在大多数事例中会发生上述的情况。在许多情况下,滞后的调整足以产生这种后果。

这里,我能做的只是使用最古老、最简单和最熟悉的例子来加以说明。假设在完全竞争市场中小麦的需求和预期供应是平衡的,可是坏气候使收成低于农民预定的供应量。如果价格相应上升,而后农民随即生产小麦的数量是如果新价格是平衡价格农民值得生产的数量,那么第二年势将发生小麦市场的价格暴跌。如果此时农民相应限制产量,可能造成比第一年更高的价格,诱导农民生产比第二年更大的产量。就这样无限地继续下去(就这个过程的纯逻辑而言)。读者对上述假设的观察不难看出,我们用不着担心更高的价格和更大的产量轮番出现直到世界末日。但即使把它们降低到适当的比例,这个现象足以表明完全竞争机制中瞩目的弱点。一旦懂得这一点,美化这个机制的理论的实际含义的大部分乐观主义,

① 动态这个词的使用不是很严密的,含有许多不同的意义。上述定义由拉格纳·弗里希作出。

通过象牙之门消散得无影无踪了。

但是按照我们的立场,我们必须作进一步的探讨。[①] 如果我们试图想象完全竞争在创造性毁灭过程中现在怎样工作或者今后怎样工作,我们得出的结论更令人沮丧。考虑到这个过程中所有重要事实,在产生有关完全竞争的传统命题的一般经济生活图式中并不存在,得出这样的结论便不会使我们惊奇了。我不惮重复,愿再次说明这一点。

完全竞争意指自由地进入每一种行业。在这个一般理论中,自由进入所有行业是做到资源最佳分配因而达到最大产量的一个条件,这是完全正确的。如果我们的经济世界由一些以现有的基本上不变的方法生产大家熟悉商品的现有行业组成,如果在这个世界中除了增加的人和增加的储蓄结合起来建立现有模式的新企业之外,什么也不发生,那么阻止任何人进入他们希望进入的任何行业,将会给社会带来损失。但是,完全自由地进入新领域可能使进入新领域成为根本不可能。引进新的生产方法和新的商品很难想象从一开始就使用——完全迅速地——完全竞争的办法。这即是意指,我们称为经济进步的大量东西和完全竞争是不能共存的。事实上,甚至在不那么完全竞争的条件下,任何时候引进任何新的东西(自动的或者用有目的设计的方法引进的),完全竞争总是暂时中止。



① 应该看到,动态理论明确的特色,与使用它的经济现实的性质没有关系。它是一般分析方法,而不是对一个特殊过程的研究。我们能用它分析静态经济,正如可以使用静态方法("比较静态")来分析演化中的经济。因而,动态理论不必(事实上没有)特别注意我们把它看做是资本主义精髓的创造性毁灭过程。毫无疑问,在分析这个过程本身出现的许多机制问题的研究中,动态理论比静态理论有较多的有利条件。但是,它不是分析这个过

同样，在传统体系中，对刚性价格的指责是完全正确的。价格刚性是对适应的抗拒，而完全而迅速的竞争不存在价格刚性。对于那种适应，对于传统理论一直在探讨的那些条件而言，说这样的抗拒招致损失并降低产量，这也是十分正确的。但我们了解，在创造性毁灭过程的突然迸发与盛衰变化之中，相反的结论也许是对的，因为完全而即刻的灵活性甚至可能产生失去功能的灾难。当然这一点也可以为一般动态理论所证实，如上所述，动态理论表明，有些旨在适应的意图加剧了不平衡的程度。

再说，根据它自己的假设，传统理论的下列命题是正确的：在每一个别事例中，利润超过为引起平衡数量生产手段（包括企业家才能）所必需的界限，其本身就表明是净社会损失；企业旨在保持利润的经营战略，有害于社会总产量的增长，完全竞争会阻止或立刻消灭这种过多利润，使那种战略无存在余地。但是，因为在资本主义的发展过程中，这些利润获得了新的有机功能——我不想重复指出它们是些什么功能——就总产量的长期增长率而言，无论如何不再能把那个事实无条件地认为是完全竞争模式的优点。

最后，确实可以指出，根据等于排除资本主义现实最突出特征的同一假设，完全竞争经济比较地可以避免浪费，尤其可以避免我们最容易把它与垄断联在一起的浪费。但这点并没有告诉我们，在由创造性毁灭过程建立的条件下，完全竞争看来有怎样的重要性。

---

程本身，它分析的是由这个过程造成的具有某种状况与结构的个别干扰，恰如它分析其他干扰一般。根据资本主义进化立场来判断完全竞争的功能，因而与根据动态理论的立场来判断完全竞争的功能不是一回事。

一方面,大部分不提那些条件而看来不会减轻浪费的事情,当与那些条件适当联系时,就不再能说是浪费了。例如由于“在需求之前建设”的做法,或者由于为周期性需求高峰提供生产力的做法造成的那种类型的过多生产力,在完全竞争制度下将大大减少。但当考虑到这个例子的全部事实时,说完全竞争有这么大的优势就不再是正确的了。因为,虽然一家只能接受价格而不能制定价格的企业,事实上将运用它可以按现行价格计算的边际成本进行生产的全部生产能力,但是,不能因此说,这家企业会具有大企业由于它处于可以“战略地”运用其生产能力的地位而已经建立和有能力建立的那种数量和质量的生产能力。这种类型的额外生产力在某些情况下的确可以成为,在另一些情况下则不能成为声称社会主义经济优越性的理由。但不应无条件地列为资本主义经济中完全竞争模式比较“垄断本位”模式优越的理由。



另一方面,在资本主义发展条件下运作的完全竞争制度显示出它自己的浪费。与完全竞争适应的那种类型的企业,在许多情况下其内部效率,尤其是技术效率很差。如果确是这样,那么它浪费了机会。因为它在发展和判断新的可能性时处于不利地位,它在努力改进生产方法上也会浪费资本。而且,如我们已在上文见到,一个完全竞争的企业在进步的冲击或外部的干扰下比大企业更容易垮台,因而更容易扩散经济萧条的细菌。美国农业、美国的煤矿业和纺织业,作为最后一着只有加价使顾客花更多的钱,并对总产量起很坏的影响,这些行业如果由十几个善于经营的人控制,本有可能不至于此。

因此,提出因为完全竞争在现代产业条件下是不可能的——

或者因为它一直以来是不可能的——所以必须把大规模的控制机构或单位作为与经济进步分不开的必要的祸害接受下来，而大规模控制企业的生产设备的内在力量阻止了它对经济进步的破坏，但这样还是不够的。我们必须接受的是，大规模控制企业已成为那种进步的最强有力的机器，特别成为总产量长期扩展的机器，这是不仅不忽视而且在相当大程度上运用这个战略的结果，当在个别事例中和从个别时刻观察这个战略时，它显得具有很大的限制性。就这方面说，完全竞争不但不可能而且效果不佳，它没有资格被树立为理想效率的模范。因此把政府控制产业的理论建立在应当使大企业像各个企业在完全竞争体制中运行那样运作，在原则上是错误的。社会主义者在批评资本主义时，应依靠社会主义经济的优点，不应依靠竞争模式的优点。

# 第九章　禁猎期

上文分析在多大程度上达到了其目的，这要由读者来断定。经济学只是一门观察和解释的科学，这意味着在像我们所讨论的那样的问题中，意见分歧的范围可以缩小，但不能完全消除。由于同一个理由，我们第一个问题的解决只能导致另一个问题的开始，这种情况在实验科学领域根本不会发生。



我们的第一个问题是要弄明白，在各种不同"模型"所描绘的资本主义结构特征和以总产量指数所表示的未受干扰或相对自由的资本主义时代的经济成就之间，是否存在我在上文所说的"一种可以理解的关系"。我对这个问题作肯定的回答，有遵循大多数经济学家赞同的路线所作的分析为根据，这条路线指向寻常称作登上历史舞台的垄断控制的现代趋势。在这之后，我的分析离开了寻常路线。旨在表明实际上使每个人承认完全竞争资本主义的理由（不管是理论设想还是有时是历史现实）必然也会使每个人承认、甚至在更大程度上承认大企业资本主义。但是，由于我们不能把驱动力和机器放在实验站里，以便让它们在小心控制条件下进行试验，因而我们无法（不可能怀疑地）证明，它们有充分的能力产生同样的结果，即产量有瞩目的发展。我们所能说的是，以前有过相当惊人的成就，资本主义制度有利于产生这样的成就。显然这正是为什么我们不能停留在我们的结论上，必须面对另一个问题。

推断地说，仍旧有可能把瞩目的成就归因于在任何制度模式中都会出现的例外情况。探究这个可能性的唯一办法是仔细检查那个有关时期的经济与政治历史，并探讨我们也许能够发现的这样的例外情况。我们探究这个问题要着重考虑不属于资本主义经济过程中固有的、担任例外情况角色的、经济学家或历史学家曾经提出过的那些候选人。这样的候选人有 5 个。

第一个是政府的行动。虽然我十分同意马克思的主张，他认为政治和政策不是独立的要素，而是我们正在分析的社会过程的成分，就这场议论的目的说，可以把它看做是一个经济界之外的要素。约莫从 1870 年到 1914 年的这段时期呈现出几乎是理想的状况。很难找到另一个同样不存在由社会过程的政治方面产生促进作用和抑制作用的时期。对企业活动，一般地对工商业种种束缚的解除在这个时期之前业已完成。新的和不同的种种束缚和负担——社会立法等——却加了上来，但没有人认为它们是 1914 年前经济形势中的重大要素。这期间有过几场战争，但是没有一场战争在经济上重要得能以这种或那种方式施展重大影响。为德意志帝国奠定基础的普法战争可能是例外。但是，在经济上发生重大作用的事件毕竟是关税同盟的建立。这期间有军备费用支出。但是在被认为军备费用达到真正庞大的 1914 年以前 10 年的环境中，这种开支对经济只是一种障碍而不是刺激。

第二个候选人是黄金。十分幸运的是我们用不着深入研究大约 1890 年后开始爆发的新黄金过剩事实所包含的一大堆问题。因为在这段时期开始的 20 年间，实际上黄金是稀少的，又因为黄金总产量的增长率当时并不比以后为低，黄金生产不管对经济的繁荣与衰退起过什么作用，它在资本主义生产成就中不可能是一个重大要素。关于货币管理的情况也是一样，当时货币管理采取的是适应性的类型而不是进取性的类型。

第三，人口增加了。不管它是经济进步的原因还是结果，它在经济局势中肯定是一种占支配地位的要素。要是我们打算断言，它完全是经济进步的结果，并假定总产量的任何变动将永远引起人口的相应变动，同时拒绝承认它是经济进步的原因，这样说当然是完全荒谬的，这个要素必须列为合格的候选人。目前，只要简短几句话足以澄清问题。



较多的有收入的就业人数，不论在什么样的社会组织中总比较少的人数生产较多的东西。因而，如果那个时期内人口实际增长率的任何部分可以假定为——当然可以——它的发生与资本主义制度产生的结果无关，也就是假定它在任何制度下都会发生，那么根据那个理由人口必定列为一个外部要素。根据同样的理由，总产量可见的增加也不能算为资本主义的成就，而是夸大了它的成就。

可是，其他情况相同，较多的有收入的就业人数，不论在什么样的社会组织中，按就业者或人口的人均计算，总比较少人数生产较少的东西。这是根据这样的事实断定的，即工人的人数越多，每个工人用以生产的其他要素的数量就越少。[①] 因此，如果选择人

① 这个说法远不能令人满意，但它看来对我们的立论是足够了。这个世界的资本主义部分，从整体上说，在那时肯定已经发展到超出相反趋势起作用的限度了。

均产量来衡量资本主义成就，那么可见的增加是容易使人低估实际成就的。因为成就的一部分一直被吸收去抵补人均产量的下降，如果没有这部分成就，人均产量的下降就会出现。这个问题的其他方面以后再予考虑。

第四和第五个候选人得到经济学家较大的支持，但只要我们看一看过去的成就便能容易地加以否定。其一是新增的土地。从经济上说，在那个时期内有大量新土地进入欧美范围；土地上大量涌出数量浩大的食物和原料，包括农产品和其他产品；在土地提供产品的基础上到处发展的城市和行业——难道土地不是产量扩展中一个十分特殊的要素，事实上一个独一无二的要素吗？不论它出现在什么样的经济制度中，难道它不是产生巨大财富的天施恩惠吗？社会主义思想中有一个学派采取这个观点，事实上他们用这种方式解释马克思关于日益贫困化的预言未能应验的原因。他们认为处女地开发的结果是使我们看不到更多剥削劳动的原因；由于这个要素，使得无产阶级享有一个禁猎期。

新地域的存在所提供机会的重要性是毫无疑问的。当然这些机会是无可匹敌的。但“客观机会”——这就是说独立于任何社会制度而存在的机会——一直是进步的先决条件。每一次机会都是历史上罕有的。英格兰出现煤矿和铁矿，或者这个国家和别的国家出现的石油也具有同等重要性，它们形成同样无可匹敌的机会。整个资本主义过程，和任何其他在进化的经济过程一样，就在于——唯独在于一俟这样的机会进入实业家的视野就利用它们，因此试图把在讨论的一个机会特地挑出来，将它认作外部要素是没有意义的。由于开发这些新地域是一步一步通过工商企业完成的,又由于工商企业为开发它提供全部条件(铁路、电厂的建设、航运、农业机器等等),这样做更加没有道理了。可见那个要素是资本主义成就的一部分,与其余要素完全相等。所以其效果完全有权进入我们的2%。我们可以再次祈求《共产党宣言》的支持。

最后一个候选人是技术进步。可见的成就难道不是由于引起生产技术革命化的一系列革新而不是由于实业家对利润的追求吗?回答是否定的。要把那些技术革新付诸实现是实业家追求利润的主要行为。甚至革新本身,如同我们将立刻详尽说明的那样,是资本主义过程的机能,就是它引起产生革新的心理习惯。所以,像许多经济学家所说,资本主义企业是产量明显发展的一个突出要素而技术进步是第二个突出要素是十分错误的,也是极端非马克思主义的;两者本质上是同一件事情,或者我们也可以说,前者是后者的推动力量。



一旦我们着手推断,新土地和技术进步可能变得有点麻烦。虽然资本主义成就可以被想象为不能重复的成就,虽然现在我们已经建立一个合理的论点,大意是在成熟资本主义时期,人均产量的可见成就不是偶然的事,可以把它看做衡量大致上资本主义成就的标准,但我们仍然面对另一个问题,那就是假定资本主义机器——如果允许它这么做——在不远将来(譬如说另一个40年)将继续像它过去一样成功地运作,这个假设在多大程度上是合理的呢?

# 第十章　投资机会的消失

这个问题的性质在当代讨论的背景上能最清楚地显示出来。当代的经济学家亲眼目睹的不仅有异常严酷和持久的世界范围萧条，而且还有随后的停滞和令人不满的复苏时期。我已经提出了我自己对这些现象的解释，①并说明我为何不认为它们必定是表示资本主义进化趋势中断的理由。但我的许多(如果不是大多数)经济学同行采取不同的观点是自然的。事实上他们恰像 1873 年和 1896 年间他们的某些先辈所感到的一样——虽然当时这种意见主要限于欧洲大陆——感到有一种根本性的变化就要降临在资本主义过程的头上。按照这种观点，我们眼见的不仅是由于反资本主义政策而加深的一次萧条以及令人失望的复苏，而且是生命力永久丧失的症状，人们必定预期它会继续下去，为资本主义交响曲未完乐章提供占支配地位的主题；因而他们不能从资本主义机器的功能和资本主义过去的成就对未来做出推断。

许多不以愿望为思想依据的人持有这个观点。但我们应理解那些思想产生于愿望的社会主义者为什么特别乐意利用这个意外收获——他们中有些人竟把他们反资本主义的论点完全转移到这

① 参见本书第 5 章。

个根据上来。在这样做时,他们获得能够再度依赖马克思传统理论的额外好处。这种传统理论,如我以前曾经指出,他们中间深受熏陶的经济学家已经感到不得不渐渐舍弃它。因为,如第1章中所解释的,马克思曾预言过这样的事态:在他看来,资本主义在真正瓦解之前将进入一个持久的危机阶段,虽然在这个阶段中经济有微弱上升或出现有利机会。事情还不止于此。根据马克思观点提出问题的一种方式是,强调资本积累和资本集中对利润率的作用,以及强调通过利润率对投资机会的作用。因为资本主义过程总是由大量现有投资开动,所以即使投资的部分消失也足以使预言资本主义过程行将受阻垮台的议论听起来颇有道理。马克思主义论证中的这个意见无疑不但符合过去10年中突出的事实——失业、过多的储备、货币市场资金过剩、令人不满的利润边际、私人投资的停滞——而且也符合几种非马克思主义的解释。当然在马克思与凯恩斯之间不存在像马克思与马歇尔或威克赛尔之间那样的鸿沟。不论是马克思主义学说还是非马克思的理论都可以以我们将使用的不言自明的短语非常清楚地表达出来:正在消失的投资机会的理论。[①]

应该注意,这个理论确实提出三个性质截然不同的问题。第一个问题是与本篇标题相类似的问题。既然在社会世界中任何东西都不是永远存在,既然资本主义秩序本质上不仅是经济过程的构架,而且也是社会变化过程的构架,所以答案也不会有什么不同。第二个问题是消失中投资机会理论提供的力量与机制是不是应强调的力量与机制。在嗣后几章中,我打算提出另一个是什么



① 见我的《经济周期》,第15章。

将最后消灭资本主义的理论,但有许多类似的问题将依然存在。但是还有第三个问题,即使消失中的投资机会理论所强调的力量和机制本身足以证实在资本主义过程中存在朝向最后僵局的长期趋势,但并不一定因此可以推定过去10年的盛衰变化是由于这些力量与机制引起的——以及为了我们的目的加上这句话是重要的:不能根据这点就期望在今后40年中还会有同样的盛衰变化。

目前我们主要关心第三个问题。但在我打算说的许多话中也与第二个问题有关。人们据以证明对最近将来资本主义成就的悲观预测是正确的,以及据以否定资本主义以往成就可能再现的观念的那些因素可以分作三组。

首先是环境因素。我已说过,并必将被证实,资本主义过程产生一种政治权力分配和一种社会心理态度——由相应的政策表达出来——它们敌视这个过程,并可望积聚力量最终阻止资本主义机器的运行。这个现象我准备暂且搁下待以后加以考虑。接着要说的话必须和适当的附带条件一起谈。但应该注意,那种态度和与它性质相同的因素也影响资产阶级利润经济本身的动力,因而那个附带条件涉及的范围超过人们乍见时可能想到的——无论如何不仅仅是"政治"性的。

其次是资本主义机器本身。消失中投资机会的理论不一定包括另一种理论,但事实上常常与它连结在一起,那个理论认为现代大型企业表现了僵化的资本主义形式,在这种形式中,限制性的做法、价格刚性、唯独重视保存现有资本值等等特色是自然地固有的。关于这点我上文已经论及。

最后,有一种可以称为供资本主义机器滋养的"原料",它就是向新企业和新投资开放的机会。正在讨论的这个理论非常强调这一点,用它来证明我们给它贴上的标签是正确的。这个理论认为给予私人企业和投资的机会正在消失的主要理由有这么一些:投资饱和、人口、新土地、技术上的可能性以及许多现有投资机会属于公共范围而不是属于私人投资范围的环境。

1. 对于人的需要和生产技术(从此词尽可能广泛的意义来理解)的每一个给定状态来说,当然,对于每一个实际工资率而言,有了一定数量的固定资本和流动资本就会饱和。如果需要和生产方法永久固定在1800年的状态,那么早就达到饱和点了。但是,有没有可能想象,到某个时候需要完全得到满足,嗣后永远冻结不动了呢? 立刻会出现与这种情况有牵连的一些问题,但只要我们探究的是今后40年中会发生的事情,我们显然不必为这种可能性而烦神。

如果这个想象变成现实,那么目前出生率的降低,更重要的是人口的真正下降,将真的变成除设备更新以外投资机会减少的重要因素。因为,要是每个人的需要得到满足或接近满足,那么消费者人数的增加按假设将是增加需求的唯一主要来源。但是与那个可能性无关,人口增长率的降低本身并不危及投资机会或人均总产量的增长率。① 我们只要简单地考察一下相反的一般论点,就能容易地彻底弄清楚这个道理。



---

① 这点对不久前英国发生的绝对人数的微量减少也是正确的(见E.查尔斯,《伦敦和剑桥经济服务所第40号备忘录》)。大量绝对人数的下降将引起外加的问题。但我们对它们可以略而不论,因为这些问题不能预期会在我们考察的期间发生。此外人口的年龄老化会产生另外一些属于政治和社会心理以及经济的问题。虽然这些问题已开始显现——实际上已有如“老人院外集团”这样的事物——我们不能对它们中的任何一个加以讨论。但应该看到,只要退休年龄不变,那些不作贡献但须供养者人数的百分比不会受15岁以下人数百分比的减少的影响。

一方面，人们这样想，总人口增长率的降低会促使产量增长率的降低，从而促使投资率的降低，因为前者限制了需求的扩大。事情并非如此。需要和有效需求不是一回事。倘若它们是一回事，最贫国家势将是表现出最强有力需求的国家。事实是，由下降出生率解放出来的收入部分可以进入别的渠道，在不生孩子的动机是希望扩大各种需求的事例中，收入特别容易转入别的渠道。强调以不断增加人口为特征的需求方向特别容易计算，从而提供特别可靠的投资机会这个事实，确实可以作出有一定道理的论证。但在给定需要满足的状况下，提供各种可选择机会的愿望，也有相类似的功能。当然，对某些个别生产部门、特别对农业的预测，前景不很光明。但这个预测一定不可与对总产量的预测相混淆。①

另一方面，我们可以争辩说，人口增长率的下降将从供应方面限制产量。急剧的人口增加在过去经常是产量明显发展的条件之一，我们也可以反过来作出结论说，劳动要素的日益稀缺，可以指望是一个限制因素。可是我们很少听到这个议论，也很少把它当作充足的理由。美国制造业产量在1940年初大约为1923～1925年平均数的120%，而工厂雇佣人数为同期平均数的100%光景，这个观察结果为可以预见的将来提供合适的回答。目前失业的程度；随着出生率下降，妇女有越来越多的时间参加生产性工作，以及下降的死亡率意味着生命中有用时期的延长；无穷尽的节省劳



① 许多经济学家似乎有一种看法，意思是人口增加本身提供另一个投资需求的来源。为什么——不需为所有这些新工人装备工具和补充原料吗？无论如何这点绝不是明显的，除非允许给增加的工人较低的工资。至于投资机会的形成，还缺乏动力，甚至在那种情况下，还有很大可能出现按每个受雇佣人数计算的投资减少。

动设施的问世；与人口急剧增加情况相比较，相对地增加避免使用劣质生产辅助要素的可能性（部分地挡住报酬渐减律的作用）——所有这些充分支持科林·克拉克先生的预期：每人/小时产量在下一个世代还将上升。[①]

当然，通过高工资和短工时政策和通过从政治上干预劳动力纪律的方法，可以人为地制造劳动力稀缺。把美国和法国1933～1940年时期的经济成就与日本和德国同期的经济成就作比较，表明这种情况事实上已经出现。但这是属于环境因素这一类的。

由于我不久还要充分说明我的论点，对于正在讨论的现象我的确远未讲清楚。正在降低的出生率在我看来是我们时代的一个最有意义的特色。即使从纯粹的经济观点来看，我们也将看出，不论作为正在变动的动力的征兆，还是作为它的原因，它都是极端重要的。可这是一件比较复杂的事情。这里我们关心的只是人口增长率下降的机制效果，这些效果肯定不会支持对今后40年人均产量的发展作悲观主义的预测。从现在情况看来，那些以此为据预言资本主义"失败"的经济学家，几乎就是在做不幸的经济学家过去一直喜欢做的事情：像他们一度以很不充分的理由使公众担心要养活过多人口必将出现经济危机一样，现在他们又以同样不充分的理由使公众担心人口不足引起的经济危机。[②]



---

① 《国民收入与支出》，第21页。

② 17世纪以来的经济学家对未来人口的预测实际上一直是错误的。但造成错误有一些借口。可能甚至是马尔萨斯学说之故。但我认为这种错误延续到今天是不能原谅的。到19世纪下半叶，任何人都应明白，马尔萨斯人口论唯一有价值的是它的限定条件。本世纪头10年明确地表明，它是一个妖怪。可是像凯恩斯先生那样的

2.接着谈谈开发新土地——永远不能再有的独一无二的投资机会。即使为了辩论之故，我们姑且承认人类的地理疆域的开拓已永久封闭——但鉴于目前有一些沙漠地区过去曾是沃野和人口稠密的城市这个事实，这个论断本身不是明显可靠的——即使我们进一步承认，对人类福利而言，任何东西能作的贡献都不如那些新土地生产的食物和原料那么大——这点比较言之成理——也不能因此预言，在今后半个世纪中，人均总产量必定下降，或者只有很小的增长。如果19世纪中进入资本主义领域的土地一直被以报酬递减的方式利用，由于这个规律的作用，的确可以作这样的预言。但情况并非如此，正如刚才指出，人口增长率的降低使人们不再考虑这个念头，即大自然对人类努力的报偿或者已经、或者会立刻变得不如过去那么慷慨。技术进步有效地扭转任何这样的趋势。我们现在最可靠的预言之一是，在可预见的将来，我们将生活在食物与原料的烦人富饶之中；让总产量尽量扩大吧，我们知道怎样使用它。这点也适用于矿物资源。

还有另一种可能。虽然食物和原料人均现有产量不一定会降低，甚至可能增加，开发新地区工作提供的对企业以致对投资的巨大机会似乎会随着工作的完成而消失，人们正预言由此造成的储蓄出路减少会造成各种各样的困难。为论证方便，我们再次假定，这些地区实际上已经开发完了，而不能适应出路减少的储蓄，除非有新出路出现，可能引起麻烦和浪费，这两项假设当然极不现实。

---

权威人物竟在战后年代还试图再赋以生命力！迟至1925年，H.赖特先生在他的论人口著作中还谈到“以人口数量之增加，浪费文明之所获”。难道经济学家永远不会成熟了吗？

但我们没有必要加以追究，因为未来产量发展的结论却意外地要根据完全没有理由的第三个假设，也就是不存在其他出路的假设。

这第三个假设完全由于缺乏想象力，是经常错误地曲解历史解释的例证。历史过程中使分析者有深刻印象的特征，往往在他心里成为历史事件的根本原因，不管这些特征有没有权利担任这个角色。例如，寻常称为资本主义兴起的东西，时间上大致与白银从波托西银矿流入同时，也和王公们习惯于使开支超出收入，他们不得不不断地借债的政治形势同时。这两桩事情显然以不同的方式与当时的经济发展有关联——甚至说农民暴动与宗教骚动与经济发展有联系并不荒谬。因此分析家极容易得出结论说，资本主义事物秩序的兴起与它们有因果关系，因为没有它们（以及其他少数几个同类型因素），封建世界就不能转变为资本主义世界。但这实际上是另一个命题，是一个从表面上看没有根据的命题。能够断言的只是，这是历史事件足迹经过的道路，但不能由此推断没有别的道路。顺便说一下，在这种事例中，甚至不能断定那些因素有利于资本主义发展，因为，虽然它们肯定在某些方面有利于资本主义，它们显然在别的方面阻挠它的发展。

同样，如我们在上一章已经看到，开发新地区为企业提供的机会当然是极好的，但这只是从所有机会都是极好的这个意义上说的。不但假定"边疆的封闭"将引起真空是没有理由的，而且假定进入真空地带的任何东西必然较不重要（从我们为此词选择的任何意义上说），也是没有理由的。征服空间的重要性可能比过去征服印度的重要性更大——我们必不可混淆地理上的边疆与经济上的边疆。

当一种类型投资机会被另一种类型的投资机会替代时，国家或地区相对地位可能有重大的变化，这样说是正确的。一个国家或地区越小，它的命运与生产过程中一个特定要素结合得便越密切，当这个要素告罄时，我们对今后贮藏它便感到越没有信心。因此，农业国家或地区可能在竞争的合成产品（如人造丝、染料、合成橡胶）面前永远失败。把生产过程看做一个整体，这些国家或地区可能在总产量上有净收益，但在这些产品上无法得到满足。这样的可能后果在经济世界分裂为敌对国家势力范围时可能大大严重，这也是正确的。最后，我们所能断言的是，新国家发展引起的投资机会的消失——如果已在消失中——不一定引起必然影响总产量增长率的空白，这也是正确的。我们不能断言，消失的机会实际上将由至少差不多的机会来替代，但我们可以指出这样的事实，根据那种发展，进一步的发展自然会在那些同一国家或其他国家出现；我们可以相信资本主义机器寻找或创造新机会的能力，因为这样才适合这个论题。但这样考虑问题并不能使我们摆脱消极的结论，回想我们讨论这个主题的理由就足够了。

3.一个类似的论点适用于那个得到广泛认可的观点，即技术进步已经迈出很大步伐，但只有很小的成就。这个观点不仅反映每次世界危机时期和以后——当时显然缺乏头等重要的新鲜主张，这是任何一次大萧条时期人们熟悉的模式的一部分——各种事态给予人们的印象，而且它还是比“人类边疆的封闭”更好的例子，说明经济学家是多么容易犯解释性错误。我们现在正处于创造电厂、电器工业、电气化农场和家庭以及汽车的伟大事业浪潮的退潮阶段。我们发觉所有这些是非常新奇的，在我们毕生中，我们不能看出差不多重要的机会将从何处而来。但事实上，单是化学工业传出的希望就比譬如说1880年时可能预期的机会大得多，更不必提单是利用电气时代的成就和为群众建造现代住宅足以为将来一段长时期提供的投资机会了。

技术可能性是未经探测的海洋。我们可以测量一个地理区域，并评估个别地块的相对肥沃程度，虽然只关系到一定的农业生产技术。认定那种技术，不顾它将后的可能发展，那么我们可能设想（从历史上看这样做是错误的），最好的地块首先耕种，次好的地块第二批开垦，依此类推。在这个过程的任何时刻，只有相对贫瘠的地块留待今后开发。但我们对技术进步的将来可能性不能以这个方式推理。不能因为某些技术比其他技术利用得早，就推定前者比后者有更大的生产能力。那些我们还茫然不知的技术，它们比现在已被我们注意到的任何技术可能有较大、也可能有较小的生产能力。这点也只能得出一个消极的结论，即使技术“进步”通过系统的、合理的研究和管理往往可以变得更加有效和更加可靠，但消极结论没有力量变成积极结论。可是消极结论对我们足够了：我们没有理由预期会出现由于技术可能性的耗竭而使产量增长率放慢。

4. 正在消失投资机会这个理论的两个变种有待评介。某些经济学家认为，每一个国家的劳动力到一定时候必然会以必要的设备装备起来。他们争辩说，这点在19世纪大体上已经完成了。当正在进行时，它不停地创造对资本货物的新需求，除增加的外，更换性的需求以后永远存在。资本主义武装自己的时期因此证明是一段绝妙的插曲，其特点是资本主义经济尽最大努力来为自己创造必须补充的工具和机器，就这样，它为以现在不可能保持的速度生产更多产品的目的而装备起来。这是那个经济过程的真正惊人的图画。18世纪时或者我们祖先住在洞穴里时难道没有生产设备吗？如果有生产设备，为什么19世纪增添的设备会比过去增加设备更加饱和呢？此外，资本主义增添的盔甲一般说来与先前存在的盔甲相竞争，它们把后者的经济有用性毁灭掉，由此，提供设备的任务绝不能一劳永逸地解决。替换品储备足以解决设备问题的情况——在没有技术变动时它能解决正常设备问题——成为例外。在新产业体现新生产方法的地方，这种情况特别清楚；显然，汽车工业的资金不是从铁路折旧账户提取的。

读者无疑能看到，纵令我们能够接受这个论点的前提，不一定会因此得出对有关总产量增长率的悲观预测。相反，读者可能得出相反推论，即具有不断更新能永远维持经济生命力的大批资本货物，如果能起作用，就能促进总产量进一步增加。要是他的推论是这样，他是很正确的。这个论点的依据完全在于一种适合资本生产的经济在面临相应需求增长率减低时可望出现的骚动。但这种骚动不是突然发生的，它很容易被夸大。例如，钢铁工业从一个完全生产资本货物的产业转变为主要生产耐久消费品或生产制造耐久消费品的半成品的产业过程中没有经受巨大困难。虽然每一个现存资本货物企业内部不可能得到补偿，但在所有事例中牵涉的原则是相同的。

另一个变种是这样的。过去常常认为把繁荣的征兆散遍所有经济机体的巨大经济活动的突然兴旺，当然总是与生产者开支的扩大相联系的，转过来开支扩大又与建造更多的工厂和设备相联系。现在有些经济学家发现或者他们认为已经发现,在目前,新技术方法的采用所需要的资本往往比过去需要的少,特别比铁路建设时代少。由此作出的推论是,基本建设开支的相对重要性也因而减小。因为这种情形转过来影响间发的经济活动的突然兴旺,就显然也会影响总产量可见的增长率。进一步的推论是,总产量增长率必然下降,尤其是如果储蓄以原有的速度继续增加。

新技术变得越来越节省资本的这个趋势,迄今尚未充分证实。1929 年前的统计数字——此后的数据此处不适用——指向相反的方向。这个理论提倡者提出的全部证据是一些可能与其他事例相反的孤立事例。但姑且让我们承认存在这个趋势,在我们前面还是存在使过去许多经济学家在节省劳动措施上发愁的同样形式的问题。这些措施对劳工利益也许有利也可能不利,但没有人怀疑,从整体上看它们有利于产量的扩大。除了人们争相夸大的储蓄—投资过程中可能产生的干扰外,节省资本货物最终产品每单位费用的各种措施全能促使产量扩大。事实上,说经济上可行的几乎任何新办法,均能节省劳力和资本是不大会错的。运输同一数量的旅客和货物,使用铁路要比使用马车或货车节省资本。同样,用桑树和蚕生产丝可能要比——我不知道——生产相当数量的人造丝织物消耗更多的资本。这对已把资本投入前者的资本所有人也许是不愉快的事。但这并不意味着投资机会的减少。这当然不意味产量扩展速度的降低。谁若仅仅因为单位资本比以往更多地用于提高效率这个事实,从中看到资本主义的瓦解,他可能不得不长时间等待下去。

5. 最后,既然希望公众懂得政府赤字开支必要性的经济学家一般地研究这个主题，当然会出现另一个论点，那就是剩留下来的投资机会由私人企业投资不如由国家企业投资更为合适。这一点在某种程度上是正确的。首先，随着财富增加，从成本—利润计算不能进行的某些开支项目也可能进行了，如美化城市的开支、公众卫生的开支等。其次，规模越来越大的产业活动部门趋向于进入政府管理的范围，如交通设施、码头、电力生产、保险等等，这是因为这些产业越来越有接受政府管理的必要。这样，国家和市场的投资可望绝对和相对地扩大，即使在彻底的资本主义社会，也恰如其他形式的国家计划一样会普遍起来。

但是事情到此为止。为了认清这点，用不着对产业活动的私营部门的事物发展作任何假设。此外，就当前的目的而言，今后投资和随之而来的产量扩大由国家出资和管理的比由私人出资和管理的不论较多还是较少，这点关系不大，除非另外有一种意见认为，因为私人企业无法承担今后任何投资可能出现的亏损，国家资金势将担负起这个责任。但这点在前面已经讨论过了。

# 第十一章 资本主义文化

离开纯经济研究领域，现在我们转而谈谈资本主义经济的文化方面——如果我们愿用马克思主义的语言，它就是社会心理的上层建筑——谈谈作为资本主义社会尤其是资产阶级特征的精神状态。我们用最简略的语言，把它的突出表现叙述如下。



"史前史学家"、社会学家和人种学专家都同意，5 万年前人类面对他周围的危险和机会的态度与现代原始人的态度约略相同。[①] 这个态度的两个要素对我们特别重要：原始人心理过程的"集体的"和"情感的"性质以及与这种性质部分一致的我这里不十分正确地称之为巫术的这个东西的作用。就第一个要素来讲，我指的是这样的事实，即在小的和未分化或分化不大的社会集团中，个人思想中的集体观念要比大而复杂的社会集团中的个人强固得多；而所

---

① 这方面的研究由来已久。但我相信，吕西安·莱维—布吕尔的著作必然开创了一个新阶段。特别参看他的著作《低级社会中的心理机能》(1909 年)和《原始人心理中的超自然和自然》(1931 年)。第一本著作所持的观点和第二本著作所持的观点区别很大。从《原始人的心理》(1921 年)和《原始人的心灵》两书中可以辨认出他观点转变的原因。对于我们，莱维—布吕尔是特别有用的权威，因为他持有与我们一样的论点，事实上他的著作就是从这个论点出发，即思维的"执行"功能和人的心理结构(至少部分地)由它们在其中发展的社会结构决定。就莱维—布吕尔来说，这个原理并非来自马克思而是来自孔德，但这点无关紧要。

作结论和决定是以我们看来是相反准则为特征的方法作出的，这个准则漠视我们称为逻辑的东西，特别漠视排除矛盾的规律。第二个要素我指的是使用一组信仰，它们当然不完全违反经验——没有一种巫术的做法在一连串失败后能存在下去——但它们将从非经验来源得到的实体或影响插入一系列见到的现象中。① 这种类型的心理过程与神经病患者的心理过程的相似性已由G.德罗马尔（1911年；他的术语解释神经病（*délire d' interpretation*）特别有启发性）和S.弗洛伊德（《图腾及禁忌》1913年）指出。但不能由此推定，我们时代的正常人的内心完全没有这种心理。相反，对政治问题的任何讨论都能使读者深信，我们自己心理过程的很大和最重要的——决定行动的——一部分恰恰属于同一性质。

所以，合乎理性的思想和行为以及理性主义的文化并不意味着不存在上边提到的准则，而仅仅是社会生活的扇面缓慢而不停的展开，在这个社会生活里，个人和集团以如下方式应付所遭遇的局势：第一，试图或多或少地——从不是完全地——按照他们自己的见解最好地利用局势；第二，按照我们称作逻辑的那些一致性的规律最好地利用局势；第三，根据能符合以下两个条件的假设来最好地利用局势，两个条件是，他们的人数最少和他们中每个人都有责任按照潜在感受作出表达。②



① 对上段文字的一位友好批评者劝告我说，这段话不可能是我真正的意思，因为照这样说，我将不得不把物理学家的“力”叫作巫术手段了。很明显，那确实是我的意思，除非人们同意“力”这个词仅仅是指常数乘位移的第二次导数的名字。见本文中的下一句话。

② 选择这句康德派的词句是为了防止一个明显的反对意见。

这一切当然是不充分的，但足以满足我们的目的，不过关于理性主义文化这个概念我这里还要提出一点供今后参照。当日常生活中的合理分析习惯和合理行为已习以为常和相当成熟的时候，它转过来使群众产生集体的观念，批评和在一定程度上以质疑来“合理化”生活中的某种现象，他们提出为什么要有国王、教皇、臣属关系、什一税和财产。附带地说，注意到下列情况是重要的，那就是虽然我们中大多数人承认这种态度是心理发展“较高阶段”的征象，但这个评价在任何意义上说不一定能为其后果所证实。理性主义态度在缺乏情报和技术条件下可能发挥作用，而由这种态度引导的行动——尤其是普遍的外科医生癖好——以后的观察者即使以纯智力的观点来看，它也比当时大多数人认为由于低智商形成的态度引导出来的行动和反外科医生癖好更加低劣。17 和 18 世纪很大一部分政治思想说明了这个被永久忘记的真理。较晚的“保守派”的反批评不但在其社会见解的深度上而且在逻辑分析上显然有其优越之处，但对于启蒙时期作家来说，它仅仅是笑柄而已。



看来，人类心理上的理性态度首先是由于经济上的必要性才不得不如此的；就是说，日常经济工作才使我们人类获得理性思想和行为的基础训练——我毫不犹豫地说，所有逻辑俱来自经济决策的模式，或者用我爱用的话说，经济模式是逻辑的母体。由于下述原因看来这样说是有道理的。假如某个“原始”人使用所有机械中最原始的机械，即已为我们猩猩表兄弟有意识使用的棍子，又假如那根棍子在他手中断作两截。如果他试图用念咒语的方法挽救棍子的损坏——例如他可以喃喃地念“供给与需求”或“计划与控制”，希望念到第 9 遍时这两截断棍恢复为一——那么他还处于前理性思想的境界之内。如果他探索最好的方法把两截断棍接上，或者设法取得另一根棍子，他就处于我们所认为的理性境界。当然这两种态度他都可能采取。但应该这样说：在这个事例和在别的大多数经济活动中，咒语不起作用是明显的，要比希望打仗取胜或求爱成功或消释良心上犯罪负荷那种情况下咒语的不起作用明显得多。那是由于经济活动领域的极端明确性，和在大多数情况下有明显的量的特性，这是人类其他活动领域所不能比拟的，也许还由于经济"需求与满足"这个节奏没完没了的缺乏感情的单调乏味。理性习惯一旦养成，就会在有利经验的陶熏下扩展到其他领域，使其他领域人们也睁开眼睛看到令人惊奇的东西——事实。

这个过程独立于经济活动的任何特定形式，因而也独立于资本主义形式。利润动机和自身利益也一样，也与任何特定形式无关。前资本主义时期人的"掠夺性"事实上和资本主义的人一般。例如，农奴或封建领主俱以野兽般的精力维护他们自己的自身利益。可是资本主义发展了理性，并用两种相互联结的方法增添理性的新锋芒。

第一，它把货币单位——本身不是资本主义的创造物——提高为计算单位。就是说，资本主义实践把货币单位转变为合理的成本一利润计算的工具，计算的最高成就是复式簿记。[①] 我们不



① 桑巴特曾经强调，而且突出地过分强调这个要素。复式簿记是漫长而曲折道路上的最后一步。在它之前的做法是随时盘点存货，计算出赢利还是亏本；见 A. 萨波里在《托斯卡纳历史丛书》1932 年第 7 卷中所说的话。吕卡·帕乔利论簿记的论文(1494 年)发表时间很早，可算是重要的里程碑。就美国的历史和社会学而言，注意到下列事实有极为重要的意义：18 世纪以前国家基金管理尚未使用合理的簿记，甚至到 18 世纪，簿记还很不完善，仍处于"官房"账册的原始形式。

需深入观察就能注意到，原本是经济理性发展产物的成本—利润计算法反过来对理性起作用；成本—利润计算法做到数字上的具体与明确，它强有力地推进企业的逻辑性，从而为经济部门确定内容与数量，于是这种类型的逻辑（态度或方法）开始了它的征服者生涯，强制地决定——合理化——人的工具和哲学、他的医药实践、他的宇宙观、他的人生观，事实上包罗万象，包括他的审美观念、正义感和他的精神抱负。

在这方面具有高度重要性的是，现代数学—实验科学在15、16、17世纪的发展不但与通常称为资本主义兴起的社会过程同步前进，而且是在学究式思想堡垒之外并面对它的轻视和敌意前进的。在15世纪，数学主要与商业算术问题和建筑学上的问题有关。由工匠一类人发明的实用机械装置是现代物理学的根源。伽利略倔强的个人主义是上升资本家阶级的个人主义。外科医生开始在接生婆和理发匠的上面升起。同时身兼工程师和企业家的艺术家——他们中间的芬奇、阿尔贝蒂、切利尼使这个类型的艺术家永垂不朽；甚至丢勒也为筑城堡计划忙个不停——最好地说明我意指的一切。意大利大学中的学究式教授们诅咒这一切，表示出他们有比我们相信的更多的理智。麻烦不在于个别非正统的命题。可以相信任何体面的经院教师为了适应哥白尼的理论体系都会曲解他的经文。但是那些教授们非常正确地意识到这些功绩背后的精神——理性个人主义的精神，上升资本主义所产生的精神。

第二，上升的资本主义不但产生现代科学的心理状态，即提出某些问题并以某种方式进行答复的态度，而且产生人和手段。上升的资本主义破坏封建环境，干扰采邑和村落的智力和平（当然修道院中也有大量事情可以讨论和争吵），尤其是为主张在经济领域中突出个人成就的新阶级创造社会空间，它于是把具有坚强意志和丰富知识的人吸引到那个领域。前资本主义经济生活不可能获得逾越其阶级界线的成就，或者换句话说，它不适合创造与当时统治阶级成员社会地位可以比拟的社会地位。这并不是说它一般地排除上升之路。① 但总的说来，工商业活动基本上处于从属地位，即使在手工业行会中间达到成功的顶峰，还是难以打破这个模式。上进的主要道路和巨大收益的所在是教会——整个中世纪和现在这条路同样可以进入——教会之外还有大领地贵族的办事机构和骑士领主的等级官僚制度，这两条道路在 12 世纪中叶以前凡肉体和精神上合格者都容易进入，嗣后也不是很难进入。只有当资本主义企业——最早是商业和金融，以后是矿业，最后是工业——展开它的种种机会时，超乎寻常才能和抱负的人才开始趋向经营工商业这第三条道路。成功是迅速而显著的，但就其开始时所占有社会分量而言，是被过分夸张了。例如，我们细致地看一看雅各布·富格尔或阿戈斯蒂诺·基吉的事业，我们容易证明上面论断的正确，因为他们与查理五世或教皇利奥十世制定政策的方针没有什么关系，而他们为他们享有的特权付出沉重的代价。② 但是除



① 我们太容易把中世纪社会结构看成是静止而僵硬的。事实上，用帕累托话说，当时存在不停息的“贵族政治循环”。900 年左右组成最高阶层的成分，到 1500 年实际上已经不见了。

② 梅迪契家族不是真正的例外。因为，虽然他们的财富使他们能控制佛罗伦萨共和国，可是，是这个统治权而不是财富本身使这个家族扮演统治者的角色。无论如何，他们是上升到与封建社会最高阶层平等地位的唯一商人家族。我们只有在资本主义进展创造一个新的环境或完全打碎封建阶层的地方——例如在威尼斯和荷兰——才能找到真正的例外。

了封建社会的最高阶层外,企业家的成功对每个人都有魅力,足以把最好的人才吸引过来由此产生更大的成功——为理性主义的机器生产外加的蒸汽。因而在这个意义上说,资本主义不仅仅是一般性的经济活动,它毕竟是人类行为理性化的推进力量。

现在我们终于面对那个复杂而不适当的争论想要导致的直接目标。[①] 不但现代机械化的工厂和它所生产的大量产品,不但现代技术和经济组织,而且现代文明的全部特色和成就都是(直接地或间接地)资本主义过程的产物。它们必须包括在资本主义过程的资产负债表内,包括在它的功过判决书中。

理性科学有充分的成长,它的应用可以列出一份长长的清单。飞机、冰箱、电视以及诸如此类的东西很快就能认出是利润经济的结果。虽然现代医院一般来说不是为利润而经营,但它仍是资本主义的产物,不但因为(再说一遍)资本主义过程提供了手段和意愿,而且更重要的是因为资本主义的理性提供了在这些医院里使用的各种方法的心理习惯。对癌症、梅毒和结核病的胜利——虽不完全但已不远——和汽车、输油管或贝塞麦钢一样,也是资本主义的成就。在医药方面,使用的方法也属于资本主义专业,因为这个专业在很大程度上按企业精神办事,还因为它是工业资产阶级和商业资产阶级混合剂。但是,即使并非如此,现代医药和卫生正像现代教育一样,仍是资本主义过程的副产品。

还有资本主义艺术和资本主义生活方式。如果我们只举绘画



① 因为前面几页的分析对其他目的也极有用处,所以直接目标事实上对资本主义和社会主义这个重大主题的认真讨论是至为重要的。

作为例子——一是为了简略，也因为我对这个领域比其他领域所知略多——如果（我想是不对的）我们同意以乔托的圆形剧场壁画作为一个时代的开始，然后循着一条线（虽然这种“线性”议论是很糟糕的）：乔托—马萨乔—芬奇—米开朗琪罗—格列柯，无论怎么强调格列柯作品的神秘热情，对于任何一位具有洞察事物眼光的人来说，都能看清我的论点的正确性。对于希望用他们手指尖触摸到资本主义理性的怀疑者而言，芬奇的实验可以提供证明。这条线如果延伸下去（是的，我懂得），将把我们带到（虽则也许会气喘吁吁地）德拉克鲁瓦与安格尔之间的强烈反差之中。是的，我们到达了那里；其余可由塞尚、凡·高、毕加索或马蒂斯来说明。表现主义作家对客体的清理，形成令人称赞的逻辑结论。资本主义小说的情节（在龚古尔的小说《写下的文件》中达到登峰造极）有更好的说明。但这是很明显的。资本主义生活方式的进化能够容易地——也许是最有力地——用现代普通西服的起源加以说明。



最后，还有可以用格莱斯顿自由主义的象征性名言来包括的一切。用*个人主义民主*一词也同样合适——事实还更好些，因为我们想要包含另外一些格莱斯顿不赞成的东西和包含一种他实际上敌视的隐藏在信念深处的道德与精神状态。要是激进分子的祷告主要不在于形象地否定我想表达的思想，我原想对这个问题说到这里为止。激进主义者可能坚持认为，群众正呼吁拯救他们脱离难忍的苦难，在黑暗与绝望中他们身上的铁链锒铛作响，可是过去的*确*从来没有像现代资本主义社会那么多的个人身心的自由，那么多人愿意容忍甚至资助领导阶级的死敌，那么多人积极地同情真正的和虚构的苦难，那么多人乐于接受负担；农民村社以外不论什么样的民主历史上都是紧跟现代和近代资本主义之后发展起来的。可是,从过去历史中也可以援引大量事实组成相反的论证,这个论证将是有效的,但与目前条件和将来不同条件的讨论是不相干的。① 如果我们真的决定从事历史探究,那么,甚至激进批评家看来适合他们目的的许多事实,如果以比较前资本主义经历的相应事实的方法来观察,就常常呈现不同的模样。不能归因为"它们属于不同的时代"。因为很显然,造成这种区别的是资本主义过程。

有两点必须特别提一提。上面我曾指出,社会立法,或者更一般地说,为群众利益而进行的制度变革,并不仅仅是为缓和穷人日益加深苦难而形成的不可避免的必要性强加给资本主义社会的东西,而是资本主义过程除了以它的自动效用来提高群众生活标准外,它还为社会立法提供手段和"意愿"。引号里这个词需要进一步解释,它可以从资本主义传播理性这个原理中找到。资本主义过程使人们的行为与思想理性化,这样一来,赶走了我们内心形而上学的信仰,也赶走了各种各样的神秘和浪漫的思想。这样,不仅改造了我们达到目的的方法,而且也改造了最终目的本身。由此产生的在唯物主义一元论、世俗主义和务实地接受人世现实这个意义上的"自由思想",确实不是逻辑上的必然,却是十分自然的。一方面,我们承袭下来的责任感已被剥夺了传统的基础,变得以改善人类条件的功利思想为中心,这点当然不合逻辑,但它看来比

① 这类控诉在马克思时代还不像今天看来这么荒谬,甚至马克思也显然认为,详细论述即使在当时也已成过去或明显地正在成为过去的一些条件,对于加强他的地位是有利的。

(譬如说)敬畏上帝更经得起理性主义的批判。另一方面,同样的灵魂理性化从每一种阶级权利身上抹去超经验约束力的全部魅力。这点加上典型的资本主义对效率与服务的热情——与旧时典型骑士所说的有关效率与服务的思想体系迥然不同——在资产阶级本身中间产生了这种"意愿"。本质上属于资本主义现象的女权运动更清楚地说明这一点。读者将明白,这些趋势必须"客观地"加以理解,因而,不论反女权主义者或反改革主义者谈论得怎么多,或者甚至对任何特定措施的暂时性反对,都不能证明这个分析是错误的。这些现象就是他们假装要打倒的那种趋势的征兆。关于这点,以下几章还要加以详尽论述。

资本主义文明是理性主义的和"反英雄主义的"。这两种主义当然是联在一起的。工商业的成功需要大量精力,而工商业活动本质上不是骑士心目中的英雄主义——用不着挥舞刀剑,不需要体力上的英勇,没有机会跨上披盔甲的马冲入敌阵,毋宁说这些是一种异端或野蛮行为——赞美为打仗而打仗、为胜利而胜利那种观念的意识形态,可以理解地会在写字间里、在所有数字栏目中渐渐消亡。因此,拥有吸引盗贼和税吏的资产,不沾有、甚至讨厌与其"理性"功利主义相冲突的骑士意识,工商资产阶级基本上是和平主义者,倾向于坚持把私人生活的道德观念应用在国际关系中。确实,和平主义和国际道德——不像大多数资本主义文明特色,而像资本主义文明的某些其他特色——也得到非资本主义环境的支持,也受前资本主义机构的支持,例如在中世纪受罗马教会的支持。现代和平主义与现代国际道德仍然是资本主义的产物。

鉴于马克思学说——尤其是新马克思学说,甚至许多非社会主义思想——如我们在本书第1篇中所见,与这个见解严重相悖。[①] 有必要指出,这个见解并不想否认很多资产阶级分子曾为他们的家园作过出色的战斗,也不想否认几乎纯粹的资产阶级共和国当看来有利时常常表现出侵略性——如雅典和威尼斯共和国——或者否认任何资产阶级分子都喜欢战争利润和由征服产生的贸易优势,他们不会拒绝封建领主或首领对他们施加的和某些特殊利益集团宣传的好战民族主义训练。我的全部主张是:第一,这种资产阶级分子好战的例子不能如马克思主义所说的那样——完全地或主要地——以经常造成资本主义征服战争的阶级利益或阶级地位来解释;第二,做你以为是你生活中正常的事业,你为它一年到头进行锻炼,你根据它决定你的成功与失败,和做不是你本行的工作,你的正常事业和你的精神状态使你不适合做这种工作,它的成功将增加大部分非资产阶级职业的威望,这二者之间是有区别的;第三,这种区别坚定地表明——在国内事务中和国际事务中都一样——即使衡量金钱利益显然对进行战争有利的地方(在现代环境下一般不大可能出现这种情况),也应反对使用武力,赞成和平安排。我们清楚地看到,事实上一个国家的结构和态度资本主义化越完全,这个国家越是主张和平——越倾向于计算战争的代价。由于每个个别事例的复杂性质,这个结论只有细密的历史分析才能证实其正确性。但资产阶级对军事(常备军)的态度,资产阶级社会进行战争的精神和方法,以及在任何长期战争严重情况下他们愿意屈服于非资产阶级统治的事实,本身就足以作出



① 见我们对马克思有关帝国主义理论的讨论,第1篇第4章。

结论。因此马克思主义认为帝国主义是资本主义发展最后阶段的理论,即使完全不顾其纯经济学上的缺陷,也是站不住脚的。

可是我不打算遵照读者可能希望我做的那样进行总结。就是说,我不打算在读者决定信任未经考验的人所倡导的未经试验的另一种主张之前,就邀请他去再次看看资本主义秩序的令人难忘的经济成就和给人印象深刻的文化成就,以及这两种成就所显示的巨大希望。我不打算争论说,这种成就和这个希望其本身足以支持这样的论点:让资本主义过程继续运行——容易地再加上一句——让它甩掉人类肩上的贫穷。

这样做是没有意义的。即使人类像生意人有自由从两部机器中间作选择那样有自由作出选择,也不一定能根据我上文试图说明的事实与事实之间的关系作出决定性的价值判断。就经济成就而言,不能说在今天工业社会里的人比中世纪采邑或村落中的人们生活得“更快乐”甚至“较舒适”。就文化成就而言,即使人们同意我所写的每一句话,他们还是会从心底憎恨它——功利主义和由功利主义造成的人生意义的全部毁灭。此外,在我们讨论社会主义候补者时我还必须再次强调指出,人们可能较少地注意资本主义过程在生产经济价值和文化价值中的效率,较多地注意由资本主义过程产生而后由他们各行其是并漫不经心地把他们的生活弄成一团糟的那种人。有一类激进分子,他们对资本主义文化的否定完全出于愚蠢、无知或不负责任,他们不能或不愿正视最明显的事实,更不用说理解这些事实的广泛含义了。但完全的否定判断也可以达到较高的水平。

可是,对于资本主义成就的价值判断,不论是肯定的还是否定的,都没有什么意义。因为人类没有选择的自由。这不但是因为人民群众不是处于可以理性地比较各种可供选择途径的地位,他们总是接受别人告诉他们的东西。还有一个更深刻得多的理由。经济的和社会的事物按照它们自己的动能运动,由此而产生的形势迫使个人和团体以某种方式去做他们想做的任何事情——强迫的方式不一定破坏他们选择的自由,而是塑造他们选择的心理状态和缩小他们选择可能性的范围。如果这是马克思主义的精髓,那么我们所有人都是马克思主义者了。结果是资本主义成就甚至不适合作预测了。大多数文化在它们有时间完成它们全部许诺之前就消失了。因此我不打算以那种成就为依据来争辩说:资本主义插曲可能会延长下去。事实上,我现在正准备作出截然相反的推论。

# 第十二章　倒塌中的围墙

## I. 企业家职能的过时

我们在讨论正在消失投资机会的理论时，曾作过一个保留，主张有这么一种可能性，即人类的经济需要到某个时候可能得到充分满足，那时就不会再有推动人的生产努力进一步提高的动力。但是，即使我们保持目前的需要进度，离充分满足的情况无疑是非常遥远的；如果我们考虑到这样的事实，即一旦较高的生活标准达到了，这些需要将自动扩大，而新的需要会出现或者被创造出来，[①]满足成为一个正在前面的目标，特别是，如果我们把闲暇包括在消费品之中，情况更加如此。可是，让我们看一看那个更加不现实的可能性，即假定生产方法已经完善到不容进一步改善的境地。

此时将出现或多或少的静止的状态。本质上属于一个进化过程的资本主义就会萎缩衰退。此时，企业家将无事可做。他们将发现自己处于与完全确保永久和平的社会中将军们同样的地位。利润以及与利润亦步亦趋的利率都会趋向于零。靠利润和利息为生

① 成廉·冯特称此为“目的的再生”（*Heterogonie der Zwecke*）。

的资产者阶层将趋于消失。工商业的管理将成为日常行政管理的事情，而管理人员将不可避免地具有官僚主义的特性。一种非常清醒型的社会主义将几乎自动地出现。人的精力将离开工商业。经济领域以外的事业将吸收才智之士，并为他们提供活动机会。

就可以预计的将来而言，上面这种看法没有什么重要性。而下面的事实却有较大的重要性：我们可以期望由于需要接近完全满足或由于技术绝对完善，对社会结构和生产过程的组织所产生的许多后果，也能够期望由已经清晰可见的发展事实而产生。进步本身就像管理静止经济一样可以机械化，这种进步的机械化几乎会像经济进步停止一样严重地影响企业家精神和资本主义社会。为了看清这一点，只要说明以下两点就行了：第一，企业家的功能是什么；第二，它的功能对资产阶级社会和资本主义制度的生存有什么意义。



我们已经知道，企业家的功能是：通过利用一种新发明，或者更一般地利用一种未经试验的技术可能性，来生产新商品或者用新方法生产老商品；通过开辟原料供应新来源或产品的新销路；和通过改组工业结构等手段来改良或彻底改革生产模式。早期的铁路建筑、第一次世界大战前的电力生产、蒸汽和钢铁、汽车、殖民地风险投资是大批成就中最瞩目的例子，成就中还包括无数比较细微的事例，小到成功地制造特殊灌肠和牙刷这类事业。这类活动就是能使经济机体革命化的多次发生的“繁荣”和由于新产品或新方法造成干扰平衡的冲击而经常出现的“衰退”的主要原因。从事这样的新事物和建立一种截然不同的经济职能是困难的，首先是因为它们不属于人人懂得的日常事务，其次是社会环境抗拒这种新事物。抗拒的方法多种多样，根据社会条件不同而不同，从简单地拒绝投资生产新产品或拒绝购买新产品，到对试图生产新产品的人进行人身打击。在熟悉的标志灯的照明范围之外，满怀信心地敢作敢为，并克服那种抗拒，需要目前只有少数人具有的显示企业家风格和企业家职能的智力与才能。这个职能主要不在于发明某种东西或创造供企业利用的条件，而在于有办法促使人们去完成这些事情。

这种社会职能的重要性正在丧失，即使经济过程本身——企业家精神是主要推动力——继续不减缓地进行下去，在今后，其重要性必定还会加速丧失。这是因为，一方面做不属于熟悉的日常事务的事情现在比过去容易得多——革新本身已降为日常事务了。技术进步越来越成为受过训练的专家小组的业务，他们制成所需要的东西，使它以可以预计的方式运行。早期商业性冒险的浪漫气氛正在很快消失，因为许许多多事情现在都能严密计算，而在过去，必须要有天才的闪光才能看出它来。



另一方面，在已经习惯于经济变革——最好的例子是新消费商品和生产商品潮水般不断涌现——和不但不抵抗变革而且作为当然之事接受变革的环境中，人格和意志力量的重要性降低了。只要资本主义秩序存在下去，来自受生产过程中革新的威胁的利益集团的抵抗不可能消失。例如，这种抵抗是走向大规模建造便宜住宅道路上的巨大障碍，而大规模住宅建造又以机械化和全部消灭建造计划中低效工作为先决条件。但一切其他性质的抵抗——特别是消费者和生产者对新事物（只是因为它是新的）进行的抵抗——几乎早已消失了。

这样,经济进步日趋于与个人无关和自动化。机关和委员会的工作日渐取代个人的活动。参照与军事方面相类似的地方,将再次帮助我们看清事情的本质。

在旧时代,在拿破仑战争以前(包括拿破仑战争),将才意味着领导才能,成功意味着统帅个人的成功,他获得相应"利润",即社会威望。在当时的战争技术和军队结构下,统帅的个人决策和指挥能力——甚至他骑上高头大马亲临战场——是战略和战术形势的基本要素。拿破仑亲临前线是战场上实际(而且必然)感觉到的事情。现在情况不再是这样,合理化和专业化的办公室工作最后将抹去个人的影响,可以计算的结果最后将抹去"想像力"。领导人不再有机会投身于激烈的冲突中,他正变为办公室中的一个工作人员——而且不总是难以替代的一员。



再举一个与军事上相似之处。中世纪战争是与个人关系很大的事情。身披甲胄的骑士施展一种需要终生训练的武艺,每个骑士的价值在于各人的武艺与英勇。不难理解为什么这种技能竟成为一个社会阶级——按这个词的最全面和最丰富的意义上说——的基础。可是社会和技术的变化破坏和最终毁灭了那个阶级的职能和地位。战争本身没有因此而终止。它只是变得越来越机械化——最后机械化达到这样程度,以致战争中的成功现在仅仅是专业上的成功,它不再具有个人成就的内涵,不再使个人和他的集团上升到持久的社会领导地位。

现在,一种同样的社会过程——归根到底是同样的社会过程——破坏了资本主义企业家这个角色以及与之连在一起的社会地位。企业家角色虽然没有与中世纪军阀一般的魅力,它或多或少也是(不论现在或过去)由取得成功的个人力量与个人责任心而获得个人领导权的另一种形式。一旦它在社会过程中的职能失去重要性,企业家的地位就和武士阶级的地位一样受到威胁,而它的职能之所以失去重要性,或者因为由它作贡献的社会需要不复存在,或者因为那种需要改由别的非个人的方法来满足。

这个过程影响整个资产阶层的地位。虽然企业家一开始不一定是甚至典型地是资产阶层成员,但他们如果成功,就能进入这个阶层。因此,企业家本身并不形成一个社会阶级,但资产阶级吸收他们、他们的家庭和亲戚,从而经常地补充资产阶级自己和使自己重新充满活力,虽然与此同时,一个或两个世代以后,他们中间与“企业”切断积极关系的家庭就脱离这个阶级。在他们中间有大量我们称之为工业家、商业家、金融家和银行家的人;他们处于企业家风险投资和仅仅是日常管理祖传事业之间的中间阶段。这个阶级生活所依靠的利润是由这个或多或少积极活跃部分的成功产生的,这个阶级的社会地位也依靠它的成功——这一部分(正如在这个国家里一样)占资产阶层90%以上——此外也依靠正在努力争取上升进入这个阶级的一些个人的成功。因此不论从经济学观点还是从社会学观点来看,资产阶级直接和间接都依赖企业家,它作为一个阶级,和企业家同生共死,虽然很可能出现一个或长或短的过渡阶段——资产阶级感到既不能生也不能死的最后阶段——就像封建文明确曾有过的那样。

总结一下这部分的论点:如果资本主义的进化——“进步”——停止了,或者变得完全自动化了,那么,产业资产阶级的经济基础,除了还能苟延一段时间的准地租与垄断利润的残余外,最后将降为付给日常行政工作的工资。因为资本主义企业由于它本身的成就使它的进步自动化，我们可以由此得出结论：它倾向于使自己变得多余——它会被自己的成就压得粉碎。完全官僚化了的巨型工业单位不但驱逐中小型企业，“剥夺”其业主，而且到最后它还会撵走企业家，剥夺作为一个阶级的资产阶级。在这个过程中，资产阶级不但失去收入，而且丧失远为重要的它的职能。社会主义的真正开路人不是宣扬社会主义的知识分子和煽动家，而是范德比尔特、卡内基和洛克菲勒这类人。这个结论可能不论从哪方面都不合马克思主义社会主义者的口味，更加不会适合通俗的（马克思会说庸俗的）那类社会主义者的口味。但就预测本身来说，它和他们的预测并无不同。



## II. 保护层的毁坏

迄今，我们讨论了资本主义过程对资本主义社会上层阶级的经济基础、社会地位及威望造成的影响。但影响还进一步扩大到保护他们的制度结构。在说明这个问题的时候，我们使用制度结构这个词的被最广泛接受的含义，即它不但包括法律制度，而且包含公众心理和政府政策。

1. 资本主义发展首先破坏封建社会的制度安排——采邑、村落和手工业行会。这个过程的事实和机制我们都十分熟悉，毋需赘述。破坏是沿三条道路进行的。工匠行业的破坏主要是受来自资本主义企业家竞争的自动后果的影响；取消低效的组织与规章的政治行动只是表明这个后果罢了。领主和农民世界主要是被政治行动——有时是革命行动——破坏的，资本主义只不过主持这个适度的转变过程而已，例如把日耳曼采邑组织转变为大规模的农业生产单位。但是，与这些工业和农业革命同时进行的还有立法当局与公众舆论中普遍态度的同样革命性的变化。与旧经济组织一起，过去在那些组织里起领导作用的阶级与集团的经济、政治特权，特别是土地贵族、乡绅和教士的免税权和政治特权，统统被消灭了。

从经济上说，所有这一切对资产阶级意味着打碎许多枷锁和撤除许多障碍。从政治上说，这一切意味着资产阶级在其中被列为臣仆的社会秩序为另一个更符合其理性主义精神和其直接利益的社会秩序所取代。但是，从今天的观点来观察那个过程，观察者可能意存犹豫，不知这样的彻底解放到底对资产阶级及其世界是否有好处，因为那些枷锁不只是起阻碍作用，它们也起保护作用。在作进一步讨论之前，我们必须仔细地对这点进行澄清和评价。

2.资产阶级兴起和民族国家兴起这两个互相关连的过程，在16、17、18世纪，产生了一个在我们看来似乎是两栖的社会结构，虽则它不比任何其他社会结构有更多的两栖或过渡的性质。看一看路易十四王朝提供的绝妙例子吧。王权压服了土地贵族，与此同时，又以提供官职、给予年金以及有条件地接受他们的要求，让他们登上统治或领导阶级的地位，来和他们和解。王权还压服教士阶级，并和它结成同盟。[①] 王权最后加强了对资产阶级的支配，资产阶级原是王权和领地大贵族斗争中的同盟军，王权保护和推



① 高卢主义不过是它在意识形态上的反映罢了。

进它的企业的发展,为的是要反过来更有效地剥削它。农民和幼小的工业无产阶级同样受政府当局的管理、剥削和保护——虽然法兰西旧政权的保护行为远远不及玛丽亚·特蕾西亚或约瑟夫二世的奥地利那么显著——并由地主和工业家代行这些职责。当时政府不是19世纪自由主义类型的政府,也就是说,它不是以最低岁入支持的为行使有限职能而建立的社会机构。原则上,这个君主政权驾驭一切,从人的良心到里昂丝织物的图案;财政上,它的目标是达到最大限度的岁入。虽则国王从来不是真正独裁的,政府职能却是包罗万象的。

对这个模式的正确理解对我们的主题至为重要。国王、宫廷、军队、教会和官僚机关在越来越大的程度上依靠资本主义过程所创造的收入过日子,甚至纯粹的封建性质的收入来源也由于当时资本主义发展的影响而大大增加。国内国外政策的制订和制度的改革也在越来越大的程度上适合并推进这个发展。在这样的形势下,所谓专制君主制度结构中封建分子的进入只能是一种返祖现象——事实上这是人们在乍见之下自然采取的判断。

但是,作较细致的观察,我们便能理解,那些分子存在的意义不仅如此,君主制结构的钢架依旧由封建社会的人组成,这些人依旧按照前资本主义模式行事。他们充斥着国家机关,指挥军队,制订政策——他们发挥统治阶级的作用,虽然考虑到资产阶级的利益,总小心翼翼地与资产阶级保持距离。位居中心的是上帝恩宠的国王,他宝座的根基是封建的,不仅是历史学意义上的封建,而且是社会学意义上的封建,不管资本主义提供的经济可能性对他有多大好处,也不会改变这个立场。这一切的意义远大于返祖现象。它是两个社会阶层的积极共生，其中一个阶层无疑在经济上支持另一个阶层，反过来在政治上又受后者的支持。不管我们认为这种安排有什么成就和缺点，不管资产阶级本身在当时或后来对它怎么想——不管对酒囊饭桶或游手好闲的贵族怎么想——这是那个社会的真实情况。

3.只有那个社会是那样吗？随后事情的进展回答了这个问题，英国的情况是最好的例子。贵族分子继续当家作主，直到上升阶段充满活力的资本主义的结束。无疑，那些分子——任何地方没有像英国那样有效率——不断地从进入政治的其他阶层吸收人才；他们使自己代表资产阶级的利益，并为资产阶级的战争作战；他们放弃最后的法律特权；有了这些资格，并为了不再属于他们自己的目的，他们继续为政治机器提供人才，继续管理国家，进行统治。

资产阶层中从事经济工作那部分人并不反对这种情况。从总体上说，那种劳动分工适合他们，他们喜欢这种分工。在他们确实反抗这样安排的地方，或者在他们不经反抗就掌权的地方，他们的统治并没有出色的成功，也未能证明他们能够支撑得住。于是出现了如下的假定是否真正可靠的问题：他们的失败仅仅是由于他们缺乏获得经验的机会，或者是有了经验，但缺乏政治上统治阶级的气度。

这个假定不可靠。失败有更根本的理由，法国或德国资产阶级觊觎统治权的经验提供这样的例证——对照一下工业家或商人的形象和中世纪封建领主形象就能最好地阐明这个理由。领主的“职位”不但使他有资格令人敬佩地保卫他自己阶级的利益——他能为这种利益亲自战斗——而且这个职位给予他周身的光环,使他成为众人的统治者。肉体上的争斗是重要的,可是神秘的魅力和高贵的气度更加重要——支配人使人服从的才能和习惯带来使社会所有阶级和生活的每个层次表示崇敬的威望。那种威望是如此崇高,那种气度是如此有用,以致阶级地位比形成这种阶级地位的社会条件和技术条件更加经久,并证明它能以转变阶级功能为手段,适应十分不同的各种社会条件和经济条件。领主和骑士以最最优闲而雅致的姿态变为廷臣、显宦、外交官、政治家,变为那种与中世纪骑士完全不同的军官。这种古老威望的残余——不仅仅在我们的女士们身上——甚至到今天还存在,当我们想到这点时,它定是最令人吃惊的现象。

工业家和商人的情形正好相反。他肯定没有丝毫神秘的魅力,这种魅力正是统治他人所必要的东西。证券交易所是圣盘的蹩脚代替品。我们见到过工业家和商人(只要他们是企业家)也完成领导任务。但这种类型的经济领导不可能像中世纪领主的军事领导那样,上升为国家的领导。相反,分类账和成本计算吸引他们的注意力和限制他们的发展。



我称资产阶级中人为理性主义者和非英雄主义者。他只能使用理性主义和非英雄的手段来维护他的地位或迫使国家服从他的意志。他能以人们可以从他经济成就中预期得到什么而给人深刻印象,他能为他的事业辩护,他能允诺付钱或者威胁着要收回款项,他能雇佣兵队长、政客或记者做卑鄙的勾当。但以上是他能做的全部,而这些行为的政治价值被人们大大地高估了。这种生活经验和习惯也不能扩大他的个人魅力。一个业务办公室里的天才在办公室以外连对一只鹅喝声呸的胆子都没有——在宫廷接见室和在演讲台上同样胆小如鼠。他知道这点,他希望人们不来打扰他,他也不去过问政治。

读者在这个问题上也会碰到例外。但这些例外同样没有重大意义。在欧洲,资产阶级人士在市政管理上表现的才能、兴趣和成功是唯一的重要例外,这种例外只会加强而不会削弱我们的理由。在现代都市出现(它已不再是资产阶级人士的事务)之前,市政管理极似工商业管理。在市辖区内的问题与权力自然地落入制造商和商人手中,而当地制造业和商业的利益构成当地政治的主要内容,因而适宜于以工商业事务所的办法与精神加以处理。在特别有利的条件下,从这些根源上滋长特殊的事态发展,如威尼斯和热那亚共和国的成长与发展。低地国家的情况属于同一模式。以下事实具有特别的启发性,即商人国家在国际政治大竞赛中无一不失败,实际上在每一个紧急关头,商人国家不得不把统治权交给封建主义的军阀。至于美国,不难列举它的独一无二的有利环境条件——在迅速减少——这些条件造成它的目前状况。①

4.结论是明白的:除了这类特殊情况外,资产阶级具备的条件不足以应付国内外的问题,这种问题是大国小国正常要面对的。资产阶级本身感觉到这一点(尽管口头上予以否认),群众也意识到这一点。在不是由资产阶级材料制成的保护结构中,资产阶级可能取得成功,不但在政治防御上能成功,在进攻中也能成功,尤其是作为反对派时更是如此。有一个时候,它感觉到它的地位十



① 这方面的论据将在第4篇中再次讨论。

分稳固，以致有余力去攻击保护结构本身；像德意志帝国内存在的这类资产阶级反对派充分说明了这一点。但没有某个非资产阶级集团的保护，资产阶级在政治上孤立无助，它不但不能领导国家，甚至不能照顾它特殊的阶级利益，以上情况等于说，它需要一个主人。

但资本主义过程，由于它的经济机制和它的心理—社会影响，抛弃这个保护它的主人，或者像在美国那样，从不给主人或其替身有发展的机会。这件事的含义还由于资本主义过程的另一个后果而加强。资本主义进化不但消灭了上帝保佑的国王，也消灭了由村社和工匠行会建成的（若能证明其可以防守）政治堑壕。当然，这两种组织都不能保持当资本主义发现它时那种明确形式而不变。但资本主义政策摧毁的范围远远超过不可避免要毁灭的东西。它攻击原可永远存在下去的传统保留行业内的工匠。它在农民头上强加早期自由主义的祝福——自由而无保护的租入土地以及为了自缢而需要的个人主义索套。



在打破前资本主义的社会结构中，资本主义就这样不但冲破阻挡其进步的障碍物，而且也拆除了防止它崩溃的支架。以其冷酷必然性给予人印象深刻的那个过程，不仅仅是去掉制度上枯株朽木的过程，而且也是去掉资本主义阶层的伙伴的过程，与这些伙伴共生是资本主义图式的基本模式。在弄清楚这个被许多口号弄得模糊难辨的事实之后，我们可能发生这样的疑问：把资本主义视作能够独立自成一类的社会形式是否完全正确，或者事实上应把它看做仅仅是我们称为封建主义这个东西瓦解过程的最后阶段。从整体上说，我倾向于相信，它的独特性足以成为一个类型，并承认在不同时代、不同过程中存在的各阶级共生是规律而不是例外——至少在这六千年中，即自从原始掘土人变为骑马游牧人的子民的六千年中，这一直是规律。至于提到的相反看法，我看不出有很大的缺陷。

## III. 资本主义社会制度结构的毁坏

我们不再继续叙述带有大量不详事实的离题话。这些事实虽不十分多，却几乎已足够证实我们的下一个论点，那就是，资本主义过程毁坏了封建社会的制度结构，也以完全相同的同样方法毁坏它自己。

上文业已指出，资本主义企业的成功自相矛盾地倾向于损害早先和它联合的那个阶级的威望和社会权势，巨型的控制机构倾向于剥夺资产阶级借以获得社会权势的职能。资产阶级世界的制度及其典型态度的内涵的相应变化，以及随之而来的活力的丧失，其踪迹是易于找出的。

一方面，资本主义过程不可避免地打击小生产者和小商人的经济立足点。它对前资本主义阶层所做的事情，它同样——通过同一竞争机制——施加给资本主义行业的较低阶层。在这点上马克思所说是正确的。工业集中的事实并没有实现认为公众已受教育愿意接受它的想法，也是正确的(见第 19 章)。这个过程的发展要比人们从许多通俗文章得知的要慢些，而且会遇到较多的挫败和曲折。特别是，大型企业不单消灭小生产企业和小商业，而且也在一定程度上为它们(尤其是商业企业)创造生存空间。对于农民和农场主，资本主义世界最终证明它愿意也能够执行一项代价昂贵但在总体上有效的保护政策。但从长期看来，很难怀疑我们正在设想的事实及其后果。而且在农业领域以外，资产阶级显露出它不大懂得这个问题，以及这个问题对资本主义制度生存的重要性。① 生产组织合理化，尤其是商品从工厂到达最后消费者这条曲折道路上成本的降低从而获得的利润，是典型工商业者内心无法抗拒的。

现在，明确领会这些后果为什么是重要的。一种我们曾听到过的非常普遍的社会批评哀叹"竞争的衰落"，并把它等同为资本主义的衰落，因为批评者把美德归于竞争而把邪恶归于现代产业"垄断"。在这种解释的图式中，垄断起了动脉硬化症的作用，并通过越来越令人不满的经济表现对资本主义制度的命运起反作用。我们知道反驳这个看法的理由。从经济上说，无论赞成竞争的理由还是反对集中经济控制的理由，都不及这个论点所含的理由那么有力。且不论这个看法的强弱如何，它没有对准突出点。即使巨型公司全都经营得非常完美，赢得天上神仙的喝彩，集中的政治后果依旧如故。一个国家的政治结构深刻地受到一大批中小型企业消失的影响，这些企业的所有人兼经理，加上他们的家属、亲信和业务上有关系的人，在投票上是有分量的数字；中小企业还掌握我们可以称之为领班阶级的人们，这是大型单位经理部门从来不曾有过的。私有财产和自由契约的真正基础在一个国家里销蚀



① 虽然有几个政府是懂得的；德意志帝国政府做了很多事情反对这个特殊的合理化，而现在在美国出现仿照它行事的强烈趋势。

了，在这个国家里，它的最有活力、最具体、最有意义的典型从人民的道德视界中消失了。

另一方面，资本主义过程在大单位领域里也攻击它自己的制度结构——让我们继续把“财产”和“自由契约”设想为整体的所有部分。除了实际上由单一个人或家庭拥有一家公司的那种仍有相当重要性的事例外，业主形象连同明确的业主利益都从画面上消失了。有领薪金的董事和全体领薪金的经理和部门经理。有大股东。然后还有小股东。第一类人倾向于持有雇员的态度，很少（即使有）把自己利益与股东利益看做一回事，即使在最有利的情况下，即在他们己身利益等同于公司利益的情况下，也不能改变这种态度。第二类大股东们即使认为他们与公司的关系是永久性的，即使他们实际上像金融理论所描绘的股东那么行事，他们还是与企业所有人的职能和态度有距离。至于第三类小股东们，他们常常不大关心对他们大多数人说不过是小小收入来源的事情。不论他们关心与否，除非他们或他们的几个代表出来利用他们所讨厌的东西的价值，他们很少为它操心；因为经常受不公正的对待，更经常的是他们以为自己受不公正的对待，他们几乎总是对“他们的”公司抱敌视态度，一般地对大企业抱敌意，特别在经济不景气的时候，对资本主义制度抱敌意。我无条件地把这些持典型态度者归纳为三类人，这三类人中没有任何一类人采取意义如此丰满、消逝如此迅速、可以用“财产”一词加以包含的那种奇怪现象为特色的态度。

契约自由的状况也是一样。在它具有全部活力时，它意指在无限可能性中由个人选择订立的个别契约。今天那种老一套的、非个人的、不具人格和官僚主义化的契约——它应用的范围很普遍，但我们可以把注意力集中在劳工契约上——它呈现有限的选择自由，大多数成为取决于抓住或放手的问题，它不复有旧时的特色，特色中最重要部分，对于那些与别的大公司、非个人的工人集体或消费者群众打交道的大型公司来说，已变得不可能了。这个空白正由迅速成长的新法律结构来填补——略经思考就明白，事情不可能是另一个样子。

就这样，资本主义过程把所有那类制度，尤其是财产和自由契约制度推入幕后，财产和自由契约制度表现了真正"私人"经济活动的需要与方法。在资本主义过程尚未废除这些制度的地方，就像它在劳工市场已经废除自由契约一样，它通过变更现有法律形式的相对重要性——例如属于公司企业的法律形式的重要性增加，属于合伙和个人企业的法律形式的重要性减少——或者变更现存法律形式的内容与含义，来达到同样的目的。资本主义过程以一包股票代替工厂的围墙和机器，夺走财产这个观念的生命力。它松弛了过去一度抓得很紧的东西——人们根据自己爱好使用自己财产的法律权利和实际能力；所有权持有人丧失了为"他的"工厂和他对工厂的控制权，从经济上、肉体上、政治上进行战斗，如有必要在工厂台阶上战死的意志。这种对我们可以称之为财产的物质实体——看得见摸得着的实体——的观念上的淡薄，不但影响财产所有人的态度，同样影响工人以致一般公众的态度。非物质化的、无功能的、不在当地地主式的所有权不如有生命力的财产形式那么引人注目和能唤起人们道德上的忠诚。最后真正愿意支持它的人将不留一个——在大公司内外没有一个支持它的人。

# 第十三章　日益增长的敌意

## I. 资本主义的社会气氛

从前面两章的分析，不难理解资本主义过程怎样产生对它自己社会秩序那种几乎普遍的敌意，这点我在本篇开端业已提到。这种现象如此惊人，而马克思主义者和通俗作家对它的解释又如此之少，因此很有必要稍稍把这个现象的原因说得详细一点。

1. 如我们已经知道，资本主义过程最后降低了资本家阶级赖以生存的职能的重要性。我们也知道，它倾向于销蚀掉它的保护层，毁掉它自己的防御工事，驱散它堡垒的警卫部队。最后我们还知道，资本主义创造了一种批判的心理结构，这个结构在毁坏许许多多其他制度的道德权威之后，最后掉过头来反对它自己；资产阶级人士惊异地发现，理性主义态度在得到国王和教皇信任状后没有停步，而是继续攻击私有财产和资产阶级价值的整个体制。



资产阶级堡垒于是变得在政治上没有防御能力。没有防御能力的堡垒招来侵略，尤其如果其中有大量财物可得就更加如此。侵略者逐步设法使敌意成为合理化状态[①]——这是侵略者一贯的

---

① 希望不要因为我在两个不同意义上使用“合理化”这个动词而引起混淆。当

做法。暂时用收买办法缓解侵略无疑是可能的。但一俟侵略者发现他们能占有一切时,这最后的手段也就失败了。这样说部分地解释了我们力图解释的东西。只要这个解释管用——当然它不会永远合用——我们理论中的这个要素就可以从资产阶级的无防御能力与对资本主义制度敌视之间历史上存在的紧密相互关系得到证实:只要资产阶级的地位稳固,原则上不会有多大敌意,虽然当时产生敌意的理由很多;敌意的传播与防护围墙的倒塌是同步的。

2.但是,有人很可能要问——事实上,真实地感到他和社会所有阶级一起尽他的责任的许多工业家正以天真的迷惑心理提出疑问——为何资本主义制度需要非资本主义力量或超理性的忠诚的保护?难道它不能高举自己的旗帜通过这场考验?我们自己先前的论点不足以表明它有大量的功利证书可以提出吗?难道不能为它提出充分完美的理由吗?那些工业家肯定不会不指出,一个明白事理的工人在衡量他与(比如说)一家大钢铁公司或大汽车公司签订的合同的好处和缺陷时,可能很容易作出这样的结论:考虑到各方面,他干得很不差,他与公司这笔交易的优势不是全在一方。是的——当然不错,只是这一切全是不相干的。



因为第一,相信政治性攻击主要产生于不满,而提出正当理由可以避开攻击是错误的。政治性批评很难以合理的论证予以有效的满足。不要因为对资本主义制度的批评是从批判的心理态度出

---

一家工厂的每一费用单位的生产效率提高时,我们说这家工厂正在“合理化”。不管我们的真正推动力是什么,当我们为我们自己或他人的行动提出能满足我们价值标准的理由时,我们说我们“合理化”我们的行动。

发的，也就是从一种拒绝对超理性价值表示忠诚的态度出发的，就能推定理性的反驳将被接受。这类反驳可能撕掉攻击的理性外衣，但决计达不到一直潜伏在外衣后面超理性的驱动力量。资本主义的理性不会消除次理性或超理性的冲动。它只是去除神圣或半神圣传统的约束使它们不受支配。在缺乏训练和指导它们的手段甚至意志的文化里，它们将造反。一旦它们起来造反，也无关重要，因为在理性主义文化中，它们的表现一般地多少有点理性化。正如人们从不怀着可能接到满意答复的公正心态向国王、大公和教皇要求功利证书一样，资本主义站在口袋里装着死刑判决书的法官面前受审。不管法官可能听到什么样的辩护词，他们只准备传达这个判决；被告有可能取得胜利的唯一办法是改变起诉书。功利主义的理由作为集团行动的主要原动力无论如何是无力的。它绝不是超理性行为决定因素的对手。



第二，我们只要懂得接受支持资本主义的案件意味着什么，这场诉讼的胜利就变得十分容易理解。这个案件的理由即令比它实际强有力得多，也从来没有人能把它简单明了地说清楚。普通人要理解它，必须掌握他们完全不可能掌握的洞察力和分析能力。以往关于资本主义说过的胡说八道都得到某个专业经济学家的支持。即使不谈这一点，理性地认识资本主义的经济成就和认识资本主义为将来提供的希望，就要求穷人具有几乎不可能具有的明辨是非的能力。只有我们用长期观点看问题，资本主义的成就才显然可见；任何拥护资本主义的论点必然以长期考察为依据。用短期观点来看，画面上主要可见的是利润和低效率。昔日的平均派或宪章派人为了甘心于他的命运，不得不把希望寄托在他的曾孙身上来自慰。

为了和资本主义制度认同,今天的失业者得完全忘掉他个人的厄运,今天的政治家得忘掉他个人的野心。社会的长期利益完全混合在资产阶级社会的上层,人们把它看做只是那个阶级的利益是十分自然的。对于群众来说,值得考虑的是短期观点。像路易十五一样,他们也觉得不管死后洪水滔天;按照个人主义的功利主义观点看问题,群众具有像这样的感觉当然是完全合理的。

第三,在任何社会制度里,每个人都有必须与之斗争的日常困难和可能出现的困难——那些损害人、麻烦人、折磨人的摩擦与失望以及大大小小不愉快的事情。我想,我们每个人或多或少都有把困难完全归咎于与他全然无关的那部分现实的习惯。为了克服我们由环境激起的敌意冲动,对社会制度的感情上的依恋是必需的,而这正是资本主义在制度上不能产生的东西。如果没有感情上的依恋,那么敌意冲动将一意孤行,成长为我们心态中永久成分。



第四,永远上升的生活标准,特别是现代资本主义为完全就业工人提供的闲暇……好了,我不必说完这句话,也不必详尽阐述那个在所有论点中最平凡、最古老、最老生常谈的论点,不幸的是这个论点太真实了。被视为理所当然的长期改善,配上受尖锐怨恨的个人无保障,当然是哺育社会骚动的最佳食谱。

## II.知识分子的社会学

可是,不论是攻击的机会,还是真实或虚幻的不满情绪,其本身不论怎么强烈,不足以产生反对社会制度的紧急敌对状态。因为要造成那样的一种气氛,必须要有一些集团,它们的利益在于煽动和组织仇恨，哺育它、宣扬它和领导它。如我们将在第 4 篇中谈到，人民群众从不表达他们自己首创的明确的意见。他们更不能清楚有力地说出他们的主张，不能把意见变成一贯的行动。他们只能追随或拒绝追随这些集团提供的领导。在我们发现有资格充当那个角色的社会集团之前，我们关于敌视资本主义气氛的理论是不完整的。

粗略地说，有利于形成普遍敌视一个社会制度或形成对这个制度的明确攻击的条件，在任何情况下均会招来利用这个条件的集团。但在资本主义社会的情况下，还有一个事实值得注意：不像其他类型的社会，资本主义不可避免和由于它文明的逻辑会造就、教育和资助一个在社会骚动中有利的既得利益集团。[①] 对于这个既奇怪又重要现象的解释，见第 11 章里我们的论点，但涉猎一下知识分子的社会学，读者可能得到更生动的印象。

1. 对知识分子这个类型不容易下定义。事实上，困难在于表明物种的属性。知识分子不像农民或工业劳动者那样构成社会阶级，它不是一个社会阶级；他们来自社会的所有角落，他们的大部分活动在于彼此打斗，在于组成不是为他们自己的阶级利益的先锋。但他们逐渐形成集体态度和集体利益，其坚强程度足以使大多数成员行为的方式会使人联想起社会阶级这个概念。他们也不

① 每一个社会制度对反叛都很敏感，在每一个社会制度中，万一成功，煽动反叛是有报酬的事业，因而对知识分子和体力劳动者都有吸引力。在封建时代的确如此——完全如此。但对上司反叛的武士贵族，攻击个别的人或阵地，他们不攻击封建制度。而封建社会从整体上说不存在鼓励——故意的或非故意的——攻击它自己整个社会制度的倾向。

能简单地定义为所有具有较高教育程度的人们的总和；这样的定义会模糊这个类型的最重要的特色。然而任何有过较高教育的人——除了特殊例外，谁都有过——都是潜在的知识分子；还有他们的内心思想相同的事实，便利于他们之间的理解，并形成一种结合力。把知识分子这个概念与自由职业成员视为同义，对我们下定义的目的并无帮助；例如医生或律师并不是贴切意义上的知识分子，除非他们谈论或撰写不属于他们专业擅长的题材，无疑他们时常这样做，尤其是律师。可是在知识分子和专业人员之间存在密切关系。因为某些专业——特别是如果我们把新闻记者计算在内——实际上的确几乎整个属于知识分子类型的范围；所有专业工作者都有机会成为知识分子；许多知识分子为生活承担某一专门职业。最后，若采用与体力劳动相对就是知识分子这个定义，又嫌过分广泛。[①] 而威灵顿公爵所说的“一批摇笔杆的人”，范围似乎太狭隘。[②] “文士”(*Hommes de lettres*)的含义也太窄了。

但我们可能做得比跟着铁公爵[③]走还要糟。事实上知识分子是一群挥舞说话和写作力量的人，他们不同于其他做同样事情者的特色之一是他们对实际事务不负直接责任。这个特色一般又是另一种特色的原因——他们没有实际事务的第一手知识，这种知识只有从实际经验中获得。此外，从作为旁观者知识分子地位出

① 很遗憾，我发现《牛津英语词典》没有列出我希望属于此词的含义。该词典列有转义的短语“知识分子的宴会”，但在与此词有关的“超等智力”这一项里，所指的是完全不同的意思。我感到相当困惑，可是仍未能发现另一个能同样好地适合我目的的名词。

② 公爵的短语出于《克罗克文集》(L. J. 詹宁斯编，1884 年)。

③ 即威灵顿公爵。——译者

发的——在大多数情况下也是局外人——同时也是从他表现自己的主要机会在于实际或潜在的损害他人的价值出发的批评态度，应该列为第三个特色。是非专业人员的专业？是专业人员的浅薄涉猎？是因为什么都不懂才包罗万象地高谈阔论的人？是萧伯纳笔下《医生的两难处境》中的新闻记者？不，不，我没有这样说，我没有这种意思。这类事情会冒犯人，也是不真实的。让我们放弃试图用语言下定义，改用“实物”来解释：在希腊博物馆里，我们能见到贴着美丽标签的人物。公元前5世纪和4世纪时的诡辩家、哲学家、修辞学家——不管他们如何反对被扯到一起，他们全属同一种类——理想地说明了我的意思。他们实际上全是教师，但不会破坏这个说明的价值。

2.在分析资本主义文明的理性主义性质时(第11章)，我指出理性思想的产生当然早于资本主义制度达数千年之久；资本主义所做的是给这个过程以新的推动和特定的转折。同样地——不提希腊罗马世界——我们在(例如)法兰克王国和由法兰克王国瓦解后建立的一些国家中看到完全前资本主义条件下的知识分子。但他们人数很少；他们是教士，多数是修道士；他们的写作只有人口中极少部分的人才能看到。无疑，有力量的个人偶尔能够形成非正统的观点，甚至把这种观点传达给平民听众。但一般地说，这种情形是对一个组织得十分严格环境的对抗——同时要脱离这个环境是困难的——要冒被视为异端的危险。即使这样，没有某个大领主或大首领的支持也不可能这样做，就像教士们采取的策略充分表明的那样。因此从整体上说，知识分子受人严格掌握，不服驾驭会有严重后果，甚至在非常混乱和放纵的时期，如黑死病时期

（1348年及嗣后若干年）也是如此。

可是，如果说修道院产生了中世纪社会的知识分子，那么资本主义使他们自由自在，给予他们印刷机。世俗知识分子的缓慢发展仅仅是这个过程的一个方面；人道主义与资本主义出现在同一个时候是十分惊人的。人道主义者最早是语言学家，但是——绝妙地证明上文所说的一点——他们很快扩展到礼仪、政治、宗教和哲学领域。这不单单因为他们连同文法一起翻译的古典著作的内容，从批评经文到批评社会，这个过程的时间比外表看来较短。虽然如此，典型的知识分子并不欣赏依旧等待着异端分子的火刑架的观念。一般地说，荣誉与舒适更中他们的意。可是这些终究只有从现世的或宗教的王公贵族处才能得到，虽然人道主义者是拥有现代意义上的民众的第一批知识分子。他们的批判态度一天天强烈。但对社会的批判——不同于对天主教会特别是它的首领的某种攻击——在这样的环境里并不风行。



但荣誉和报酬的来源不只一端。阿谀和奉承所得的酬劳常常不如相反态度得到的多。这个诀窍不是阿雷蒂诺[①]发现的，但没有人在利用这个诀窍上胜过他。查理五世是一个忠实的丈夫，但在每一次要使他离开家许多个月的战役中，他过着他那个时代他那个阶级的绅士生活。很好，假如那种有分量的议论及时交给这位伟大的政治与道德批评家，公众——和对查理特别有关的他的皇后——必然绝对不知道。查理为此付出代价。但问题在于，这不是那种通常只是单方受益并给对方无补偿损失的简单讹诈。查

---

① 比特罗·阿雷蒂诺（1492—1556年）。

理知道他为什么要付出代价，虽然无疑有可能用代价较低但更加激烈的办法保证缄默。他没有表示愤恨。相反，他甚至一反常态奖赏此人。显然他需要比缄默更有价值的东西，事实上，他得到了他赏赐物品的全部价值。

3. 因此，从某种意义上说，阿雷蒂诺的笔确实比剑更强。但也许出于无知，我不知道在以后的150年里是否有过那种类型的类似事例，[①]在这个时期里，知识分子在既有职业——主要是法律和教会——之外，似乎没有扮演过伟大的角色。现在看，这种挫折与资本主义发展的挫折发生的时间大致相当，在欧洲大陆大多数国家中这种情形发生在那个困难时期。随后资本主义企业的复苏，知识分子也同样分享。更便宜的书籍，廉价的报纸和小册子，加上范围扩大的公众，公众的增加部分是书报价廉的结果，部分则是由于工业资产阶级获得财富和社会地位以及随之产生的无名公众舆论的政治重要性增加所引起的独立现象。所有这些有利条件以及越来越多的去除束缚增加自由是资本主义机器的副产品。

在18世纪的前75年中，个人庇护人缓慢地失去他在知识分子事业开始时占有的至高重要性。但至少在这个事业成功的顶峰中，我们清楚地分辨得出这个新的因素——集体庇护人(资产阶级公众)的支持。在这点上和在任何其他方面一样，伏尔泰提供了最有价值的例证。就是他的肤浅使他有可能接触从宗教到牛顿光学的一切东西，加上他不屈不挠的活力和不能满足的好奇心，对任何事物全无禁忌，对他那个时代的幽默感他有正确的直觉并全盘接

① 但在英国，写作小册子的规模和重要性在17世纪时大大增加。

受，所有这些使这位批评不当的批评家和平庸的诗人兼历史学家能够使人入迷，兜售他的一套东西。他还投机、欺骗、接受礼物和职位，而且总保持着建立在他与公众良好关系巩固基础上的独立性。卢梭的情况和类型虽然完全不同，讨论他这个例子将有更大的启发意义。

在18世纪的最后几十年中，有一段令人吃惊的插曲向大家展示一个自由作家知识分子力量的性质，他什么也不干，只研究被称为公众舆论的社会心理机制。这事情发生在英国，当时这个国家在资本主义发展道路上走得最远。约翰·威尔克斯对英国政治制度的攻击的确是在最有利的条件下发动的；不能说他真的推翻了比特伯爵的政府，这个政府肯定没有任何出路，有许许多多理由使它必然倒台；可是威尔克斯的《北不列颠人》是压断比特伯爵政治脊梁的最后一根稻草。《北不列颠人》第45期在保证取消一般搜查令和向出版和选举自由迈出一大步的战役中开了第一枪。这不等于创造历史或为社会制度改革创造条件，但它确实起了譬如说接生婆助手的作用。[1] 威尔克斯的敌人无法阻挠他的行动，是全部经过中最有意义的事实。他们显然具有组织由他们控制的政府的所有力量，但某种原因把他们挡了回去。

在法国，大革命前几年和革命年代像雨后春笋似的出现了许



---

①　我不担心任何政治史家会发现我夸大了威尔克斯功绩的重要性。但我的确担心有人反对我称他为自由作家和我暗指的他的成功全应归功于集体庇护人而丝毫不归功于个人庇护人的说法。开始时，他无疑受到圈子里人的鼓励。但细加检查，我想应该承认，这点没有决定的重要性，他以后得到的所有支持和所有金钱和荣誉，只是以往成功的结果和他在公众中独立地获得地位的礼品。

多小报(《马拉》、《德穆兰》)。这些小报并不像我们的小报完全抛弃风格和文法(这点我们必须急忙赶上去)。恐怖时期(更系统地在第一帝国时期)结束了这一现象。然后跟着的一个时期(中间插入"资产阶级国王"的统治),实行或多或少的坚决镇压,直到第二帝国才被迫放松严厉控制——这大约在19世纪60年代中期。在欧洲中南部,这个时期持续的时间大致相同,在英国,从美国独立战争开始到坎宁执政,出现类似的情况。

4.这个时期中实际上全体欧洲政府要知识分子就范的企图——有几次,时间很长,态度坚决——的失败,表明在资本主义社会结构内要挡住这个潮流是多么不可能。它们的历史不过是许多威尔克斯功绩的翻版罢了。在资本主义社会里——或者在含有决定重要性资本主义要素的社会里——对知识分子的任何打击必然会撞上资产阶级企业的私人堡垒,这些堡垒或其中的一些堡垒将庇护被打击的对象。此外,这样的打击必须根据资产阶级立法和行政实践的原则进行,而这个原则无疑具有伸缩性,但严禁迫害超过某个界限。当资产阶级被激怒或受威吓时,它可能同意甚至欢迎非法的暴力,但也只是暂时的。在纯粹的资产阶级政权下(如路易·菲利普统治下),军队有可能向罢工者开枪,但警察不会围捕知识分子,或者逮捕后必须立即释放;否则资产阶级阶层不管怎么强烈地不满他们的某些做法,仍将支持他们,因为不同时砸碎它赞成的自由,就不能砸碎它不赞成的自由。

请注意我不是以非现实主义的慷慨大度或理想主义来相信资产阶级。我也不是不适当地强调人们所想、所感觉和所需要的东西——对其重要性我几乎(虽不十分)同意马克思的看法。在保护作为集体的知识分子时——当然不是每一个个人——资产阶级也保护了它自身以及它的生活方式。只有非资产阶级性质和奉行非资产阶级信条的政府——在现代环境中只有社会主义政府或法西斯政府——才充分有力去驾驭知识分子。为了做到这点,那种政府必然改变典型的资产阶级制度,并急剧缩减国内所有阶层的个人自由。这样的政府不大可能——甚至做不到——突然禁止私营企业。

根据这点可以推断,资本主义制度既不愿意又不能够有效地控制知识分子阶层。所谓不愿意是不愿一贯地使用与资本主义过程形成的精神状态不一致的方法;所谓不能够是指在资本主义过程形成的制度结构内,不屈服于非资产阶级统治就不能做到这一点。因此一方面,公开讨论的自由包含对资本主义社会基础吹毛求疵的自由从长期看来是不可避免的。另一方面,知识分子集团不能不吹毛求疵,因为它以批评为生,它的整个地位依赖螫人的批评;对人的批评和对当前事务的批评,在没有任何东西是神圣的形势中,将注定成为对阶级和制度的批评。

5.再有几笔就将完成这幅现代的图画。生产手段在不断增加。群众的生活标准和闲暇也增加了,这就改变了并仍在改变集体庇护人的构成状况,因为庇护人的爱好是知识分子必须提供的。书籍、报纸越来越贱了,又有了大规模的报业公司。[①] 现在又有了



① 大规模报业的出现及其迄今为止的经历证明我急于强调的两点:第一,社会模式的每一具体要素都有多种方面、多种关系和多种作用,这就排除简单和单方向的命题;第二,区分短期现象与长期现象是重要的,由于这样,不同的、有时是相反的命题都是正确的。大规模的新闻企业在大多数情况下只是一家资本主义企业。但这并不意味着它拥

无线电广播。以前和当前都存在完全消除限制的趋势，逐步破除那些短期性的抵抗企图，在这样做的时候，资产阶级社会证明自己是如此无能和偶尔有严重孩子气的实施纪律者。

但还有另一种因素。资本主义文明后期的最重要特色之一是教育机构、特别是高等教育机构的急剧扩展。这种发展和大规模工业单位的发展过去和现在同样是不可避免的，[①]但与后者不一样，它过去和现在都受到公众舆论和政府当局的鼓励，因此它的进步要比听任它自己的能量能做的要快得多。不管我们用别的立场

---

护资本家或别的阶级的利益。它可能这样做，但只出于下列动机中的一个或两个，其重要性有限是显然可见的：因为它宣扬资本家集团的利益或观点而接受它的津贴——这家报业和它的销路越大，这家报纸的重要性越小；因为它总是向公众兜售资产阶级的趣味——这种做法在大约1914年前十分重要，现在越来越多地使用别的办法；因为登广告的人宁愿使用相宜的媒体——但在大多数时候他们对事物采取十分务实的观点；因为报纸所有人坚持某种路线，不顾他们发行利益——在某种程度上他们这样做，他们尤其在过去是这样做的，但经验告诉我们，如果与发行中他们的金钱利益冲突得太厉害，他们不会坚持下去。换言之，大规模报纸企业是知识分子集团提高地位和增加其势力的最有力的工具，但它甚至到现在还没有完全受他们的控制。它意味着一种职业和有较广大的公众，但它也意味着“操纵木偶的线”。这些只有从短期看是重要的；个别新闻记者在争取他喜欢怎么做就怎么做的更大自由的斗争中容易碰到失败。但这种短期情况——以及这个集团对过去情况的追忆——是进入知识分子内心的东西和决定他为公众描绘的这幅奴役和殉难图画的色彩的东西。实际上，它应是一幅征服的图画。像在许多其他情况中一样，图画中的征服和胜利是由失败组成的一幅嵌镶画。

① 现在大多数人有一种理想，希望任何类型的教育机构能被所有愿来使用它们的人使用。这个理想成为强烈的信念，对它的任何怀疑几乎被普遍认为不成体统，是持异议者的评论（常常是轻率的）未能改进的状态。实际上，我们在这里接触的是极端复杂的教育社会学和教育理想的问题，这些问题在这篇有限的概论中无法细加探讨。这就是为什么上边一段话只限于论述两个无可争辩和不表明意见的琐屑小事的原因，这些是我们为解决当前问题所需要的。当然它们不能解决较大的问题，这些问题暂且搁置，以表明我叙述的不完全。

来考虑这件事,不管它的确切成因是什么,有几个结果与知识分子集团的规模和态度有关。

第一,由于高等教育增加对专业、半专业劳务的供给,最后增加整个"白领"职业劳务的供给,超过从成本—收益考虑决定的界线,高等教育发展可能是造成局部失业的特别重要的原因。

第二,与这种失业同时存在,或取代这种失业,它造成不能令人满意的就业状况——就业于低标准的工作,或就业于低于收入较高的体力劳动者工资水平的职业。

第三,高等教育迅速发展可能造成特别令人沮丧类型的无力就业状况。受过大学或专门学校教育的人,不一定具有(譬如说)专业工作的雇佣价值,却容易形成心理上不愿接受体力劳动工作。他之所以如此,可能由于他缺乏天然的才能——这和他通过学业考试完全不矛盾——或者由于不适当的教育;这两种情况将绝对地和相对地越来越多,因为进入高等教育的人一直增加,需要的教育力量随着增加,而教师和学者的人数却不能相应增加。忽视这一点,根据只要有钱就能多办学校、学院和大学的理论,其结果十分明显,不说也能明白。十几个全都有正式资格的人申请一项工作,却没有一个人能令人满意地胜任这项工作,这种事例凡与招收人员多少搭界的人都知道——有判断能力的每一个人都知道。

所有那些失业的、对职业不满的和无力就业的人都流入标准最不明确、不同等级的才能和学识均能包罗兼蓄的行业中。他们扩大了严格意义上知识分子的队伍,他们的人数因此不相称地增加。他们以绝对不满意的心情进入这个队伍。不满滋生愤恨。他们常常通过批评社会使自己变得合理,如我们业已知道,他们的批评，特别在理性主义和功利主义的文明中，无论如何是知识分子对人、对阶级对制度的旁观者态度。哎，现在我们有了许多人；有了一个具有无产阶级色彩的含义明确的集团地位；集团利益形成集团态度，这种态度比那个理论更现实地说明他们仇视资本主义制度的理由，那个理论本身是心理学意义上的理性化，根据那个理论，知识分子对于资本主义错误行为的正义愤怒完全代表从残暴事实推理出来的逻辑结论，那个结论不比情人们认为他们的感情完全代表他们所爱之人的美德那种逻辑结论更加高明。① 此外，我们的理论还说明，随着资本主义进步的每一个成就，这种敌意只会增加而不会减少。

当然，知识分子集团的敌意——相等于对资本主义制度道德上的非难——是一回事，环绕在资本主义机器周围的总的敌视气氛是另一回事。后者是真正有重要意义的现象；它不是简单的前者的产物，而是部分地来自独立的来源，其中有一些已在上文提到；就其作用而言，它是知识分子集团工作的原料。这二者之间有一种相辅相成的关系，要说明这种关系需要很多篇幅，这是我做不到的。无论如何，这样的一次分析描绘，总的轮廓已充分明显，同时我认为有必要把知识分子的主要任务再说一遍：他们是刺激、加强、夸张地描述和组织这种原料，给它添加些什么只是次要的事情。某些特殊表征将证明这个原则。



① 读者将看出，即使资本主义事实或被爱者美德的确如社会批评家或情人所相信的那样，这样的理论还是不现实的。注意到下列事实也很重要，在绝大多数情况下，批评家和情人显然是真诚的；一般而言，不管心理社会学机制还是心理生理学机制，除非戴上理想化的面具，都不会进入自我的受人瞩目的中心。

6.资本主义发展产生劳工运动,它显然不是知识分子集团制造的。但这样一个机会和知识分子造物主二者会相互寻找,这点不会令人惊奇。劳工从不恳求知识分子领导,但知识分子闯入劳工政治。知识分子有重要贡献要做:他们声嘶力竭地宣扬这个运动,为它提供理论和口号——一个绝好例证是阶级斗争——使它意识到自己,并在这么做的时候改变运动的意义。以他们自己的观点解决这个任务时,他们自然地使它变得激进,最终把革命的倾向输入大多数资产阶级工会工作,这种倾向是大多数非知识分子工会领袖最初深恶痛绝的。但知识分子这样做还有另一个理由。听到知识分子的宣传,工人们几乎一致感到的如果不是极端不信任就是有一条不能逾越的鸿沟。为了掌握工人和与非知识分子工会领袖竞争,知识分子被迫采取的路线是经受得起别人不满的非知识分子领导人完全不需要的。没有真正的威信,并感觉到一直有被人粗暴地告诫不要他多管别人事情那种危险,使他必须奉承、允诺和煽动,扶植左翼和沉着脸的少数派,发起可疑的或不着边际的辩论,呼吁渺茫的目的,声称自己准备服从——总之,他对群众的行为就像他先辈最早对教会修道院长,稍后对王公和其他庇护人,再后对资产阶级集体主人的行为。[①] 因而,虽然知识分子没有制造劳工运动,但他们的工作使劳工运动成为本质上不同于如果没有他们原来会成为的样子。

有关形成这个社会气氛的理由,我们已谈论了不少,这种气氛说明为什么政府政策对资本家利益越来越敌视,最后敌视到在原



① 所有这些第5篇中还要说明和进一步阐述。

则上拒绝考虑资本主义机器的需要，并成为资本主义机器运转的严重障碍。但知识分子集团的活动与反资本主义政策有一种关系，它比他们参与宣传这种政策所暗示的关系更加直接。知识分子很少进入职业政治，更少取得负责的职位。但他们在政治机关里供职，撰写政党的小册子和演讲稿，起了秘书和顾问的作用，造成个别政治家所办报纸的信誉，这种信誉虽不是顶顶重要的资本，但几乎没人敢于忽视它。知识分子在做这一切事情时，他们在某种程度上把他们的思想压印在几乎每一件所做的事情上。

所发挥的真正影响要看政治状况如何而有巨大的差异，有的仅仅是纸上夸夸其谈，有的成为政治上可能或不可能的标准。但它总有巨大的活动空间。当我们说个别政治家和政党是阶级利益的代表时，我们充其量强调了一半真理。同样重要的(如果不是更重要)另一半，只有当我们考虑到政治是职业，它要形成自己的利益，而这种利益可能与一个人或一个政党“代表”的集团的利益相冲突或相一致时，才看得出来。[①] 个人和政党的意见在直接影响个人或政党前途或地位的政治形势中对那些因素比任何其他东西更为敏感，某些因素受知识分子集团的控制，情况十分酷似一个时期的道德准则，它把某些利益集团的事业抬得很高，把另一些利益集团的事业默默地放在一边，不屑一顾。

最后，社会气氛或价值准则不但影响政策——立法的精神——而且还影响行政措施。但在知识分子集团和官僚之间还有

① 这一点在考虑知识分子本身与他们出身的阶级或在经济和文化上他们所隶属的阶级的关系时，当然也是同样正确的。这个题材将在第23章中还要论述。

更直接的关系。欧洲官僚的血统是前资本主义和非资本主义的。随着几个世纪的逝去，不管官僚人员的组成有了多大的改变，他们从来没有把他们自己、他们的利益或他们的价值标准完全等同于资产阶级，他们只不过把资产阶级看做为了君主利益或国家利益而管理的一宗资产罢了。所以除了由于专业训练和专业经验的阻碍外，他们容易接受向现代知识分子转化；他们与现代知识分子，通过相同的教育，二者有许多共同之处，[①]同时，以前在许多情况下令人难接近的绅士风度，在过去几十年中已从现代公仆身上消失了。此外，在政府行政机构迅速扩大的时候，所需要的增补人员必须从知识分子集团中吸收——我们美国就有这种情况。



① 例如参见第 26 章。

# 第十四章　解体

1.面对周围日益加剧的敌意和由那种敌意产生的立法、行政和司法措施，企业家和资本家——事实上接受资产阶级生活方式的整个阶层——最终将停止发挥作用。他们的目的正迅速变得无法实现，他们的努力正变得徒劳无益。最有魅力的资产阶级目标，即建立工业王朝的目标，在大多数国家已成镜花水月；甚至比较小的目标，也极难达成，以致人们越来越理解这些状况的永久性质，不再认为值得为它们进行奋斗。



考虑一下在解释近两三个世纪经济史中资产阶级推动力的作用，它受社会不利反应窒闷欲绝，或者它被废弃不用而遭到削弱，无疑构成足以充分解释资本主义过程失败——如果我们把它看做永久现象——的一个因素，而且是比投资机会消失论所描述的那些因素中的任何一个重要得多的因素。因而看到那个推动力不仅受到资产阶级思想以外种种力量的威胁，而且倾向于被内部种种原因所消灭是使人感兴趣的。这两者之间当然存在密切的相互依赖关系。但是，除非我们理清它们的关系，否则我们是难以作出正确诊断的。

那些"内部原因"之一我们已经碰到过。我称它为财产实体的蒸发。我们知道，现代工商业者不论是企业家或者仅仅是经营管理人员，一般总是善于实干类型的人。从他的地位推断，他具有在官僚机构工作领薪金雇员的心理状态。不论是否是股东，他战斗的意志和坚持的意志，不是、也不可能是懂得真正意义所有权和所有权责任的人的意志。他的价值体系和他的责任观念发生了深刻的变化。仅仅是持股人当然不再算得上数——这与一个控制和收税的国家削减他们的股份完全无关。这样，虽是资本主义过程产物的现代公司，却使资产阶级的思想社会化了；它无情地缩小了资本主义推动力的范围；不但如此，它最终将毁坏资本主义的根基。①

2.但是，更重要的是另一个“内部原因”，也就是资产阶级家族的瓦解。我正在提到的事实是大家太熟悉的事实，不需再加叙述。在现代资本主义社会的男女们看来，家庭生活和双亲观念的意义不如过去重要了，因而作为行为规范的力量大不如前；公然蔑视“维多利亚”准则的叛逆儿女，不管他们如何不对，表达了一种不可否认的事实。这些事实的分量不会因我们不能以统计数字表明而有所减轻。结婚率不能证明什么，因为婚姻这个词包含的社会学意义和财产这个词一般多，过去一直以结婚契约形成的那种结合可能完全消灭，同时一点也不改变契约的法律结构和契约的频率。离婚率也不比结婚率更为重要。有多少对婚姻通过法律离异这点并不重要，重要的是有多少对婚姻缺少了旧模式至关重要的内容。



①　许多人会否认这点。这是因为他们所获的深刻印象来自过去的历史和由过去历史产生的口号，那时由大公司带来制度变化尚未充分表现出来。他们也可能想到公司业务过去经常非法地满足资本主义推动力的范围。可这正好说明我想要说的意思：在公司业务中，公司董事等高级人员除非利用非法或半非法的手段，否则他们不可能取得超过薪金和红利的收入，这个事实确切地表明，公司的结构概念是反对这种行为的。

如果在我们这个统计年代，读者坚持要统计数字，那么不生孩子或只生一个孩子的婚姻的比例虽然还不足以确定我所说现象的数量，但已十分接近我们希望的那样，指明它数字上的重要性。现在这个现象已或多或少扩大到所有阶级。可是这个现象首先出现在资产（和知识分子）阶层，它对我们论述的目的所具有的征兆价值和原因价值也完全在那个阶层。它可以完全归因于生活中每一种事物的合理化。我们见到的这种合理化是资本主义发展的后果之一。事实上它只是合理化扩展到私人生活领域的结果之一。在说明中经常援引的所有其他因素都能容易地归结为那个因素。

一旦男人和女人学会功利主义这一课，拒绝把社会环境为他们造成的传统安排视为理所当然，一旦他们养成为任何未来行动衡量对个人有利和不利的习惯——或者我们也可以这样说，一旦他们在他们的私人生活中引入一种不能言达的成本计算体系——他们就一定能知道在现代条件下由家庭纽带尤其是取得父母身份给他们带来的沉重个人牺牲，并且知道，除去农场主和农民外，孩子不再是经济上的资产。这些牺牲不仅包括可用金钱衡量的项目，而且还包括生活舒适的无限丧失，无忧无虑生活自由的无限丧失，以及享受越来越有吸引力和五花八门可供选择的生活乐趣机会的无限丧失——这些生活乐趣和正在经受严厉的挑剔性分析的做父母的乐趣相比较，这种想法可能由于这份平衡表不完善甚至基本错误不但不削弱反而加强了。因为最重要的资产，即做父母对身体和精神健康的贡献——我们可以称之为“正常状态”——特别对妇女来说，几乎无不逃脱现代个人的理性目光的探索，这些人不论在公开场合还是私下生活里都倾向于集中注意力十可探明的有直接功利关系的细节,轻视人性自然或社会机体看不见的必要性的观念。我想说的要点,我以为不作进一步论述也是清楚的。它可以归总为许多未来父母心里十分清楚的一个问题:“为什么我们应当抑制我们的抱负和贫乏我们的生活,只是为了在我们老年时受人侮辱被人轻视?”

当资本主义过程由于它所创造的精神状态逐渐使家庭生活价值失去光辉,并拆除旧道德传统在趋向不同生活方式的道路上设置的良心障碍时,它同时补充了新的爱好与兴趣。至于不要孩子,资本主义的创造力生产了效率越来越高的避孕方法,它克服了人类最强烈冲动本来会作出的抵抗。至于生活方式,资本主义的发展减少了资产阶级家庭的称心合意,为资产阶级家庭提供可供选择的替代物。我在上边已经谈了**工业财产的蒸发**;我现在必须谈一谈**消费财产的蒸发**。

直到 19 世纪最后几十年,到处的城市住宅和乡村住所不但是较高收入水平私人生活的快乐与便利的窝巢,而且是生活中必不可少的东西。不但规模不同、格式迥异的待客款式,而且甚至家庭的舒适、庄严、安静和精致都决定于拥有属于自己的并充分配备了服务人员的住宅。家这个名词所概括的种种安排被具有资产阶级地位的普通男女作为当然之事相应地接受下来,正如他们把婚姻和子女——建立家庭——看做当然之事一样。

现在,一方面,资产阶级家庭的舒适比起它的负担来已不那么明显了。以挑剔时代的挑剔目光看来,家庭似乎主要是烦恼和昂贵费用的根源,常常被看做得不偿失的事情。即使不谈现代的税收和工资,不谈现代家庭服务人员的态度,情况依然如此。所有这一切是资本主义过程的典型后果，当然会大大加强家庭在最近将来会被普遍认为是过时的和不经济的生活方式的理由。在这方面也像在其他方面一样，我们正处于过渡阶段。普通资产阶级家庭倾向于减少管理大住宅和大乡村别墅的困难，代之以小巧的和机械化的设施，加上最好的外来服务项目和家外生活——招待客人则越来越多地移到饭店或俱乐部举行。

另一方面，老派的家不再是资产阶级舒适而雅致生活必不可少的条件。公寓房子和公寓旅馆是一种合理化类型的住宅和另一种生活方式，当这种住宅全面发展时，无疑能满足新形势的要求和提供真正的舒适和精致。当然，这种生活方式及其窝巢还没有到处全面发展，只有我们考虑到管理一处现代大住宅带来的困难和烦扰，它们提供的成本优势才显示出来。但它们已经提出一些别的优势——使用各种各样现代享受设备的便利，旅游和搬迁的便利，把现有家务小事的负担卸给高度专业化强大组织的便利。

不难看出这种变化反过来对资本主义上层社会的孩子问题有怎样的影响。这里也有相互作用：巨大宽敞的住宅　　只有在这种住宅里，成员众多家庭的丰富生活才展得开[1]——过时了，大住宅在起作用的同时带来日益增加的摩擦，这提供避免作父母烦恼的另一个动机；但对子女之爱的式微，又转过来降低宽敞住宅的价值。

我已经说过，资产阶级生活的新方式还没有提供任何决定性的成本优势。但这点仅指服务于私生活需要的经常或主要成本而

① 现代父母与子女之间关系当然部分地为家庭生活稳定结构的崩溃所决定。

言。至于间接成本,甚至纯金钱利益则已十分明显。如家庭生活中最耐久项目的开支——尤其如房屋、图画、家具——过去一直主要用先前的收入支付,我们因此可以说,这个转变过程使积累“消费资本”的需要大大缩小。这点当然并非意指“消费资本”的需求现在(甚至相对地)小于过去;中小收入者对耐久消费品日益增长的需求远远超过这个影响造成的缩小。但这确实意指,就获得动机模式中的享乐主义成分而言,超过某一水平的收入愿望减少了。为了在这个问题上满足自己,读者只需设想一个具有彻底务实精神者的情况:成功的男人或夫妻或者“社交界”的男人或夫妻,他有能力支付最好的旅馆、轮船和火车舱位的费用,有能力支付最好质量个人消费和使用的物品的费用——这种高质量物品越来越多地由大规模生产的传送机生产出来[①]——他们在所有情况不变的条件下,一般地能使他们自己得到他们有任何程度需要的一切。很容易看出,根据那种生活方式编制的预算将远远低于“封建领主”生活方式所需要的支出。



3.为了理解所有这一切对资本主义生产机器的效率起什么作用,我们只需回想一下,家庭和住宅过去一直是典型资产阶级利润动机的主要原因就行了。经济学家始终没有对这个事实给予适当重视。当我们较细致地观察他们对企业家和资本家自私利益的看法时,我们一定会发现,从这个看法产生的结果根本不是人们期望单身的个人或无子女夫妇合理的自私利益会产生的行为,这些个

---

① 大批生产物品的日益增加的合格率对消费者支出的影响,由于大批生产物品和定制相应物品的差价而大大加强,差价的增加是因为工资的增加,以及定制物品相对受欢迎程度的降低所致;资本主义过程使消费民主化了。

人或夫妇现在不再通过他们家庭住宅的窗口来看世界。那些经济学家有意识或无意识地分析那种人的行为，以为他的观念和动机由这样的家庭住宅形成，他的工作和储蓄主要是为了妻子和孩子。一旦这些观念从企业家的精神视界中消失，在我们面前就出现一种不同的经济人，他关心不同的事物，以不同的方式行事。对他来说，从他个人主义的功利主义观点看来，那种老式的行为事实上完全不合理。他失去剩留在非浪漫主义和非英雄主义的资本主义文明中的唯一一种浪漫主义和英雄主义——*navigare necesse est*, *vivere non necesse est*[①]的英雄主义。他失去资本主义伦理观——为将来工作，不问你自己能否收获。

最后一点可能更加有力。上一章中已经谈到，资本主义制度把社会的长期利益托付给资产阶级上层。实际上，长期利益是托付给在那个阶层里起作用的家庭动机。资产阶级工作主要为了投资，资产阶级为之斗争并试图抗拒持短期观点政府[②]的目的，并不全在于提高消费标准，更多还在于提高积累标准。随着由家庭动机提供的推动力的衰弱，企业家的时间视界（*time-horizon*）缩小了，大致上相当于他的估计寿命。现在即使他知道没有理由害怕结果只会增加他的税单，他可能与以往相比不大愿意去实行赚钱、储蓄、投资的职能。他逐渐形成反储蓄心态，并越来越乐意接受作为短期哲学标志的反储蓄理论。

但他接受的还不止是反储蓄理论。他对所服务的公司采取不

① “航海是必要的，生命不是必要的”。不来梅一所老房子上的铭文。

② 有人曾说，在经济事务中“政府能采取长期观点”，但是除了与党派政治无关的某些事务外（如保护自然资源），政府很少做到这一点。

同态度，加上对私生活采取不同的方式，他往往养成对资本主义事物秩序的价值和标准持不同的观点。也许画面上最令人吃惊的特色是，资产阶级除了教育它自己的敌人，还容许敌人反过来教育它本身。它吸取当前激进主义的口号，似乎十分愿意经受改信仇视其自己存在的信条的过程。它犹豫地和勉强地承认这个信条的部分含义。当然最惊人极难解释的事实是，典型的资产阶级正在迅速失去对它自己信条的信念。一旦我们了解，产生资产阶级信条的社会条件正在成为过去，这一点又变得可以完全理解的了。

当特殊的资本家利益集团和整个资产阶级面对直接攻击时，他们所表现的极富特色的方式证明了这一点。他们议论纷纷提出抗议——或者雇人为他们做这些事情；他们不放过每一个妥协的机会；他们永远准备让步；他们从不在他们自己理想和利益的旗帜下进行战斗——在美国，对于几十年来强加的极沉重的财政负担或与有效企业管理无法相容的劳工立法，到处没有真正的抗拒。此刻，读者已一定知道，我绝对没有高估大企业或一般资产阶级的政治力量。此外，我准备为他们的怯懦留出巨大余地。但是，防护的手段还不是完全没有，历史上充满着少数人成功的事例，这些人对他们的事业有信心，手持枪支雄伟屹立。我们看到的这种驯服态度的唯一解释是，资产阶级制度在资产阶级本身看来不再有任何意义，这个阶级不再真正关心其盛衰，它只是什么都说，却什么都不干。



这样，以减少企业家和资本家职能重要性、打破保护层和保护制度、造成敌视气氛来破坏资产阶级地位的同一经济过程，也从内部瓦解资本主义的原动力。再也没有其他事实能这么清楚地表明:资本主义制度不但建筑在非资本主义材料造成的支柱上,而且它的精力来自非资本主义的行为模式,与此同时它必然要破坏这些材料和模式。

我们又发现了过去以不同立场和(我想)不充分理由经常发现过的东西:在资本主义制度内部有一种固有的自我毁灭的趋势,这个趋势在它的较早阶段可能十分明显地表现为阻滞进步的趋势形式。

我不想一再重复指出,客观和主观的经济和非经济因素怎样以惊人的一致性相互支援来达到那个结果。我也不想坚持说明应该已很明白并在以下几章中将变得更加明白的道理,那就是,那些因素不仅是毁灭资本主义文明的原因,而且是社会主义文明出现的原因。那些因素全指向那个方向。资本主义过程不单毁灭它自己的制度结构,它还为另一个制度结构创造条件。毁灭毕竟不是正确恰当的词。也许我该说是转变。这个过程的结果不是简单的空白,可以用碰巧出现的不论什么东西去补充;事物与人以这样的方式进行转变:它们变得越来越适合社会主义的生活方式。随着资本主义结构的木栓去掉一个,社会主义计划的不可能性也消除一个。在这两方面,马克思的看法是对的。我们也能同意他的意见,即可以把在我们眼前进行的特殊社会转变与经济过程连在一起,认定后者是前者的主要推动力。我们的分析(如果正确)所否定的东西不管它在社会主义信条中发挥的作用有多么重要,毕竟是次要的东西。归根到底,说资本主义衰败是由于它的成功或者说是由于它的失败,这两句话之间并不像人们想象的那样有很大差异。

可是我们对作为本篇标题的那个问题的回答,提出的问题比解决的问题更多。鉴于本书随后要讨论的问题,读者务必记住下列三点:

第一,迄今关于将来可能出现的社会主义的性质,我们还一无所知。对于马克思及其大多数信徒来说,社会主义只指一个确切的东西,这点过去和现在都是他们学说中最严重的缺点。但这种确切性实际上不过就是工业国有化那一套,以及与之同来的看起来和它相协调的各种各样不明确的经济和文化可能性。

第二,关于可以期望社会主义来到的确切道路,我们同样一无所知,只知道必定有许许多多可能性,从逐步的官僚主义化到最别致的革命。严格地说,我们甚至不知道社会主义是否真的会来到。再说一遍:觉察到一种趋势和想象这个趋势的目标是一件事,预言这个目标将确实来到和由此造成的事态能切实可行(更不用说将永久延续下去)是完全不同的另一件事。人类在社会主义地狱(或天堂)中窒息(或享乐)之前,它很可能在帝国主义战争的恐怖(或荣耀)中化为灰烬。①

第三,我们试图描绘的这个趋势的各种不同成分,虽然到处辨认得到,但没有一个地方全部显露。在不同国家事物发展的进度不一,但没有一个国家的发展进度足以允许我们有把握地说,它们到底将发展到什么程度,或者允许我们断言,它们的"潜在趋势"已变得十分强烈,以致不会遭到比暂时挫折更加严重的麻烦。工业一体化远未完成。实际和潜在的竞争在任何经济形势中仍是重要

① 写于1935年夏。

因素。企业仍甚活跃，资产阶级集团的领导仍是经济过程的主要推动者。中产阶级仍是一股政治力量。资产阶级标准和资产阶级推动力虽然正遭到日益剧增的损害，依然有生命力。种种传统的存在——控制成批股权的家庭所有权——依旧使许多企业董事们的行为和旧时业主兼经理的行为一样。资产阶级的家庭尚未死亡；事实上它非常执着地抓住生命，以致没有一个负责任的政治家敢用税收以外的办法去触动它。根据当前实践的立场和为了短期预测的目的——在这些事情上一个世纪属于"短期"①——所有这些表面现象可能比在深层下缓慢起作用的朝向另一个文明的趋势更加重要。



① 这就是为什么本章和以前两章中提出的一些事实和论据并不使我关于今后50年资本主义发展可能造成的经济结果的推理归于无效的理由。30年代很可能显示为资本主义的最后喘息——这种可能性当然由于当前的战争而大大增加。但情况可能又不是这样。无论如何不存在纯粹经济理由说明资本主义不应有另一轮成功，这是我希望证明的全部。

# 第 三 篇

# 社会主义行得通吗？

# 第十五章　准备行动

社会主义能行得通吗？当然行得通。一旦我们假定：第一，必要的工业发展阶段已经达到，第二，过渡问题能够成功地解决，社会主义行得通是不可能怀疑的。当然人们对这样的假定本身或者对能否指望社会主义形式的社会是民主的，或者不论它是否民主，它行使它的职能好到什么程度，感到担忧。所有这些问题随后都要讨论。但是，倘若我们接受这些假设，消除这些疑虑，那么对其余问题的回答是干脆的肯定。



在我试图证明这一点以前，我愿清除在我们面前的某些障碍。在此之前我们对某些定义很不注意，现在我们必须弥补这个缺点。我们将只展望两种类型的社会，其他类型的社会只附带提一下。这两种类型我们称之为商业社会和社会主义社会。

商业社会的定义决定于一个制度模式，关于这个模式我们只需提出两个要素：生产手段的私人所有和生产过程由私人契约（或私人管理或私人积极性）调节。但这种类型的社会一般不是纯资产阶级的社会。因为我们已在第二篇中谈到，除非与非资产阶级阶层共生，工商资产阶级一般难以生存。商业社会与资本主义社会也不是一回事。资本主义社会是商业社会中的一个特殊形式，资本主义社会有外加的创造信用的现象　由银行信贷向企业提供资金，也就是银行为此目的而创制的货币(钞票和存款)的做法，形成现代经济生活如此众多瞩目的特色。但是，由于商业社会(与社会主义非此即彼)实际上常常看来好像是资本主义的特殊形式，如果读者愿意保持资本主义与社会主义的传统对照，也不会有多大出入。

社会主义社会这个概念我们指的是这样一种制度模式，在这个模式中生产手段和生产本身的控制权都授予中央当局，或者我们可以说，在这个模式中，原则上社会的经济事务属于公共范围而不是属于私人范围。社会主义一向被称为知识分子的普洛丢斯[①]。有许多给它下定义的方法——许多可以接受的方法，也就是说，除了如社会主义意指使所有人有面包吃这种可笑的方法不计——我们的定义不一定是最好的。但关于我们这个定义，有几点务须提一提，尽管有被指责卖弄学问的危险，但这样对我们有好处。



我们的定义排除基尔特社会主义、工团主义和其他类型的社会主义。这是因为可以称为**中央集权社会主义**的东西在我看来所包括的范围如此清楚，因而再考虑其他形式成为浪费篇幅了。但是，如果我们采用这个名词是为了指明我们将要考虑的唯一一种社会主义，我们必须小心避免误解。使用中央集权社会主义一词，其用意只在于表明不存在控制单位的多元化，每一个单位原则上代表它自己的各自利益，尤其是不存在地区自治部门的多元化，这种多元化将很快重新产生资本主义社会的对抗。这样的排除局部利益很可能被认为是不现实的。可这是本质性的。

① 希腊神话中的海神，喻变幻不定的东西。——译者

但我们使用的名词——社会主义，并不是意指中央当局必然是专制独裁的中央集权主义，这个当局我们不是叫它中央局就是叫它生产部；并不是意指企业高级人员的积极性完全来自中央当局的中央集权主义。关于第一点，中央局和生产部可能必须向国会或议会提出它的计划。也可能有一个监督和检查的权力机关——一种审计机关，可以想象它甚至有权否决特定决议。关于第二点，必须把某种行动自由，可以把几乎相当大的自由留给"现场负责人"，即各别行业或工厂的经理们。目前我大胆假设，合理范围的自由已从实验中发现，并且实际上已经给予，这样，单位下属人员放肆的野心不会损害效率；堆积在部长办公桌上的报告和未作批复的问题也不致影响效率；同样，部长发布的令人想起马克·吐温关于收获土豆规律的命令也不会影响效率。

我未曾为集体主义和共产主义单独下过定义。前一个名词我根本不会使用，后一个名词只有在提到自称为共产主义的集团时附带涉及。然而，如果我不得不使用它们，我谈到它们时它们是社会主义的同义词。分析历史上使用这两个名词的情况，大多数作者试图给予它们与其他名词不同的含义。的确，人们相当一致地选择共产主义这个名词来指比其他思想更为彻底和激进的思想。但社会主义经典著作之一的书名是"共产党"宣言。原则上的分歧从来不是根本性的——社会主义阵营中存在的分歧并不比存在于社会主义阵营与共产主义阵营中间的分歧更小。布尔什维克称他们自己为共产主义者，是真正和唯一的社会主义者。不管他们是不是真正和唯一的社会主义者，他们肯定是社会主义者。

我避免使用自然资源、工厂和设备的国家所有或财产权这些名词。这一点在社会科学方法论上有一定重要性。当然，像需要、选择或经济财货这些概念对任何时代或社会都没有什么区别。但另外一些名词虽然在日常意义上对不同时代和不同社会有区别，但它们经分析者精炼已经失去这种区别。价格或成本二词就是适当的例子。[①] 另外还有一些名词，就其性质而言经不起移植，并且常常带有特定制度结构的气味，脱离它们所属的社会或文化去使用它们是极端危险的，事实上这样做等于歪曲历史情况。现在，所有权或财产权——我相信还有税收——是属于商业社会世界的词汇，正如骑士和采邑是属于封建世界的词汇。

国家一词也是这样。当然我们可以用主权标准为它下定义．然后说到一个社会主义国家。可是，如果这个概念还有它的内容，不仅仅是法律和哲学抽象意义，那么不允许国家一词闯入封建社会或社会主义社会的讨论，这二者都不能表现出私人领域和公共领域之间的分界线，而这个词含义的较好部分端在表明这一点。为了保护这个意义以及它所有的大量职能、方法和态度，看来最好这么说，国家是封建领主和资产阶级之间冲突和妥协的产物，它将构成社会主义凤凰由此升起的灰烬的一部分。所以，在我所作的社会主义定义中，我不使用国家这个词。当然，社会主义可能来自国家的行动。但我以为，我说国家在这个行动中死亡并无不便——就像马克思指出并由列宁重申的那样。

最后，一方面我们的定义同意我曾碰到的所有其他定义，也就



① 价格在现代理论中的定义仅仅是商品转化的一个系数，成本在机会成本意义中是一般的逻辑范畴，我们将很快回过来谈这个问题。

是说，它的同意是针对完全经济上的意义说的。每一个社会主义者都希望社会从经济角度上发生激烈变动，他期望的全部祝愿皆通过经济制度的改变而来到。当然这含有社会因果关系论的意思——即认为经济模式是在我们称为社会现象的总和中真正起作用的要素。无论如何，有两段话可以说明这个问题。

第一，上一篇谈到资本主义时已经指出，现在谈到社会主义时还必须指出，无论对于我们这些观察者还是对于信仰社会主义的那些人来说，名词意义的经济方面不是唯一重要或甚至是最最重要的方面。以前我在下定义时，我并不想否定这一点。为了公正地对待我曾见过面或读过他的著作的所有有教养的社会主义者，我应说这一点对他们同样是正确的：他们因为他们的信条指明经济要素具有原因上的重要性而重视它时，他们并没有表示，除了牛排和无线电收音机再也没有值得为之奋斗的东西。当然也有作如此想法的使人难以容忍的故步自封的人。许多并不停滞不前的人，在争取选票中仍然强调经济前途，因为它有直接的吸引力。在这样做的时候，他们歪曲和贬低他们的信条。我们不做同样的事情。相反我们将牢记，社会主义瞄准比塞饱肚子更高的目标，正如基督教的意义远比关于天堂和地狱的带点享乐主义的价值要高。最最重要的是，社会主义意味一个新的文化世界。为了这个目标，一个人即使相信社会主义安排可能在经济成就上较差，可以想象他可以仍是一个热情的社会主义者。① 因之仅仅是赞同或反对的



① 反过来说当然也是正确的：人们可以赞同由社会主义代表的经济要求，但由于文化理由而憎恶它。

经济论点,不管其本身如何成功,绝不能是决定性的。

第二,可是是什么样的文化世界?我们可以调查合格社会主义者的实际声明,来看看从那些声明中是否出现一种典型,然后再试图回答这个问题。乍一看,材料似乎十分丰富。某些社会主义者双手交叠,脸上挂着满足的微笑,胸有成竹地唱着一般地赞美正义、平等、自由,特别地赞美从"人对人剥削中"获得解放的歌曲,唱着和平和爱的赞歌,唱着打碎枷锁、释放文化能量、打开新视野、揭示新尊严的赞歌。但是,那是卢梭里面掺杂一些边沁。另一些人只是呼喊工会运动激进派的利益和欲求。但是,还有一些人却出奇地缄默。是因为他们看不起廉价的口号而又想不出别的东西呢?还是因为虽然他们完全能想出另外一些东西,但他们怀疑它对公众的吸引力?或者因为他们知道他们和他们的同志,在意见上无望地不同?



因此我们不能由这条路线继续走下去。掉转头来我们必须面对我称之为社会主义文化不确定性的东西。事实上,根据我们以及大多数其他人的定义,一个社会可能是完全和真正的社会主义,但仍受一个专制统治者的领导,或者以所有可能方法中最民主的方法组织起来;它可能是贵族的或者是无产阶级的;它可能是神权和等级的,或者是无神论或不关心宗教的;它可能有比男人在现代军队里还要严格的纪律或者完全没有纪律;它在精神上可能是禁欲主义的或者是享乐主义的;它可能是精力充沛或者是松松垮垮的;它可能只想到未来或者只想到今天;它可能喜爱战争和民族主义或者喜爱和平和国际主义;它可能是平等主义或者正好相反;它可能具有领主的伦理观念或者具有奴隶的伦理观念;它的艺术可能是主观的或者是客观的；[①]它的生活方式可能是个人主义的或者是标准化的；对我们中某些人，它本身足以博得我们的忠诚或者引起我们的蔑视；它可能从它的优秀世系相应地产生超人或者从它的次等世系相应地产生低能儿。

为什么会这样？读者可以有他的选择。他可以说马克思错了，经济模式并不决定文明，也可以说完整的经济模式会决定文明，但没有进一步经济数据和假设的帮助，我们思想中形成社会主义的这个要素并不决定文化。顺便说一下，倘若我们试图单单用体现在我们对资本主义所下定义中的一些事实，重新构思资本主义的文化世界，我们在那样的资本主义里不会生活得更好一点。在这种情况下，我们无疑有一种确定性的印象，并发觉有可能根据资本主义文化的趋势进行推论。可这只是因为在我们前面有历史现实，它向我们提供全部我们需要的外加数据，并且根据现实，排除无数可能性。



但我们已经在相当严格和专门意义上使用了确定性这个词，此外又联系了整个文化世界。在这个意义上的不确定性并不绝对禁止人们试图去发现这样的社会主义制度比其他制度有更大可能产生的某种特色或趋势，尤其是去发现文化有机体上特定部位的特色或趋势。构想出合理的外加假设也不是不可能的。从上面对可能性的调查中这点十分明显。例如，如果我们像许多社会主义者那样相信——我想是错误的——战争只是资本家利益冲突的一

① 听起来有点自相矛盾，个人主义和社会主义不一定对立。有人争辩说，社会主义组织形式将保证个人主义个性的“真正”实现。事实上这个说法符合马克思理论。

种形式,那么就容易得出这样的推论:社会主义一定是和平主义者,不喜欢战争。或者,如果我们假定,社会主义与某种类型的理性主义一起发展,并与它不能分开,我们就将得出结论说,它如果不是反宗教的,就很可能是漠视宗教的。我们自己将在这里和那里亲手试一试这场游戏,虽则大体上说来,我们最好还是把讲坛让给在这个领域里唯一真正伟大的表演家柏拉图。但所有这一切不能排除这样的事实,即社会主义是真正的*文化上*的普洛丢斯。只有在我们甘心只谈论社会主义大族内的特定事例时,才能把它的文化可能性说得比较确切一些,社会主义大族中的每一个分支对于支持它的人来说,当然是唯一正确的东西,但这个大族中的任何一个分支我们都有可能碰到。

# 第十六章　社会主义蓝图

首先，我们必须弄清楚社会主义经济的纯逻辑性有无错误的地方。因为，虽然那个逻辑性健全的任何证明并不能使任何人相信社会主义，或者事实上不能很好证明社会主义是一个实际可行的计划，逻辑上的不健全，甚至试图证明逻辑健全的失败，其本身足以判定它有固有的荒谬性。

更明确地说，我们的问题可以综合如下：假设想象的那种社会主义制度，它有可能根据它的数据和根据合理行为规律作出生产什么和如何生产的独一无二的决策吗？它有可能把同一事物编制成正确经济学口号，在社会主义经济条件下，利用那些数据和规律，编制出独立的、一致的——即没有矛盾的——和有足够数目来卓越地决定中央局或生产部面临问题的未知数的方程吗？

1. 回答是肯定的。社会主义的纯逻辑性并无错误。事情十分明显，如果不是因为它经常被否定的这个事实，和正统社会主义者在具有强烈资产阶级观点和感情的经济学家教给他们本领之前，提不出满足科学要求的答案这个更奇怪的事实，我本来不会坚持要说这一点的。

我们需要提到唯一否定社会主义纯逻辑性正确的是 L. 冯·米

塞斯教授，[①]他从合理经济行为必须要有合理的成本计算，因此要有成本要素的价格和为成本要素定价的市场为先决条件这个前提出发，他的结论是，在社会主义社会里，因为没有这样的市场，就不存在合理生产的指路明灯，因此社会主义制度（如果能运作的话）不得不以盲目的方式运作。对于这种和类似这种的批评，也许对于他们自己的某些怀疑，社会主义正统派中的合格代表人物最初没有提出很多的反对意见，只能争辩说，社会主义管理部门能够从它的资本主义先辈所发展的价值体系开始——这无疑和讨论实际困难有关，但和原则问题根本无关——或者能够从对他们天国奇迹般的光荣的赞歌开始，在天国里很容易全部省却像成本合理化那种资本主义的玩意儿，在天国里同志们以随便取用从社会主义商店涌流出来的大量礼品来解决全部问题。这等于接受那个批评，有些社会主义者看来实际上甚至到今天还抱有这个想法。



除了论述得更详细一点和澄清一些次要点之外几乎不需要任何补充的解决这个问题的经济学家是恩里科·巴罗尼，对想要知道严密内容的读者，我请他们去查看他的论证。[②] 这里介绍一个简要的轮廓就够了。

从经济学家的立场来看，生产——包括运输和由销售带来的一切工作——只是现存“诸要素”在技术条件强加的约束范围内的合理结合。在商业社会中，结合着的诸要素的任务包括购买和雇佣技术条件，而在这种社会中典型的个人收入就产生于购买、雇佣

---

① 1920年出版的他的论文现在有英文译本；见《集体主义经济计划》（F. A. 冯·哈耶克编，1935年）。又见他的《公有经济》，英文译本书名为《社会主义》（1937年）。

② 在巴罗尼之前，有多达十几个经济学家曾暗示了解决问题的办法。他们中间

的这个过程中。就是说,社会产品的生产和分配不过是同时影响二者的同一过程的两个不同方面。现在,商业经济和社会主义经济之间最重要的逻辑——或纯理论——区别就是后者不再是这样了。因为乍一看,不存在生产手段的市场价值,更重要的是,因为社会主义社会的原则不允许生产手段的市场价值(即使它存在)成为分配的标准。因而商业社会的那种分配自动机制在社会主义社会中是不存在的。自动机制的空缺由政治行动(让我们说由国家宪法)填补。于是分配变成一种不同的工作,至少在逻辑上完全和生产分离。这个政治行动或政治决定必然产生于这个社会的经济和文化特性及其行为、目的和成就,反过来又对它们的形成有很大的影响。可是,当从经济观点来看时,上面的说法一定是全属武断的了。如上文业已指出,国家可以采取平等主义规则——这点在任何意义上可以和平等主义理想联系起来——或者只允许不平等达到认为合适的程度。国家甚至可能在任何所想望方面以产生最大成就为目的来进行分配——这是一种特别令人感兴趣的情况。



有这样的权威,如 F.冯·维塞尔(见他的《自然价值》,1893 年,德文原本,1889 年)和帕累托(《政治经济学概要》第 2 卷,1897 年)。两人都认为经济行为的根本逻辑在商业社会和社会主义社会是一样的,并根据这个认识得出解决办法。但巴罗尼(他是帕累托的信徒)是作出这个解决办法的第一人。见他的题为“集体主义国家的生产部”的论文(《经济学杂志》,1908 年);英文译文收录在前注提到的《集体主义经济计划》一书中。

不可能、也没有必要为后来的大量著作作公正的评价。我只提出在这里或那里特别重要的作品:弗雷德·M.泰勒的《社会主义国家的生产指引》(载《美国经济评论》,1929 年 3 月);K.蒂施的《社会主义集体经济……内的经济计划和分配》(1932 年);H.查森豪斯的《计划经济理论》(载《国民经济杂志》,1934 年);特别是奥斯卡·兰格的《论社会主义经济理论》(载《经济研究评论》,1936/1937 年,后作为兰格和泰勒合著的书出版,题目不变,1938 年);A.P.勒纳的文章在后面的脚注中还要提到。

国家可以研究个别同志的愿望，或者决定给予他们当局认为对他们最好的东西。“按需分配”的口号可能具有这两个意义中的任何一个意义。但某种规则必须建立。就我们的目的而言，考虑一个十分特殊的例子就足够了。

2.其次假设我们社会主义国家的伦理信念是彻底的平等主义，但同时规定，同志们应有自由在生产部有能力和愿意生产的所有消费货品中根据喜爱进行选择——当然社会可以拒绝生产某些商品，如酒精饮料。让我们进一步假定，采取的特定平等主义理想实行的办法是分发给每个人——儿童、可能还有一些人只发给一般人的一部分，由当局决定之——一张凭证，这张凭证代表他或她有获得一定数量消费品的权利，数量相等于本会计年度可分配社会产品除以要求分配者的人数，到会计年度结束所有凭证失效。这些凭证可以想象为在规定时期中已生产和正在生产供消费的（为送交消费者而生产的）全部食物、衣服、房屋、家庭用品、汽车、电影等 X 分之一的要求权。只是为了避免不这么做便会在同志们之间必然发生的复杂而不必要的大量交换，我们才不以货品来表示要求权，而以等量的为了方便而选择的但毫无意义的单位来表示它——我们可以率直地称它为单位，也可以称它为太阳、月亮甚至称之为美元——并规定在得到每一种货品的单位数量时必须付出所标数目的单位。社会商店所索的这些“价格”，根据我们的假设，一定要满足这个条件，即商品的每一种价格乘以该商品现有数量，加起来等于同志们所持该商品要求权的总数，否则这个总数就是任意决定的。可是生产部不必固定个别商品的“价格”，除非是作为最初建议提出的。假如已知同志们的爱好与平均的“美元收入”，根据他们对这些最初建议的反应，就知道他们在什么价格上愿意拿走除那些根本没有人想要的货品以外的整个社会产品，同时生产部如果希望出清仓储，那时就必须接受那些价格。这点若能相应地做到，平等分配的原则就将非常通情达理地以十分决断的方式得到贯彻。

当然，这样做要以已经生产出一定数量的各种货品为先决条件。真正的问题(它的可解决性已被否定)显然是，怎样才能合理完成这个先决条件，也就是用什么方法在现有资源、技术可能性和其余环境条件下，最大限度地满足消费者。① 很清楚，由同志们的多数票来作出生产计划的决定完全无法满足这个要求，②因为在这种情况下，肯定有一些人，可能所有人将得不到他们需要的东西，有更大可能得不到给了他们不会降低别人满足的东西。但是，同样清楚的是，这个意义上的经济合理性能够以另一种方法获得。对于理论家来说，这个结论来自这样的初步前提，即估计(“所需要的”)消费品价值的消费者事实上也估计进入那些消费品生产的生产资料的价值。就普通人而言，在我们社会主义社会中，制定合理生产计划可能性的证据，能以下述方式提供。

3.为使问题谈起来方便，我们假定生产资料的数量是既定的，并且是暂时不可变的。现在让中央局分解成为进入每一个特定行业的委员会，或者更妥当地，让我们为每一个行业建立一个权力机



① 如果现代理论家竟反对这段话的措辞，让我请求他们考虑一下，较正确的词句将招致多少完全不必要的累赘话，而对于这个论点的目的却无任何帮助。

② 这并不是说，它不会根据另一个合理性的定义的立场来满足要求。关于正在讨论的安排与其他安排相比究竟怎样，这里不作断言。关于这个问题不久还要谈到。

关来管理它，并与中央局合作，而中央局控制和协调所有这些行业的经理部或管理局。这个中央局按照某种规律把生产资源——所有资源都在它控制之下——分配给这些行业的经理部门。假定中央局规定，行业经理部门可以有它们所需要的任何数量的生产资料和劳务，但需遵守三个条件。第一，它们必须尽可能节约地进行生产。第二，要求它们为它们需要的每一单位生产资料和劳务上交给中央局它们从先前出售消费品得到的言明数目的消费者美元——我们也可以同样妥当地说，中央局宣称准备向任何行业管理部门以言明的“价格”出售无限数量的生产资料。第三，要求行业管理部门取走和使用（以最节约办法生产）它们能够使用的数量（不能少于此数），这个数量的限度是它们不必为了取得相应数量的生产资料必须上交给中央局美元不足而不得不“出售”部分产品。用较专门的术语说，这个条件的意思是各行各业的生产必须达到“价格”相等于（不仅仅比例于）边际成本。①



每个行业部门的任务在当时是单独规定的。恰如今天在完全竞争行业中的每一家企业，只要技术可能性、消费者的反应（他的爱好和收入）和生产资料的价格都确定了，就知道生产什么、生产

① 从一般选择逻辑产生的这个原则，在 A. P. 勒纳先生在许多注释和论文中强调它和为之辩护之前，没有得到普遍接受，这些论文大部分发表在《经济研究评论》（还发表在《经济学杂志》1937 年 9 月），它们对社会主义经济理论作出重要的贡献，我趁此机会提请读者注意它们。作为那个选择逻辑的前提，说上述条件在它与“价格相等于每单位总成本”这个规律发生矛盾的任何时候，前者应该胜过后者，也是正确的。但它们二者之间的关系由于各种事物的混淆被弄得模糊不清，有必要加以澄清。

边际成本的概念意指如果要使生产有少量的增加必然会引起总成本的增加，只要我们不把边际成本和明确的一段时间联系起来看，它是不明确的。这样，如果问题是

多少和怎样生产，我们社会主义国家的行业经理部门只要一俟中央局公布了生产资料的"价格"，一俟消费者透露了他们的"需求"，它们就知道生产什么、怎样生产和向中央局"购买"多少数量的生产要素。

---

一辆无论如何要开的火车要不要增加一位乘客，这里要考虑的边际成本可能是零，在任何情况下是很小的。这点可以用这样说法来表达，从一段极短的时间——一个钟头、一天甚至一个星期——的观点来看，实际上每样东西都是间接费用，甚至滑润油和煤也一样，那种间接费用不进入边际成本。但设想的时间越长，进入边际成本的成本要素越多，开始时进入的是全部通常包括在直接成本概念中的要素，后来越来越多地包括企业家叫作间接费用的要素，直到从很长时期看，或从计划一个尚不存在工业单位的观点看，没有东西(或实际上没有东西)留在间接费用的项目里，甚至包括折旧在内的任何东西都得放在计算边际成本中考虑进去。即使在考虑铁路轨道那样的生产要素情况下，这个原则也不因它只有在极大单位才可使用的技术事实(不可分性)而被修正。因而边际成本总是应该与(边际)直接成本区别开。

现在我们常常把正在讨论的条件和社会主义——正和资本主义一样——的经理部门(如果他们要行动合理)在任何时候都应让过去的过去算了这个规律联系起来；就是说，在其决策中他们不要考虑现有投资的账面价值。但这只是在特定环境中决定短期行为的规律。它并不意味着他们会忽视事先能预见的并将凝结为固定成本或间接费用的那些成本要素。在有另外一种方法使用它们的任何时候，忽视那些要素，将形成对进入间接费用生产的劳动小时和自然资源单位的不合理行为。但只要万事按计划进展，考虑它们一般地意指使价格等于产品每单位总成本，因为例外情况主要是由于技术达不到由不可分性代表的合理性，或由于事情的实际进程偏离了计划，而这些计划的逻辑毕竟是用价格相等于每单位总成本这个原则表达的。虽然在短期情况下它可能是该做的最合理事情，但它绝不是以赤字经营企业的那个逻辑的一部分。有两个理由使这点值得重视。

第一，有人否定它，甚至有人提出，如果价格永远相等于短期边际成本(不包括折旧)，而间接成本(如桥梁费用)应由税收开支，从长期看来福利就将增加。在正文中指出的我们的规律没有这个意思，这不是该做的事情。

第二，在1936年3月的法令中，俄国中央当局命令许多行业取消前此一直在实行的津贴制度，规定价格应调整为等于每单位平均总成本加上积累。对于规律的前一部分而言，可以说它虽然不是绝对正确，但它比后一部分会引导人们去猜测的不正确表述，要更接近于正确规律；关于后一部分，一旦我们考虑到迅速发展的条件或必要性，从某种意义上说,这些“价格”和消费品的“价格”不一样,它们由中央局单方面制定。但我们也可以说,行业经理们对生产资料表示的一种独特地决定的“需求”,很像消费者对消费品所表示的需求。为完成我们的证明,所需要的只是符合最高标准的中央局定价行为的规律。可是这个规律是明显的。中央局只是对每一种类别和质量的生产资料确定单一价格——倘若该局使用区别定价,即同一种类和质量货品对不同经理部门索取不同价格,一般来说这种情况一定出于非经济理由[①]——务必使那个价格正好“出清市场”,也就是市场上不再有积压的生产资料,也不再需要更多的以那些价格出卖的东西。这个规律正常地足以为合理的成本会计提供保证,因而能保证生产资源经济地合理分配——前一点不过是保证达到后一点并证明后一点正确的方法——从而保证了社会主义社会生产计划的合理性。考虑到只要这个规律得到遵守,就不会有生产资源要素能够转移到任何其他生产部门中去,如果有这种转移,必然会引起以消费者美元表示的消费者价值的破坏,其分量等于(或多于)这些要素在它新使用中所增加的价值。从这样的考虑中我们得到我们的证据。这等于说,生产正在社会环境一般条件所允许的所有方向进行,生产进行得合理地能够做到的那么快,正好符合我们认为社会主义计划在经济生活静止过程中具有合理性的论述,在这样的静止过程中,每一件事能正确地预见,每一件事情都一再重复,其间不会发生任何事情打乱计划。



---

针对它的明显反对意见会大大减弱——读者能回忆起第二篇对资本主义发展提出的论点——而说苏联政府采取津贴政策(相等于向亏损企业投资)是对的,1936 年苏联政府部分取消这种津贴也是对的,是完全可以想象的。

① 关于这点有一些例外,这些例外很重要,但不会影响我们论点的要旨。

4.但是,如果我们的讨论超出静止过程理论的领域,承认随产业变化而来的现象,也不会出现很大的困难。就经济逻辑而言,不能认为想象的那种社会主义虽然从理论上说能够应付管理静止经济经常出现的任务,但它必然无法解决由“进步”提出的问题。稍后我们将明了以下这点对社会主义的成功依然是重要的,因为它从事的事业不但有它资本主义先辈的极其丰富的遗赠——除资源外还有经验和技术——而且是在资本主义度过放荡不羁生活和做完它的工作之后,正接近静止状态时候进行的。但是,这么说的理由倒不在于我们没有能力为社会主义社会设计出一个合理和独特决定的路线,使它能在出现改善工业设备的机会时采用。

假设为 X 行业的生产过程设计出一种新的有更高效率的机器。为了排除由筹集投资资金引起的问题——马上要考虑的——和为了单独突出一组与众不同的现象,我们假设新机器能够由迄今为止一直生产效率较差的机器而花费同样的生产资源成本的同一批工厂生产。X 行业的管理部门服从它的第一条守则,即尽可能节约地生产的规律,它将采用新机器,从而可以用比以前较少数量的生产资料生产出相同的产量。此后它上交给工业部或中央局的消费者美元就将少于它从消费者那里收入的美元。这中间的差额,你高兴叫它什么就叫它什么,比方说叫它 D 或铲子或“利润”都行。的确,这个经理部门如果实现了这笔“利润”,它就违反了它守则的第三条规定的条件;如果它遵守这一条款,为满足这个条件而立即生产现在需要的较大的产量,那些利润就永远不会出现。但利润潜伏地存在于经理部门计算之中的这个事实,完全足以使它自己履行在我们的假设中它具有的职能,即以独特决断的方式指明现在可以合理实现的资源重新分配的方向和范围。

在社会可用资源已经完全运用于提供一定消费水平的任务，如果出现一项需要外加生产要素或者(我们也可以说)外加投资的改进措施，如一座新桥梁或一条新铁路时，同志们或者不得不延长工作时间，超过迄今我们假定的由法律规定的时间，或者限制他们的消费，或二者兼有。在这个情况下，我们用尽可能简单方法为解决基本问题而作出的假设，排除了三个规律中的一种“自动的”解决办法，也就是说，中央局和行业经理部门只能被动地遵照客观迹象的指引作出决定。但是，当然这是我们方案的无能，不是社会主义经济的无能。如果我们希望有这样的一种自动解决办法，我们必须做到废除规定在一定使用期内未使用的消费品要求权全部无效的法律，放弃收入绝对平等的原则，并授权中央局奖励超时工作和——我们应怎样称呼它？让我们说——储蓄。使可能的改进措施和投资的条件执行到这样的程度，即做到最少诱惑力的改进或投资能产生相等于为了引起超时工作或储蓄(或二者)必须给予奖励的“利润”。假如超时工作和储蓄在适当时间间隔内是个别奖励的单一价值函数，①那么这个条件就独特地决定我们问题所介绍的所有新变数。为此支付出去的“美元”可以方便地假设是增加到以前发出的收入美元中去的。由此各方面必须做的调整，我们不



① 可以看出，这个问题只由新投资引起。为了保持静止过程继续下去，这样的投资是需要的，它正如所有其他成本项目一样是能够得到供应的。特别是，新投资没有利息。我想乘此机会说一说，社会主义者对利息现象的态度不是一模一样的。圣西门承认它几乎是理所当然。马克思把它从社会主义社会排除出去。几个现代社会主义者又承认它。俄国人的实践也承认它。

需要为它多花时间论述。

这个关于投资的论点使问题更加清楚，看来最适合我们特定目的的图式既不是唯一可能的社会主义经济蓝图，也不一定是自行推荐给社会主义社会的蓝图。社会主义不一定是平等主义的，但我们能够合理地期望社会主义社会可容忍的收入不平等的程度，不可能产生资本主义社会在周期阶段平均产生的投资率。即使资本主义的不平等也不足以产生足够的投资率，它必须得到公司积累和“创造的”银行信用的增援，这些方法既不是特别自动的，也不是独特决定的。因此，如果社会主义社会希望达到同等甚至更大的真正投资——当然它不需要——必须依靠储蓄以外的方法。从可以允许的“利润”中提取积累而不是让它保持潜在状态，或者如上边提到的类似建立信用的某种办法是完全行得通的。但是，让这件麻烦事交给中央局和国会或议会，通过它们，能够把它作为社会预算的一部分加以解决，那就更为自然；虽然对社会经济运作的“自动”部分进行投票纯属表面文章，也许起监督作用，对投资项目的投票——至少对投资数额投票　含有真正决策的意义，与对军事预算等等的投票同样重要。使这样的决策与各别消费品的数量和质量的“自动”决策相协调，不会出现任何不可克服的困难。但在接受这个解决办法时，我们应该在一个十分重要问题上背弃对我们图式基本原则的忠诚。

我们蓝图中别的特征甚至在它的总框架中也能改变。例如，对超时工作就有一个条件例外，我没有把它留给个别同志去决定他们打算做多少工作，虽则作为一个有表决权者并在其他方面他们对这个决定也和他们在收入分配等的决定上一样有很大影响。

我也没有允许他们具有与中央局在它的总计划需要内可以和愿意给予他们的相比更大的择业自由。这个安排可以想象为十分类似义务兵役制。这样一个计划相当接近这个口号:“各尽所能各取所需”——或者无论如何,它只要小小修改就能符合这个口号。但我们还是把它留给个别同志去决定他们打算做多少工作和做哪种工作。可见劳动力的合理分配必须使用一套诱导制度——提供奖励,这里不但对超时工作实行,而且对一切工作实行,以便保证任何地方“提供”的各种类型和等级的劳动力,适合消费者需求结构和适合投资项目。这些奖励必须与每个职业的引人入胜和令人厌倦挂上钩,必须与劳动者为完成工作而具有的技术挂上钩,因而与资本主义社会的工资方案挂上钩。虽然工资方案和这样的社会主义奖励制度之间的相似性不应说得过头,我们还是可以说一个“劳动力市场”。插入这个机制当然会使我们的蓝图出现许多差异。但这并不影响社会主义制度的确定内涵。它形式上的合理性事实上会更明显地突出。



5.商业经济和社会主义经济间的家族相似性也更加明显地突出,这点是读者始终不会注意不到的。因为这种相似性似乎使非社会主义者和某些社会主义者感到愉快,使其他社会主义者感到烦恼,所以最好还是清楚地重新说明相似的所在和原因,这样一来就能看清,不管是愉快还是烦恼都没有什么理由。在试图构想社会主义经济的合理图式时,我们曾使用我们在讨论资本主义经济的过程和问题中熟稔的术语在传统上规定的作用和概念。我们说到一种作用过程,只要我们说出“市场”、“购买与销售”、“竞争”等名词,人们立刻懂得它们的作用过程。我们看来都使用过,或者难以避免使用这类有资本主义气味的名词，如价格、成本、收入甚至利润，而租金、利息、工资和其他名词（包括货币）则几乎天天都要碰到。

让我们考虑在大多数社会主义者看来肯定是最坏的事情之一，那就是意指使用自然资源（让我们说“土地”）而获得的报酬——地租。我们的图式显然不能含有该将地租付给任何土地所有人的意思。那么它含有什么意思呢？简而言之，不是在可以预计的将来有充分数量超过全部需要的任何种类土地必须节约地使用或合理地分配，恰如劳力或任何其他生产资源一样，为达到这个目的，土地必须具有一种经济重要性的指标，出现任何新的使用，必须与指标进行比较，根据指标土地进入社会簿记行列之中。如果不这么做，国家将作出不合理的行为。可是这么做也不意味着对资本主义或对资本主义精神让步。有关地租中一切商业和资本主义的东西（在地租的经济学和社会学联想中）和可能是同情私有财产辩护士的一切东西（私人收入、地主等）已被全部消除了。

我们从一开始给予同志们的“收入”不是工资。分析起来事实上“收入”看上去是完全不同的经济要素的混合物，人们只能把这些要素与边际劳动生产率连在一起。我们后来引用的奖金，与资本主义社会的工资关系较多。但后者的对称物，实际上到处都不存在，除非只存在于中央局的账册上，和为了合理分配的目的，存在于与各种类型和等级的劳动力有关的重要指标中——这是已经消失了属于资本主义世界全部意义的指标。顺便提一提，我们可以看到，既然我们能够随心所欲地称呼由代表同志们消费品要求权的凭证分裂而成的单位，我们也能够称它们为劳动小时。既然这些单位总数——在因方便而规定的限度内——同样是任意设想的,我们可以设想总数相等于实际工作小时(各种类型和等级的劳力以李嘉图—马克思方法调整为某一标准质量)。最后,我们的国家(正如任何其他国家一样)能采用"收入"应与每个同志所做标准工作小时成比例的原则。于是我们应有一种劳动票据制度。关于这件事,令人感兴趣之处在于,不提目前我们不大关心的技术困难,这样一种制度将证明是完全行得通的。很容易看出,为什么甚至到目前这些"收入"还不是工资的原因。同样明白,这样一种安排的可行性并不为劳动价值理论证明任何东西。

几乎不需要在利润、利息、价格和成本上再做一遍同样的工作。不重做这样的工作,家族相似性的原因现在已显然可见:我们的社会主义没有从资本主义借用任何东西,而资本主义从完全一般的选择逻辑借来许多东西。任何合理行为必然表现出与其他合理行为有某种形式上的相似之处,情况是这样,在经济行为范围内,单是理性的榜样作用就十分明显,至少就它的纯理论而言是这样。表示行为主义模式的概念浸透了一个历史时期的一切特殊意义。它往往使门外汉的内心牢记这样获得的色彩。如果我们对经济现象的历史理解是在社会主义环境里形成的,当分析资本主义过程时,我们似乎在借用社会主义的概念。



迄今,有资本主义思想的经济学家在发现社会主义毕竟只能够使用资本主义结构和类型时,没有什么值得庆祝的。社会主义者也没有什么理由加以反对的。因为只有最幼稚天真的人才会对社会主义奇迹没有创造自己的逻辑而感到失望,只有社会主义信条中最粗鲁、最愚蠢的变体才会受到那种议论的威胁,根据那种变体的论证,资本主义过程完全是根本没有任何逻辑或秩序的一片混乱。这两派中有理智的人可以在这种相似点上取得一致,但他们的观点仍旧有以往一样大的距离。可能依然保留着术语方面的反对意见:有人会争辩说,使用含有外来的但十分重要含义的术语,又不能信任每个人都会抛弃这种含义,是不方便的。此外,我们必不可忘记,人们可以接受社会主义经济逻辑和商业生产经济逻辑本质上一致的结论,但仍然反对我们借以达到这个结论的特定图式和模式(见下文)。

可是,事情还不止此。某些社会主义经济学家以及某些非社会主义经济学家不但意欲而且急于承认所设想类型社会主义经济和完全竞争类型商业经济之间的特别强烈的家族相似性。我们几乎可以谈到一个社会主义思想学派,它倾向于称颂完全竞争,并以那样一种理由鼓吹社会主义,即社会主义提供能使现代世界得到完全竞争效果的唯一方法。把自己放在这个立场上所能收获的策略上的好处当然十分明显,足以解释为何这些人乍看起来似乎有令人惊愕的广阔心胸。和任何其他经济学家一样清楚地看清马克思学派论点和通俗学派论点全部弱点的一个有能力的社会主义者,在这种情况下就能够在不放弃他确信的信仰同时承认他认为应该承认的任何东西,因为他承认的是一个历史阶段,这个阶段就算曾经存在过,也确实早已死去被埋葬了;由于他明智地把他的谴责性定论限于针对非竞争情况,他能够对那种认为现代资本主义生产为的是利润而不是为人民的消费此类控诉给予有保留的支持,否则这类意见只能是蠢话了;他能够困惑善良的资产阶级人士,告诉他们社会主义者一直只依照他们真正需要的和他们自己经济先哲经常教导他们的道理行事。但强调那种家族相似性的分析优势没有同样的大。①

正如我们已经知道，经济学理论为它自己的目的而构成的完全竞争的苍白概念依赖于各个企业能不能凭借它们单独行动影响它们产品和成本要素的价格。如果不能——就是说，如果每家企业仅是海洋中的一滴水，因而不得不接受市场中起支配地位的价格——那就是理论家所说的完全竞争。可以看出，在这种情况下，全体个别企业的消极反应的集体作用将形成市场价格和表现为一定形式财产的产量，后者相类似于经济重要性的指标和我们社会主义经济蓝图中的产量。但在真正重要的所有事情中——在决定收入形式、工业领导人的选择、创造性和责任心的分派、成功与失败的定义等诸原则中——总之在形成竞争性资本主义特征的一切事情中，这个蓝图与完全竞争完全背道而驰，它离开完全竞争比离开大企业型资本主义远得多。



虽然我并不因而认为，人们有理由指责我们蓝图里的东西多从商业主义借来，或者指责它浪费社会主义的圣油涂在非神圣的东西上，我仍很同情那些以其他理由反对它的社会主义者。的确，我本人曾说过，建立消费品“市场”和根据市场标志确定生产方向的方法比任何其他方法（例如由多数选票作决定的方法）更能给予每个同志他所需要的东西——比市场更民主的制度是不存在

① 见第8章。

的——从这个意义上说，这个方法将导致“最大的满足”。但这种最大满足只是短期的满足，[1]而且它与同志们当时感觉的实际欲望有关。只有彻底的牛排社会主义才能满足于这样的目标。我不能责备任何社会主义者看不起这个目标而梦寐以求人类也许是全新人类的新文化形式；社会主义的真正前途（如有的话）就在这里。持有这种思想的社会主义者可能仍旧允许他们的国家由只表现出享乐主义者面貌的同志们对事物的实际爱好进行引导。他们采取全国性计划，不但用于投资政策（如我们自己有条件时所做的那样），而且也用于呈现另一种面貌的所有目的。他们依旧可能让同志们在豌豆和大豆之间根据喜好挑选。至于牛奶和威士忌以及药物和改善住房，他们就犹豫难决了。而且他们不允许同志们在游荡和神庙间作选择——即使同意后者象征日耳曼人粗俗而生动地称为客观文化（表现的）东西。

6.因而有必要问一问，如果我们把我们的“市场”抛入大海，合理性和确定性是不是也落了水。答案是显而易见的。必须有一个权威来估价，即为所有消费品确定重要性指标。有了它的价值尺度，那么权威就能用绝对坚决的方式为它们估价，正像鲁宾逊·克鲁索能做的那样。[2] 计划过程的其余部分能够按常规发展，很像它在我们原来蓝图中所做的那样。凭证、价格和抽象单位依旧有助于控制和成本计算的目的，虽然它们将失去它们与可自由使用



① 可是，它是可以证明的最大满足，它建立起那种类型社会主义的经济合理性，正如竞争的最大满足建立起竞争性经济的合理性。在这两种情况中，合理性都没有很大意义。

② 这也许是马克思对克鲁索经济学表现出有很大兴趣的缘故。

收入及收入单位的亲缘关系。由经济行为一般逻辑获得的所有概念将会再次出现。

因此，任何种类的中央集权社会主义能够成功地清除第一道障碍——社会主义计划逻辑的明确性和一致性——我们立刻可以同样越过第二道障碍。第二道障碍是“实际上的不可能性”，看来大多数反社会主义经济学家在纯逻辑问题上失败后目前倾向于退到这个障碍。他们认为，我们的中央局将遭遇无法处理的复杂任务，[①]他们中一些人还说，为了使社会主义安排起作用，必须有灵魂或行为的全面改造为先决条件——随便我们喜欢用哪种方式去形容它——历史经验和常识证明这种改造是不可能做到的。后一点我们推到以后去考虑，我们就能容易地解决前一个问题。



首先，看一看我们解决理论问题的方法将使读者满意地感到这个方法非常适合使用；就是说，它不仅证明逻辑上的可能性，而且在实行时也表明这个可能性可以在实际中成为现实的步骤。即使这样认为，为了公正地面对问题，我们要求生产计划从一开始就制订好，也就是说没有任何有关数量和价值的先前经验，出发的基础就是调查可用的资源和技术以及关于同志们是哪一类人的一般知识。此外必须牢记，在现代条件下，社会主义经济要求存在一个庞大的官僚机构，或者至少存在有利于它的出现和发挥职能的社会条件。这个需要条件造成为什么在讨论社会主义经济问题时必定要提到社会环境的一定情况或历史形势的理由。这样的行政机

① 这是接受社会主义逻辑信任状的大多数怀非社会主义信念的作家所持的见解。持有这种观点的主要权威人士可以提一提的是罗宾斯教授和冯·海克教授。

构不论是否应受我们中有些人习惯加诸官僚主义的全部贬抑性评论——我们自己现在就要评论它——但此刻我们并不关心它在完成它任务中表现好坏的问题；重要的是，如果它终究存在了，没有理由相信它将被任务压垮。

在任何正常形势中，它将掌握大量信息足以使它能从一开始就相当接近地达到主要生产部门的正确产量，其余的任务是用有信息根据的反复试验进行调整。至于理论家在说明一种经济制度如何获得完成某种最高条件意义上的"合理"或"最适"状态时遇到的问题，或者经理们在实际经营中必然碰到的问题，到现在为止，社会主义经济和商业经济在这方面都不存在很大的根本性差异。① 如果我们像大多数社会主义者所做的那样，尤其是像卡尔·考茨基一贯做的那样，承认从先前经验出发，那个任务当然大大简单了，特别是倘若那个经验是大企业类型的经验。



其次，再一次检查我们的蓝图会出现一些别的问题：解决社会主义经理部门面对问题的办法不但像实际解决商业社会经理部门面对的问题那样是可能的，而且更加容易。关于这一点我们只要观察一下经营企业的最重要困难之一——耗费一位成功企业领导人最多精力的困难——在于围绕每个决策周围的不确定性，就会深信不疑。这些不确定性中最重要的一类依次又在于关于实际和潜在竞争者反应的不确定性，和关于一般业务形势将是如何形式的不确定性。虽然其他种类的不确定性无疑将在社会主义国家中

① 有些作家似乎暗示，达到平衡的过程和在完全竞争状态中是一模一样的。但事实并非如此。在单独对价格变化作反应中一步一步的调整很可能完全迷失目标。这就是为什么我在正文中说到"有信息根据的"反复试验的缘故。

坚持存在,但这两种不确定性可以合理地期望其几乎完全消失。社会主义的产业和工厂的经理部门能确切地知道别人想做什么事情,没有东西能阻止他们合在一起进行协调行动。[①] 中央局能够、而且在某种程度上愿意不可避免地担当信息交换所和决策协调人的角色——至少会像包罗一切的卡特尔的执行局那样工作。这种做法将大大减少工厂管理人员要做的工作量,管理这样一个制度所必需的知识要比引导一家有任何重要性的公司通过资本主义海洋惊涛骇浪所需要的知识要少得多。这点足以证明我们立论的正确。



① 只要资本主义经济中正在做到这一点,它就是趋向社会主义的最重要的一步。事实上,它能逐步减少过渡的困难,其本身又是过渡阶段开始的迹象。无条件地反对这个趋势相等于反对社会主义。

# 第十七章　几种蓝图比较

## I. 前言

读者读到这里很自然地会期望我开始对社会主义计划作一次比较性的评价。也许使这个期望落空是得策的。因为不是完全缺乏责任感的任何人都不会看不到，要把我们在其间生活的一个制度与一个还只是心里想象的制度——没有一个社会主义者会同意俄国经验是重要的现实——作比较必定是极端危险的。但我们愿意冒这个风险，时刻记住在我们准备涉足的事实和论据领域以外还有我们无法进入的个人爱好、信仰、价值观的领域。但是，我们只要严格限制我们的目标和坦率承认存在困难与陷阱，我们将增加成功的机会。

尤其是我们不应比较商业社会和社会主义社会两种文化世界。我称为社会主义文化不确定性的东西，其本身就足以阻止这样的企图。可是我们不打算这样做还有另一个原因。即使社会主义文化只指一个明确的模式，比较性的评价仍然是可怀疑的事情。有那么一些理想主义者和偏执者，他们看不到这样做的困难，并愉快地采用某种特征作为比较的标准，他们认为这个特征远比其他任何东西价值高，他们期望他们的社会主义呈现这个特征。但是，如果我们决心要比那种办法做得更好，同时尽我们洞察力之所及，看清与这个文明同生共死的各个方面，我们就会立刻发觉，每一个文化都自成一体，不能与任何其他文化相比较。

但有一个论点支持实际与可能的文化成就的比较，同时又不越出我们那种分析的范围。有人时常声称，社会主义计划能解除个人肩上的经济忧虑，它将释放出现在浪费在艰辛地谋日常生活的无法计算的文化精力。这点在一定程度上是正确的——任何“有计划”社会可能做到这一点，但由于其他理由以及在其他方面它也可能窒息文化前景。就我们所知政府当局难以负起发现人才和培育人才使才能开花结果的责任，说政府当局发现和赏识凡高会比资本主义社会更快，可能有人反对。但这种反对没有击中要害。因为政府当局不需要走得那么远。它必须做的只是让凡高像每个人一样得到他的“收入”和使他工作得不过分辛苦；这样，在任何正常情况下，就足以有必要的机会来保护创造性的才能了。虽然在我考虑这个问题时，我不能肯定，在凡高那样的事例中，这样做是不是足够了。

可是还有一个反对意见更有分量。社会主义鼓吹者在这个问题上也像在别的问题上一样，可能忽视了——他总是热烈地坚决不承认——他的某些理想在现代社会中得到实现的程度。资本主义在比我们大多数人相信的更大程度上为人才提供向上攀登的梯子。激怒许多上等人的典型资产阶级的残忍口号“那些不能从这些梯子向上爬的人，不值得为之操心”之中，含有一定的真理成分。梯子可能不合我们选择设立的标准，但不能说它不存在。现代资本主义不但在它发展的较早阶段系统地提供保护和培养几乎任何种类人才的手段——手段非常之多，以致在一定范围里困难不在于如何为人才找到手段，而在于如何为提供的手段去找到可以适当地称为人才的人——而且以它自己结构的规律倾向于把有才能的个人推向高处，把有能力的家族更有效率地向上推。因而，虽然可能出现社会损失，特别在那批半病态天才中间，但损失不可能很大。①

## II. 讨论比较效率

让我们继续讨论经济方面的事情，虽然我希望我已经清楚表明，我不认为经济问题具有第一位的重要性。

1. 我们讨论的范围的限度是明显的，因此在我们讨论还只涉及蓝图的第一步，犯错误的危险性最小。把过渡的困难推迟到以后单独讨论，暂时先假定困难已被成功地克服，我们只需看一看社会主义图式可能性与实际可行性的证据的含义，就能理解有极充分的理由相信它的优越的经济效率。

只有关于大企业或"垄断"资本主义的优越性需要证明，因为证明了这点，高于竞争性资本主义的优越性便更有理由了。根据第 8 章中我们的分析，这点是很明白的。许多经济学家凭借在完全不现实条件下编造对竞争性资本主义各种各样阿谀之词的事实，已经习惯于赞美资本主义，贬低它的"垄断主义的"继承人。因此我愿再次表示，即使那些赞美词证明完全有道理——其实并非

① 即使在调查中这种损失像往常一样并未消失，但根据调查例子所作的推论夸大了事实。此外，有一些那种损失的出现与特定的社会组织无关；在资本主义制度中的此类损失并非全部是资本主义制度产生的。

如此——即使那个理论家主张的完全竞争在工业和运输业领域已经实行——绝不可能如此——最后即使针对大企业的全部咒骂证明完全合理——远非如此——事实仍是，在最大规模单位时代的资本主义生产机器的实际效率要比先前中小型企业时代大得多。这是有统计数字记录的事情。但是，如果我们回忆这个事实的理论解释，我们会进一步了解，控制单位及其经营战略规模的不断扩大，不但是不可避免的事情，而且在相当大范围内也是反映在那个统计记录上成就的条件；换言之，那种中小型企业前面的技术与组织的可能性（这种类型企业与接近完全竞争条件可以和谐共存）绝不可能产生同样的结果。因此，现代资本主义在完全竞争条件下将如何运作就成为毫无意义的问题。所以，除了谈论社会主义将继承"垄断"资本主义而不是继承竞争性的资本主义外，我们除非偶尔涉及，不需要再为竞争性资本主义多费笔墨。



我们要把一个制度的经济效率凝缩为生产效率。甚至生产效率一词也绝不容易下定义。要比较这两个可相互置代的名词当然必须指的是同一时间——过去、现在或将来。① 但这样还不够。因为贴切的问题并不是从某一时间看来社会主义经理部门使用该时间存在的资本主义机构能够做些什么——这点对我们来说，不比社会主义经理部门使用一定数目消费品能做些什么更令人发生兴趣——而是如果是社会主义经理部门而不是资本主义经理部门

① 这个规律应该是不言自明的，可是它常常被破坏。例如，苏联目前的经济成就常常被拿来与第一次世界大战开始时的沙皇政权作比较。但是四分之一世纪的消逝使这样的比较失去全部意义。唯一可能有意义的比较只能是，如以 1800—1914 年间的数字为基础所推知趋势的价值与现今价值作比较。

主持建设，将存在什么样生产机构，或者已存在什么样的生产机构。关于我们实际和潜在生产资源的大量信息是过去 20 年里积累起来的，不管它对其他目的有多大价值，但在同我们的困难作斗争中没有什么帮助。我们能做的只是列举我们能够察觉的社会主义社会和商业社会两者的经济机器之间的差异和尽可能正确地估价它们的重要性。

我们要求进行比较时候的人口的数字、质量、爱好和年龄分布两者应该相同，那么我们才可以称那个制度有相对较高的效率，我们有理由期望它从长期观点看来能生产每平均时间单位的较大消费品流。①

2.这个定义需要解释。看得出来这个定义没有把经济效率与经济福利或与一定程度的需求满足等同起来。即使在我们看来任



① 因为资本主义和社会主义的实际收入流在某种程度上都由不同的商品构成，它们包括两种制度中共有的只是比例有点差异的商品——虽然没有关于可花费收入分布变化的外加假设，不可能估计这种差异的重要性——比较引起微妙的理论问题。如果资本主义社会比社会主义社会生产较多的酒和较少的面包，两个收入流哪个较大呢？在任何试图回答这个问题的努力中，由比较同一社会结构一个年份与下一个年份的收入流遭受的困难（那就是编制任何总产量指标中遇到的困难）非常之巨大。但无论如何，就我们的目的而言，如下的定义就足以解决理论上的问题：两个收入流中的一个如果（只有如果）比另一个产生较大的货币总数，就称这个收入流是较大的收入流，在对二者的估价中使用两种价格体系中无论哪一种都一样。如果两种收入流都以资本主义价格体系估价，其中一种收入流产生较高数值，与此同时如二者都以社会主义价格体系估价，那种收入流却产生较少的数值，那时我们说二者是相等的，恰如它们使用两种价格体系实际上产生相同总数一样——这意味着，我们相信在那种情况下一般说来差异不会很大。这个定义当然没有解决统计问题，因为我们不能同时得到两个收入流的数字。

为什么我们把从长期观点看来这几个字插入正文里的理由，从第 7 章我们的分析中应是很明显的了。

何可以想象的社会主义经济肯定比任何可以想象的商业经济效率更低，大多数人——他们事实上全是典型社会主义者关心的人——可能在社会主义中比在商业经济中“生活更好”或“更快乐”或“更满意”。我首先和主要的回答是，甚至在这些情况下，相对效率仍保持独立的意义，在任何情况下它将是一个重要的需要思考的问题。但其次，我不认为我们若采取一个忽视这些方面的标准，将遭受很大损失。无论如何，这是一个极可争论的问题，把它弄得明白一点有好处。

首先谈谈这件事，即深信不疑的社会主义者从仅仅生活在社会主义社会这个事实上得到满足。[①] 社会主义面包滋味比资本主义面包更甜，只是因为它是社会主义的面包，甚至他们在面包里发现老鼠也是一样。此外，如果采用的特定社会主义制度碰巧符合人们的道德原则，例如平等主义的社会主义符合许多社会主义者的道德原则，这个事实以及随后给予人们正义感的满足，当然要列入那个制度优越性的名下。对于这个制度的运作来说，这样的道德忠诚绝不是无足轻重的；它的重要性甚至就我们概念中的效率而言，今后还必须加以评论。但除此之外，我们所有人最好还是承认，我们关于正义等等用语主要只是表达我们是不是喜欢某一种社会形式的措辞罢了。



但是，似乎有一种赞成平等社会主义或赞成其结构容许有较大收入平等的任何社会主义的纯经济论点。那些经济学家，至少

---

① 事实上我们有时为了成为社会主义社会成员的优遇，就被引导忽视社会主义计划的缺点。这个论点陈述坦率，表示了真正的社会主义者的感情，它绝不像初听起来那样完全没有道理。它的确使所有其他论点成为多余。

那些把需求的满足看做可测定数量和认为不同人们的满足程度可以比较和合计而不感内疚的经济学家，有权利坚持说，有了一定量消费品流的积存，一般说来只要平均分配就将产生最大的满足。与商业经济制度有同等效率的平等主义经济制度将在较高福利水平上运行。甚至效率略低的平等主义制度也可以这样做。大多数现代理论家丢弃这个论点，他们提出的理由是，满足是不能测定数量的，不同人们的满足程度的比较和合计是没有意义的。我们不需走这么远。只要指出平等主义的论点特别容易受我们对垄断主义实际做法的分析所提出结论的反对就够了：问题不在于如何分析一定的数量而不顾收入分配的原则。工资收入在允许无限制不平等的商业社会里可能要比平等社会主义的平均收入高得多。只要对这点不作合理的肯定，即不肯定社会主义生产机器现在或过去或者在比较时能够期望它至少有接近商业经济机器的效率，关于分配的论点依旧是非结论性的——事实有待证明的——即使我们选择接受它也是一样。[①] 一旦生产效率问题得到解决，分配论点在大多数情况下就是多余的了；除非这个论点完全建立在道德理想上，它只在模棱两可的事例中占优势。

3.为什么相同的生产效率水平可以和不同的福利水平联在一起还有另一个理由。大多数社会主义者认为：社会主义社会的一定国民收入比资本主义社会的一定国民收入能办更多事情，因为前者能更节约地使用它。采取节约措施是出于以下事实，即某种



① 我们这样舍弃的论点可能有如下的意思：在其他条件相同的情况下，社会主义最高效率大于竞争经济的最高效率。但由于两种最高效率的纯形式性质，比较它们说明不了什么问题，这点在上文的讨论中应是很明白的了。

类型的社会按照其组织特性可能把一大部分资源分配作某种目的,而另一些类型社会也根据其组织特性不关心甚至反对这个目的。例如,和平主义的社会主义节约军费,无神论的社会主义节约教会费用,这两种社会可能由此建立更多医院。事情确是这样。但因为它涉及不同估价问题,我们不能有信心把不同估价一般地归因于社会主义——虽然可以归因于许多个别社会主义者——这点与我们在这里讨论的无关。

几乎任何社会主义社会——虽然不包括柏拉图式的社会主义——都一定会实行另一种类型的节约措施,即从消灭有闲阶级——"无所事事的富人"——来实行节约。因为从社会主义立场看,不理会属于这个集团中个人需求的满足和估价这批人的文化功能为零是十分正确的——虽然有教养的社会主义者常常为保全他们的面子,总要加上一句:"在当今世界里",社会主义政权这样做显然会得到净收入。我们的效率测试忽略了这一点,我们因此会受到多大的损失呢?



当然,即使不提为应付当前战争经费而运用的财政措施,现代所得税和遗产税迅速使这个问题的重要性大大降低。可是这种税制本身表现了一种反资本主义态度,它也许是完全消灭典型资本主义收入阶层的开端。因此我们必须把我们的问题对准其经济根基尚未受攻击的资本主义社会。就美国而言,挑选 1929 年的数据资料看来是合理的。①

① 美国是实施这个效率测试条件最好的国家。大多数欧洲国家问题比较复杂(至少 19 世纪甚至直到 1914 年的情况是这样),那里出现的高收入是前资本主义时期开始的,在资本主义发展中更加增多。

让我们把富人的标准定为收入5万美元或以上的那些人。这批人在1929年的收入占国民总收入约930亿中的130亿美元。[①] 从这130亿美元中我们必须减去税收、储蓄和对公益事业的捐赠，因为取消这些项目绝不会形成社会主义政权的节约；只有富人为自己消费的支出，才是真正意义上的“节省”。[②] 富人的这笔支出数字很难精确估计。我们能希望的只能是一个巨大概数的概念。愿冒风险的大多数经济学家猜测这个数字不足130亿美元的1/3，说这笔支出不超过43.3亿美元或约为国民收入总数的4.6%是相当有把握的。这个4.6%包括高级企业家和专业人员收入的全部消费开支，所以游手好闲富人花费的不可能超过余数的1%或2%。只要家庭动机依然有活力，不能认为全部开支与促进经济机器效率的表现无关。

有些读者一定会觉得5万美元的额度高得过分。当然很清楚，取消或降低不论贫富所有游手好闲者的收入水平，低到只够维持生活的程度，从经济角度说，能有更多的节约。[③] 人们也可以设想，让高收入分配合理化，使得收入更符合工作表现，还能够做到



① 见H. G. 莫尔顿、M. 莱文和C. A. 沃伯顿的《美国的消费能力》(1934年)，第206页。一般认为数字极端粗糙。它们包括职业收入和投资收入，也包括出售财产和持有住房的估计收入。

② 可以看出，社会主义当局大致上会把这些储蓄和捐赠用于不同目的的事实并不影响这个论点。

③ 但应注意，完全由投资利润组成的收入并不是利润收入者在经济上无所事事的标志，因为他的工作可能体现在他的投资活动中。用教课形式解释这个道理和长篇议论能起相同作用：假设有一个人用他的双手开垦一块土地；他此后得到的报酬是“由人制造的工具的报酬”，或如经济学家所称的是准地租。如果对土地的改良是永久性的，报酬将变得与地租本身难以区分，因而看起来像不劳而获收入的化身，实际上，如果我们把工资定义为由个人进行生产性劳作所得的报酬，那么它只是工资的一种形式。总而言之，我们可以说，经过努力取得收入，这种收入可以采取工资形式，但不一定采取工资形式。

更加节约。但我将在下一节中提出的论证,会表明对这方面所抱的很大希望可能遭受失望。

但我不想坚持。因为,如果读者认为这些节约措施具有超过我认为恰当的重要性,那么我们即将达到的结论,只会更加适合。

## III.社会主义蓝图优越的理由

这样,我们判断优越或低劣的标准毕竟包括比它表面上看来更多的理由。但是,如果我支持这个标准,我上边所说社会主义蓝图优越的有力理由是什么呢?

细读第8章分析的读者可能感到奇怪。通常提出以支持社会主义政权反对资本主义政权的大多数论点,一俟正确地叙述后者以迅速进步的速度为经济创造的条件时,如我们所见,就站不住脚了。这些论点中有一些,经仔细检查,甚至反而对资本主义有利。许多认为是病理的现象看起来像是生理现象——在创造性毁灭过程中执行重要的职能。许多浪费带有补偿,有时完全(有些情况下部分)使推论失去作用。社会上不合理的资源配置,并不像有人所说的那样频繁和严重,此外,在某些情况下,这种缺点在社会主义经济中同样可能发生。过剩的生产能力在社会主义经济中也是部分地无法避免的,但它总是有可解释的地方,足以反驳人们的批评。甚至无法纠正的缺点最终只是成就中的附带事情,成就之大足以抵消许多过错。

对于我们问题的答案可从上一章的最末一段推理而得。在资本主义发展的鼎盛阶段,答案的确当性可能还有怀疑,一俟资本主义永久地松垮下来，这答案就成为决定性的，不论根据经济机制内在的理由还是根据经济机制以外的理由来看都是如此。

在某些情况下，资本主义行业处于价格和产量在理论上不确定的环境中。当卖方垄断市场时，这种情况可能出现，虽然不是频繁出现。在社会主义经济中，每一件事——除没有实际重要性的有限事例外——都是不平常地被事先决定的。但即使存在理论上可决定状态时，资本主义经济要做到万事事先决定也比社会主义经济困难得多，代价也大得多。在资本主义经济中，无穷无尽的运动和反运动是必然的，决策必定在不确定的环境中作出，这就使行动迟缓拖宕，而在社会主义经济中，不存在那样的决策和行动，不存在那样的不确定性。这个判断不但适用于"垄断"资本主义，而且更适用于——虽然有其他理由——竞争性资本主义，这在猪产量的周期中就看得清楚，①或多或少完全竞争性行业在大萧条时期或在它们自己盛衰起伏中也表明这一点。



但这一点所含的意义比乍一见时想到的要多。根据给定数据观点看来是合理或理想的生产问题的确定解决办法，以及任何能缩短、畅通和保护通向取得解决办法的道路的任何措施，必然能节省人力和物资，并能降低获得一定成果的成本。除非这样节省下来的资源被完全浪费，否则我们所说的效率必然提高。

在这个论证下，上面略述的对资本主义制度的一些综合的控诉获得合格的辩护理由。拿过剩生产能力作为例子。说社会主义中完全不存在过剩生产能力是不正确的；中央局坚持要充分利用

① 参见第8章。

一条通过无人烟地区的新铁路是荒谬的。说过剩生产能力在所有情况下都意味损失也是不正确的。但有些类型的过剩确实带来损失,而社会主义经理部门能够避免这种损失,其主要例子是为进行经济战而保留的后备生产能力。不管这个特殊例子有多大重要性——我不认为重要性极大——它告诉人们我已经宣布过的一个论点:有些东西在资本主义发展条件下是(或可能是)完全合理甚至必要的,所以按资本主义秩序的观点看来,它们根本不构成缺点;它们也不构成相对于竞争资本主义的"垄断"资本主义的弱点,只要它们(作为条件)与垄断资本主义的成就有关连,而这些成就是竞争性资本主义达不到的;可是即使情况如此,但与社会主义蓝图相对照,它们仍旧构成弱点。



这点对造成商业周期机制的大部分现象而言特别正确。资本主义企业不缺乏调节器,有些调节器很可能在社会主义生产部的实际行动中再次见到。但进度计划,尤其是各行各业中新风险投资的及时系统协调和有秩序分配,对于防止资金有时过度充塞另一些时候萧条不足所起的效用,比任何利率的自动的或操纵的变化和信贷供应能起的效用,有不可比拟的优越性。事实上,这些措施会消灭周期性上升和下降的成因,而在资本主义制度中,它只可能缓和起落的程度。至于废弃过时设备的过程,这在资本主义中——尤其在竞争性资本主义中——意味着暂时的瘫痪和损失,也就是部分失去机能,而在社会主义中,"废弃过时设备"不过是事先编制一份全面计划,让一般人知道,要把过时工厂或设备件中未过时的部件移作他用而已。具体的说:以棉纺业为中心的一场危机,在资本主义制度里可能使住宅建设停工;在社会主义制度里这场危机也会发生，此时一纸通知马上使棉织品生产作大幅度削减，虽然这种情形不大可能发生；而且这种危机会是加快住宅建设而不是停止住宅建设的理由。

无论何人所希望的无论何种经济目标无不旨在实现他的愿望，社会主义经理部门能以较少骚乱和损失达到目标，且不一定会惹起影响资本主义制度构架内计划进度的不利条件。这点可以用下列人们常说的话来表明它的一个方面：社会主义经理部门能够朝向接近产量长期趋向的路线前进，从而自然地形成如我们见到过的对大企业政策并不陌生的趋势。我们的整个议论可以归结为下面几句话，即社会化的意思是在大企业标出的道路上迈出超越大企业的一大步，或者换句话说，社会主义经理部门可以想象地证明它优于大企业资本主义，而大企业资本主义已证明它类似竞争性资本主义，一百年前的英国工业就是后者的原型。很可能，今后几个世代看待议论社会主义计划不足的论点就像我们看待亚当·斯密关于合股公司的论点，它也不是完全错误的。

当然，到此为止我所说一切只提到社会主义蓝图的逻辑，并由此提到社会主义实际上可能很难实现的“客观的”可能性。但就蓝图逻辑而言，社会主义蓝图根据较高合理水平绘制，这是不容否定的。我相信，这是处理事情的正确方法，这不是合理与不合理的事情。农民对猪与饲料价格产生的猪周期的反应，个别地说和从当时的观点来说，他的行动完全合理。一家公司的经理部门在卖方垄断市场形势中施展手腕也是对的。一家企业在业务兴旺时扩展在业务不景气时收缩也是合理的。所不同者仅仅是合理性的性质和范围。

能提出为社会主义计划辩护的当然不止这一点。但就社会主义经济的纯逻辑而言，不能证明为错误的大部分论点事实上都包含在上面举出的那一点之中。

头等重要的一个例子是失业。我们在第二篇中业已见到，关于失业者本身的利益，处于任何阶段的资本主义社会，凡其进步程度足以为成功的社会主义化需要提供机会的，大概不会留下太多他们希望解决的问题。但就社会的损失而言，上文论点的意思是，在社会主义社会中失业将减少，主要是消灭了经济萧条的后果，而在出现失业的地方（主要由技术改进引起），生产部将想方设法——不管它实际上做什么——重新指引人们进入其他职业。只要能实现计划提到的可能性，在任何情况下总会有新职业等待他们。

社会主义计划较高合理性还含有一个较小的优点，它来自这样的事实，即在资本主义制度中，通常在个别企业里发生的改进，在推广中需要许多时间并会遇到抗阻。如果进步的步子迅速，总有许多企业紧紧抱住老方法或者低效率的方法不放。在社会主义社会里，每一项改进理论上能够以法令加以推广，而低标准的做法就能很快被消灭。我称这个优点为小优点，因为资本主义通常也相当有效地对付低效率问题。这个特殊优点的相似之处不论大还是小，由政府机关来实现就是另一回事了；一个公正的机关总是可以被信任，能把它所属的成员全部上升到它制订的标准，但这样说与这个标准本身如何完全无关。读者务须始终记住，那个可能的优势也许会在实际中变成实实在在的劣势。

而且，中小型企业的经理或业主兼经理通常不是工程师就是销售人或是组织者，即使他们都是有本领的人，也很难样样事情做得一般好。我们经常发现，甚至成功的企业在这方面或那方面管理得很差——有效率专家的报告为证——它们的领导人因而部分地是没有尽到责任的。社会主义经济如现代最大规模企业所做的那样，能够把这些人使用在他们真正熟悉的岗位上，使他们发挥最大的专长。可是不需要我们详加解释的明显理由，不允许我们对这种优点抱很大希望。

但有一个十分重要的优点在我们绘制的蓝图上看不出来。商业社会的突出特色是私人领域和公有领域的划分——或者，如果你愿意可以说，在商业社会中的私人领域所包含的内容要比封建社会或社会主义社会分派给它的多得多。这个私人领域与公有领域分得清清楚楚，不但在概念上如此，在实际上也是如此。这两个领域在很大程度上由不同的人管理——地方自治政府的历史提供最显著的例外——二者根据不同的、常常是互相冲突的原则进行组织和管理，于是产生不同的、常常是互不相容的标准。

这样的安排只能暂时没有摩擦，这样安排的自相矛盾的性质，如果我们不是对它早成习惯，就会是我们惊讶的根源。事实上，摩擦远在它发展成对抗之前早就存在，而对抗是由公有领域的人们越来越成功地进行资产阶级领土征服战争的结果。这种对抗导致斗争。政府在经济领域上的大多数行动于是呈现为显然具有老资产阶级经济学者所说的特性——政府*干预*。政府这些行动事实上的确是这个词任何意义上的干预，尤其是考虑到这些行动阻碍和瘫痪私人的生产机器。不能说这些干预常常成功，甚至在提高生产效率方面也是如此。但就干预行动来说，社会主义中央局的行动将有更大机会取得成功,而由于斗争而产生的成本和损失在社会主义经济中是可以完全避免的。这种损失相当巨大,尤其是要是我们把由不停调查和起诉引起的不安以及随后对私人推进事业精力的沮丧作用计算在内,损失就更大了。

这些成本中的一个重要成分应该特别一提。它就是把才能专注于仅属保护性的活动,律师所做全部工作的一大部分用于企业与国家及其机关的斗争。我们称这类工作为邪恶地妨碍公益也好,或称它为保护公益反对邪恶阻碍也可以。无论如何事实依旧是,在社会主义社会里,这部分法律活动既不需要也无活动余地。由此形成的节约不能用从事这种活动的律师费来令人满意地衡量的。律师费并不多,但为数可观的是许多优秀才智之士从事这种非生产性职业带来的社会损失。想一想才智之士何等稀少,他们若能转移做其他职业,对社会的好处可能不在少数。



私人领域和公有领域之间的摩擦或对抗首先由于下列事实而加剧:自从王公的封建收入不再有很大重要性以来,政府一直依靠私人领域中为私人目的而生产的收入,这笔收入必须用政治力量从这些目的中挪出来。[①] 一方面,税收是商业社会的一项基本标志——或者,如果我们接受第一章中引用的政府的概念,它是政府的基本标志——另一方面,它几乎不可避免地具有伤害生产过程的性质。[②] 大约在 1914 年以前——要是我们同意只考虑现代——这种伤害还局限在狭小的界限以内。但从 1914 年以后,税

① 解释税收相似于俱乐部会费或购买医生执照的费用的理论,只能证明社会科学的这一部分离开人的科学的思想习惯是多么遥远。

② 也存在例外,但它们不影响实际目的。

收逐步增加，成为企业和家庭预算的最重大项目，成为造成令人不满经济成就原因中的主要因素。此外，为了从不自愿的机体中榨取不断增加的税额，出现了庞大的行政机构，它只是为它收入中的每一美元与资产阶级作斗争。那个机体的反应是发展防护器官，为自我保护做了大量工作。

没有其他东西如此清楚地表示出由社会机体结构性原则冲突所造成的浪费。现代资本主义依赖利润原则解决它的日常生活，但拒绝允许这个原则占主导地位。在社会主义社会不存在这样的冲突，因此也不存在这样的浪费。因为社会主义社会控制了全部收入来源，税收就能和国家同时消亡，或者，如果我对国家概念得不到大家的赞成，那就说税收和资产阶级国家一起消亡。因为，作为常识来说，说中央局先付出收入，付了以后，再追在领受者后面，以求重新收入一部分，这显然是荒谬的。倘若激进分子不那么喜欢作弄资产阶级，以致他们除了看到税收太低外看不到税收还有任何毛病，在此之前早该承认，我们已经掌握了一个最重要的优越性的归属权，可以提出来支持社会主义计划。

# 第十八章　人的因素

## 一个警告

许多社会主义反对者很可能接受我们刚才得出的结论。但他们的同意多半会采取下面的形式："哦，好呀，当然，如果你们有神人指导社会主义机器，有天使长为它配置人员，一切可能会这样。但问题在于你没有神人和天使长的帮助，而人性如此，因此资本主义替代物连同它的动机模式以及它的责任和报酬的分配方式，毕竟提供了虽然不是最好的合乎想象的安排，但不失是最好的合乎实际的安排。"



回答这席话，是有一些可说的。一方面，现在我们必须防止的不但是藏在任何企图把某种现实去与一种思想作比较的后面的危险，而且也要防止任何把某种现实与一种理想作比较所固有的错误或诡计。[①] 另一方面，我想我已经把这一点说得十分清楚：就事

① 一种思想、图式、模型或蓝图都体现一种理想，但只在逻辑意义上是如此；这样的一种理想只意味不存在非本质的东西——我们可以说如未经掺杂的设计。至于什么应包括在内，什么应被看做是偏离，依旧是可以争论的问题。虽然这点应该是一个分析技术问题，但在理想中还是包含爱憎：社会主义者倾向于把他们认为不好的东西包括到资本主义的蓝图里，尽可能多的作为它的特性；反社会主义者以同样的手段对付社会主义的蓝图；双方都竭力美化自己，在蓝图中尽量写上一些非本质偏差中的"小缺点"，同时暗示是可以避免的。即使在任何特定情况下，他们同意把某些现象看做偏差，他们还会依旧不同意他们自己制度所犯偏差和他们对方所犯偏差的程度。例如，资产阶级经济学家倾向于把他们自己不喜欢的任何东西归咎于"政治干预"，而社会主义者则认为，这些政治是资本主义机器

物的本性说，绝不可能有社会主义的全面状况，只有有关一定社会条件和一定历史阶段的状况，这种相对性现在比我们只讨论两种蓝图时重要得多。

## I.论据的历史相对性

用比拟来说明这一点。在封建社会中，我们所有人(包括私有财产的最坚决支持者)现在认为是纯属政府机关领域的许多事务，都以这样的一种办法来管理，即在我们看来这些政府职能变作了私人所有的东西和私人收入的来源；在君臣关系的等级制度中的每一个骑士和领主，他为利润而持有采邑，不把它看做他管理采邑付出劳务的报酬。与它有关的现在所称的政府职能，当时不过是为某个上级长官服务的奖赏。甚至这样说还没有完全阐明这个问题：他持有他的采邑，因为他是一位骑士或领主，因为他有权利持有一个采邑，不管他干了什么或者没干什么，这种事物状况，缺乏历史知识的人对此容易看做是“种种积弊”的混合物。但这是胡说。在它自己时代的环境下——和每一种制度结构一样，封建主义活得比真正是“它的”时代还长——这种制度是唯一合适的制度，它体现了能够履行那些公共职能的唯一方法。如果卡尔·马克思出现在(譬如说)14世纪，他如果竟愚蠢到鼓吹另一种政府行政方法，那么他定会遭到这样的回答：这样的制度是一种值得钦赞的

运作方法所造成的资本主义过程和形势所不可避免的结果。虽然，我承认把所有这些困难陈列出来的目的在于避免这些困难，但我不认为这些困难会影响我的主张，这点有专业知识的读者将会注意到。

制度，它能做成没有它便根本做不成的事情，特别是“人性依然如此”，利润动机对行使政府管理是不可缺少的；消灭这种政府机构事实上将招致混乱，从而可以很适当地说这是不现实的梦想。

同样，在英国棉纺织业是资本主义经济高峰的时候——1850年以前那个时代——社会主义不是实际的命题，没有一个明智的社会主义者在当时或现在会认为它是实际可行的命题。使牛变肥、使沙成金的术士的眼睛，和生金蛋的鹅以及其他诸如此类的家常空话，当时只是思想简单、智力愚钝者说的或者说给他们听的不可否定的真理的表示。我向社会主义朋友提出，在遇到这种空话时有比嘲笑更好的办法——他们之所以嘲笑，是希望对方（像他们自己一样的虚荣而敏感的知识分子）在觉察到他要遭到取笑时立刻停止争论——那就是承认那些鹅在它们恰当的历史背景中的正当权利要求，把对它们的否定限于其他历史背景。这样，我们至少可以面对中肯的问题——即那些鹅现在有多少权利——同时依旧为我们的异议保留大量发挥的余地。



如果比较资本主义现实与社会主义成功的机会有任何意义，我们必须设想出一个明确的资本主义模式，让我们选择我们自己时代的资本主义，也就是选择受束缚的大企业资本主义。让我们说，第一，虽然这样说限定了一个时代和一个模式，但没有限定任何特定的日期，甚至不限定以几十年计算的时期，因为受束缚的资本主义模式在特定时间内（譬如说在目前）已经把它的特性发展和稳定到何种程度的问题仍需有待作事实的调查；第二，对于我们论证的这一部分而言，那些束缚资本主义的桎梏（不管它们是什么）是资本主义过程本身逐渐形成的，还是可以看做是过程以外的某种力量强加给它的，没有多大关系；

第三，虽然我们现在打算讨论比较实际的问题——即人们能够期望社会主义要多久才可以收刈它蓝图中隐约描绘的收成——我们依然还只能说些碰机会的话，我们还必须使用种种假设，来补正我们关于等待我们的究竟是哪种社会主义的无知。

## II. 关于神人和天使长

反驳谈论神人和天使长的资产阶级人士时，我们容易对付神人这个话题：用不着神人来指导社会主义机器，因为如我们业已知道，一旦过渡时期困难应付过去后，要解决的任务，比起现代世界工业界首领人物面对的任务，不但不更加困难，而且更加容易。天使长象征一个著名的主张，即社会主义形式的存在，必须有道德水平为先决条件，像现在这样的人，不能期望他们达到这个水平。



要是这种类型的议论竟会增加反社会主义者的分量，那得责怪社会主义者自己。那些社会主义者谈论资本主义压迫和剥削的可怕，指出为了立刻显示人本性的全部美德，或者无论如何为了开始一个改造人的灵魂的教育过程，以便导致所要求的道德水平，必须消除这种压迫和剥削。① 因此他们不仅使自己被指责为阿谀群众达到可笑的程度，而且还被指责为支持现在已被完全驳倒的卢梭主义。可是根本没有必要这样做。不这样做，也尽可以提出完

① 在新马克思主义者中间，主要犯这种错误的人是马克斯·阿德勒（不要和另外两个维也纳人阿德勒相混淆，他们在奥地利社会主义史中占有重要地位。维克托·阿德勒是党的伟大组织者和领袖，他的儿子弗里茨·阿德勒是刺杀首相施蒂尔克伯爵的凶手）。

全合乎常识的理由。

为了这个目的，让我们采用证明有用、但可能遭受心理学家反对的区分。第一，一组特定的感觉和行动的习性可以因社会环境的改变而改变，而习性下面的根本模式（“人的本性”）保持原来的样子。我们称这种变化为改革造成的变化。第二，依旧在根本模式之中，环境改造可能和人的感觉和行动习性相抵触，虽然它们最终可顺从地因环境改变而改变——特别是，如果这些环境改变是合理地实行的——但暂时还会有抗拒，并在抵抗时制造麻烦。这个事实使我们可以联想到习惯一词。第三，根本模式本身也可以改变，或者在同一人体砧木之中加以改变，或者使用消除其中顽固成分加以改变；人性肯定在某种程度上是可锻造的，特别之处在其组成成分可以改变的集体中。这种可锻性有多大是有待于认真研究的问题，而不是在讲台上轻率肯定或同等轻率否定可以有效应付的问题。我们不需要使自己有义务加以肯定或否定，因为为了使社会主义有效运作，并无必要有那种人的灵魂的根本性改造。



我们很容易证明这一点。我们可以先把预期会引起最严重困难的土地部分排除出去。如果社会主义经理部门限制自己只做与业已进行的实际工作只有程度上不同的农业计划。我们的社会主义依旧是社会主义。制订生产计划；合理地勘定地界（土地使用）；向农民供应机器、种子、饲养的牲畜和肥料等等；确定产品价格并按定价从农民那里收购产品——这就是必须做的一切，这么做将仍使农业世界及其势态基本上保持原样。还有其他可能的一些途径。但我们认为重要的是那种执行时不会引起摩擦和可以无限期执行而不会损害这个社会有权称为社会主义的权利。

第二，对于劳动者的世界和职员的世界，不要求他们经历灵魂改造和痛苦的适应过程。他们的工作基本上保持原状——有了以后增加的一个重要限定条件，他们对工作将显示同样的态度和习惯。工人或职员下班后回家或者去做日常事务和消遣，关于这些事情社会主义幻想可以爱怎么想就怎么想，例如，他可以踢社会主义足球，而现在在踢资产阶级足球，但这些还是同一类家庭和同一种消遣。在这方面不会出现很大困难。

第三，有一个集团会出现问题，自然地预料它会成为社会主义制度的牺牲品——简单地说就是上层或领导阶层的问题。根据现在已成为范围远远超过社会主义阵营的人们所信奉的神圣教义，解决不了这个问题；这个教义说，组成那个阶层的只是喂得过饱的吃人的野兽，他们占据经济和社会地位显然只是靠运气和残忍，他们的"职能"只是从工人群众（或消费者，视情况而定）那里强行扣留他们辛勤劳动的果实；此外这些吃人野兽无能地把他们自己的工作搞得一团糟；增加一句较有现代色彩的话，以他们囤积大部分俘获物的习惯制造经济萧条；社会主义社会不必为他们操心，只要瞧着他们迅速被逐出他们原有的地位，并防止他们进行破坏活动就行了。不管这个教义有什么政治上和（对智力逊常者）精神疗法上的优点，它甚至不是健全的社会主义。因为任何有教养的社会主义者，如果他善自检点并想要得到认真的人的认真对待，他会承认有关资产阶层有良好品质和成就的许多事实（它与这样的教义是不相容的），并继续争辩说，资产阶级的高阶层根本不会成为牺牲品，正相反，他们也要从制度的镣铐中解放出来，这个制度从道德上压迫他们，一点不亚于它从经济上压迫群众。从这个符合马克思教导的立场来看，就接近于得出这样的结论：资产阶级分子的合作与社会主义制度的成败有极大关系。

那么，这个问题的要旨是，这里有一个阶级，依靠产生这个阶级的选择过程，它积贮超常品质的人才，①因之成为国家的资产，任何社会组织使用它都是合理的。单是这一点的含意就不止是不该消灭这个阶级。此外，这个阶级正在履行非常重要的职能，这个职能今后在社会主义社会里也是一定要完成的。我们已经知道，资产阶级过去和现在实际上与全部资本主义时代的文化成就有因果上的关系，与资本主义时代除因劳动人口增长而造成的部分经济成就以外的经济成就，也就是说与寻常称为劳动生产率（每人/



① 见第6章。更细致地说，资产阶级中的众多个人在智力和意志力上优越于工业社会中任何其他阶级的众多个人。这点从来没有在统计上证实过，此后也很难做到，但这个推断来自对资本主义社会的社会选择过程的分析。这个过程的性质也决定理解优越这个词的意义。经过对其他社会环境的同样分析，可以表明，对我们掌握其历史资料的所有统治阶级来说，这个推断也是正确的。也就是说，在所有事例中均能表明，第一，个人在他们出生的阶级里的上升和下沉，其方式符合这样的假设，即他们的升沉是因为他们的相对才能；第二，同样可以表明，他们以同样方式上升和下沉穿过他们的阶级界线。这样的上升到较高阶级和下沉到较低阶级一般说来要超过一个世代的时间。因而这些分子指的是家族不是指个人。这点可以解释为什么集中注意于个人的观察家往往找不到人的才能与其阶级地位之间的关系，而且还倾向于得出与此相反的结论。因为个人的起步点，除了非凡的个人成就的事例外，的确遇到十分不同的阻碍，此外，那种只指出一种模式并留有许多例外的关系，如果我们忽略观察以每个个人为一环的整条锁链，这种关系就显得很不清晰。这些说明当然不足以证明我的论点，而只是表明，如果在本书的框架内有可能证明我的论点的话，我应怎样从事这项工作。可是不管如何，我可以向读者提到我的一篇论文“在单一民族环境下的社会阶级理论”，它载于1927年《社会科学文汇》。

小时产量)的全部增加有因果上的关系。[①] 这种成就反过来与具有独特效率的奖惩制度有因果上的关系，而这个制度是社会主义必定要消灭的。所以问题在于，一方面能不能把资产阶级财富用来为社会主义社会服务，另一方面资产阶级履行的而社会主义必须从它手里取走的那些职能，能不能由其他集团来履行，或者用与资产阶级不同的方法来履行，或者由其他集团用不同的方法来履行。

## III. 官僚机构管理问题

合理使用资产阶级人才无疑是社会主义政权感到最最困难的问题，而断言这个问题将成功地解决要有一定的乐观主义精神。但是，这主要并非由于问题内在的困难，困难在于社会主义者必须承认问题的重要性和以合理的心理状态去面对它。上边提到的关于资本家阶级的本性和职能的教义本身就是强烈憎恶这样做的征兆，而且可以把它看做是拒绝这样做的心理和技术准备。这是不必惊奇的。个别社会主义者，不管他是自由作家还是党的领导人，或者是公务人员，都天真地但自然地把社会主义的来到看做他掌握政权的同义语。对他来说，社会主义化意味着“我们”准备去接管。撤换现在的经理人员是这出戏的重要也许是最为重要部分。我承认，在与好斗的社会主义者交谈中，我常常感到怀疑，如果社

① 如在第一篇中已经指出，这点是马克思本人承认的，见《共产党宣言》的一段最有权威性的文字。

会主义政权由另外一些人治理,不论在其他方面管理得如何完善,他们中某些人甚至大多数人是不是真正胜任者。我必须立即加上一句:另外一些人的态度是无可指责的。[①]

问题本身的解决,首先要求允许资产阶级人才去做他的才能与传统有资格做的工作,因而选择经理人选采用的方法要以胜任为原则,不可歧视以前的资产阶级人士。这样的方法是可以设想的,有些方法甚至比大公司时期运用的资本主义方法更好。但是被允许做他的工作所涉及之事比任命给他一个适当位置范围更大。当被这样任命时,他必须被授予他职责范围内行动的自由。这就引起经济生活官僚化的问题,这个问题构成许许多多反社会主义说教的主题。



我这个人不能想象,在现代社会条件下,社会主义组织能采取不是一种庞大而包罗万象的官僚机构的任何形式。我能够想象的每一种其他可能形式必将招致失败和垮台。但肯定地说,这种形式不会使那些了解经济生活——甚至一般生活——的官僚化已经走得多远的人和那些懂得如何理清环绕这个主题的闲言碎语的人感到惊恐。如对"垄断"的情况一般,这些闲言碎语有许多牢牢印在我们的心中,它们有它们的历史根源。在资本主义上升时期,资产阶级断言自己主要是通过与由君主制官僚机构代表和执行的封建权力进行斗争而崭露头角的。使商人和制造商感到烦恼和受愚蠢干预的大部分事情,在资本家阶级的集体思想里是与官僚机构或文官机关有联系。这样的联系是长期不会泯灭的事情;这件特

① 关于这点,请见评论德国社会化委员会一段文字中的评论,第 23 章。

定的事情证明已如此深入人心，以致甚至社会主义者本身也害怕这件令人头痛的事情，并时常一反常态，向我们保证，在他们计划中首先要根除的就是官僚政权。[①]

在下一篇中我们将能看到，官僚政治对民主政体不是阻碍，而是不可避免的补充。同样，官僚政治对现代经济发展也是不可避免的补充，而在社会主义国家中它比任何时候更为重要。但认识全盘官僚化的不可避免性并不能解决由官僚化引起的问题，不妨利用这个机会说明困难的内容。

消灭我们专门强调的利润和亏损动机不是最重要的事情。此外，感觉到必须为自己的错误支付自己钱财的责任心无论如何正在消逝（虽然消逝得不像一相情愿思想叫我们相信那么快），而存在于大规模公司中的那种责任心无疑能在社会主义社会中重新出现（见下文）。官僚机构或文官制度特有的选择领导人的方法；不一定像有人常说的那样缺乏效率。文官制度的任命和晋升的规则并非没有可观的合理性。这些规则有时在实践中做得比在纸上表明的还要好：特别是机关里对某人的共同意见，如果得到适当的重视，的确对有才干的人有利——至少对某一类型有才干的人有利。[②]

另一个问题要重要得多。官僚主义经营企业的方法以及这种方法散布的精神气氛，无疑常常对最积极的人施加消极的影响。



---

① 在俄国，作这样的声明还有另外一个理由。令人头痛的事情变成了替罪羊，所有领导，尤其是托洛茨基知道怎样利用它。他们正是相信国内外公众缺少考虑，就把俄国不受人称赞的任何事情推到“官僚政治”身上。

② 见下文第 24 章。

这点主要由于官僚机器中固有的调和个人积极性与机器运行机制的困难。这部官僚机器生产的东西常常很少鼓舞人的积极性，更多的是窒息人的积极性的邪恶企图。因为这样，结果会产生令人感到挫败和空虚的感觉，它转过来又引导出对别人努力作摧残性批评的心理习惯。当然事情不一定是这样；许多官僚更加熟悉他们的工作从而提高效率。可是避免消极作用是困难的，没有克服消极面的简单药方。

但是，把资产阶级出身的人安插在机器的适当位置上并改造他们的工作习惯并不困难。我们以后会了解，至少在社会主义化条件完全成熟的时候，精神上接受事物的社会主义秩序，思想上把忠诚转向社会主义制度的条件是可能满足的，自然不需要政治委员来遇事掣肘和动辄申斥。那时为了取得前资产阶级分子的最好表现，只要合理对待他们，正像对待任何别种出身的经理人员一样，不需要其他任何东西。所谓合理对待指的是什么这个问题，早已由某些社会主义权威人士十分理智和十分心平气和地作过回答，这里只要对几个重点作极为简略的评述就够了。



我们最好从一开始就承认，完全信赖纯粹的利他主义的责任感就和全盘否定它的重要性和可能性一样，是不现实的。即使为与责任感同类的各种不同情操（如从工作和指导中获得的满足感）留出充分余地，某种酬劳制度，至少如社会重视和社会威望这种形式的酬劳制度，大致上可以证明有良好效果。一方面，普通的经验告诉我们，很难发现一个男人或女人，不管有多么高尚的胸怀，他或她的利他主义或责任感能够完全不沾那种一己利益（或者你愿意这么说），能够完全不沾他或她为突出自己的虚荣心或愿望而发挥作用。另一方面，构成这种感情上常常很明显的事实基础的态度，显然有比资本主义制度更深的根源，它属于任何社会集团内的生活逻辑。所以我们不能用资本主义害人虫侵染他们的灵魂扭曲他们的“自然”本性这些话来对付这个事实。但对待这种类型的个人自我主义，以便利用它为社会服务是很容易的。而社会主义社会处于这样做的特殊有利地位。

在资本主义社会中，对个人表现的社会重视或社会声望带有强烈的经济内涵，因为根据资本主义标准，金钱收益是成功的典型标志，又因为大多数构成社会声望的东西——特别是所有经济利益中最微妙的东西：**社会身份**——必须购买而得。这种私人财富的声望和特殊价值当然一直得到经济学家的承认。并无极好预见能力或洞察才能的约翰·斯图尔特·穆勒看到这一点。很清楚，在促使非凡表现的刺激物中，这是最重要的一种。

第二篇中业已指出，资本主义发展本身倾向于削弱其他动机同时削弱冀望财富的动机。因而社会主义对现在形成最高阶层的人们的生命价值，不需像 100 年前那样作差不多郑重的估价。此外，声望动机比任何其他动机更能用简单的改变条件的方法塑造出来：有重大成就的人可以用允许他们在裤上钉上一分钱硬币那么大的徽章的特权——如果用隆重的节约方法授予——可以想象将使他们满足得像一年收入一百万。这不是不合理的。因为，假定这一枚徽章足以深深影响环境，使周围的人对裤上别徽章者另眼相看，它给予他许多好处，为了这些好处，正是他目前珍视一年一百万的缘故。这个论点没提到这样的事实，那就是这种做法不过是恢复过去曾广泛使用、并取得良好效果的一种手段。为什么不这样做呢?托洛茨基本人接受过红旗勋章。

至于实际收入的优待,首先应该看到,这点在某种程度上是合理对待现有社会人才问题,与刺激积极性完全是两码事。正如赛跑的马和角斗的牛都得到人们衷心感激的注意,如果把这种感情给予每一匹马和每一头牛,那是既不合理、也不可能的,所以,如果要使经济合理性的规则普遍施行的话,必须对作出非凡成绩者给予优待。当然可以不这样做,社会可以选择实施排除这种做法并拒绝像他们看待机器一样地看待人的理想。经济学家对此有权利说的只是:社会不应该一意孤行而不顾这样的事实,即这些理想是要付出代价的。这一点相当重要。许多高得足以引起非难的收入给予收受者的生活条件和工作条件——包括社会身份和免受小麻烦侵扰——并没有超过让他们保持适合于干他们在干的工作的程度。



只要把这一点考虑进去,就能同时解决(至少部分解决)提供纯经济刺激问题。但是我想,社会主义社会一定会大大超过由赛跑的马和机器强加的界限,取得巨大的收益,这又是推理力问题。这样做的理由又一次来自两个方面,一方面来自对行为的观察,另一方面来自分析资本主义的经济和文明。资本主义未能支持这样的观点:即社会可以从优待人才上获益的主张是资本主义条件的产物。这个主张是社会上进行有价值努力的推进器。倘若这个主张被否定,那么所有的满足机会和效果就要比它们原来可以达到的小了,虽然不可能说出小了多少。虽然当社会主义接管后,经济过程越稳定,这个要素的重要性就越小。

这样说并非意指,为了对这种刺激作用的可能性作公正的评价,名义收入必须达到现在这样的高度。在目前,收入包括税收、储蓄等等。这些项目的消失本身就足以剧烈降低名义收入的数字,这点是我们时代小资产阶级心理很不愿意的。此外,我们已经知道,高收入阶层的人们越来越受到较简朴思想的熏陶,事实上他们正失去大部分(声望动机以外的)希望保持过去支持他们过豪华生活那种开支的收入水平的动机;到可以预期社会主义即将成功时,他们的思想将更加谦虚。

很自然,经济上的法利赛人还会因神圣的恐怖而举起双手。为了他们的利益,我请求指出,慰抚他们顾虑的办法早就准备停当。这些办法出现在资本主义世界,但在俄国有巨大的发展。它本质上等于是支付实物结合大方地供给现金,总起来被认为是适当履行某项任务的代价。在大多数国家里,高级官员的薪给是很微薄的,常常低到不合理程度,重要的政治职位大多数只领取装饰性的极少的现金薪给。但至少在很多事例中,微薄的薪金部分地(在某些事例中充分地)得到种种补偿,不但有荣誉上的补偿,而且还有配备由政府支付工资人员的官邸,"官方"招待客人的津贴,使用旗舰和游艇,担任国际任务或在军队司令部供职的特别供应等补偿。



## IV. 节约和纪律

最后,资产阶级现在交卸的,必然由社会主义政权从它那里接收过去的职能将怎么样?为回答这个问题,我们来讨论节约和纪律。

关于前者，它几乎全部是资产阶级、尤其是它的上层履行的职能。我不打算争辩说，节约是不必要的或反社会的。我也不打算要求读者信赖各个同志的节约习性。用不着忽视同志们的贡献，但是除非把社会主义经济想象成半静止的，否则这些贡献是不够的。如我们看到，中央当局可以通过直接配置部分国家资源用于建造新工厂和新设备，能够做到现在由私人节约所做的一切，而且效率更高。俄国的经验可能在许多问题上不是结论性的，但在这点上却是结论性的。俄国强制实行艰苦和"禁欲"，这是任何资本主义社会从来没有实行过的。在经济发展比较进步阶段，为了取得资本主义速度的进步，没有必要强制实行类似的严格手段。要是资本主义先辈达到了半静止阶段，甚至自愿的节约也足够了。这个问题总是可以解决的。但它又一次表明，不同的形势需要不同的社会主义，而田园式社会主义只有经济进步被认为无关紧要，在那种情况下经济标准不再受重视，或者经济进步在先前虽受重视，现在则认为早已过时，到将来更毫无价值，此时才能成功。



至于纪律：在经济机器的效率和统驭雇员的权力之间存在明显的关系，商业社会利用私有财产和"自由"契约制度，使雇员隶属于资产阶级雇主。这个关系不光是为了富人能够剥削穷人而授予他们的特权。在直接有关的私人利益背后，在生产设备的顺利运行中还存在社会利益。在特定形势下，私人利益实际上在多大程度上服务于社会利益，以及把社会利益信托给雇主个人利益过去造成雇员无报酬劳苦的程度有多大，人们的意见可以有很大分歧。但在历史上，无论是对于那种社会利益的存在，还是关于在未受损伤的资本主义时期显然是唯一可行的那种方法的普遍有效性，不可能有意见分歧。因此，我们有两个问题要提出来。那种社会利益在社会主义环境中还继续存在吗？如果回答肯定，社会主义计划能提供所需要数量的不管是什么样的权威吗？

使用权威的补足语“权威性纪律”来代替权威这个词是方便的，前者可用来指不是由接受纪律者本人而是由代理人反复灌输而形成的服从命令、接受监督和批评的习惯。根据这一点，我们可以把纪律区分为自我纪律——注意，它至少有一部分是由于以前，甚至上代接受过权威训练的影响——和集体纪律，集体纪律是集体意志对集体中每一个成员施加压力的结果，同时还部分由于过去受过权威性训练。

现在可以期望在社会主义制度中有两件事有助于建立更严格的自我纪律和集体纪律。像许多别的情况一样，这个情况几乎会被愚蠢的理想化所破坏，譬如说，工人们作愉快的游戏后回来休息，大概通过充满智慧的讨论作出决定，画出一幅荒谬的图画，然后提出来在快乐的竞赛中执行。不过这类事情不该使我们看不到事实和根据事实的推论，事实和推论支持具有较合理性质的更美好的预期。

第一，社会主义制度大概将得到人们越来越不愿给予资本主义的忠诚。几乎不需强调，这就使工人对待工作的态度要比他们在他不赞成的制度下能有的态度更为健康。此外，他之所以不赞成现有制度主要是他受到影响的结果。他之所以不赞成是别人告诉他这么做的。他的忠诚、他对良好工作成就的骄傲，正在被人们系统地说服而消失。他对生活的整个世界观正被阶级斗争的变态心理弄得扭曲了。但是，我在前边一个场合称之为社会骚动中既得利益的东西，在很大程度上将会消失，或者如我们马上会见到的那样，将与所有其他既得利益一起被消灭。当然，这点必然会被个人自己经济命运责任心所施加的纪律影响的消失所抵消。

第二，社会主义制度的一个主要优点在于，它能无误而清晰地显示经济现象的性质，而在资本主义制度中，经济现象的表面罩盖上利润利益的面具。如果我们高兴，我们可以认为（社会主义者这样认为）面具背面犯有许多罪恶与蠢事，但我们不能否认面具本身的重要性。例如，在社会主义社会里，任何人不可能怀疑，一个国家从国际贸易中所得的是进口，而出口是为了获得进口不得不承担的牺牲，而在商业社会里，这个常识观点对一般人说通常是完全看不见的，所以他高兴地支持对他不利的政策。或者，社会主义经理部门工作得不论怎样笨拙，它肯定不会给任何人奖金来明确地诱导他不要从事生产。或者，任何人都不能对节约问题胡言乱语而不受批评。比眼前问题远为重要的是，经济政策要合理，有些最严重的浪费根源要避免，完全因为每个同志都明白方法与过程的经济重要性。每一个同志在了解其他种种事情外，更应了解工作中不听指挥的真正意义，尤其是罢工的真正意义。他没有追溯既往去谴责资本主义时期的罢工，这丝毫没有关系，只要得出结论："现在"的罢工就是对国家福利的反社会攻击。如果他还要同样的罢工，他就是怀有不良之心，受到公众的责难。特别是，不会再有好意的资产阶级男女认为向罢工者和罢工领导欢呼是令人非常兴奋的。

## V.社会主义中的权威性纪律;俄国的教训

但是那两个事实使我们得到一个结论,大意是只要这些事实是真的,社会主义社会能有更多的自我纪律和集体纪律,因而与受束缚的资本主义社会相比,不需要那么多的权威性纪律。两个事实告诉我们的还不止此,它们告诉我们,不论什么时候需要,权威性地执行纪律将证明是轻而易举的工作。① 在提出为何要相信这点的理由之前,我必须提出理由使人相信社会主义是不能够省却权威性纪律的。

首先,只要自我纪律和集体纪律(至少在相当程度上)是权威性纪律提供的过去(也许是祖辈相传的)训练的结果,要是那种训练中断相当长时间,这个结果也将消蚀殆尽,与社会主义制度是否为保持所要求类型的行为提出外加的理由完全无关,尽管这些理由可能吸引个人或集体的合理思考或道德上的忠诚。这样的理由和接受这些理由是引导人们服从训练和服从约束制度,而不是使他们能够我行我素的重要因素。如果我们想到我们正在考虑的是单调老一套日常生活中的纪律,缺乏热情缺乏光耀,在一些(如果不是全部)细节上惹人厌烦;想到



① 如果能够证明,赞成某种类型社会主义模式是合理的期望,那么这点的重要性无论怎么说也不会是夸张的。纪律不但能改进劳动质量,如有需要也能增加劳动小时。除此之外,纪律是头等重要的节约因素。它滑润经济机器的轮子,大大减少浪费和每工作单位的总劳力。计划的效率,尤其是现有经理部门的效率可以提高到远远超过在现行条件下可达到的水平。

社会主义制度至少将消除一些求生存动机的压力,而在资本主义社会里求生动机是主要促成自我纪律的要素,这方面的重要性就增加了。

第二,与对正常人不断进行训练的必要性密切相连的是对付表现低于正常者的必要性,所谓低于正常者并非指个别由疾病引起的事例,而是指范围广泛也许占25%的人数。只要低于正常表现是由于心理上或意志力上的缺陷,指望它与资本主义一起消失是不现实的。人类最大问题和最大敌人——低于正常者——到那时还和现在一样有那么多。单独使用集体纪律很难对付它——虽然权威性纪律机器当然可以这样建造:使它能通过低于正常者所在的集体发挥(至少部分地)作用。

第三,虽然可以期望社会骚动中的既得利益将消失一部分,有理由相信它不会全部消失。制造麻烦、在工作中进行破坏,依旧是一桩事业或事业成功的捷径;这种事情像现在一样,它是不满他们地位或一般地不满现状的理想主义者和追逐私利者的自然反应。此外,社会主义社会中将有大量斗争。在引起全部重大争论的原因中将被消灭的毕竟只有一个。除了显然可能的局部利益的部分复活外——地域利益和行业利益——还可能有意见上的冲突,例如眼前享乐与未来世代的福利孰重孰轻,而支持未来世代福利的经理部门很可能面对完全类似今天劳动者和一般公众对待大企业及其积累政策的态度。最后同样重要的是,回忆一下在论社会主义文化不确定性这个主题时所说的话,我们将必然理解,许多国民生活的重大争论还是和任何时候一样存在着,几乎没有理由希望人们将停止为它们而争斗。

现在，在评价社会主义当局应付上面三点可能出现的困难的能力时，我们务必牢记，比较是与今天的资本主义甚至是与预期在进一步瓦解阶段行使职能的资本主义作出的。当讨论自从杰里米·边沁时代以来的许多经济学家完全忽视的个别企业内部的毫不犹豫的服从的重要性时，[①]我们看到资本主义发展倾向于消失它的社会心理基础。工人愿意服从命令绝不是因为理智地深信资本主义社会的优点，或因为理智地意识到它能给他个人任何好处，而是因为资产阶级主人的封建先辈反复灌输的纪律。无产阶级把他们祖先在正常情况下对他们封建主人的尊敬，部分（绝不是全部）转给现在的主人，而封建主的下代在资本主义历史的大部分时间里留在政治权力圈内，使资产阶级办事大为容易。

由于反对保护阶层，由于在政治领域接受平等的理想，由于教导劳动者他们和其他人一样是可尊敬的公民，资产阶级丧失了那个优势。有一段时间，还留下足够的权威来遮盖逐步而不断的变化，这个变化必然会瓦解工厂里的纪律。到现在，大部分优势已经消失，大部分维持纪律的手段，更严重的是，甚至运用这个手段的权力已经消失。过去给予雇主与违反纪律现象斗争的社会同情也已消失。最后，主要由于那种同情的丧失，政府机关原来的态度也改变了；我们能看出一步一步改变的途径，从支持雇主到中立，通过中立的不同细微差别到支持工人权利，认为工人是交易中平等的合伙人，从支持工人到支持



① 见第 11 章。

工会，反对雇主和个别工人。[1] 这幅图画到形成受雇佣的企业高级人员的态度的改变算是完成了，他知道，如果他声称为群众利益进行战斗，他甚至不会引起愤怒只会引起欢呼，由此他作出结论，受人称赞为进步——或者去度假——要比做没有人承认是他责任的事而招来耻辱或危险愉快得多。

想一想这种事态，我们毋需过分突出其中固有的趋势，也能想象得到社会主义可能是恢复社会纪律的唯一途径的形势。但无论如何已十分清楚，社会主义经理部门在这方面所占有的优势是如此之大，以致在生产效率的天平上也能显出巨大分量。

第一，社会主义经理部门将有许多实施权威性纪律的工具供它调度，其数量比资本主义经理部门任何时候能够具有的数量多得多。开除的威胁实际上是遗留下来的唯一工具，它符合边沁学派的思想，即以社会平等地位合理地订立和取消契约，但在资本主义社会里，那个工具的手柄是这样构成的，谁企图使用那个工具就要斩断他的手。但社会主义经理部门的开除威胁意味着不给生活资料，甚至换一个职业也得不到生活资料的威胁。此外，在资本主义社会里对工人的处置要么开除，要么什么处分也没有——因为



① 对等于鼓励像建立工人纠察线那种行动的容忍，在不是沿笔直路线的行进中可以当作有用的界标。在美国，立法，尤其是行政措施特别令人感兴趣，因为它们在提出有关问题时，有时强调，有时轻描淡写，这是由于变化经长期延迟后，在极短时间内一齐来到了。在它对劳工问题的态度中，除关心工人阶级短期利益外，一点也不知道政府也许有其他社会利益需要照顾，这和它半心半意但意味深长地采取阶级斗争的策略一样，都是政府的特色。这样做的大部分原因，可以用特殊政治结构来解释，也可以用美国特别不可能使用任何其他办法使无产阶级成为一个有效组织来解释。但美国劳工形势作为例证的价值，不因此而受到实质性的损害。

舆论原则上不赞成契约一方惩罚另一方那种观念——而社会主义经理部门能够在看来合理的程度上使用那种威胁，并可使用其他制裁方法。在其他制裁方法中比较温和的措施有好几种，但资本主义经理部门无法使用，因为它缺乏道德上的权威。在新社会气氛中，仅仅劝告也可以收效，这种效果现在是不可能有的。

第二，社会主义经理部门将发觉，行使它所有的不论哪种权威性纪律的工具是很容易的。那时没有政府的干预。作为集体的知识分子不再怀有敌意，而那些再次相信它自己标准的知识分子将受到社会的约束。这样的社会在引导青年方面特别坚决。再说一遍，舆论将不再支持它认为是准犯罪的行为。罢工就是叛乱。

第三，社会主义当权集团比资本主义民主政治下的政府有多得多的动机来维护权威性。目前政府对企业的态度使我联想起政治生活中反对党的态度：它总是吹毛求疵、挑剔和基本上不负责任。在社会主义中情况不会如此。生产部将对经济机器的运行负责。当然，那种责任只是政治上的，漂亮的辞藻可以遮盖许多罪恶。可是政府的反对党利益必定绝迹，取代它的将是做好工作的强烈动机。经济上的必要性不再是闹着玩的事情。企图使工作瘫痪和使人们反对他们的工作等于攻击政府。能够合理地预期政府将对攻击进行反击。

又和讨论节约问题时一样，对俄国经验普遍化可以提出的各种不同反对意见不会损害俄国经验的价值，这是因为在一个更成熟或更接近正常的社会主义社会中，应出现更少而不是更多的困难。相反，我们很难希望为上述论证的要点取得较好的例证。

1917 年，布尔什维克革命完成了俄国小而高度集中的工业无产阶级的瓦解。群众完全不受控制，以无数次放假式的罢工和占领工厂来实施他们对事物新秩序的概念。工人委员会或工会的管理是当时的制度，并被许多领导人当作当然之事接受下来。1918年初达成的妥协困难地为工程师和最高委员会取得最小的权力。彻底糟糕的工作状况是1921年着手搞新经济政策的主要动机之一。当时有一段时间工会又陷入瘫痪状态，它的职能和态度就像在受严重束缚的资本主义时一样。但第一个五年计划（1928年）改变了这一切；到1932年，工业无产阶级所受控制比最后一个沙皇统治下更为严格。不论布尔什维克在任何其他方面受到怎么样的失败，他们在这方面得到从来未有的成功。他们做到这一点的办法是很有启发性的。



工会未受压迫。相反工会受到政府的扶助：工会会员人数剧增，早在1932年就近1700万人。可是它们从集体利益的倡导者和阻挡纪律与良好表现的障碍物发展成为社会利益的倡导者和促进纪律与表现的工具，它们的态度变得和资本主义国家工会的态度如此不同，以致某些西方的工党党员完全拒绝承认它们是工会。它们不再反对由工业化步伐带来的艰苦工作。它们乐意不增加报酬延长工作日。它们舍弃平等工资的原则，拥护奖金和其他奖励工作的制度，如斯达哈诺夫运动等等鼓动办法。它们承认——或服从——经理任意开除工人的权力，反对“民主大会制度”——工人讨论收到的命令，只有大会批准后才执行的制度——工会和“同志法庭”及“肃反委员会”合作，采取相当强硬的反对怠工者和表现低于正常者的路线。再也听不到罢工权和工人管理生产这种术语了。

从思想意识上说，这种做法根本没有困难。我们可以对古怪的术语苦笑。他们把任何不完全符合完全利用劳动力这个政府利益的东西贴上反革命和反马克思教导等标签。而事实上那种态度并不反社会主义。在阶级斗争中，妨碍生产者的做法应该取消，集体协议的性质应该改变，这是符合逻辑的。批评者忽略自我纪律和集体纪律的重要性是错误的，这个制度有能力建立它们，它们完全证实我们对这个主题讨论时提出的预期。与此同时，忽视权威性纪律在经济成就中扮演的角色也是同样错误的，它强有力地支持和同样强有力地补充其他纪律。

各级工会和它们的中央机关工会总理事会一直接受政府和共产党的控制。过去曾被描绘为党内工人反对派的人士早被镇压，那些坚持承认工人特殊利益的工人领导者早被调离工作岗位。这样，自从 1921 年，更肯定地说自从 1929 年以后，工会没有权力说或做可能违背最高统治集团意愿的任何话或任何事情。它们已变成权威性纪律的工具——这个事实很好地说明了上文提出的一个论点。

再说，因为现代工人对本身工作的不健康态度是由于他接受的影响。如果把责任感和工作成就的自豪感不断地灌输给他，而不是不断地对他说些相反的话，结果就会截然不同，这点是非常值得注意的。俄国情况和资本主义国家不一样，它能够使对青年的教育与指导强制符合它的目的和结构观念，从而大大增加它创造一种有利于工厂纪律气氛的能力。知识分子显然对此没有干预的自由。也不存在鼓励违反纪律的舆论。

最后，开除意味着贫困，调动等于放逐，突击队的“访问”，偶尔由红军同志的“访问”，不论这些手段的法律结构如何，它们实际上是政府手中用以保障工人表现的独立办法。有使用它们的动机，它们被毫无顾忌地使用着，这是普遍承认的事情。无论哪个资本主义雇主即使他有权力也不会想到使用的制裁措施，使具有稍稍仁慈心的人深蹙双眉。

所有这些的罪恶内涵对于我们的论证并不重要。在我试图调查的东西中没有什么罪恶。对个人和对整个集体的残酷主要可归因于形势不成熟、这个国家的环境和这个国家统治人物的素质。在另一种环境里，在发展的另一个阶段和由另一批人统治，不一定出现这种局面。如果能证明根本没有使用任何制裁措施的必要，那就更好。要点在于至少有一个社会主义政权已经实际上能够培养集体纪律和强制实施权威性纪律。重要的是原则，而不是原则付之实践时的个别特殊形式。



这样，即使不提蓝图的优点与缺点，与受束缚的资本主义相比，社会主义取代者并不显出不利的地方。必须再次强调的是，我们所谈的只是可能性问题，它在意义上不同于我们对蓝图的讨论。为了使这些可能性可以肯定，或者甚至转变为实际可能，许多假设是必要的；而采取另一些会产生不同结果的假设无疑是同样合理的。事实上，为了使我们自己相信社会主义有可能遭到完全的、甚至可笑的失败，我们只需要假定那种我定名为田园诗式的社会主义的思想会广泛盛行就行了。这甚至不是可能出现的最坏结果。如此明白以致惹人讥笑的失败是能够补救的。更危险和更可能发生的倒是政治心理技术能使人民相信其为成功的不太完全的失败。此外，对经济机器蓝图的偏离和对管理制度原则的偏离当然和商业社会同样可能出现，而且这样的偏离证明更加严重和更少自我纠正的机会。要是读者重温一下我们论证的步骤，我想他将能感到满意，因为根据这类考虑提出的反对意见不会严重伤害我们的理由——或者更明确地说，它们反对的不是我们为我们目的所下定义的社会主义本身，而是特殊类型社会主义可能显现的特色。但不能由此得出结论说，为社会主义奋斗是毫无道理或居心不良。只能说为社会主义奋斗的含义不明确，除非加上将起作用的是哪一种社会主义的概念。至于这样的一种社会主义与我们通常用民主一词所指的政体是否相容，那是另一个问题。

# 第十九章　过渡

## Ⅰ.识别两个不同的问题

我相信,从资本主义制度过渡到社会主义制度,不管它出现时的情况如何,总会引起一些特有的问题,这是每个人、特别是所有正统社会主义者都承认的。但由于过渡出现时资本主义发展所处阶段的不同,和由于实行社会主义的集团能够使用和愿意使用的方法的不同,预期遭遇困难的性质和程度会有极大的不同,因此设想两个不同的事例,以便构成两组不同的环境作为典型,有利于我们的讨论。因为过渡在何时出现和怎样出现之间存在明显的联系,使这个设想更加容易做到。可是对这两个事例的论述只涉及完全发展的和"受束缚的"资本主义——我不打算在资本主义较早阶段可能出现与不可能出现的问题上浪费篇幅。记住这一点,我将称它们为成熟社会主义化的事例和未成熟社会主义化的事例。



本书第二篇中的大部分论证可以归结为下列马克思主义命题,即经济过程趋向于使本身社会主义化——同时也使人的灵魂社会主义化。我们这样说的意思是,社会主义在技术上、组织上、商业上、行政上和心理上的先决条件倾向于日趋成熟,让我们再次想象,如果那个趋势达到成为现实时未来将出现的事物状态:除农业部门外的产业由少数官僚化公司控制。进步放慢了,进步成为机械的和事先计划好的事情。利率逐步趋向于零,这种趋势不是暂时的,也不是政府压力造成的,而是由于投资机会减小而变为永久性的事情。工业财产及其管理变得与个人无关——所有权只剩下持有股份和债券,企业高级人员养成类似于公务人员的心理习惯,资本主义的动机和标准全部消失了。十分清楚向社会主义政权过渡已是瓜熟蒂落的结论。但有两点应该提一提。

第一点,不同的人——甚至不同的社会主义者——距离将使他们满意的那种状态的接近程度是彼此不同的,他们在任何特定时间对实际达到的接近程度的判断也是彼此不同的。这是很自然的,因为在资本主义过程中固有的趋向社会主义的步伐以缓慢的速度行进,它绝不会通过大家都辨认得出的不可能有怀疑的确切表明道路开放时间的交通信号灯。严重意见分歧的可能性由于下面的事实而大大增加,即成熟所需的条件不一定以同一步调进展。例如,人们可以振振有词地争辩说,1913 年美国的工业结构本身要比德国更接近于“成熟”。但很少有人怀疑,如果在这两个国家作实验,国家分裂的德国人获得成功的机会要比美国人大得不可同日而语,因为前者具有世界上从未有过的最好官僚政治和最好的工会的领导和训练。但在认真的意见不同——包括因性格不同而产生的那种不同,类如具有相同能力和认真态度的几个医生对一次手术是否得当的那种意见不同——之外,常常还有一种根深蒂固的猜疑,争论的一方绝不想承认成熟,因为他们并不真正想有社会主义,另一方在不论什么情况下都假定为已经成熟,其理由可以产生于理想主义的基础,也可能不是出于理想主义。

第二点,即使假定,正确无误的成熟状态已经来到,过渡还需要有特殊的行动,仍会出现许多问题。

资本主义过程为社会主义塑造事物和灵魂。在有限事例中,它塑造得如此完善,以致最后一步不过是一个形式。可是即使在那种时候,资本主义制度本身不会变成社会主义制度;这样的最后一步——正式通过以社会主义作为社会的生活准则——还必须采取(譬如说)修改宪法的形式来实现。但实际上,人们不会等待有限事例的出现。对他们来说等待也是不合理的,因为实际上成熟可能在资本主义的利益和态度尚未从社会结构的每一个角落与隙缝完全消失之前来到。那时宪法修正案的通过就不仅仅是一种形式了。那时会出现某种抗拒和某些困难有待克服。在讨论这些之前,让我们先介绍另一种过渡的特性。



从根本上说,事物和灵魂自动地把自己塑造成适应社会主义,也就是这个适应过程独立于任何人的意志,并与为此而采取的措施无关。但这个过程除产生别的影响外,也产生这样的意志和随之出现这样的措施——制定法规、采取行政手段等等。这些措施总的是社会主义化政策的一部分,而实现社会主义的政策要执行很长的一段时间,无论如何需要几十年。可是这段历史自然地分为两部分,中间以采取和组织社会主义政权的立法行动为界,在立法行动之前,社会主义化政策是——不管有意无意——准备性的,立法之后,它才是建制性的。关于前一部分,我们只在本章的末尾加以简要的讨论。现在我们要集中讨论后一部分。

## II. 成熟状态下的社会主义化

在成熟社会主义化情况下，作为“立法后社会主义化”的首要任务，即必须加以对付的困难，不但不是克服不了的，而且甚至不是很严重的。成熟意味着遇到的抵抗将是微弱的，即将出现所有阶级中大部分人的合作——其征兆之一就是通过宪法修正案的确切可能性，也就是修正案能以和平的不破坏法律连续性的方式通过。按照假定，人们理解这个步骤的性质，甚至大多数不喜欢这个步骤的人也会耐心地容忍它。没有人会感到迷惘，或者感觉到世界在他面前崩溃。

当然即使如此，牌还没有完全出完，还可能有突变。但这样的危险不大。不但有组织抵抗和暴力骚动的绝迹或接近绝迹将减少发动突变的机会，而且将有一批有经验和负责任的人准备掌握舵柄，他们能够并愿意维护纪律和使用合理方法把震动减到最小。他们将得到受过良好训练的政府和企业官僚机构的支持，这些机构习惯于接受无论哪种立法当局的命令，无论如何它们不会很偏袒资本家的利益。

一开始我们将简化落在新的生产部或中央局前面的过渡问题，用的是同以前我们简化它们永久问题一样的方法，也就是假定它们将把农民问题基本上搁置一旁。这样做不但将消除可能证明是致命的困难——因为没有任何别的部门对财产的兴趣有像农场主或农民那样热烈的；农业世界的人并非到处都是俄国农民——而且还会获得额外的支持，因为不会有人憎恨大规模企业和特殊的资本主义利益有像农民那么深的。也可以期望中央局会安抚其他类型的少数人:在社会主义化的工业周围,小手工业者可以(至少在一段时间里)被允许做他们的行业赚钱,小本的独立零售商可以被允许出售他们的货物,就像今天在政府专卖烟草制品的国家里卷烟零售商那样。在天平的另一头,凡对其工作作个别估价的那批人的个人利益——让我们说那种高级官员的利益——能容易地以前面指出的准则给予照顾,以避免经济机器的运行产生严重故障。激烈主张平等主义理想会把一切事情弄糟。

资本家的利益怎么办?在上面指出的时机成熟时,我们大致上可以把它等同于股份与债券持有者的利益,债券持有者包括抵押债券和保险单持有者。对于除了神圣教义外一无所知,并认为资本家集团由少数非常富有的游手好闲者组成的社会主义者来说,结果将使他们大吃一惊;到成熟时期,这个集团的人可能构成选民的大多数,那时他们不会赞成没收他们从个别计算无论怎么微小的权利的提议。但是不必操心社会主义政权能不能或"应不应"无偿地剥夺他们的权利。我们认为重要的是这样做没有经济上的必要性,如果决定没收,那也是社会遵循它可以采纳的伦理原则的自由选择,而不是由于非做不可。因为支付个人持有的债券和抵押债券的利息,加上支付根据保险合同的索赔权,加上中央局发给前股票持有人的代替股息的债券的利息,只要一看有关统计数字就能知道,这笔支出不会构成难以承受的负担,而当这些股票持有人失去投票权时,仍能保留大致上相当于适当选择的过去股息平均数的收入。对于今后要继续使用私人储蓄的社会主义国家来说,负担这笔开支显然是明智的行为。时间的限制是做得到的,或者把这些支出转为有期限的年金，或者使用适当的所得税和遗产税，使这些税制在永远消失之前，提供最后一次效用。

我想，上面这席话充分证明了“立法后社会主义化”可行方法的特性，在我们设想的环境里，可以期望这些方法能坚定地、安全地、温和地实现过渡的任务，在进行中使人力物力的损失和对文化及经济价值的伤害限制在最小程度。大型公司的经理人员只有在有特殊理由更换的时候才更换。如果在过渡时刻，在准备社会主义化的行业内尚有私人合伙企业，首先应把它们改为公司，然后和其他企业一样加以社会化。新私人企业的创办当然要禁止。公司之间关系的结构——尤其是控股公司——应该使其合理，使这种关系有利于提高管理效率。所有银行全都改组为中央银行的分支机构，在这种形式中可以依然保留它们的某些机能——至少一部分社会簿记职责有必要转移给它们——可能还要保留对工业经理部门的某种权力，如有权给予或拒绝“贷款”；如果是这样，可能让中央银行独立于生产部，成为一种总的监督机构。



这样，中央局开始时发展缓慢，而后逐步揽起控制权而不发生急剧震动，使经济体系稳定下来并确定方向，同时能够逐个解决由过渡产生的较小问题。开始时有必要对生产作小量调整——充其量调整总产量的 5%——因为，除非平均主义观念比我假定的更加强烈，需求结构不会受到巨大影响。人们（例如律师）转向其他职业的规模相当大，这是实情，因为有些人在资本主义产业中能发挥作用，在社会主义经济中不再有用武之地。但这点也不会引起严重困难。有些较大的问题，如消灭低效的生产单位，向最佳机会作进一步的集中，随着人口移动而产生的地域布局合理化，消费品和生产资料的标准化等等问题，在经济体制消化掉机构变革的影响并能在原有轨道上顺利运行之前不会、或者无论如何不必出现。对于这种类型社会主义，期望它能及时实现它的蓝图中所固有的一切卓越成就的可能性是顺理成章的。

## III. 不成熟状态下的社会主义化

1. 在第二种情况下，即在不成熟地采用社会主义原则的情况下不可能作上面那样的预测。所谓不成熟状态下的社会主义化，指的是从资本主义制度向社会主义制度过渡的时候处于如下的状态：当时社会主义者有可能夺取资本主义国家中央机构的控制权，但在物质与精神上都尚无这样的准备。让我再说一遍，我们不打算讨论不成熟到如此程度的局势：那时成功的希望在任何心智健全的人看来是狂想，而夺取政权的企图只不过是一场可笑的起义。因此，我不打算坚持说，不成熟社会主义化必然不可避免地以彻底失败而告终，或者说由此产生的制度势必崩溃。我依然正视着目前类型的受束缚的资本主义，根据它的现状，至少可以合理地提出这个问题。在这样的背景下，这个问题迟早可能提出来。长期形势变得越来越有利于社会主义者的抱负，更重要的是可能出现短期形势——德国在1918年和1919年的形势是很好的例子；有人还指出美国在1932年的形势——在这些短期形势中，资本家阶层及其机构的暂时瘫痪，提供了诱人的机会。

2. 正是这个事物和精神的无准备或不成熟状态表示出来的意义，读者翻回几页前所描绘的成熟形势的图画，就容易理解了。可是我希望为1932年美国的特殊事例说上几句。

一个充满活力的——尽管从变化速度来说并非不正常的——工业活动时期，紧接着一个萧条时期，萧条程度之凶猛证明了“进步”的后果亟需调整的程度。这个进步在一些主要方面显然不完善——关于这点只要指出农村电气化、家庭电气化、化学工业的全部新事物和建筑业面对的可能性就够了。因此，可以有信心地预言，由于官僚主义化的社会主义化，会招来企业家精力、生产效率和群众未来福祉的相当大损失。在萧条时期的歇斯底里气氛中，有社会主义倾向的知识分子能够传递给公众的总的观念却正好相反，理解这点是令人感到有趣的。但是，如果说这是对那个形势的经济学解释，不如说是对那个形势的社会心理学诊断更为贴切。

不成熟也表现在工业和商业组织中。不但中小企业的数目依旧相当可观，它们在同业公会中和其他方面的合作远未完善，而且大企业本身的发展（虽然它是许多无批判的惊讶和敌视的主题）还远远未达到能安全而轻易地使用我们的社会化的方法。如果我们把具有5千万美元以上资产的企业划作大规模企业的界线，那么在全国总资产中只有53.5%为大公司所占有，如果我把金融企业和公用事业除去，则只有36.2%，而制造业的大企业资产仅占46.3%。[①]在这条界线以下的公司一般不大容易社会主义化，不能期望它们以现有的形式在社会主义下继续经营。但是，如果我们把界线下移到一千万美元，我们会发现上边的三个百分数分别不超过67.5%、52.7%和64.5%。仅仅“接管”一个像这样构造的机

① 见W.L克鲁姆，《公司控制的集中》，载《商业杂志》，第8卷，第275页。

体的任务是可怕的。使它发挥机能和改进它的更可怕的任务将必然面临种种困难,如没有一个有经验的官僚政体,而劳动力又组织得极不完善,且部分接受可能逸出控制的可疑的领导,必然会碰到使这个机体发挥功能和改进它的更可怕任务。

精神比事物更没有准备。尽管受到萧条引起的震动,不但工商界人士,而且很大一部分工人和农民仍以资产阶级制度的方式来考虑和认识事物,对任何改变并不真正有明晰的概念;对他们来说,社会化甚至比它远为温和的观念仍旧是"非美国的"。不存在有效率的社会主义政党,实际上除了持斯大林主义信念的共产主义者外,任何正式的社会主义团体得不到相当数量人数的支持。尽管社会主义者不嫌麻烦一再向他们保证,农民还是不喜欢社会主义,只是比他们一般地不喜欢大企业和特殊地不喜欢铁路,在程度上略轻一点罢了。当支持微弱,而大多数支持不是显然另有所图就是不痛不痒时,抵抗必然是强大的。进行抵抗的人认真地感到,他们在做的事情,没有人(尤其是政府)能够做得一样好,在抵抗中,他们认为他们为之战斗的不仅仅是他们的利益,而且是公众共同的利益——反对绝对黑暗争取绝对光明。美国资产阶级正在丧失它的活力,但并未完全丧失。它将以明晰的良知进行抵抗,并有能力拒绝赞同和合作。那时局势的一个征兆将是必须使用暴力来反对一些集团和一些阶级(而不是反对一些孤立的个人)的必要性;另一个征兆是不可能修改宪法,即不破坏法律连续性来通过社会主义原则:新制度必须通过革命,尤其是通过可能是血腥的革命来建立。可能有人反对这个不成熟形势的特殊例子,理由是这种例子属于极端无望事例的范围。但上面的画面综合地描述了由不成熟社会化呈现的主要特色，因而有助于总的情况的讨论。

当然这种状况是正统社会主义者期待的，他们中大多数人不能容忍比无产阶级圣乔治令人瞩目地屠杀资产阶级毒龙此类壮举较少迷人魅力的任何事情。可是，促使我们探索由于政治上的机会与经济上的无准备二者结合而产生的后果的，并不是因为早期资产阶级革命思想意识的不幸遗风，而是因为作为通常理解的社会化行动的特色的那些问题，只发生在这种情形下。

3.那么，假如革命的人民——在布尔什维克革命中，这个名词像最笃信基督的国王一样，成为一种正式的称号——征服了政府的中央机关、非社会主义政党、非社会主义报纸等等，并配置了他们的自己人。这些机关的工作人员以及工商企业的工作人员部分被迫——按假定——接受非自愿的合作，部分被工人中的领导人物以及从咖啡馆奔跑到这些岗位上来的知识分子所取代。对于新建的中央局来说，我们应该承认两件事：红军强大，足以平息公开的抵抗和压服过火行为——特别是胡搞的社会主义化[①]——它们公平地向右派和左派开火，明智地让农民或农场主单独留在上文指出的道路上。至于对待过去统治阶层成员的手段达到何种合理和人道的程度，则没有人假设过。事实上，在那种环境里为何只有可能使用最残忍的对待手段是很难理解的。凡知道他们的行动被他们的对手认为是邪恶的侵犯，并知道他们正有遭受卡尔·李卜克内西和罗莎·卢森堡那样命运危险的人，将很快被迫走上超出他原



① 胡搞的社会主义化——一个有官方地位的术语——指的是工厂工人企图替代经理部门，并打算万事由他们作主的行为。它们是每个负责的社会主义者害怕发生的现象。

来意图的暴力道路。新掌权者很难避免那些在他们看来是凶狠的罪犯的对手使用犯罪的凶狠的行动——那些对手有些仍旧坚持旧秩序,有的组成必然会出现的左派政党。但暴力和虐杀都不能解决问题。中央局除了抱怨破坏和为了对付阴谋分子和破坏分子要求更大权力之外,它将做些什么呢?

第一件必须做的事情是制造通货膨胀。银行必须夺取,使之与国库合并或者与国库协调,中央局或生产部必须尽可能使用传统做法吸收存款和发行钞票。我相信通货膨胀是无法避免的,但我一定还会碰到一些社会主义者,他否定在我们讨论的情况下,社会主义革命至少将使经济过程暂时瘫痪,同时否定因此之故国库和金融中心会暂时缺少现成的支付手段。社会主义的会计制度和收入单位尚未处于可以工作和发挥作用的状态,什么都没有,有的只是类似第一次世界大战后德国或1789年革命后的法国的那种政策,虽然在那两个事例中人们显然不愿意结束私有财产制度,不愿终止商业社会长时间实行通货膨胀的方法;在"社会主义革命后日子"里,什么都没有成型,因此上面的这种不同并不重要。

但是,除了必要性之外还应指出有另外一个动机使革命后社会主义走上这条道路。通货膨胀本身是减轻某些过渡困难和实施部分剥夺的绝妙手段。关于第一点,很明显货币工资率的急剧增加,在一段时间里有助于在实际工资率下降时消除群众愤怒的可能爆发,而实际工资率的下降至少暂时不得不这样做。关于第二点,通货膨胀以令人喜悦的简单方式剥夺货币持有者。中央局为了能使事情更加容易处理,它甚至可以付给实际资本——工厂等——所有人任何数量的赔偿，如果它同时决定这些赔偿金不久将变得毫无价值。最后，务必不可忘记，通货膨胀将有力地打击必须暂时让其存在的一批私人企业。因为如列宁曾经指出，没有任何东西像通货膨胀那样起瓦解作用："为了破坏资产阶级社会，你必须败坏它的货币"。

4.第二件要做的事情当然是社会化。过渡问题的争论是从社会主义者中间的早期争论开始的，更正确地说，这场争论是在社会主义者和恰当地称之为工党党员之间开始的，前者主张全盘的一举解决的社会化，后者主张部分的或者渐进的社会化。许多社会主义者似乎认为，为了信仰的纯洁性，和对社会主义优越功效的真正信念，在任何情况下都得拥护前者的主张，蔑视在这个问题以及其他问题上受极不方便的责任感阻挠的不坚定的工党党员。可是我倒准备赞成那些真正的信仰者。① 我们现在不是在讨论资本主义制度下的过渡政策；它是我们立刻要讨论到的另一个问题，那时我们将了解，在资本主义体系内的逐步社会主义化，不仅是可能的，而且是最明显可以期望的事情。我们在讨论的是完全不同的过渡政策，它是政治革命建立起社会主义政权以后要实行的过渡政策。

在这种情况下，即使只发生一些不可避免的最少数量的过火行为，即使一只强有力的手强制实施相对有秩序的措施，还是难以想象有这么一个阶段：此时一些大企业已在社会主义化，而其他企

① 但是权威著作并不支持他们。如果读者读一下《共产党宣言》，他将发现，就在最有关的章节中，就有最令人困惑的"逐步地"字样。

业仍可望照常经营，好像什么都没有发生似的。革命政府掌权后，它必然至少要做到它在不负责任时宣传的某些主张，在它统治下，任何尚存的企业很可能停止经营。我所想的那时的阻挠主要不是如预期那样来自企业家和一般资本家利益集团。他们的力量现在正被夸大，这种力量在政治委员的注视下大部分将不再存在。拒绝履行日常责任不是资产阶级人士的行为方式，他们的行为方式是紧紧抓住日常责任。会有抵抗，但抵抗将在政治领域里，在工厂之外而不是在工厂之内。未被社会主义化的企业将停止发挥功能，完全是因为它们被监视它们的政治委员或者被它们的工人和公众的情绪阻止以它们自己的方式——资本主义企业能发挥功能的唯一方式——发挥作用。

但这个论证只适用于大规模企业和容易组成大规模控制单位的那些事例，它不完全包括我们已排除在外的农业领域和大规模企业中间的全部行业。在那批行业中，主要是中小型商业，中央局大概能够根据便宜行事的标准加以操纵，特别是根据不断变化的条件指挥其进退。这样做依旧是完全的（在我们解释此字意义范围内的）社会主义化。

还需加上一点，很清楚，在任何不成熟到需要革命的形势下的社会主义化，不但有中断法律连续性的意思，而且有随接出现恐怖统治的意思，不论从短期或长期看，这种情况不可能有利于除了那些发动革命者以外的任何人。煽动革命的热情，颂赞敢冒可能由此招来风险的勇气，可能是职业煽动家较少教诲作用的责任之一。不过至于学究式的知识分子，唯一能反映出他声誉的勇气是进行批判、警告和抑制的勇气。

## IV. 立法前的社会主义政策；英国的事例

那么我们是不是必须真的作出结论说，在目前和此后 50 年或 100 年间，严肃的社会主义者除宣传和等待外，什么都不能干吗？事实上，不能期望任何想要保持其党员队伍的政党会这样做；同时不应允许从这个过分人道观点引起的所有争论——和嘲笑——遮住另一个事实，即有一个有分量的论点赞成这个结论。它合乎逻辑地争辩说，社会主义者能从推进对他们有利的现有事态发展中得到好处，因而应该解除资本主义的束缚，而不是更紧地去束缚它。

但是，我不认为这样说的意思是社会主义者无论如何在我们自己的时代条件下无事可干。虽然对于大多数大国和许多小国来说，当前任何建立社会主义的企图无疑等于自招失败——像这样的社会主义失败也许是（应该说肯定是）对这次冒险行动负责的社会主义集团的失败，而另外一个不一定是通常意义上的社会主义的集团当时可能披上前者的外衣容易地溜之大吉——结果是，立法后的社会化政策也许是十分可疑之事，而立法前的社会主义化政策提供好得多的机会。和别的政党一样，社会主义者能够作政策尝试而不损害其最终成功的机会，而且他们比其他政党成员对本身的目标有更清晰的概念。我对这个问题想说的一切在一个特殊例子中能最清楚地表达出来。



我们能希望我们的例子表现出来的所有特色出现在现代英国。一方面，英国的工商业结构显然尚未成熟到进行成功的一鼓作气的社会化,特别因为公司控制的集中程度还远远不够。根据这种情形,不论是经理部门、资本家或者工人都不愿意接受社会主义——那里还留有大量有生命力的“个人主义”,无论如何它足以发动战斗和拒绝合作。另一方面,大约从20世纪开始,出现一种可以察觉的企业家努力的松弛,这种现象加上其他原因产生一种后果,即重要行业如电力生产由政府领导和控制,不但得到所有政党的同意,而且是它们的要求。在英国比在任何其他地方更有理由说,资本主义完成了它的绝大部分工作。此外,从整体上说英国人民现在已经受了国家生活的锻炼。英国工人组织得很好,一般得到负责任的领导。她有一个具有完善文化与道德标准的有经验的官僚行政机构,可以信任它能吸收国家活动领域扩大时需要的新成分。英国政治家无可匹敌的诚实,和存在具有独一无二能力与教养的统治阶级,使许多事情容易解决,这是其他地方办不到的。特别是这个统治集团以对新原则、新形势和新人物的绝对适应性,团结了坚持正式传统人士中的最有作为的部分。它想要统治,而且乐意代表变化了的利益集团去统治。它管理农业英国,也管理工业英国,管理保护主义的英国,也管理自由贸易的英国。它拥有无可匹敌的才能,不但能接过反对党的纲领,而且能接过反对党的人才。它吸收迪斯累里,此人若在另一个地方,必然成为另一个拉萨尔。如有必要,它会吸收托洛茨基本人,或者在那种情况下他肯定会成为普林基波伯爵。

在这种条件下,社会化政策由于实行广泛的国有化纲领,可以想象一方面可以向社会主义迈进一大步,另一方面有可能使不包括在这个纲领内的所有利益集团和活动,无限期地不受触动和干扰。实际上，这些利益集团和活动可以从现在困扰它们的许多束缚和负担（财政和其他）中解放出来。

以下经济活动部门可以社会化而不致对留给私人经营的部门产生严重的效率损失或受到严重的影响。补偿问题可以按我们讨论成熟社会主义化时提出的办法解决；有了现代的所得税和遗产税的税率，这不会是严重的问题。

第一，英国的银行机构无疑已十分成熟，适合社会化。英格兰银行相等于国库部门，事实上它的独立性比秩序良好的社会主义社会非常希望它的金融机构具有的独立性更小。在商业银行界，集中和官僚机构化看来已做了全部工作。可以建立大康采恩吸收尽量多的可以吸收的独立金融机构，然后与英格兰银行合并为国家银行总管理局，这个机构也可以吸收储蓄银行、建房互助协会等，客户除非阅读报纸，不会知道这些变化。金融服务机构的合理化协调的好处可能是巨大的。从社会主义立场看，它使政府对非国有化部门的影响增加，也是一种好处。

第二，保险业是国有化的老候选人，现在它在很大程度上机械化了。至少与一些社会保险机构合并是行得通的，保险单的出售成本可以大大降低，控制保险公司基金的权力由国家掌握，社会主义者可能为此而再次雀跃。

第三，很少有人想要在铁路甚至汽车货运国有化上制造巨大麻烦。实际上内陆运输是国家经营最能成功的领域。

第四，矿业特别是煤矿的国有化，以及煤和焦油以至于包括苯产品提炼的国有化，还有煤和这些产品销售的国有化，可能造成提高效率的直接好处，如果劳工问题处理得令人满意，这些国有化将证明是巨大的成功。从技术和商业观点来看，情况是清楚的。但看来同样清楚的是，在化学工业中私营企业一直相当活跃，国有化行动要是超越上面指定的界限，就很难以同等信心期望取得同样的成功。

第五，电力生产、输送、分配的国有化基本上已经完成，在这一点上剩下可说的是，电气工业是可以依然寄希望于私营企业的典型例子——从经济上说，主张全盘社会化或者完全反对社会化都是没有道理的。但电力生产的情况也表明，经营一个社会化企业要它赚钱的困难；如果国家打算吸收这么大一部分国民经济生活，同时仍要完成现代国家的全部任务，利润仍旧是成功的基本条件。

第六，钢铁工业的社会化大家觉得是迄今比任何争论更难解决的命题。但是这个工业肯定已经历了它放荡不羁的青年时期，今后可以接受“管理”——当然管理包括建立一个大型的研究部门。从协作中能得到某些好处。这里不大会有丧失企业家干劲所造成的后果的危险。



第七，除了可能有建筑工程人员参加股份的例外，我相信建筑业和建筑材料业能由合适的公营单位成功地经营。很多这种企业业已以这种或那种办法受到管理、津贴和控制，可能对效率提高有所裨益，这个好处也许足以抵消可能发生的损失而有余。

上面列举的不一定包括全部。但超过这些项目的任何步骤必须以特殊的大多属于非经济理由来说明其必要性——军火工业或基础工业、电影、造船、食品工业都是可能的例子。无论如何，上述七项足够今后相当一段时间去消化了，如果他把这些都做好，也足以成为一个负责的社会主义者了；足以使国有化以外的企业赞美他的工作，同时要它们接受让步也是合理的了。如果他还坚持使土地国有化——我假定让农民地位维持原状——也就是把全部现有的地租和土地使用税转归国家，我作为一个经济学家对此不持异议。①

当前的战争将必然改变我们问题的社会、政治和经济数据。许多事情成为可能，另外许多事情成为不可能，这种情况以前不是这样的。本书最后几页将简短地谈谈这方面问题。但是，为了澄清政治思想，设想这个问题与战争的影响无关，这点在我看来是很重要的，否则问题的性质永远不能照它应有的样子突出表现出来。因此，我让本章的形式与内容完全保持 1938 年夏天我写它时的原样。



① 这里不适于表达个人的爱好。但是，我希望人们理解，上面的阐述是作为专业责任而作出的，并不表达我爱好那个建议，对于它，如果我是个英国人，我会恰恰相反，尽全力加以反对。

# 第四篇

# 社会主义与民主

# 第二十章　问题的背景

## I.无产阶级专政

任何事情都没有这件明显事情这样的具有欺诈性。过去 20 或 25 年间发生的事情教我们看到隐藏在本篇标题背后的问题。在大约 1916 年以前，社会主义和民主之间的关系似乎对大多数人都十分清楚，尤其是对受信任的社会主义正统派的拥护者更加清楚。任何人都不会想到否定社会主义者加入民主俱乐部的权利。当然社会主义者本人——除了少数工团主义团体外——甚至声称是唯一真正的民主主义者，绝不可以与资产阶级假民主混淆的真正民主的独家卖主。

他们不但努力以民主价值来提高社会主义价值；而且还提出一个证明使他们满意的理论，即社会主义与民主是不可分割地结合在一起的，这对他们来说是很自然的。根据这个理论，私人控制生产资料是资产阶级能够剥削劳动和资产阶级能够把符合它阶级利益的命令强加在全社会管理政治事务的部门头上的根源；因此资本家阶级的政治权力看来只是它经济权力的一种特殊形式。结论是，一方面，只要存在私人控制生产资料的权力，就不可能有民主——那种单纯政治民主的说法必然是欺人之谈——另一方面，消灭那个权力将同时结束“人剥削人”的现象，并带来“人民的统治”。

当然这番理论本质上是马克思主义的论点。正是因为它逻辑上来自——事实上重复了——马克思理论的词语定义，它必然与马克思理论同命运，特别是与“人剥削人”的理论同命运。① 我将很快提出在我看来是对社会主义团体与民主信条之间关系的更现实的分析。但我们还需要可能存在于社会主义本身和民主本身之间关系的更现实的理论，也就是可能存在于我们所说的社会主义制度与民主政治的具体做法之间独立于愿望和口号之外的关系的更现实的理论。为了解决这个问题，我们必须探究民主的本性。可这里还有另外一个问题需要立即予以澄清。

现存的社会主义可能是民主的真正理想。但社会主义者在实现社会主义时，并不总是那么讲究方法。革命和专政这些字眼出现在圣书中使我们感到刺目，许多现代社会主义者更直言不讳地声明，他们不反对使用暴力和恐怖来打开社会主义天堂的大门，暴力和恐怖对于较民主地号召群众改信社会主义的手段是一种帮助。马克思本人对这个问题的立场无疑能够作出足以使他在民主主义者眼中是清白的解释。在本书第一篇中，明白地表明他对革命和进化的观点是可以调和的。革命不一定含有少数人企图把他们的意志强加给不愿顺从的人民头上的意思；革命的意思可以是革除由一心想保持旧制度的利益集团利用旧制度设置的违反人民意志的障碍。无产阶级专政可以作相同的解释。为证明我的看

① 个人和集团的权力不可能用纯经济术语来界定这个事实——如马克思的社会阶级理论所界定的——无论如何是不能接受这个论点的更根本的理由。

法，我可以指出《共产党宣言》中有关段落的措辞，在这些段落中马克思谈到"逐步地"从资产阶级那里夺取东西，谈到阶级差别"在发展过程中"消失——这些词句尽管强调"武力"，看来指的是包括在寻常理解的民主手段范围内的过程。①

但这样解释的根据远非结论性的，因为它几乎把著名的社会革命和同样著名的专政贬低为旨在点燃人们想象力的煽动性的宣传辞令。许多是马克思门徒的社会主义者和许多自称为马克思门徒的其他人，对此持有不同的见解。服从真正犹太法学家和法利赛人的权威（他们比我更懂得律法），并按照阅读《新时代》各卷给我的印象，我必须承认有这样的可能性：如果马克思不得不作出选择，他可能使社会主义建立在遵守民主程序的基础上。

在那种情况下，他无疑将和在他之后许多人所做的那样宣布，他实际上并不背离真正的民主道路，因为要把真正民主带给社会，就有必要消除窒息民主的资本主义乌烟瘴气。现在，对于民主的信奉者而言，遵守民主程序的重要性显然随着我们争论点的重要性的增加而成比例地增加。因而遵守民主程序与根本性社会重建相比，绝不需要用一切能得到的保证作更谨慎的守护和更小心的保卫了。不论谁放松这个必要条件，或者坦率地接受非民主程序，或者接受以非民主手段保证表面上民主决定的某些方法，这里可以作出结论说，他把其他东西的价值看得比民主价值更高。彻底的民主主义者对于任何此类社会重建，不管他多么赞同它在其他

① 在第25章中我将回过头来谈谈民主问题是怎样成为引起马克思本人注意的问题。

方面的优点，他一定认定它在根本点上是有缺陷的。试图强制人民拥抱据信是美好和光荣的但他们并不真正需要的东西——即使可望他们在经历它的后果时便会欢喜的东西——就是反民主信仰的真正标志。如果不民主行为的唯一目的是实现真正的民主，而且这些行为又是唯一的手段，那么这种不民主的行为是不是例外呢？只有让诡辩家去决定了。对于这个问题，即使承认它是例外，但它不适用于社会主义事例，如我们业已了解，社会主义只有在用民主方法有可能成功的时候，才是可望实际成功的时候。

但在任何情况下，任何主张在过渡时期不使用民主的论点为逃避对民主的全部责任提供绝好的机会，这是很明显的。这样的临时性安排可能持续一个世纪或者更长，它是胜利的革命造成的统治阶级用以无限期延长这个安排或者用以采取那种没有实质的民主形式的有用手段。



## II.社会主义政党的记录

一俟我们检查各社会主义政党的记录时，对它们所说的它们一贯拥护民主信条这句话的真实性就难免要有所怀疑了。

首先，有一个庞大的社会主义共和国，由属于少数的一个政党统治，对任何别的政党不给任何机会。那个政党的代表参加党的第 18 次代表大会，聆听报告，一致通过决议，毫无任何类似我们称之为讨论的过程。他们一致紧张地投票通过——如官方所说——“俄罗斯人民(?)无条件地忠于列宁—斯大林的党，忠于伟大的领袖，接受我们时代最光辉的文件——斯大林同志的报告——中提出的宏伟工作计划，并毫不动摇地完成它”和“在伟大斯大林的天才领导下，我们的布尔什维克党进入一个新的发展阶段”。[1] 那种一个候选人的选举，加上装样子的讯审和国家保安部的作法，无疑可以形成“世界上最完美的民主”，如果指派给民主这个词以合适意义的话——但这个意义恰恰是大多数美国人所不能理解的。

可是在本质上，至少在原则上，这个国家是社会主义国家，在巴伐利亚，尤其在匈牙利舞台上这种类型的短命创造物也是社会主义国家。现在，无疑存在一些社会主义团体，这些团体到今天一直保持着我们意指民主理想的东西；例如大多数的英国社会主义者，比利时、荷兰和斯堪的纳维亚诸国的社会主义政党，诺曼·托马斯先生领导的美国党以及流亡国外的德国社会主义团体。根据这些团体的观点，和根据观察家的观点，否定俄罗斯制度是“真正的”社会主义，并认为至少在民主方面它是一种畸形变体是有诱惑力的。但是，除了“我们欢喜的社会主义”之外，“真正的”社会主义的含义是什么？除了承认事实，即承认存在不能获得所有社会主义者忠诚并包含非民主社会主义的种种社会主义形式之外，说这些话有什么意义呢？一个社会主义政权可以是非民主的，这点确实无法否认，如同我们业已了解，根据纯逻辑理由，确定社会主义特征并不包含任何关于政治程序的东西。只要这个道理正确，那么唯一的问题就是这种社会主义政权能不能算是民主的，和在何种意义上它可以说是民主的。



---

① 我不懂俄文。上引文字是忠实地从德文报纸翻译过来的，这份德文报过去在莫斯科出版，它接受对它俄文翻译的不正确处的批评，虽然这份报纸当然不可能出版未经当局完全同意的任何东西。

第二，那些社会主义团体一贯坚持民主信仰，从来没有机会和动机去信奉任何其他信仰。它们生活在强烈愤恨不民主的言论和行动的环境中，事实上始终讨厌工团主义者。在某些场合里，它们有各种理由信奉那个庇护它们和它们活动的民主原则。在另外一些场合里，它们中大多数人对可望由民主原则产生的政治和其他后果感到满意。不难想象，如果英国或瑞典的社会主义政党表现出严重的反民主倾向的症状的话，会碰到何种反应。同时这些政党觉得它们的力量正在逐渐增长，负责任的职位正缓慢地、自动地向它们走来。当职位来到时，它们满意。所以，它们声称信奉民主政治，不过表示它们一直在做显而易见的事情。它们的政策不受列宁喜欢的事实，并不证明假使列宁处在他们的地位上会采取不同的态度。在德国，社会主义政党发展得更好，但在 1918 年之前，那里的党进入政治权力的道路似乎被阻塞，面对强大而敌意的政府的社会主义者，不得不依靠资产阶级的同情和最多只是半社会主义的工会力量以求保护，他们更少偏离民主信条的自由，因为要是这样做，他们只能是做对他们敌人有利的事情。[①] 他们自称社会民主主义者，对他们说是一种合适的慎重态度。



第三，但结果表明有利的考验事例是极少的，而且是很少说服力的。[②] 1918 年德国社会民主党有一个选择的机会，它决定选择民主政体，而且（好像这是信仰民主的证据）它无情地全力镇压共产党人。可是社会民主党在这个问题上分裂了。它的左翼受巨大

① 本书第 5 篇将全面讨论这种局势。

② 我们的讨论限于社会主义政党对国内政治的态度。他们对非社会主义或非工会会员的工人的做法，以及工会对这些人的做法，当然更少说服力。

损失，而持异议的脱党者比留在党内者有更大至少有同等权利佩戴社会主义的徽章。何况留在党内的人有许多虽然服从党的纪律，却并不赞成党的做法。在赞成这种做法的那些人中，许多人之所以赞成仅仅由于这样的理由，即至少从1919年夏天起，采取较激进（在这里就是反民主）路线取得成功的机会极微小，尤其是，柏林的左倾政策即使未曾立刻遭到毁灭性的失败，也意味着莱茵兰和美因河以南地区脱离德国的严重危险。最后，对于大多数人或者无论如何对于党内的工会会员来说，民主给予他们真正想望的每样东西，包括职位在内。无疑他们得与中央党（天主教政党）分赃。但这笔交易双方都是满意的。不久，社会主义者真的变成吵吵闹闹的民主主义者，但这是持反民主信条的反对党开始起来反对他们时候的事情。

我不打算为了他们表现出来的责任感或甚至为了他们安坐在衙门里舒适的安乐椅上那种自鸣得意的样子去责备德国社会民主党人。后者是人类共有的缺点，前者如我将在本书最后一篇说明的那样，完全是他们的荣誉。但把他们提出来作为社会主义者对民主程序的毫不动摇的忠诚的证据，未免有点乐观了。我也想不出任何更好的考验事例——除非我们真的同意接受俄国和匈牙利的事例，这两个事例都表明夺取政权的可能性与以民主手段夺取政权的不可能性的严酷结合。奥地利的事例清楚地说明了我们的困难，奥地利事例的重要性由于领导集团（新马克思主义者）的特出名望而扩大，大大超过这个国家的重要性。奥地利的社会主义者在1918年和1919年时的确坚持民主政治，当时形势尚未像以后那样很快变成为自卫问题。但在权力的垄断似乎还是他们力所能及的几个月里，他们中许多人的立场并不是很明确的。那时弗里茨·阿德勒把多数决定的原则称作“算术上的偶然”（*Zufall der Arithmetik*）的拜物教，其他许多人对民主程序规则耸耸肩膀地爱理不理。可是这些人乃正规的党员并非共产主义者。当布尔什维克主义统治匈牙利之时，选择路线问题变得迫在眉睫。任何人只要注视到那个时代的争论，都不会不理解当时党的思想受以下准则的指导：“我们不特别喜欢必须向左转的前景（等于采取苏维埃方法）。但是，要是我们必须如此，那么我们就全体向左转”。[①] 这种对国家总的形势和对党的危机的估计有极充分的理由，根据估计的推理也很合理。可是不论是估计还是推论都缺乏显著的对民主原则的热烈忠诚。他们最后改变了信念。但信念的改变并非由于认识的悔悟，而是由匈牙利反革命的后果造成的。



请别认为我在斥责社会主义者的不忠实，或者我希望让他们受到蔑视，把他们看成恶劣的民主主义者或无原则性的权谋家和机会主义者。我完全相信，尽管他们中某些预言家沉迷于幼稚的马基雅维里主义，他们中的大多数基本上总是和任何其他人一样忠于他们的信念。此外，我不相信在社会斗争中有何不忠实可言，因为人们总要去想他们要想的事情，总要去想他们不停地宣称信奉的道理。对于民主，社会主义政党大概不比任何其他政党有更多的机会主义者；他们只不过在民主主义符合他们的理想与利益

① 用易懂的英语说，党的杰出领导人之一的这句话的含义表示，他们完全了解，一个全部依靠资本主义大国供应粮食而法国和意大利军队已临国门的国家，实行布尔什维克主义所包含的危险，但是，如果俄国通过匈牙利施加的压力极大，他们将不会使党分裂，可能试图率领整个所属，投向布尔什维克阵营。

而不是相反的时候拥护民主主义。为了免得读者吃惊，免得读者认为这样卑鄙的观念只有最冷漠无情的政客才具有，我们想立刻做一次心理实验，它将同时为我们探究民主的性质提供出发点。

## III. 一次心理实验

假设有一个社会按照使读者满意的民主标准，作出镇压异教徒的决定。这个假设的事例并非纯属幻想。我们大多数人乐意承认，被认为民主政体的社会曾用火刑柱烧死异端——如日内瓦共和国在加尔文时代所做的——或者以我们道德标准所不容的方式迫害异教徒——殖民时代的马萨诸塞人的作为可以为例。这种类型的事例如果发生在非民主政体国家，对我们的实验也不失为适当的事例。因为相信在一个专制政体里民主过程完全不发生作用，或者相信一个专制君主绝不希望根据人民意志办事或完全服从人民的意志办事都是幼稚天真的。不论他做了什么事情，我们可以下结论说，这种事情在民主模式的政治制度里也同样会出现。例如，至少对基督徒迫害的早期肯定得到罗马舆论的赞同，如果罗马是一个纯民主政体，恐怕也不会采取比较温和的态度。①



① 一个事例可以为这个说法提供证据。在苏埃托尼乌斯所写的《尼禄传》中（载《恺撒传》第6篇），第一次提到尼禄在位时的那些行为，对于那些行为，苏埃托尼乌斯认为有一部分是无可指责的，有一部分甚至值得称赞（partim nullu reprehensione，partim ediam non mediocri laude digna），然后才谈到他的错误行为（probra ac scelera）。他把尼禄迫害基督徒的行为不列入第二个标题下而列入第一个标题下，列于一系列有功的行政措施之中（afflicti suppliciis Christiani，genus hominum superstitionis novaæ ac maleficœ）。没有理由认定，苏埃托尼乌斯表达的绝不是人民的意见或意志。实际上，怀疑尼禄的动机在于取悦于人民，不是牵强附会的。

捕杀女巫提供了另一个事例。它出于群众的灵魂，绝不是教士和君主凶暴的创造，相反，后者一旦觉得有能力时就立刻制止这种行动。天主教会惩罚巫术，这是确实的，但是，如果我们把教会实际采取的手段与罗马当作职责进行的反对异端采取的手段相比较，我们立刻会有这样的印象，即在巫术问题上，教皇屈从于舆论而不是由他煽动舆论。耶稣会教士反对捕杀女巫在开始时没有成功。到 17 世纪末和 18 世纪——也就是说，到欧洲大陆确立君主专制制度时——终于普遍出现政府禁止此种行动。像玛丽亚·特蕾西亚女皇那样强大统治者开始禁止此种行动时采取出奇的小心翼翼方式，清楚地表明她知道她正在反对人民的意志。

最后，选择与现代问题有一定关系的例子，反犹太主义一直是犹太人在总人口中占相当比例的大多数国家中最根深蒂固的公众态度之一。在现代，这种态度在资本主义理性影响下已有部分消融，但余留下的还足以保证有意利用它的政客大得人望。我们时代除率直的社会主义外的大多数反资本主义运动，事实上从那里学到教训。但在中世纪，说犹太人能生存下来是由于教会和君主的保护并不过分，他们在反犹群众面前庇护了犹太人，最后又解放了他们。①



为了我们的实验，现在让我们设想，我们处身于假设的国家，那里以民主的方式迫害基督徒，焚死女巫和屠杀犹太人。我们当然不会因为这些行为是通过民主程序的规则决定的，因而赞成这

---

① 教皇的保护态度可以用 1120 年“虽是犹太人”的训令为例，继任教皇加里斯都二世再次肯定这个训令，证明继续执行这个政策和它遇到的抗拒。君主的保护态度只要指出一点就能了解：对犹太人的放逐与屠杀意味着他们急需的财政收入的损失。

种做法。然而关键性的问题是：我们是赞成可以避免这种做法的不民主政体呢？还是更愿意要产生这种后果的民主政体？如果我们不要后者，那么我们的行为恰如狂热社会主义者的行为，对于他们来说，资本主义比猎杀女巫更坏，所以他们准备接受不民主的方法来扼杀资本主义。只要这个推论是对的，我们与他们可以说是在同一条船上。大多数热忱的民主主义者把最终理想和利益看得比民主政治更重要，如果他声称毫不动摇地忠诚于民主政治，他的意思就是，他深信民主政治能保证这些理想与利益，如信仰和言论的自由、正义、廉洁政治等。

为什么是这样的理由是容易找到的。民主是一种政治**方法**，即，为达到政治——立法与行政的——决定而作出的某种形式的制度安排。因之其本身不能是目的，不管它在一定历史条件下产生的是什么决定都是一样。任何人要为民主下定义必须以此为出发点。

不论民主的方法具有什么与众不同的特色，我们刚才见到的历史事例告诉我们关于它的一些事情，这些事情极为重要，有必要再加以清楚地说明。

第一，这些例证足以排除向刚才所说的命题挑战的任何企图，即民主是一种政治方法，所以它同其他任何方法一样，其本身不能是目的。有人可能反对说，作为逻辑问题，像这样的方法可以是一个绝对的理想或最终的价值。它完全可以。无疑可以想象有人可能认为，民主程序用一定历史模式努力完成的事情无论怎么邪恶或愚蠢，人民的意志必然占上风；或者除非用民主程序批准的方法，无论如何不能反对人民意志。但在上面所述的情况下，称他们为暴民不称他们为人民，人们以可以使用的一切手段与他们的罪恶和愚蠢作斗争，似乎更为自然。

第二，如果我们同意，对民主的无条件忠诚只能是由于我们对期望民主带来的某些利益或理想的无条件忠诚，我们提出的事例也排除这样的反对意见，即虽然民主本身不是绝对理想，可是由于它必然、一贯、到处有助于我们得到我们愿意无条件为之奋斗和牺牲的某些利益或理想，它不失是绝对理想的替身。显然这种说法是不正确的。[①] 和其他任何政治方法一样，民主总是产生同样的后果或促进同样的利益或理想。所以对民主的合理忠诚必须有两个先决条件，即不但要有超理性价值的图式，而且要有可期望民主能以我们赞同的方式发挥作用的社会状况。关于民主作用的命题，如果不限定一定的时间、地点和局势是没有意义的，[②]所以当然是反民主的论点。



毕竟这是很明显的。任何人不会为之吃惊，更不会为之震惊。因为它与任何特定局势中民主信念的热忱或尊严毫无关系。理解自己信念的相对正确性而又毫不畏缩地支持它，这就是文明人区别于野蛮人的地方。

## IV. 探索定义

我们已经有了进行考察的出发点。可是我们还见不到能够帮

① 特别是，说民主总是能够比专制更好地保护宗教自由，更加不真实。有最著名的一次审讯为证。从犹太人的观点来看，彼拉多(Pilate)肯定是专制政体的代表，可是他试图保护自由。他向民主屈服。

② 见下文第 23 章。

助我们分析民主与社会主义之间关系的定义。有几个开端时的困难依旧挡住我们的视野。

查阅亚里士多德的书对我们不大会有很大的帮助，他使用民主这个词指一种对他的秩序井然共和国理想的背离。但回忆我们曾为政治方法这个名词所指定的含义，我们的困难就有几分解决的希望。它指一个国家用以作出决策的方法。我们必须指明这些决策由谁作出和怎样作出，才能明白这种方法的特性。如果把“决策”和“统治”等同起来，那么我们才可能得出民主的定义是民治。难道这还不够明确吗？

不够明确，因为这个定义包含许许多多意义，就像“人民”这个概念（古希腊的 *demos*、罗马的 *populus*）的全部可能定义与“统治”这个概念（*Kratein*）的全部可能定义间可以组合的意义那么多，也因为这些定义并不独立于有关民主的论点。关于第一个概念，populus 在宪法意义上完全不包括奴隶，部分地排除其他居民；而法律可以承认介于奴隶和完全公民甚至特权公民间的许多身份。不顾法律上的歧视，不同的集团在不同时期声称他们是人民。①



当然我们可以说，民主社会是不搞区别对待的社会，至少是在有关公共事务方面，诸如在公民权利上不搞区别对待的社会。但

① 见伏尔泰在他的《关于英吉利民族的信札》（英语版，1733 年出版；第一版于 1926 年由彼得·戴维斯书店重印，第 49 页）中所下的定义：“人类中人数最多、最有用、甚至最有德行的、因之也是最可尊敬的那部分人，包括学法律和科学的那些人，包括商人和工匠，一句话包括不是暴君的所有人；那就是称为人民的那些人”。目前“人民”好像指的是“群众”，但伏尔泰的观念更接近与我国宪法规定的人民相一致。

是，首先有一些国家实行我们提到的歧视，但仍表现出通常与民主政治有联系那种大部分特征。其次，歧视绝不可能全部绝迹。例如，任何国家不论怎样民主，选举权不可能扩大到特定年龄以下。但是，如果我们追索这个限制的理论基础，我们发现这个理论基础也适用于大量超过年龄界限的居民。如果说不允许年龄界限以下的人参加选举，我们不能称那些由于同样或相似的理论而不许其他人参加选举的国家不民主。注意：我们这些观察家不管是否承认这些理由或者剥夺部分人口选举权的实施规则的正确性，这并无干系；有干系的是，这些国家的社会承认它。也不应反对这样的意见，即虽然这点适用于因个人不合格（即懂事年龄）的理由而被剥夺选举权，它可不适合于与理智地使用投票权能力无关的理由而被大批地剥夺选举权。因为合格不合格是意见问题和程度问题。什么叫合格和什么叫不合格必须以某种法令条例加以确定。这样的认识可能是不荒谬和不虚伪的：合格应以个人养活自己的能力来衡量。在宗教信仰强烈的国家，可以这样认为——同样是不荒谬和不虚伪——不信奉国教者是不合格的，在反女权国家里，女性也是不合格的。种族意识强烈的国家，合格与否可以以种族异同来区分。[①] 如此等等。再说一遍，突出点不是我们对这些可能无资格的一部或全部怎么想，突出点在于——如用合适的观点看这些和类似主题——由于经济地位、宗教信仰和性别等理由产生的不合格就与我们认为与民主相符合的那种不合格属于同一类



---

① 就这样，美国剥夺东方人，德国剥夺犹太人的公民身份；在美国南部，黑人也常常被剥夺选举权。

别。我们可以不同意它们一定是对的。可是，如果我们这样做，我们应以健全的逻辑来驳斥关于财产、宗教、性别、种族等重要性的理论，而不应称这样社会为不民主社会。举例来说，无论我们怎样解释民主的含义，宗教热情肯定可以与民主政体和谐共存。有一类宗教态度，把异教徒看得比疯子更可怕。根据这种态度必然主张应禁止异教徒参预政治决定，把他们等同于疯子。[①] 我们必不可让每个平民(populus)决定他自己合格与不合格吗？

有人常常在民主过程理论中使用外加的假设来规避这个不能逃脱的结论，以下两章将讨论其中的一些情况。同时我们将看到，这个结论廓清我们探索路上的许多迷雾。别的不说，它揭示出这个事实，即民主与自由间的关系必定比我们习惯相信的要复杂得多。



关于与民主政体概念不可分的第二个概念“统治”的解释有更加严重的困难。任何“统治”的性质和方法一直是难于说明的。法律的权力从不保证行使这种权力的能力，尽管它是重要的行为准则，也是重要的约束力量；传统的威望总能起一定作用，但绝不会无所不能；个人的成功和(部分与成功无关的)个人的权威对制度模式的法律成分与传统成分有作用，也受到它们的反作用。任何君王、任何独裁者或任何寡头集团从来不是绝对专制的。他们统治的手段不但服从于国家形势，而且还必须与一些人一起行动，与其他一些人和谐相处，使另一些人保持中立，去压服其余人。这种

① 在布尔什维克看来，任何非布尔什维克均属同一范畴。因此布尔什维克党的统治本身，不足以使我们有权称苏维埃共和国是不民主的。只有布尔什维克党本身受不民主方式的管理　　显然它是这样　　我们才有权说它不民主。

做法的实行方式千变万化，每一种方式将决定一种特定的正式制度对实行这种制度的国家或对科学的观察者真正意味着什么；把君主政体说成好像它指的是一个明确的东西，这种认识是很浮浅的。但是，如果进行统治的是人民（无论用什么定义），就出现另一个问题。“人民”怎么有技术上的可能性去进行统治？

有一类事例尚未出现这种问题，至少没有以尖锐的形式出现。在小而原始的只有简单社会结构的社会里①不存在很多意见分歧的问题，可以想象，根据宪法规定组成人民的所有个人，实际上都参预所有立法和行政的责任。甚至在这样的事例中，依旧可能有某些困难，研究集体行为的心理学家，对于领导权、宣传术以及别的偏离人民对民主政治的理想的事情，依然有问题可说。但它在谈论社会或人民的意志或行动中——由人民统治——是有明显重要性的，特别是，人民能在全体参加的会议中以争论方式作出政治决定，如在希腊的城邦会议或新英格兰市镇会议人们所做的那样，就更有重要意义了。后一种情况有时称之为“直接民主”，实际上这种情况可以作许多政治理论家议论的出发点。



在其他所有事例中的确出现我们的问题，但是，要是我们准备舍弃民治，代之以由人民批准的治理，我们可能比较容易地对付这个问题。这样做有许多理由可说。我们在民主问题上通常断言的许多命题，对于能获得人民大多数普遍忠诚的所有政府，特别是能获得每个阶级中大多数人普遍忠诚的所有政府来说是完全正确

① 人数少和人居住的地域集中，是主要原因。文明的原始和结构的简单不是主要原因，但大大便利民主政治的施行。

的。这点尤其适用于通常与民主方法相关的美德:人的尊严,人们感到政治事务大体上符合他认为该怎么办的想法的满意,政治现实与公众意见相协调,公民信任政府并与之合作的态度,政府依靠一般群众的尊重和支持——在我们许多人看来是民主精义的所有这些以及其他许多事情是十分吻合由人民批准治理这个思想的。除非实行“直接民主”,人民本身绝不能真正进行统治或管理,由于这个道理十分明显,下这个定义的理由似乎是完善的了。

我们依然不能接受它。专制政体的事例非常之多——它们也许占历史事例中的大多数——有受天命的君主政体,有独裁的专政政体,有非专制类型的各种王朝,有贵族和财阀寡头统治的专制政体,它们正常得到各阶级人民中绝大多数人的无条件并常常是热情的忠诚,它们考虑到它们的环境条件,它们做得很好,能得到我们大多数人认为民主方法应该得到的一切。有必要强调这一点,有必要承认——在这个意义上——有大量民主要素进入这些事例。为纯粹形式崇拜,甚至纯粹的辞令崇拜下这样一副解毒剂的确是很惬意的。但这并不改变这样的事实,即接受这个解决办法,我们将会失去我们希望验明的现象:民主政体将逐渐消失于范围更大的包含各种显然非民主成分在内的政治制度里。

可是我们的失败告诉我们一件事。在“直接”民主之外还有无限多的可能形式,使用这些形式,“人民”可以参预管理、影响或控制实际在进行统治的那些人的事业。在这些形式中,尤其是在可以发挥作用的这些形式中,如果按这两个字的真正意义来说,没有一个形式具有明显和独一的权利称为民治。要是这些形式中的任何一个要获得这个权利,那只是由于把武断下定义的习俗硬加在

"统治"这个词上。这样的习俗当然总可能存在；人民实际上从未统治过，但他们总是能被定义弄得像在进行统治。

17 和 18 世纪形成的民主的法律"理论"确实旨在提供这样的定义，要把某种实际或想象的政府形式与民治这个思想意识联结起来。这个思想意识为什么被人接受的理由是不难理解的。那时候，至少在西欧各国，上帝赋予权威的服饰正从王族的肩上落下来[①]——当然这个过程的来到还要早得多——作为伦理原则和解释性原理，人民意志或人民主权突出地成为准备舍弃特殊神授最高权威，但没有替代物就不准备舍弃它的那种心理状态者最愿接受的替代品。

问题就这样提了出来，法学家遍搜他思维产物的废品堆栈找寻工具，用它来调和那个假设与现存的政治模式。根据虚构的人民隶属于君主的契约，[②]认为有主权的人民已把他的自由或权力出卖了，根据同样虚构的契约，说人民把他的权力或权力的一部分授予了挑选出来的代表，这些道理实际上就是废品堆栈供应的货色。这种货色对某些实际目的不论起多好的作用，对于我们它们是一文不值的。从法律观点看来，它们甚至是站不住脚的。

为了从根本上把事情说清楚，授权和代表这两个词必不能只归属于个别公民——那是中世纪庄园的理论——而应归属于整个



① 罗伯特·菲尔默爵士的《君权论》(1680 年出版)，可以看做英国政治哲学中君权神授理论的最后一个重要论述。

② 这些契约是纯粹法律上的虚构。但现实中存在与它们相似的情况，即 6 到 12 世纪盛行的自由业主自愿地或通过契约隶属于中世纪领主。自由业主接受领主的管辖权，并负担某些经济上的义务。他放弃作为完全自由人的身份。作为交换，他得到领主的保护和其他好处。

人民。那样的人民必须被想象为把他们的权力授予(譬如说)将代表他们的议会。但只有一个(具有肉体或精神的)人才能合法地授权给代表或被授权为代表。这样,派遣代表出席 1774 年起在费城召开的大陆会议——所谓的"革命国会"——的北美殖民地或州,事实上是由这些代表代表它们的。但这些代表并不代表这些殖民地或州的人民,因为这样的人没有法律上的人格:说人民授权给议会,或者说议会代表人民完全没有法律上的意义。① 那么议会是什么呢?答案不难找到:它是一个国家机关,完全与政府和法院一样。如果说议会真的代表人民,它必须在另一个意义上做代表人民之事,至于做些什么还有待我们去发现。

但是,这些关于人民主权和关于授权与代表的"理论"不仅反映了思想意识的基本原理和一些法律专业知识,它们还补充了有关国家的社会学或社会哲学,这个学科部分在希腊思辨哲学复活的影响下,部分在当时政治事件的影响下,②逐渐形成,并在 18 世纪末达到其顶峰,而且实际上试图解决这个问题。虽然这样的一般性言词决计不够充分,也不是严格的正确,我愿冒险把它描述为——以寻常方式——根本上是理性主义、享乐主义和个人主义



① 同样,把公诉案说成是"人民对××人"的案件也是没有法律意义的。提起公诉的法人是国家。

② 这点在英国尤其在约翰·洛克案件中特别明显。作为政治哲学家,他以一般辩论的姿态,直截了当地反驳詹姆斯二世,为领导"荣誉"革命的他的辉格党朋友辩护。这件事说明推理方法的成功,如果没有实践上的涵义,这种方法本来是毫不足取的。政府的目的在于人民的幸福,幸福在于它保护私有财产,而私有财产是人们"进入社会"的原因。人们为了这个目的走到一起,制订一份服从共同权威的"原始契约"。坦率地说,当时属于辉格党的贵族和伦敦商人,他们认为这份契约被破坏了,财产和自由受到危险,他们起来抵抗是正当的。

的:以享乐主义的词语来解释个人主义的幸福,使这个目的及其适当手段赋有一个清楚的概念——或有义务接受灌输清楚概念的教育——那就是可以把这种幸福想象为生活的意义和私人领域及政治领域里行动的崇高原则。我们可以同样合适地用约翰·斯图尔特·穆勒使用的名词——功利主义——来称呼这个早期资本主义产物的社会学或社会哲学。根据功利主义的含义,符合这个原则的行为不但是合理和正当的,而且根据事实也是"自然的"。这个命题是联结没有它便会大不相同的边沁理论和卢梭社会契约之间的桥梁。这两个名字对于讨论这里必须暂时不谈的其余问题,可以作为我们的指路标。



如果像这样极端的简略不妨碍读者了解我的论点,那么这个哲学对于民主主题的意义应该是清楚的了。这个哲学的其他作用不提,它显然提出了关于国家性质的理论和国家存在的目的。此外,由于这个哲学重视理性主义和享乐主义的个人及其伦理上的意志自由,看来它能够告诉我们管理国家和达到这些目的——最大多数人的最大幸福以及诸如此类目的——的唯一正确的政治方法。最后,这个哲学为相信人民意志(volonté générale)和相信被称为哲学激进派的那批作家[①]总结民主含义后提出的意见,提供看来像是合理基础的道理:教育人民,并让他们自由地投票。

反对这种解释的批评,作为反对18世纪理性主义总反应的一部分几乎立刻出现,而理性主义是继革命战争和拿破仑战争之后

---

① 要知道这个学派总的倾向,特别应参见肯特的《哲学激进派》;格雷厄姆·沃拉斯的《弗兰西斯·普莱斯传》;莱斯利·斯蒂芬的《英国功利主义者》。

兴起的。关于通常称为浪漫主义的那个运动的功过不管我们怎么想，这个运动肯定表明对前资本主义社会和对一般的历史演进有较深切的理解，从而揭露功利主义和以它为基础的政治理论的某些根本性错误。嗣后的历史学、社会学、生物学、心理学和经济学分析证明了两者都是破坏性的，今天很难找到研究社会过程的学者对两者有好评。但看来奇怪的是，在这个主义被粉碎的所有时间中，人们继续根据这个理论行动。越是证明它站不住脚，它越是完全地成为官方用语和政治家的词藻。这就是为什么下一章必须讨论什么是民主古典学说的原因。

但没有一种制度、实践或信仰与任何时候向它提供支持的理论共存亡。民主制度也不例外。实际上，创立一个重视集体行动现实和公众思想现实的民主过程的理论是可能的。这个理论将在第 22 章提出，那时，我们最终能说，可以期望民主制度怎样在事物的社会主义秩序中生存和发展。

# 第二十一章　民主政治的古典学说

## I. 共同福利和人民意志



18 世纪的民主哲学可以用下面的定义来表达：民主方法就是为现实共同福利作出政治决定的制度安排，其方式是使人民通过选举选出一些人，让他们集合在一起来执行它的意志，决定重大问题。让我们比较详细地讨论一下这个定义的涵义。

那时人们认为存在着一种**共同福利**，它是政策的指路明灯，它一直是容易解释清楚的，每一个正常人通过合理争论都能了解它。因此没有任何借口说不了解它，事实上没有理由说还有不了解它的人，除非是无知——这是可以改变的——愚笨和反社会利益集团。此外，这个共同福利可以回答所有问题，因而每一桩社会事实，每一种采取或准备采取的措施都可以被它来毫不含糊地划分为“好”或“坏”。由此，所有人必须同意，至少在原则上同意：存在人民的**共同意志**（即全体有理智个人的意志），它完全与共同福利、共同利益、共同福祉或共同幸福是一回事。除了愚笨和罪恶的利益集团外，有可能产生意见分歧和可能出现反对派的唯一一件事，即几乎全体人民的共同目标究竟应以何种速度达到它这个意见的分歧。因此,意识到这个目标,知道他或她内心思想,分辨得出什么是好什么是坏的每一个社会成员都会积极负责地促进好的和反对坏的,把全体成员团结在一起,管理他们的公共事务。

管理某些事务需要专门的才能和技术,这是实在的,因而不得不委托具有才能和技术的专家。但这点不影响那个原则,因为这些专家完全为了执行人民意志而行动,正如医生为了执行病人要求治愈的意志而行动。在一个任何规模的社会里,特别是在表现出劳动分工现象的社会里,要每个公民为了行使统治或管理的职责,必须在每一个问题上与其他全体公民接触,一定极不方便,这也是真实的。较方便的办法是,只保留最重要的决定由每个公民表态——譬如用公民投票的办法——其余事情让由他们任命的委员会来办理——代表大会或议会将通过普选选出。如同我们业已了解,这个委员会或代表机构在法律意义上不代表人民,但在较小的技术意义上它代表人民。它将表达、反映或代表选民的意志。这个委员会的规模如果很大,它可以按照公共事务的不同部门分解为较小的委员会,这也是为了方便起见。最后,在这些较小委员会之间将有一个总事务委员会,主要处理日常行政事务,称为内阁或政府,在它头上可能有一个总书记或替罪羊,他就是所谓的总理。①



一旦我们接受这个政治机体理论提出的——或它暗示的——全部假设,民主确实获得一个完全不含糊的意义,除了怎样付诸实

① 内阁部长职责的官方理论认为,任命部长是为了保证在他的部门里人民的意志得到贯彻。

行外,对它不再有什么问题。此外,我们只需要忘掉几个逻辑上的疑虑,就能够补上一句话:在这种情况下,民主制度不但是所有可以想象的制度中最好的制度,而且不再有多少人愿意去考虑任何别的制度。可是,同样明显的是,这些假设是那么多事实的陈述,如果我们要作出上面的那个结论,每一个陈述的事实必须得到证实,而实际上反驳这些事实却要容易得多。

首先,不存在全体人民能够同意或者用合理论证的力量可使其同意的独一无二地决定的共同福利。这点主要不是因为某些人可能需要不同于共同福利的东西,而是由于更根本的事实,即对不同的个人和集团而言,共同福利必然意指不同的东西。功利主义者由于他们对人的价值标准看法的狭隘而看不到这个事实,这个事实将使一些原则问题产生隙裂,它不是合理的论证所能弥合的,因为最终价值——我们认为生活和社会应该是怎样的观念——不是纯逻辑推理所能解决的。隙裂可能用妥协方法在一些事例中得以弥合,但在另外一些事例中就做不到。有些美国人说,"我们要这个国家武装到牙齿,然后为全世界争取我们认为正确的东西。"另一些美国人说,"我们要这个国家解决自己的问题,这是这个国家为人类作贡献的唯一途径。"二者面临对最终价值的不能缩小的分歧,妥协只能使事情更糟。



其次,即使有一种充分明确的共同福利——譬如功利主义者提出的最大经济满足①——证明能为所有人接受,这并不意味

① "最大幸福"的含义仍然值得认真怀疑。但是,即使这种怀疑能消除,即使一批人经济满足的总和能够确定明确的意义,所谓"最大"仍然相对于特定的形势和特定的估价,而形势和估价标准也许不可能使用民主的方法加以改变和妥协。

着对各个问题都能有同等明确的回答。对这些问题的意见分歧可能重大到足以产生关于目的本身"根本性"争论的大部分后果。例如，以眼前满足对今后满足的估价为中心的问题，甚至以社会主义对资本主义的估价为中心的问题，即使在每个公民都相信功利主义之后，还是解决不了。"健康"也许是所有人都想望的，可是人们对种痘和切除输精管仍旧意见不一。诸如此类的情况不止一端。

提出民主学说的功利主义先驱们之所以看不到这件事情的全部重要性，完全因为他们中没有一个人认真考虑到资产阶级社会的经济结构和习惯的本质性改变。他们看不到 18 世纪五金商以外的世界。

第三，作为前面两个命题的结果，功利主义者据为己有的这个人民意志的特殊概念就烟消云散了，因为这个概念必须以存在人人认辨得出的独一无二地决定的共同福利为先决条件。与浪漫主义者不同，功利主义者的观念中不存在赋有自己意志的半神秘实体，即历史上的法学派曾大肆宣扬的"人的灵魂"。他们坦率地从个人意志引申出他们的人民意志。除非至少从长期看来存在全体个人意志被其吸引的中心——共同福利——我们就得不到特殊类型的"自然的"共同意志。功利主义的重力中心一方面统一个人意志，以理性讨论的方法将它们融入人民意志，另一方面授予它们以古典民主信条具有的独有的伦理尊严。这个信条不仅仅在于崇拜人民意志本身，而是依赖对意志的"自然"目的的某些假设，这个目的得到功利主义理论根据的批准。这种普遍意志的存在和尊严一到我们不相信共同福利这个概念时也就不存在了。古典学说的两根支柱不可避免地崩溃了。

## II.人民意志和个人意志

当然,反对人民意志这个特殊概念的这些论点不管具有何等结论性,它们并不阻止我们试图建立另一个更现实的概念。我不想怀疑当谈论国家意志时我们想到的社会心理事实的现实性和重要性,分析这些事实肯定是使研究民主问题有所进展的先决条件,但最好不要袭用这个名词,因为它往往会使人看不到这样的事实,即一旦我们割断人民意志与它的功利主义涵义之间的关系,我们不仅在建立一个同一事物的不同理论,而且在建立一个完全不同事物的理论。我们有一切理由提防那些民主保卫者前进路上的陷阱,那些人虽然在越来越多的证据压力下,接受越来越多的民主过程的事实,可是还试图在由民主过程产生的成果上涂上从18世纪的坛子里取出的圣油。



不过,虽然某种共同意志或公众意见依旧可以说是从"民主过程"的个别的或集群的形势、意志、影响、作用和反作用的无限复杂的混乱中出现的,但其结果不但缺少合理的一致性,而且缺乏合理的认可。所谓缺少合理的一致性的意思是,虽然从分析的观点说,民主过程不仅仅是混乱的——对分析者来说,凡能解释的任何事物都不是混乱的——而且其结果本身(除非碰巧)是没有意义的,例如它不能像实现任何明确目的或理想时那样有明确的意义。所谓缺乏合理认可的意思是,因为那个意志不再与任何"福利"相一致,为了使声称这个结果具有伦理上的庄严,有必要退回到无条件信任政府本身的民主形式——原则上不得不与后果的是否称心合意完全无关的一种信任。正如我们业已了解，要自己采取这种观点是不容易的。但是，即使我们采取这种观点，舍弃功利主义提倡的共同福利，依然会在我们手中留下一大堆困难。

特别是，我们依然有实际需要把根本不现实的独立性和理性这些品质加在个人意志头上。如果我们坚持说，公民意志本身是一种值得尊重的政治因素，它首先必须存在。也就是说，它必须是较之松散地对道听途说的口号和错误印象发生影响的一组不确定的含糊冲动更有意义的某种东西。每个人必须明确地知道他要支持的是什么。这个明确意志的贯彻要有正确地观察和解释每个人直接能接触的事实的能力和批判地取舍他未直接接触的事实的信息的能力。最后，根据这个明确的意志和根据这些已证实的事实，就能以极高的效率，按照逻辑推理的规律，对一些特殊问题必然可作出清晰而敏捷的结论——此外，每个人的意见可以被认为大致上和任何其他人的意见几乎一样，不存在触目的荒谬。① 综上所述，一个模范公民必定独立自主地行动，不受集团压力和宣传力量



① 这说明古典的民主学说和普遍持有的民主信念两者皆有强烈的平等主义特性。我们嗣后将要指出，平等怎样会取得道德基本原理的地位。说平等是人的本性，从任何可以想象的意义说不可能是正确的。人们认识这点，并常常改变这个基本原理的含义，以便意指“机会平等”。但是，即使不顾机会这个词中固有的困难，这样改变含义也不能对我们有很大帮助，因为，如果在决定重大问题时每个人的投票具有相同分量的话，政治行为事务中需要的正是实际的、而不是潜在的行动平等。

应该顺便说一下，民主辞令一直有助于促使任何种类的不平等与“不正义”联在一起，这种想法是失败者心理模式一个非常重要的因素，也是利用失败者的政客的武器库里的一件非常重要的武器。这方面最奇怪的现象之一是雅典的贝壳放逐制度，或者毋宁说是这个制度有时使用的方式。贝壳放逐法指的是以公民投票来放逐一个人，不一定要有任何特定理由：这种办法有时可以用作消灭一个令人不安的、令人感到“作用超过一个人”的杰出公民的方法。

的影响，[①]因为强加在选民头上的意志和论断显然不足以取得民主过程的最终论据的资格。这些条件是否已完成到能使民主政治起作用所需要的程度的问题，不应鲁莽地加以肯定，也不应鲁莽地加以否定。只有在一大堆互相矛盾的证据中作艰辛的鉴别和评价，才能作出回答。

但是，在讨论这个问题之前，我要真正弄清读者是否完全懂得上文已经提到的另外一个问题。因此我想再说一遍，即使民主过程使用的每个公民的意见和愿望是充分明确而独立的可以作为根据，即使每个人都以理想的理性和敏捷性按照这样的意见和愿望行事，也不一定能推论说，这个过程用这些个人意志为原料而生产的政治决定，可以有说服力地称为代表人民意志的东西。任何时候把个人意志分割成许多份，由此产生的政治决定不但可以想象而且非常可能不会符合"人民真正的需要。"也不能这样回答：如果决定不正是他们需要的，他们将得到"公正的折衷办法"。可能有这种折衷。那些属于数量性质的问题和允许逐步进行的问题出现折衷的机会最大，如倘若每个人赞成为失业救济花钱，准备花多少的问题。可是属于质量性质的问题，如应否迫害异教徒或应否参战问题。决定的结果可能同样使所有人厌恶，虽然厌恶的原因有多种多样，而由非民主机构强加的决定，可能证明更容易为他们所接受。



① 这里宣传这个名词是按照它原来的意义使用的，而不是按照现在它迅速取得的意义使用的，现在它的定义是：宣传是从我们不喜欢的来源里发生的任何言论。我猜想这个词是来自从事传播天主教信仰的红衣主教委员会的名字——传教事务主教会议。所以其本身并不带有贬义，特别是它没有歪曲事实的意思。例如，人可以为一种科学方法作宣传。它的意思仅仅是提出事实和论据，旨在在一个明确的方向上，影响人们的行动和意见而已。

有一个例子能说明问题。我认为，我可以把拿破仑当第一执政官时的统治称作军事独裁。当时最紧迫的政治需要之一是宗教上的和解，它能廓清大革命和执政府时期留下来的混乱局面，并为千万人的心境带来和平。这件事的成功是由于他的一些妙着，其最重要者是与教皇达成的契约(1801年)和“体制条款”(1802年)，它们调和了不可调和的事情，把正好适当程度的自由给予宗教礼拜，同时大大地提高国家的威望。他还改革法国天主教的组织和财政收入，解决微妙的“宪法”教士问题，还以最小的摩擦使新建体制得到最大的成功。如果认为人民实际要求某种确切的东西有正当理由的话，上述的安排提供历史上最好的一个事例。不论是谁看了当时法国阶级结构必然会明白这一点，而拿破仑的教会政策大大有助于执政府享受几乎绝对的威望的事实也充分证明了这一点。但是，很难看出用民主方法怎能获得这样的成就。反教会情绪尚未熄灭，这种情绪绝不限于被击败的雅各宾党人。怀有这种信念的人或他们的领导人不可能妥协到那个程度。[①] 在天平的另一端，愤怒的天主教情绪的高潮正逐渐获得动力。具有那种情绪的人们以及依赖他们善意的领导人，他们的行动不可能停止在拿破仑划下的限度内；特别是，当时他们正在注视事情向哪个方向发展，他们虽没有让步的动机，但他们也不能十分坚决地对付教皇。而需要教士、教堂和教仪比什么都迫切的农民的意志势必因十分自然的恐惧而瘫痪，他们害怕一旦教士——尤其是主教——再次



① 立法机构虽然害怕，但它实际上完全没有支持拿破仑的这个政策。他最信赖的几个将军反对这个政策。

掌权，可能危及土地问题的革命性解决。任何以民主方法解决问题的企图最可能的结果将是引起越来越大愤怒的僵局或无休止的斗争。但拿破仑能够合理地解决问题，确实是因为不能自愿地放弃他们自己主张的所有那些集团同时也能够并愿意接受强加给他们的安排。

这个例子当然不是孤立的例子。[①] 如果，从长期看来证明能使一般人满意的结果可以视为民享政府的试金石的话，那么古典民主学说所想象的民有政府常常通不过这个检验。

## III. 政治中的人性

还有几点有待回答，即关于投票人意志的明确性和独立性，他观察和解释事实的能力和他清楚而迅速地运用意志与能力作出合理推断的才能。这个主题属于社会心理学一章，题目可以是政治中的人性。[②]



① 其他例证事实上可以从拿破仑的实践中援引出来。他是一个独裁者，在与他的王朝利益和外交政策无关的时候，他总是努力做他认为人民想要和需要的事情。这就是他给欧仁•博阿尔内的信中谈到后者治理意大利北部时给予忠告的意思。

② 这是历史上最可爱的英国激进分子之一格雷厄姆•华莱斯的坦率而迷人的著作的书名。尽管在他之后许多人写过这个题材，尤其是尽管他们对具体事例的研究现在有可能对问题看得更清楚，还是可以称赞此书是研究政治心理学的最好的入门指南。可是，作者以可称赞的诚实，反对无批判地接受古典学说后，他未能作出明显可见的结论。因为他坚持科学思考态度的必要性，因为他责备布赖斯勋爵在其所著《美国联邦》一书中自称“不屈地”决意要从幻想破灭的许多事实的迷雾中间看到蓝色的天空这个事实，这一点便更加令人瞩目。看来格雷厄姆•华莱斯似乎要吃惊地呼叫，对于坚持说从一开始他就看到蓝色天空的气象学家，我们能说什么呢？但在他著作的建设性部分中，他采取完全相同立场。

在上个世纪的下半叶，作为同质单位的人的个性的观念和作为行动主要动力的明确意志的观念，甚至在泰奥迪勒·里博和西格蒙德·弗洛伊德时代之前已逐渐趋于湮没。特别是，这两个观念在社会科学领域越来越不受重视，而人类行为的超理性和无理性要素在那个领域却越来越得到重视，这点有帕累托的《心理与社会》为证。在累积许多反对理性假设证据的众多学说中，我只提下面两个。

其中一个依旧是——尽管后来有远为精细的著作——与群集心理学(*psychology of crowds*)的创始者或无论如何是第一个有效阐述者古斯塔夫·勒邦的名字连在一起。[①]他的学说告诉人们(虽然过分强调)人在群集影响下其行为的实际情况——特别是，在激动情况下思想和感觉中道德约束与文明方式的突然消失，原始冲动、幼稚行为和犯罪倾向的突然爆发——他使我们面对每个人皆知但无人愿意正视的毛骨悚然的事实，他由此给予作为古典民主学说和关于革命的民主传说基础的人性画面沉重一击。无疑关于勒邦的结论的事实基础的狭隘性有许多话可说，例如他的结论不适合英国人或英裔美国群众的正常行为。批评家尤其是讨厌社会心理学这个分支涵义的那些人成功地利用它的许多弱点。但另一方面绝不可忘记，群众心理现象绝对不限于在拉丁市镇的狭窄街道上暴动的暴民。每一个议会，每一个委员会，每一个由十几位 60 岁开外的将军组成的军事会



① 德文群众心理学(Massenpsychologie)有警告的意思。群集心理学(the psychology of crowds)必不能与群众心理学(the psychology of masses)相混淆，前者不一定带有阶级色彩，它本身与研究(譬如说)工人阶级的思想与感觉方式无关。

议，无不流露出（不论以怎么温和的形式）暴民闹事时那种十分触目惊心的特征，特别是流露出责任心的削弱、思考水平的低下和对非逻辑影响的较多的敏感。此外，这些现象也不限于作许多人群集意义解释的人群。报纸的读者、广播的听众、一个党的党员，即使不亲身聚集在一起，他们也非常容易逐步发展为心理学上的人群，形成疯狂状态，在这种状态中，试图进行理性争论只会煽起兽性。

我即将提到的另一个幻想破灭的例证要次要得多——只是一派胡言而没流血的场面。学会更细致地观察事实的经济学者开始发现，甚至有关最寻常的日常生活，他们的消费者也不能完全做到经济学教科书所传达的观念。因为，一方面消费者的需要极不明确，他们根据需要的行动极不理性和敏捷。在另一方面，他们很容易接受广告和其他宣传方法的影响，以至于看来生产者常常指导消费者，而不是接受消费者的指导。成功的广告技术特别具有说服力。的确几乎总是存在一定的对理性的吸引力。即使仅仅使用断言，只要再三反复，往往比理性论证有更大的效果，直接进攻采取试图引起全属超理性（常常是非理性性质的）快乐联想形式的下意识，也有同样的效果。



结论虽然明显，作出结论必须小心。在作寻常的、常常是作过多次的决定时，个人要受有利和不利经验的合理和有益的影响，他也受相对简单和不成问题的动机和利益的影响，而这些动机和利益只偶然受情绪激动的干预。从以往的事实看，消费者想要鞋的欲望至少部分是生产者提供吸引人的鞋和大事宣传而形成的；可是在一定时间内，它是真正的欲望，它的明确性超出“一般鞋”范围，它长时间的实验廓清了原来可能围绕它的许多非理性的东西。[①] 此外，在那些简单动机的刺激下，消费者在公正的专家忠告下学会了在某些事情上（住房、汽车）怎样行动，而他们自己在其他事情上成为专家。说主妇们在食物、熟悉的家庭用品、衣服等方面容易受愚弄是完全不正确的。就像每个销售人知道他的成本一样，大多数主妇有一套坚持要她们确切需要物品的方法。

当然，在画面上的生产者一方，这点当然更显然是正确的。无疑，生产者也许是个懒汉或一个蹩脚的机会判断者，或者才不胜任；但有一种有效的机制改造他，或者消灭他。泰勒学说就是以这样的事实为根据，即人可以从事简单的手工工作几千年，仍然做不好这些工作。但尽可能合理地行动的意愿或者对趋向理性的稳定压力，在我们挑选出来观察的任何水平的工业或商业活动中，都不成问题地存在。[②]

在每个公民充满现实意识的内心小圈子里，对日常生活所作的大部分决定就是这样的。粗略地说，决定涉及的都与他直接有关的事情，包括有关他自己、他的家庭、他的职业、他的嗜好、他的朋友与敌人、他的区乡与选区、他的阶级、教会、工会或其他任何他



---

① 上文说过，非理性的意思是不能按照特定愿望合理地行动，它不是指观察家意见中愿望本身的合理性，注意到这一点是重要的，因为经济学家在估计消费者的非理性程度时，有时由于把两者混淆就夸大了非理性的程度。因此，一个工厂女工的华丽服饰，在教授眼中看来是非理性行为的标志。对这点除了归因广告设计人的艺术外，别无任何解释。实际上这可能正是她渴望的。如果这样，她在服饰上的开支按上面指出的意义来说，可能是理想地合理的。

② 当然，这个水平不但因时代和地点不同而有所不同，而且在一个特定的时间和地点，也因不同的工业部门和不同的阶级而有所不同。不存在理性普遍模式这样的东西。

积极参预的社会团体——他亲自观察得到的事情，他熟悉但不是报纸告诉他的事情和他能直接施加影响或管理的事情，以及与他的行动的有利或不利结果直接有关因而负有一定责任的事情。

再说一遍，思想和行动的明确性和合理性[①]不是这种对人和对事的熟稔，也不是那种现实感和责任感所能保证做到的。好多别的条件常常不能具备，但它们是做到这一点所必需的。例如，人们一代又一代因卫生问题上的不合理行为而受苦，仍然不能把他们的苦难与他们的陋习联系起来。只要做不到这一点，客观后果不论怎么有规律，肯定不会产生主观的经验。因此证明，人类要理解传染与流行病的关系有无法相信的困难。这些事实在我们看来是不可能误解的，但在18世纪末以前，医生们在隔离传染病人（如麻疹和天花患者）方面几乎无所作为。在既无能力又不愿意承认患病的因果关系时，或者在为某种利益反对承认这种关系的时候，情况可以想象必然会更坏。



但是，尽管有人在很多方面具有种种良好条件，每个人凭他现实感、熟悉感和责任感所能辨认的领域是极为狭窄的，当然狭窄程度在不同集团和不同个人之间是不同的，而且差距不是一点而是很大。这个能辨认领域包含着相当明确的个人意志。这些意志可能常常是非理性、狭隘、自私的，使我们感到惊讶；可能不是每个人

① 思想合理性和行动合理性是两种不同的事情。思想合理性并不总能保证行动的合理性。没有任何有意识的深思熟虑也会出现行动合理性，它与正确地制定他的行动的理论基础的能力无关。观察家，特别是使用采访和表格调查方法的观察家常常忽略这个道理，因而对行为非理性的重要性有夸张的想法。这点是我们频繁地碰到那些夸大其词言论的另一个原因。

都明白，当这种意志作出政治决定时，为什么我们应对它们的神龛顶礼膜拜？更不明白为什么我们应该感到必须把每一个政治决定算作一个神龛，而没有一个决定算两个或更多的神龛呢？无论如何，要是我们一定选择要去膜拜，至少我们不应发现那个神龛是空的。①

现在这个比较明确的意志和比较合理的行为，不会在我们不再关心教育和训练我们的那些家庭和事业的日常生活时突然不见。在公共事务领域里，有一些部门比起其他部门来，在公民心目中更加重要。首先，对当地事务，公民就比较关心，即使在当地事务上我们发现人们辨别事实的能力减退，根据事实的行动准备松懈，人们的责任心减弱。我们都知道有这么一种人——他常常是很好的典型——他说当地行政事务与他毫无关系，他面对当地实际事务冷淡地耸耸肩膀，他宁死也不愿在他自己的办公室里为这些事务受苦。怀着劝告心情的高尚公民，他们宣传选举人或纳税人的责任心，可是他们莫不发现，选举人并不感到对当地政治家所做的事情有责任。而且，尤其是在范围不大，人们接触较多的社会里，爱乡土的观念在



① 应该说明，我谈到明确和真正的意志时，并没有把它们提高为所有社会分析的最终根据，当然它们是社会过程和社会环境的产物。我的意思只是它们可以作为某种特定目的分析的根据，经济学家从任何时候都是“现成的”和不需每次作进一步分析的趣味或需求来求得价格时就会想到这个根据。同样，为了我们的目的，我们可以说真正的明确的意志的产生，在任何时候都与制造它们的企图无关，虽然我们承认这些真正意志本身是过去环境影响（包括宣传家影响）的结果。这种真正意志与制造意志的区分（见下文）是很困难的工作，不是在任何情况下和对所有目的都适用。可是就我们的目的而言，指出对我们目的有用的、明显的常识性事例就足够了。

“使民主政治起作用”中可能是非常重要的因素。而且，一个乡镇的问题在许多方面类似一家工业企业的问题，熟悉后者的人在某种程度上也熟悉前者。制造商、杂货商和职工们不需要跨出他的世界，也能对街道整洁或市政厅的作为有一个合理的、说得头头是道的意见，当然它可能是对的，也可能是错的。

第二，有许多全国性问题与个人和集团的关系非常直接和明显，以致激起足够真实和明确的意志。涉及投票人个人或集团的直接和本身金钱利益的问题提供最重要的事例，如直接税、保护性关税、白银政策等等。自古以来的经验表明，一般投票人对任何这类事情反应得迅速而合理。但民主政治的古典学说显然从这种理性表现中得不到什么好处。因此，投票人证明他们自己在这种问题上是蹩脚的实际上是腐化的判断者，[①]而且他们甚至对他们的长期利益也是蹩脚的裁判，因为政治上产生效果的只是短期的许诺，有效地表明自己的只是短期合理性。



可是，进一步离开个人关心的家庭和工作场所，进入全国性和国际性事务领域（与个人关心的事情没有什么直接明确的关系），个人意志、对事实的掌握、推断的方法立即不再满足古典学说所需要的条件。最使我吃惊的和在我看来是困难核心的，是现实感的

① 边沁主义者为什么忽视这一点的理由，在于他们没有认清在现代资本主义中群众腐化的可能性。他们在政治理论中犯了与他们在经济理论中同样的错误——他们假定“人民”是他们自身个人利益的最好裁判，而个人利益必然符合全体人民加在一起的利益——并不为之内疚。对他们来说，这样做定要容易些，因为他们虽不是有意却在实际上把资产阶级利益这个名词哲学化了，而资产阶级利益从过度节省的国家中得来的比从直接行贿得来的更多。

完全丧失。[①] 在正常状况下，在典型公民的心理经济学中，重要政治问题和他们的够不上嗜好的业余兴趣及不负责任的闲谈主题处于同等地位。这些问题看来如此遥远，它们根本不像业务上的计划；国内国际大事中的危险可能根本不会成为事实，要是真的来到，它们可能证明不很严重；人们觉得自己进入一个虚幻的世界。

这种减弱了的现实感不但造成责任感的削弱，而且促使有效意志的丧失。当然，人有他的空话，有他的愿望、白日梦和抱怨；尤其是，人有他的喜爱和不喜爱的东西。但一般地说，这些并不等于我们所说的意志——有目的负责任行动在心理上的对应物。事实上，对于思考国家事务的公民来说，这样的一种意志并无发挥作用的余地，也没有它承担的任务。他是一个不起作用的委员会——整个国家委员会——的成员，这就是为什么他花在理解政治问题上的精力还没有花在打桥牌上的精力多的原因。[②]

责任心的减弱和有效意志的缺乏转过来又说明为何普通公民对国内国际政策的无知和缺乏判断力，这种情况出现在受过教育与在非政治性事业中取得成功的人们中间要比出现在地位低微、未受教育的人们中间更令人吃惊。报道甚多，俯拾即是。



① 威廉·詹姆斯，《辛辣的现实感》。这点的贴切中肯，格雷厄姆·沃拉斯曾特别强调过。

② 假如我们问问自己，为何桥牌桌上显示出来的聪明才智和清晰头脑远远比非政治家之间的政治性讨论中表现出来的多得多，就有助于弄清这一点。在桥牌桌上我们有明确的任务；我们有必须遵守的规则；成功和失败规定得清清楚楚；我们不准乱打，因为我们做出的每一个错误不但立刻发生影响，而且立刻自食其果。普通公民的政治行为里不存在这些条件，这就表明为什么他在政治中缺乏他可以在职业中表现出来的所有机灵和判断力。

但这看来并不使事情有所不同,我们也不应对此大惊小怪。我们只需比较一下一个律师对他辩护状的态度与他对报纸上所载政治事件报道的态度,便能明了是怎么一回事了。在前一种情况下,这位律师知道专业才能是他的利益所系,在这种明确的刺激下,经历多年有目的的努力,他有资格鉴别他经办案件中各种事实的中肯与否;在某种同样有力的刺激下,他于是集中他的知识、智慧和意志,推敲辩护状的内容。在后一种情况下,他没有下苦功去取得鉴别的资格;他不关心去收集信息,不想把他得心应手的批评武器使用在信息上;他也没有参预漫长而复杂争论的耐心。所有这一切表明,没有来自直接责任心的主动积极性,不管面前有怎么完整而正确的大量信息,不会改变无知的存在。甚至作出值得称赞的努力,不仅提供信息,并且利用讲座、课堂、讨论会来教导人们如何使用信息,无知会仍然坚持不去。效果不会一点没有,但小得可怜。硬把人们抬上梯子是不行的。



因此,典型的公民一旦进入政治领域,他的精神状态就跌落到较低水平上。他会毫不犹豫地承认,他辩论和分析的方法是幼稚的,局限于他实际利益的范围。他又成为原始人了。他的思想变得易于引起联想和充满感情。① 这种情形必然带来两个具有预兆意义的后果。

第一,即使没有试图影响他的政治集团,典型公民在政治问题上往往会听任超理性或不合理的偏见和冲动的摆布。他在政治上应用的推理方法的软弱无力,他对得出的结论缺乏有效的

① 见第12章。

逻辑控制，这些本身就足以造成那种状况。此外，就因为他做不到“头脑清醒”，他甚至达不到他通常的精神水平，偶尔他还向黑暗的冲动让步，私生活的条件本来有助他抑制这种冲动。至于他的推论和结论的智慧和合理性，如果他屈从于一阵愤怒的爆发，同样不可能是合格的。这种情形使他更难看清事物的正确形象，甚至最多只能一次看到一件事物的一个方面。因此，如果他有一次真的不再像寻常那么模糊不清，确实表现出民主经典理论规定的明确意志，他很可能变得比平时更不聪明更不负责。这种状况在某些关键时刻，可能证明对他的国家是致命的。①

第二，无论如何，公众心理过程中的逻辑成分越弱，合理批评以及个人经验和责任心所施展的合理影响消失得越干净，而某些另有企图集团的机会越多。这些集团包括职业政客、经济利益的代表、这种那种理想主义者或者只是对上演政治戏剧和控制政治表演有兴趣的人们。这些集团的社会学观点对当前争论无关重要。这里唯一重要的一点是：既然政治中的人性是现在那样，这些集团就能够在很大限度内改变甚至制造人民的意志。我们在分析政治过程中遇到的主要不是真正而是由人制造出来的意志。这种人工制造的东西常常在现实中与古典理论中的一般意志相适应。只要这种情形存在，人民的意志不会是政



① 这种爆发的重要性不容怀疑。但怀疑它们的真实性是可能的。在许多事例中分析的结论表明，这类爆发是被某个集团的行动诱导出来的，而不是人民自发产生的。在这种情况下它们属于(第二)级现象，对此我们将加以讨论。我个人相信，真实的例子是存在的。但我不能确知，更彻底的分析会不会揭出在它们底下有过某种心理技术的努力。

治过程的动力,只能是它的产物。

制造争论问题的方法和制造对任何重大问题的人民意志的方法完全类同商业广告的方法。我们发现接触下意识的同样企图。我们发现创造赞成和反对联想的同样手法,这些联想越不合理越有效率。我们发现同样的规避策略,同样的缄默策略和同样的以一再重申主张来制造舆论的诡计,这个诡计显然能成功地躲避合理的争论和避免惊醒人民批判能力的危险,如此等等。只是所有这些技术在公共事务领域比在私人和专业生活领域有无限大的发挥余地。世上曾有过的最美姑娘的照片,从长远观点看,它无力维持劣质香烟的销路。在政治决策问题上同样没有有效的保证。许多命运攸关的重要决定不具有公众可能以低廉代价在空闲时候加以实验的性质。即使有实验可能,一般说来,作出判断不像实验香烟那么容易,因为政治效果是难以说得清的。



可是上述这类技术以商业广告领域所未闻的程度,使自称诉诸理性的那些政治广告形式失去效力。对于观察者来说,反理性的或者至少是超理性的呼吁以及受害者的没有自卫能力,当用事实和论据掩盖时反而更加清楚地显突出来。从上文我们已经了解,使公众知道关于政治问题的正确信息以及由此作出的逻辑正确的推论是如何的困难,为什么关于政治问题的信息和论点只有当它们与公民先入之见相连接时才能“挂上号”。但一般说来,这些先入之见不够明确,不能决定是否接受特定的结论。因为它们本身是可以制造的,有效的政治论证几乎不可避免地意味着是一种把现存意志的前提扭曲成特殊形式的企图,而不仅是贯彻这些前提或帮助公民作出决定的企图。

这样，真正被接受的信息和论点很可能成为政治意图的奴仆。因为人们为他们的理想或利益愿意做的第一件事是说谎，我们预期，事实上我们发现，有效的信息几乎总是经过掺假或挑选，[①]而政治上有效的推理主要就是试图把某些主张提高为公理，把其他主张说成不值一顾；于是这样的推理只能是一种上边提到的心理技术了。认为我过分悲观的读者，只需自问他有否曾听人说过，或者他本人是否说过，这种或那种讨厌的事实必不可公开宣扬，或者某种推理的思路虽然有根据，却是要不得的。如果那些根据流行的标准可称为可尊敬的甚至是心胸高尚的人，尚且对这种情形心安理得，他们岂不是由此表示了他们对人民意志的价值甚至人民意志的存在是怎么看的吗？

当然，所有这一切是有限度的。[②] 杰斐逊的格言说，最终，人民毕竟比任何个人聪明，还有林肯关于不可能"永远愚弄所有人民"的格言，其中是有真理的。可是这两个格言都意味深长地强调从长期来看这一点。毫无疑问，有可能争辩说，在一定时间里集体心理将会发展成高度合理甚至极为敏锐并常使我们吃惊的意见。可是，历史由一连串短期形势组成，它们可以永远改变事情发展的线路。如果所有人民在短期里能被一步一步"愚弄"到接受不是他们真正需要的东西，如果这个情况不是可以忽视的例外事例，那么



① 经过选择的信息，即使本身是正确的，也是一种以说真理方式来欺骗大家的企图。

② 如果重大问题频繁地用公民投票来决定，就有可能更清楚地表明这种限度。政客们大概知道，为何他们几乎一致地仇视那个制度。

不论有多少事后回顾的常识不能改变这样的事实，即实际上人民既不提出问题也不决定问题，决定他们命运的问题是正常由别人为他们提出和决定的。民主爱好者较之任何其他人有更多理由接受这个事实，更有理由洗刷有人说他们的信条依靠假话骗人的诽谤。

## IV. 古典学说存在的理由

但是，一种与事实如此相悖的学说为何有可能存在到今日，并将继续在人民心中和在政府官方语言中保持其地位？反驳的论据是人人皆知的；每个人以完全坦率态度，常常用讥讽的坦率态度接受这些论点：学说的理论基础——功利主义的唯理论——业已死亡；没有人把它当作正确的国家理论来接受它。为什么这样，问题是不难解答的。



首先，虽然集体行动的古典学说可能得不到经验分析结论的支持，但它得到与宗教信仰有关思想的有力支持，这一点我已经说过。乍一看这种情况也许不明显。功利主义领导人绝不是宗教这个词通常意义上的宗教领袖。事实上他们相信自己是反宗教的，人们也普遍认为他们如此。他们以采取他们认为显然是非形而上学态度而自豪，他们完全不同情当时的宗教制度和宗教运动。但我们只要看一下他们所画社会过程的图画，就可以发现画面体现出基督教新教信仰的本质特性，事实上它来自那个信仰。对于抛弃宗教信仰的知识分子来说，功利主义信条提供了宗教的替代品。对于保持宗教信仰的许多人来说，古典学说成为宗教的政治补充物。[①]

古典学说进入宗教范畴时，它的性质变了。结果以它为基础的民主信念也变了，于是不再需要对共同利益和最终价值产生逻辑上的顾虑了，所有一切都由主宰万物的造物主的计划为我们安排好了。以前看来不明确或无目的的东西一下子变得十分明确和有说服力。例如人民的呼声就是上帝的意旨。以平等为例，它的含义是拿不准的，只要我们囿于经验分析的范围，就很难有任何合理根据把它提高为基本原理。但基督教教义含有强烈的平等成分。救世主为所有人而死，他对于不同社会地位的人一视同仁。他这样做，证明各人灵魂的内在价值是不容分成等级的价值。在我看来，这不是对“每个人只能算一个，任何人不能算几个”的认可，而且是唯一可能的认可吗？[②] 这不是对将超尘世意义注入民主信条的条文中（除此外很难找到别的）的认可吗？这样的解释当然没有托出整个理由，但就其所涉范围，它似乎解释了许多除它之外无法解释、实际上也毫无意义的事情。特别是，它解释清楚信仰者对批评的态度。又和社会主义的情况一样，根本不信这个道理，被看做不仅错误而且有罪；它不仅引起逻辑上的反驳，也引起道德



① 注意它与社会主义信仰的类似，后者对有些人也是基督教信仰的替代品，对另一些人也是基督教信仰的补充物。

② 人们可能反对说，为平等这个词加上一个普遍性的含义无论怎么困难，但在大多数情况下（即使不是所有情况）从它的上下文可以演绎出这样的含义。例如，可以容许从葛底斯堡发表演说的环境，推断出林肯“所有人生来自由和平等的”这句话的意思就是：法律地位平等与承认奴隶制所暗示的那种不平等正好相对。这个意义足够明确。但是，如果我们发问，为什么这个主张在道德上和政治上具有约束力，同时如果我们拒绝回答：“因为每个人生下来就和别人完全一样，”那么我们只能求助于基督教信仰提供的神的旨意。这个解答可以想象地包含在“上帝创造的”一词的含义中。

上的愤怒。

我们可以用另一种方式讨论我们的问题，说用这种方式推动的民主不再是像蒸汽机或消毒剂那样可以合理地讨论的单纯方法了。它实际上成为我从另一个角度看原以为它不可能成为的东西，那就是一个理想，或者应该说是事物理想图式的一部分。民主这个词可以成为一面旗帜，成为一个人所宝贵的所有一切的象征，成为他对他的国家所爱的（不管是否合理地具备条件）任何东西的象征。一方面，民主信仰中意指的种种不同主张怎么会与政治事实相关的问题将变得与它无关，就像对虔诚的天主教徒来说，亚历山大六世的所作所为怎么会与围绕教皇宝座的超自然光环相符合一样，变得与他无关。另一方面，这种类型的民主主义者在接受含有大量平等、友爱涵义的基本原理同时，也一定会完全真诚地接受几乎有任何程度偏离这些原理（可能包括他自己行为或立场）的东西。那种情形甚至不是不合逻辑的。仅仅与事实有距离不是反对伦理准则或神秘希望的理由。

第二，存在这样的事实，古典民主政治的形式和言辞在许多国家里与它们历史中的事件和发展相联系，这些事件和发展得到大多数人的热情赞许。对一个现存政权的任何反对，不管反对的含义与社会基础如何，很可能使用这些形式和言辞。① 如果反对得势，如果嗣后的发展证明使人满意，那么这些形式将会在国民意识中生根。



① 有人可能认为，对于建立公开专制政权的反对派应该看做例外。但作为历史事实，甚至大多数专制政权也以民主方式崛起，它们的统治也以得到人民的赞同为基础。恺撒不是被平民杀死的。但杀死恺撒的贵族寡头们也使用民主的言辞。

美国是突出的例子。它作为主权国家的存在是和一场反对君主和贵族政治的英国的斗争相联系。除了少数保皇党人，美国人在格伦维尔当政时期可能已不再把英国君主看做他们的国王，把英国贵族政府看做他们的贵族政府。在独立战争时期，他们作战的对方实际上在他们感情中已经变成干预他们政治和经济利益的外国君主和外国贵族政府。从困难时期的早期阶段起，他们根据不可剥夺的人的权利，按照古典民主政治总的原则，提出他们的事业（实际上是全国的事业）是"人民"反对其"统治者"的事业。独立宣言的措辞和宪法的措词都采用了这些原则。接着的巨大发展吸引了和满足了大多数人民，从而似乎证实了这个国家神圣文件中所标榜的学说。

当掌权集团的力量和成功处于鼎盛时，反对派很少取胜。19世纪前半期，信奉古典民主信条的反对派起事，最终压倒政府，这些政府——尤其在意大利——显然处于衰败状态，已经成为无能、残暴和腐朽的笑柄。自然地虽然不是完全逻辑地，这种情形增加了民主信条的信誉，当拿这些信条与那些政府提倡的蒙昧迷信作比较，更加显示出它们的优点。在这样的环境中，民主革命意味着自由与体面生活的来到，而民主信条意味着理性和生活改善的福音。可以肯定，这个优点必然将失去，而民主政治的学说与实践之间的鸿沟必然会暴露，但曙光的魅力消逝得缓慢。

第三，必不可忘记，在有些社会模式里，古典学说之确实适合于事实达到足够近似的程度。如上文业已指出，许多小而原始社会的情形就是这样，事实上这种社会就是这个学说的创立者们用以作原型的社会。有些社会虽然并不原始，只要它们内部分化不太严重，不存在任何严重的问题，也属于同样情形。瑞士是最好的例子。瑞士这个农民社会很少争吵，国内除旅馆和银行外，没有大型的资本主义工业，国家政策问题如此简单和稳定，可以期望绝大多数人了解这些问题并在这些问题上达成一致。但是，如果我们能作出结论说，在上述情况下古典学说近似于现实，我们必须立即加上一条：其所以如此，并非因为它描绘出一个政治决策的有效机制，而是因为在那些社会里没有重大决策要作。最后，为了说明即使在一个庞大而高度分化的有重要问题有待决定（假如已不存在无法解决的问题）的社会里，古典学说有时看来也适合于事实，还要再提一提美国这个例子。这个国家在进入第一次世界大战之前，公众心理主要关心开发利用国内经济可能性问题，只要这个事业未受严重阻挠，对于以好脾气的轻蔑看待政客们古怪动作的普通公民来说，就没有什么根本重要的事情。有些阶层的人可能会被关税、白银、当地政府管理不善或偶尔与英国争吵所激动，一般人不很关切，只有一次实际上产生整个国家灾难的严重分歧——内战——例外。



第四，政客们当然欣赏既能讨好群众又能提供极好机会来逃避责任和用人民名义压倒对手的辞令。

# 第二十二章　民主的另一个理论

## I. 竞争政治领导权

我想大多数政治学学者现在终于接受上一章中针对古典民主学说的批评了。我还认为他们中的大多数人会同意或者不久将会同意接受另一个理论，它更忠实于生活，同时它拯救了民主方法的倡导者使用这个名词时真正所指的许多意义。这个理论像古典理论一样，可以被纳入一个定义之中。



读者能够回忆起，关于古典理论，我们的主要困难集中于这样的命题，即"人民"对每一个问题持有明确而合理的主张，在民主政体中，人民以挑选能保证他们意见得以贯彻的"代表"来实现这个主张。这样，选举代表对民主制度的最初目标而言是第二位的，最初目标是把决定政治问题的权力授予全体选民。假如我们把这两个要素的作用倒转过来，把选民决定政治问题放在第二位，把选举作出政治决定的人作为最初目标。换言之，我们现在采取这样的观点，即人民的任务是产生政府，或产生用以建立全国执行委员会①或

① "执行委员会"这个含义模糊的词极易误解。要是我们用它指公司的董事会时，它的意思就明确了。公司的董事会所做的事远远超过"执行"股东的意志。

政府的一种中介体。同时我们规定：民主方法就是那种为作出政治决定而实行的制度安排，在这种安排中，某些人通过争取人民选票取得作决定的权力。

对这个想法的辩护和解释很快表明，就假定的正确性和命题的可靠性而言，它大大地改进民主过程的理论。

首先它为我们提供了相当有效的标准，可以用来辨别民主政府和非民主政府。我们知道，古典理论之所以在这一点上遇到困难，就是因为在许多历史事例中，根据民主这个词可接受的用法衡量不能称为民主的政府能同样或更好地符合人民的意志和幸福。现在，我们的地位有所改善，部分因为我们决心强调程序方法，它的存在与否，在大多数情况下是容易核实的。①



例如，像英国那样的议会君主政体完全符合民主方法的条件，因为君主实际上只能任命议会选举出来的人为内阁官员。“立宪”君主政体没有资格被称为民主政体，因为选民和议会虽然具有议会君主政体中选民和议会的所有其他权利，但却没有权力强制把它们选出的人进入执行委员会：在这种情况下内阁部长成为君主名义上和实质上的仆人，原则上能够由君主任命和罢免。这样的安排可能使人民满意。选民可能投票反对改变这个安排的建议，来再次肯定这个事实。君主可能深得民心，以致有能力挫败对最高职位的竞争。但是，由于从来没有实现这种竞争的机器，所以这种事例不合我们的定义。

其次，这个定义所体现的理论留有我们为恰当认识领导权这个极端重要的事实所希望保有的充分余地。古典理论做不到这点，如

① 见下文的第 4 点。

我们已经知道，它认为选民具有完全不现实的高度首创精神，实际上等于抹煞领导权。但是，每个集体几乎无不接受领导而行动——实际上这是任何集体行动的主要方法，要比机械反应进步。考虑到这一点作出的关于民主方法的运用与效果的命题，比没有考虑这一点的命题，必然具有无限多的现实性。前者不仅执行一般意志，并将在一定程度上说明一般意志怎样产生或者怎样被取代和被伪造。我们称作制造的意志的东西不再受这个理论的排斥，不再是我们虔诚祷告希望其不存在的东西；它理所当然地登堂入室。

第三，但是，只要实际上存在真正的集体表示的意志——如失业者要求得到失业救济的意志，或其他团体帮助失业者的意志——我们的理论不会忽视它们。相反，我们现在就能恰当地分派它们担任它们实际在演的角色。这样的意志一般说来不会直接地表现自己，即使它们一直强烈而明确地潜伏在那里常常达几十年之久，一直要到某位政治家把它们唤醒，使它们成为政治因素。政治家做到这一点，或者由他的代理人为他这样做，他们的手段是组织这些意志，逐渐激励这些意志，最终把它们包括在他竞选纲领的合适条款中。局部利益和公众舆论间的相互作用以及它们产生我们称为政治形势的模式的方法，从这个角度观察，能出现新的更清楚的含义。

第四，当然，我们的理论并不比竞争领导权的概念更加明确。这个概念表现出与经济领域的竞争概念有同样的困难，拿它与经济竞争概念作比较也许是有用的。在经济生活中，竞争从不完全停止，但很少是完全的。[①] 同样，在政治生活中，总有某种争取人民



① 在第一篇中有说明这个问题的一些例子。

忠诚的竞争，虽然也许只是潜在的竞争。为了简单起见，我们把说明民主政体的争取领导权的竞争只限于自由投票的自由竞争。这样做的理由是，民主政体看来是指导竞争的公认方法，而选举方法实际上是任何规模社会唯一可行的方法。但是，虽然这么做排除了应该排除的许多取得领导权的方法，[①]如以军事叛乱夺取领导权；但它并不排除与我们称之为“不公平”或“欺诈”竞争或限制竞争这些与经济现象极为酷似的种种情况。我们不可排除它们，因为倘若把它们排除掉，我们就只留下完全不现实的理想。[②] 在这个并不存在的理想事例和以武力禁止与现任领袖进行一切竞争的事例之间，存在着一连串的变体，从民主产生政府的方法以不能察觉的差异逐渐转为专制产生政府的方法。可是，倘若我们希望理解而不希望把它哲学化，这就是恰如其分的事情。我们所持标准的价值不会因此受到严重伤害。



第五，我们的理论看来澄清了存在于民主政体与个人自由之间的关系。如果个人自由我们指的是存在一个个人可以自主的范围，它的界限在历史上是有变化的——任何社会甚至不会容忍信仰和言论的绝对自由，任何社会也不会把容忍范围缩减到零——问题显然在于程度的大小。我们已经懂得，民主方法保证的个人自由不一定比在同样环境中另一种政治方法能允许的个人自由

① 它也排除不应排除的一些方法，例如由人民缄默接受而取得的政治领导权或通过准天命的选举而取得政治领导权。准天命的选举与投票选举只是技术上的不同。而前者即使在现代政治中也不是完全没有重要性；政党头目在他党内掌握的支配权常常以党员心照不宣地接受他的领导为基础，但比较地说，我想这些在这样概略的说明中是可以略而不计的细节。

② 如同在经济领域中一样，某些限制隐含在社会的法律和道德原则中。

多，很可能反而更少。但在两种方法之间存在一种关系。如果至少在原则上每个人都有向选民陈述主张，竞争政治领导权的自由，[①]在大多数情况下（虽然不是在所有情况下）这就意味着有讨论任何事情的大量自由，特别是它正常地意味着相当可观的新闻自由。这种民主与自由之间的关系不是绝对严格的，而是可以改动的。但从知识分子的观点看，它仍然是十分重要的。同时，它们间的关系就是这些。

第六，应该注意，我说建立政府（直接的或通过中介机关）是选民的首要职能时，我的意思是这句话也包括取消政府的职能。前者的含义就在接受一个领导人或一批领导人，后者的意思就是取消这个接受。这样说是考虑到读者可能忽视的一个要素。他可能认为选民设置政府也控制政府。可是，因为选民在正常状况下无论如何并不控制他们的政治领导人，除非拒绝重选他们，或者拒绝重选支持他们的议会多数党。以我们定义中指出的方法，减少我们想象中选民控制领导人的作用，看来是适当的。偶然也有直接地推翻政府或推倒个别部长或者强制执行某种行动路线的自发的突变发生。但这不但是例外情形，而且如同我们即将明白，它们与民主方法的精神背道而驰。

第七，我们的理论向一桩长期争论提出非常需要的见解。不论是谁接受古典民主学说，随即相信民主方法能保证根据人民意志决定问题和制定政策，他必定因下面的事实而吃惊：即使人民意志是无可否认的真实和明确，简单多数作出的决定在许多情况下

① 这里所说的自由与每个人有开办另一家纺织厂的自由同义。

歪曲人民意志而不是实施人民意志。显然,多数人的意志是多数人的意志而不是“人民”的意志。人民意志是一件镶嵌工艺,多数人意志完全不能“代表”它。用定义把两者等同起来不解决问题。但是,制订各种不同比例代表制计划的作者曾试图找出真正解决问题的办法。

这些计划遭到有实际根据的驳斥。事实很明显,比例代表制不但为各种不同的派系提供表演的机会,而且可能阻止以民主程序产生有效政府,因此证明它在紧急时期是一种危险。[①] 可是,在作出结论“如果民主的原则始终贯彻下去,民主政体将会难以运转”之前,最好问问我们自己,这个原则是否即指比例代表制。事实上它指的不是比例代表制。如果接受领导人是选民投票的真实职能,比例代表制的存在理由就垮了,因为它的前提不再具有约束力。民主政治的原则因此仅仅意味着,政府的执政权应交给那些比任何竞选的个人或集团获得更多支持的人。这一点转过来又保证了多数制度在民主方法逻辑范围内的地位,虽然我们还是可能以那个逻辑范围外的理由谴责它。



## II. 应用的原则

现在,我们以民主国家政治机器的结构和运行的较为重要特征来验证上节所概述的理论。

---

① 反对比例代表制的论点,已由F. A. 赫门斯在《民主政治的特洛伊木马》一文中有力地论述,该文刊于《社会研究》1938年11月号。

1.如我曾说，在民主政体里，选民投票的首要作用是产生政府。这点可以是选举一整套官员的意思。但这种做法主要是地方政府的特色，此后将略而不论。① 我们只考虑全国性政府，可以说，产生政府实际上等于决定领导人应该是谁。② 和前面一样，我们称他为总理。

只有一个民主国家的选民的投票直接选出总理，那就是美国。③ 在所有其他国家中，选民投票不是直接产生政府，而是产生

---

①　我这样做只是为了简略，这种做法完全适合我们的图式。

②　这点只是近似的正确。选民投票确实使一批人掌权，在一切正常的情况下，这批人承认一个领导人；但在一般情况下，处于第二级、第三级的领导人也有属于他自己的政治力量，为首的领导人必须把他们安排在适当的职位上。这个事实立即会得到大家承认。

还有一点必须牢记。虽然有理由期望，上升到最高指挥岗位上的人一般总是有相当个人力量的人，不管他在其他方面怎么样——这点我们在下文中还要讨论——但不能据此断言情况永远如此。因此，“领导”或“领导人”这类名词的含义不是说被这样称呼的人必然赋有领导的才能，或者这些人一直在作出亲自的领导。有一些政治形势会造成把没有领导才能（有别的资格）的人推上去，这就不利于建立强有力的个人地位。因此一个政党或政党联盟偶尔会群龙无首。每个人都承认，这是一种病理状态，是失败的典型原因之一。

③　我认为，我们可以不管选举人团。在称呼美国总统为总理时，我希望强调美国总统职位基本上与其他民主国家总理的职位相同。但我不想缩小两者之间的差异，虽然某些差异只是表面上而不是实质性的。其中最不重要的是，美国总统也履行法国总统同样的主要是礼仪性的职能。很重要的是美国总统不能解散国会——法国总统也不能这样做。另一方面，由于美国总统至少在法律上不需要他的党在国会中占多数，所以他的地位比英国首相的地位强；但从实际上看，他如果没有多数就要被挫败。同样，他可以（几乎）任意地任命和罢黜内阁官员。这些官员很难称之为按此字的英国含义解释的部长，实际上只是“秘书”一词在通常用法上的职位。所以，我们可以说，在某种意义上，美国总统不仅是总理，而且是唯一的部长，除非我们在英国内阁部长的职能与美国国会行政首脑的职能之间找到相似之处。

要解释和说明美国和使用民主方法的任何其他国家的这些和许多别的特点是不难的。为了节省篇幅，我们只考虑英国模式，而把其他国家的情况看做对这个理论

一个后来称为议会的中间机关，[①]它承担产生政府的职能。从历史的根源和从便利运行的理由来说明采取这种制度，或者应该说推进这种制度的原因，以及这种制度在不同社会模式中采用各种各样形式的原因，似乎是不难的。但它不是逻辑的构成物；它是自然的生长物，这个生长物的微妙意义与结果完全不是官方学说所能说明的，更不用说法律学说了。

议会怎样产生政府呢？最明显的方法是选举政府，或者较实际地说，先选举总理，然后再投票表决由他提出的部长名单。这个方法很少使用。[②]但它表明这个程序的性质优于任何别的程序。而且，那些别的程序都不出这个程序的窠臼，因为成为总理的人在正常情况下是议会要选的人。他实际登上这个职位的途径，在英国由国王任命，在法国由总统任命，在魏玛时期的普鲁士自由邦由特定的机构或委员会任命，这些仅仅是形式问题。



传统的英国做法是这样的：大选之后，胜利的政党正常地占有议会中的多数席位，这样，这个政党就有能力对除它自己领袖外的任何人进行不信任投票，而该党领袖则可以通过与此相反的方法，“由议会”指定为国家领导人。他从国王那里得到任命——“吻手”——向国王提出他的部长名单，内阁阁员名单是这份名单的一部分。在这份名单中，他列入 1. 几个党的元勋，这些人得到可以

或多或少的“偏离”，因为迄今为止，民主政府的逻辑在英国实践中（虽然不是在法律形式中）体现得最完整。

① 可以回想得到，我曾把议会解释为国家的一个机关，虽然这样做只是因为从形式（法律）逻辑看这个定义特别适合我们民主方法的概念。因此议员就是一种官职。

② 例如，奥地利在 1918 年崩溃后曾采用这个方法。

称为表示敬意的职位。2.几个党的第二级领袖，他指望这些人在议会当前战斗中出力；他优先提升他们，部分由于他们积极的政治价值，部分由于他们有可能捣乱的价值。3.一些新进人物，他邀请他们担任迷人的官职，以便"从与党离心的议员中吸收才智之士"；4.有时还有少数几个他认为特别适合担任某个职位的人。[①] 但在一切正常的情况下，这个做法也往往产生与议会选举部长同样的后果。读者将明了，在总理（首相）具有解散议会（"诉诸全国"）实际权力的地方（如英国），只要选民支持他，其后果在某种程度上与我们可期望由选民直接选举内阁所产生的后果相接近。[②] 一个著名的事例可以说明这一点。

2.1879 年，当时比肯斯菲尔德（迪斯累里）政府经历了几乎六年顺利兴隆的任期，并在柏林会议取得瞩目成功时达到顶峰，[③]从所有正常情况看来，有条件在大选中期望取胜，可是格拉德斯通突



---

① 有些人悲叹在这些制度安排中胜任的人多么少，但这件事与我们叙述的问题无关；政治价值应优先考虑，胜任与否只是附带的事，这是民主政府的本质。见下文第 23 章。

② 如果像法国的情况那样，总理没有这种权力，议会里的小党派就有很大的独立性，那么由议会接受一个人当总理和由选民接受同一个人当总理之间的这种并行性就会被削弱或破坏。这是议会政治的客厅比赛出现极度混乱的形势。从我们的立场看来，这是对民主政府这架机器原来设计的偏离。雷蒙·普安卡雷持有相同的看法。

当然这样的形势也出现在英国。因为首相解散议会的权力——严格地说，他"进言"国王解散下院的权力——在他的党的核心层如果坚决反对他这么做，或者没有机会运用选举来加强他控制议会的力量的时候，就不起作用。就是说，他在议会中的力量也许比他在全国的力量更强（虽然也可能更弱）。一届政府当权数年后，往往有规律地出现这样的事态。但在英国政治制度中，这种偏离设计的情形不会持续很久。

③ 我的意思不是说，俄土战争引起的问题的暂时解决，以及获得完全无用的塞浦路斯岛这两件事本身是政治家才能的杰作。我的意思是，从国内政治角度来看，它们正是那种显眼的成功，通常能满足一般公民的虚荣心，并将在沙文爱国主义气氛中大大加强政府的胜利前景。事实上，普遍认为，如果迪斯累里从柏林一回来立刻解散议会，他本来会取得胜利。

然以一连串力量无与伦比的演说(中洛锡安竞选)使全国振奋,演说中非常成功地渲染土耳其人的残暴,以致使他处于群众对他个人的热情浪涛的巅峰之上。执政党对之袖手旁观。几个党的领导人实际上是不赞成的。格拉德斯通已在几年前辞去领导人职务,单枪匹马地议论国事。但当自由党在他的激励下取得压倒性胜利时,任何人都明白他必然会再次被接受为党的领袖——不,他是以全国领导人身份担任党的领袖的,几乎没有任何其他人有这个资格。他在光荣的晕圈中执掌政权。

现在,这个事例告诉我们许多关于民主方法运行的情形。开始时,必须了解这个事例的独特处只在于它的喜剧性质,此外没有别的。它是正常品种的特大标本。皮特父子、皮尔、帕默斯顿、迪斯累里、坎贝尔·班纳曼等人的事例与它只是程度上的不同。

首先,关于首相的政治领导地位。① 我们的例子表明,它由不同的三个要素组成,三者必不可混淆,三者在任何情况下均以不同比例混合在一起,混合的情况决定每一位首相统治的性质。首先,



① 这是英国人办事方法的特征,对首相职位存在的正式承认一直拖延到1907年,当时允许这个职位出现在宫廷正式排名的前列。但它和民主政府一样早已存在。不过,由于从来没有以明确的行动介绍民主政府,它是作为全面的社会过程的一部分缓慢形成的,甚至要指出它大致上诞生的日期或时期都不容易。在一段很长时间内出现过萌芽形态的事例。把这个职位出现的日期定为从威廉三世统治开始是有诱惑力的,威廉三世的地位远比本地出生的国王弱,他似乎有很大可能产生这个主意。对这个说法的反对意见,并不怎么强调当时英国还不存在"民主政体"——读者可以回忆起,我们并未以选举权的程度作为民主政体的定义——它强调的是,一方面,丹比的萌芽状态事例出现在查理二世统治时期,另一方面,威廉三世从不向制度安排妥协,他成功地把某些事情抓在自己手里。当然,我们必不可将首相与单纯的顾问相混淆,不管后者在国王面前有多大权力,不管他们如何牢固地盘据在国家权力的中心——这样的

表面上他是作为议会中他的党的领导人担任首相的。但他一旦就职，他就成为议会的领袖，直接地是他担任议员的下院的领袖，间接地也是上院的领袖。这种情形比官方所说的委婉词语具有更大意义，也比他掌握自己的党所含的意义更多。其次，他能影响其他党和其他党的成员，也会激起他们的反感，这样对他的成功机会也造成很大的不同。在有限的情况下，罗伯特·皮尔爵士的实践是最好的例子，他可以利用另一个党来强迫他自己的党。最后，虽然在所有正常情况下，他也是国家中他的党的领袖，做得十分成功的首相这个职位能在国内获得完全不同于他领导党组织自动获得的地位。他创造性地领导党的政见——塑造它——最终使他上升为领导超越党路线的公众舆论，上升为在某种程度上领导独立于党的政见的全国性舆论。毋需说，这样的成就是完全属于个人的，在党与议会之外有这样的立足点的重要性有多么的巨大。它交给这位领袖一根鞭子，劈啪一声可以使不自愿和有二心的下属紧跟在他后面，虽然鞭梢也会抽痛挥舞鞭子不当的手。



---

人，如黎塞留、马扎林或斯特拉福德，安妮女王治下的戈多尔芬和哈利显然都是转瞬即逝的事例。受当时普遍公认并得到政治史学家承认的第一个人是罗伯特·沃波尔爵士。但他和纽卡斯尔公爵（或他们兄弟亨利·佩勒姆或二人加在一起），事实上直至谢尔本勋爵的全部领导人物（包括老皮特，虽然他是外交大臣，实质上十分接近于符合我们的条件）都缺乏三个要素中这一个或那一个。最具备条件的标本是小皮特。

注意到这个情况是有趣的，即在罗伯特·沃波尔爵士的事例中（和以后在卡特雷勋爵，即格兰维尔伯爵的事例中），当时社会并不承认存在一个正在穿透萎缩组织而出现的与民主政府关系极大的职位。正相反，当时舆论认为它是十分可怕的肿瘤，它的生长是对国民福利和民主政体的威胁——“唯一部长”或“第一部长”是沃波尔的敌人向他投来的咒骂的名词。这个事实意味深长。不但指出新制度通常遇到的阻力，还指出人们感到这个制度与古典的民主学说不相容，事实上这个学说中没有我们设想的政治领导的地位，因而没有地方容纳首相这个职位的实际存在。

这个比喻为我们的命题提供一个重要的合格证明，在议会制度下，产生政府的职能落在议会身上。议会的确正常地决定谁将是首相，但在这样做的时候，议会不是完全自由的。它的决定不是倡议而是接受。除非在像法国议院那样病态事例中，议员的愿望一般不是产生政府程序的最后根据。议员不但受党员义务的束缚，他们也受他们要“选举”的人的驱赶——被赶去参加“选举”，一旦选出了他又受他的驱赶。每匹马当然有脱缰的自由，但它也不总是服从驾驭的。反叛或消极抵制领袖的领导就是他们之间的正常关系。这种正常关系是民主方法的实质。格拉德斯通在 1880 年的个人胜利是对官方理论——议会创建和罢免政府——的回答。①

3. 其次，关于内阁的性质和作用。② 它是形状古怪的两面人，是议会和首相的联合产品。首相指定内阁成员请求任命，如我们



① 格拉德斯通本人强烈主张这个理论。1874 年当时他竞选失败，他仍旧竭力要求召开议会，因为通过罢免政府的决定应由议会作出。当然，这一点意义也没有。他以同样的方式认真地声称无限尊重王权。一本又一本的传记作者都对这位伟大的民主领袖的这种谦恭态度感到惊讶。但可以肯定，如果我们根据维多利亚女王 1879 年后对格拉德斯通的强烈不满（传记作家都把它归因为迪斯累里的反面影响）来判断，女王表现出比那些传记作家有更好的识别力。真的有必要指出对国王表明尊重可以意味着两种不同的含义吗？以故意的谦恭对待他妻子的男人一般说来不是接受两性间平等同志关系的人。实际上，谦虚态度显然是规避这种关系的方法。

② 比首相职位的演化更加微妙，内阁的演化被遮盖一个制度性质变化的历史连续性弄得模糊不清。直到今天，英国的内阁从法律上说是枢密院的执行部分，而枢密院当然是前民主时期管理国事的工具。但在这个表层底下，一个全然不同的机构演化而出。一旦我们理解这个事实，我们发觉确定内阁出现日期的任务要比发现首相出现日期的相似任务稍为容易。虽然萌芽状态的内阁存在于查理二世时期（“阴谋”部（“cabal”ministry）是一个，与坦普尔实验有关系的四人委员会是另一个），威廉三世治下的辉格党的“小集团”是最高职位的公平的候选人。从安妮统治时代起，意见不一致的只剩下阁员资格和内阁职能等少数问题了。

已知，议会接受但也影响首相的选择。从党的立场来看，内阁是或多或少反映党本身结构的次级领导人的集合；从首相的观点来看，内阁不但是志同道合的同志的集合，也是有自己利益和前途要考虑的党人的集合——一个微缩的议会。为了形成这种联合并使其运转，未来的内阁部长们必须下定决心——不一定出于热爱——在X先生手下为X先生服务，适应他的政纲，这样他内阁中的同事们就不会像官方辞令所说的，常常感到像“要重新考虑他们的地位”，或者像在继续进行一场静坐罢工。这样，内阁——也适用包括未入内阁的政治官员负责的较大的部——在民主过程中就具有与首相、党、议会和选民完全不同的职能。这种中间领导的职能与若干部门的内阁官员个人执行的事务有联系但不以这种事务为基础，这些官员之所以被任命到那些部门去，是为了使领导集团控制官僚机器，它与“保证人民的意志在各部门得到贯彻”如果有关系也只有疏远的关系。在最好的例子中表示得十分明显：给予人民的是人民从未想到的结果，也是他们事先没有认可的结果。

4. 再说说议会。上文我曾指出在我看来是它的主要职能，并提出我这样说的理由。但可能有人会反对说，我的定义不够重视它的其他职能。议会除了建立和推倒政府之外显然做了大量其他工作，它立法。它甚至还行政。因为，虽则除了决定和颁布政策外，议会的每一行动是制定正式意义上的“法律”，但还有许多行动必须被看做是行政措施。预算是最重要的例子。制定预算是一种行政职能。譬如在美国，预算由国会制定。即使预算由财政部制定由内阁批准（如英国），议会必须对它进行投票，投票通过后它就成为议会的法律。这岂不驳倒我的理论？

当两军交战时，它们各自的行动总是以它们战略或战术形势决定的特定目标为中心。它们可能争夺一特定地带，或者争夺一座特定的山头。占领那一地带或山头的愿望必须出于战略或战术的目的，也就是打败敌人。说占领它们的企图是因为那个地带或山头具有超军事的价值，那显然是荒谬的。同样，每个政党的首要目标是压倒对手取得或保持政权。根据政治家的立场来说，政治问题的决策，像占领那个地带或山头一样，不是目的而是议会活动的材料。由于政治家射出的是语言而不是子弹，由于那些语言不可避免地由正在争论的问题所提供，所以它总不如军事例子表现得那样明白。但战胜对方仍然是两种比赛的实质。[①]

那么从根本上说，议会不断作出对国家问题的决定就是议会用以保持或拒绝保持当权政府的方法，也是议会用以接受或拒绝接受首相人选的方法。[②] 除了即将提到的例外，每一次投票都是一次信任投票或不信任投票。而在法律上这样称呼的投票不过抽象地表示出所有投票共有的基本要素罢了。使我们满意的是，我



① 有时候，政治家从言辞的迷雾中露出真相。举一个没有人能说它轻薄的事例：伟大的政治家罗伯特·皮尔就辉格党政府对牙买加政策在议会辩论中战胜对方后说，"牙买加是一匹出发上路的好马"。充分表明了他政治手腕性质的特征。读者应好好体味这句话的含义。

② 当然，这点适用于维希政府以前的法国和法西斯以前意大利的做法，正像它适用于英国的做法。但在美国不一定是这样，因为在美国，政府在重大问题上的失败不会带来总统的辞职。可是，美国的做法完全由于这样的事实，即体现不同政治理论的美国宪法不允许议会的做法根据它的逻辑发展。事实上，这个逻辑并非完全不能起作用。政府在重大问题上的失败，虽然国会不能把总统赶下台，但一般说来会严重削弱他的威信，使他难于领导。因为失败将在短时间内造成一种不正常的局面。但不管总统在以后的选举中取胜或失败，那时冲突会得到解决，解决的方式基本上与英国首相解散议会应付同样局面时的方式相同。

们看到提出事项请议会决定的主动性一般说来在于政府或者在于反对党的影子内阁，而不是在于议员个人。

首相从不断出现的问题中挑选那些他准备提交议会决定的问题，就是说，他的政府建议把那些问题变成法案（或者如果他没有充分把握），至少对那些问题作出决议。当然每届政府从上届政府那儿接收它可能无法搁置的遗留下来的有待解决的问题；另一些问题是日常的例行公务；只有在取得极大光辉成就的情况下，首相才有条件把他自己创议的关于政治问题的措施提出来。但无论如何，政府的选择和领导（不管是不是自由的）是支配议会活动的要素。如果反对党提出议案，这意味着它提出挑战：这种行动是一种攻击，政府对此要么用偷梁换柱的办法打败它，否则就要失败。如果一件重大的议案，不是由政府提出，而是由执政党的一部分人提交，这意味着反叛，部长们就是以这种角度看待它，而不是把它看做额外的战术功绩。它甚至会引起一场争吵。除非由政府提议或批准，否则这种行动成为政府失去控制力的象征。最后，如果一项措施是政党一致提出的，这意味着比赛不分胜负，或者是因为战略原因避免了一场争斗。①



① 另一个十分重要的英国技巧略述如下。如果一项重大议案在二读时只得到微弱的多数，这个议案以前和现在一般就不继续审议下去。首先这种惯例承认多数原则在实际运用于实施良好的民主政体中的重大限制：说少数在民主政治里总是被迫投降是不正确的。但还有第二点，虽然少数不一定总是在争论的特定问题上被迫向多数投降，但在实际上少数总是——甚至这点也有例外——在内阁是否继续掌权的问题上被迫屈服，一个重大的政府议案在二读中遭到这样的投票表决，可以说既是信任投票又是搁置议案投票。如果成问题的是议案的内容，要是目的不在于将它列入法令全书，为这个议案而投票表决就没有什么意义了。但是，如果议会关心的主要是使内阁继续掌权，那么这样的策略马上就变得可以理解了。

5.政府在“代表制”议会中起领导作用这个原则的例外，只有助于表明这个原则多么现实。例外有两种。

第一，没有一种领导是绝对的。按照民主方法行使的政治领导甚至比其他领导更少绝对性，因为竞争的要素是民主政治的本质。从理论上说，因为每一个追随者都有权利更换他的领导人必因为几乎总有几个追随者具有这样做的真实机会，于是个别议员——要是他觉得他这样做有很大成功的机会——和核心圈子内外的部长总是遵循一条在无条件忠于领袖旗帜和无条件高举自己旗帜之间的中间路线，有时还以真正可钦佩的精确性来平衡风险与机会。① 在领袖一方面，他回答的也是一条中间路线，介乎坚持纪律和听凭别人反对自己之间。他以或多或少的审慎的让步来缓和压力，称赞与不满并用，恩惠与惩罚兼施。这场比赛的结果，随个人及其地位的相对力量的不同而有很大的变异，但在大多数情况下造成相当程度的自由。特别是，强大到足以使别人感到其愤恨，但还没有强大到因此有利可图，即能使它的主将和它的纲领纳入政府的安排的集团，通常将在次要问题上，或者无论如何在能诱使首相认为次要或只有局部重要性的问题上，被容许有参与的权利。这样，追随者集团或者甚至个别议员可能偶尔有机会提出他们自己的议案；当然，领袖对仅仅是批评或者不对政府的每一个议



① 一个最有启发性能说明上面问题的例子是19世纪80年代约瑟夫·张伯伦在有关爱尔兰问题上采取的路线。他最终出奇制胜地挫败了格拉德斯通，他在开始竞选时他还是后者正式的热情支持者，但这件事特殊之处只在于此人的力量和智慧。正如每个政治首脑都知道，只有平庸的人才能被指望忠诚。这就是为什么那些政治首领中的最伟大的人物（如迪斯累里）的周围只有全属第二流的人物。

案机械地投赞成票的做法可以表示更大的宽容。但我们只需以实事求是精神加以观察，便可在使用此种自由的限制上，看出它体现的不是议会运行的原则，而是对这个原则的偏离。

第二，在某些情况下政治机器不理会某些问题，或者是因为执政和在野的高层领导力量不了解这些问题的政治价值，或者是因为这些价值确实令人怀疑。[①] 像这样的问题此时可能被在一个现存政党里的宁愿独立地争取权力的局外人所利用。当然这完全是正常的政治活动。但还存在另一种可能。一个人可能对一个特定问题非常关切，以致他进入政治舞台，仅仅为了使问题按照他的方式解决，丝毫不怀有开始从事正常政治生涯的愿望。可是，这种情况太不寻常，很难找到具有头等重要性的这类例子。也许理查德·科布登是这样的一个例子。但二等重要的例子比较常见，尤其是参加社会运动类型的例子较为普遍。但任何人都会认为，这些例子肯定是对标准做法的偏离。

我们可以作如下的总括。观察人类社会，一般说来我们要指明被研究的社会所争取的不同目标是不难的，至少作大略的常识性说明并不困难。可以说这些目标提供相应个别活动的理论基础或意义。但不能因此说，一种类型活动的社会意义必然提供这种活动的推动力量从而也提供这种活动的理由。如果不是这样，那个以分析有待实现的社会目的或社会需要为满足的理论，不能被认为充分说明了旨在实现那些社会目的或需要的种种活动。举例

① 从未曾加以试验的问题是典型的第一类例子。为什么政府和反对党的影子内阁尽管理解这个问题的潜在重要性，却策略地同意不去理会它，典型理由是处理它的技术上困难和害怕它会引起局部性麻烦。

来说，为什么存在像经济活动这类事情的理由，自然是因为人们要吃饭要穿衣等等。提供生活资料来满足这些需要是社会目的或者是生产的意义。可是我们全都同意，这个命题为商业社会中经济活动的理论造成最不现实的出发点，要是我们从利润命题出发，我们将能做得更好。同样，议会活动职能的社会意义无疑在于制订立法和部分行政措施。但为了理解民主政治怎样使这个社会目的成为事实，我们必须从竞争性的争取权力和职位出发，同时懂得社会职能事实上是附带地实现的，正如生产对于谋取利润来说，也属于附带的意义一样。

6.最后，至于选民的任务，还须提一提另外一点。我们知道，议员的愿望不是产生政府过程的最终根据。对选民必须再说一遍同样的话。选民的选择——在意识形态上被尊称为人民的召唤——不是出于选民的主动，而是被塑造出来的，对选择的塑造是民主过程的本质部分。投票人不决定问题，而且也不是以完全坦荡的心情从符合条件的人中挑选议员。在一切正常的情况下，主动权在企图取得议员职位和取得这个职位所体现的当地领导权的候选人那里。投票人只限于接受他比较欢喜的一个或者拒绝接受。甚至大多数由选民真正挑出当选人的特殊事例也属于上述情形，其原因不外下列二者之一：第一，一个人如果他已经得到领导权，他自然不必再去竞争领导权；第二，情况可能这样，一个能够控制或影响选举的地方上的领导人，但他不能或不愿亲自参加竞选，指定另一个人参加，此时此人看来像是由选民根据他们自己主动性挑选出来的。

但是，即使选民的主动性有接受一个竞选的候选人所表示的那么多,这种主动性还是受政党存在的进一步限制。一个政党并不是如古典学说(或埃德蒙·伯克)要我们相信的那样,是旨在“按照他们全体同意的某个原则”来推进公众福利的一群人。这种合理推断是十分危险的,因为它非常诱人相信。因为任何政党在任何特定时间里当然要为自己准备一套原则或者政纲,这些原则或政纲可能是采取它们政党的特征,对它的成功极为重要,就像一家百货公司出售货品的商标是它的特征,对它的成功极为重要一般。但百货商店不能用它的商标来确定它的内容,一个政党也不能用它的原则来确定它的性质。一个政党是其成员打算一致行动以便在竞选斗争中取得政权的团体。如果这样说不对,就不可能有不同政党采取完全相同或几乎完全相同政纲这种情形了。然而这种情形是尽人皆知的。政党和机器一般的政客是由于选民群众只会一窝蜂似的随大流之外不会行动才变成这个样子的,他们企图调节政治竞争完全与同业公会调节商业竞争一模一样。政党管理和政党宣传、口号和进行曲等心理技术不是可有可无的东西,它们是政治活动的精义所在。政治首领也是政治活动中不可或缺的。

# 第二十三章　结论

## I. 上文分析的几点含义

竞争领导地位的理论已经证明是对民主过程一些事实的令人满意的解释。所以我们自然用它来阐明民主政治与社会主义制度间的关系。如同上文业已说到，社会主义者不但断言两者可以和谐共存，他们还断言民主政治意味着社会主义，除了社会主义不可能有真正的民主。在另一方面，读者不会不熟悉美国前几年出版的无数小册子中的至少某几本，它们证明，计划经济——更不必说完完整整的社会主义——与民主政治全然不能共存。这两种观点从竞争的心理背景来看是容易理解的，从双方为争取绝大多数热情信仰民主政治的人民的支持这个自然愿望看也是容易理解的。但假定我们发问：真理在哪一方呢？



本书这一篇和前几篇中的分析很容易得出对这个发问的回答。在我们所界说的社会主义和我们所界说的民主之间并没有必然的联系：两者之中任何一个都能够没有另一个而存在。同时，两者也不是互不相容的：在适当的社会环境状况下，社会主义发动机可以按照民主原则运行。

但请注意，这种简单的陈述以我们认为什么是社会主义、什么是民主政治的看法为基础。因此，我们陈述的含义比争论任何一方所想的不但比较简单，而且有所不同。由于这个原因，还由于在单纯相容问题后面不可避免地会出现深一层的问题，即民主方法在社会主义政权下运用比在资本主义政权下运用效率较高还是较低，所以我们还有大量解释工作要做。特别是，我们必须努力确定可望民主方法产生令人满意结果的诸条件。这个问题将在本章第2节中解答。现在我们先看一看我们分析民主过程的几个含义。

首先，根据我们所持的观点，民主政治并不意味也不能意味人民真正在统治——就"人民"和"统治"两词的任何明显意义而言——民主政治的意思只能是：人民有接受或拒绝将要来统治他们的人的机会。但是，因为人民也能用全然不民主的方式来决定接受或拒绝，我们不得不增加另一个识别民主方法的标准，来缩小我们的定义，那就是由未来领导人自由竞争选民的选票。现在，定义的一个方面可以用这么一句话来表达，即民主政治就是政治家的统治。清楚地理解这句话所含的意义是极端重要的。



许多民主学说的倡导者曾努力要消除政治活动的任何职业性含义。他们顽强地、有时狂热地认为，政治活动必不是一项职业，任何时候政治成为职业，民主政治就堕落了。可这仅仅是空论。说实业家和律师可以被选入议会，偶尔甚至做上大官，但他们主要依旧是实业家和律师，这是确实的；说许多主要是政治家的人继续依靠别种工作为生，这也是确实的。[1] 但在正常状况下，一个人政

① 例子当然甚多。特别有启发性的是法国众议院和参议院的律师。有几位杰出的政治领袖也是著名的律师，沃尔德克-鲁梭和普安卡雷就是很好的例子。但在通常情况下（如果我们有意忽略这样的事实，即律师事务所有一个合伙人是重要的政治家，常常担任政治职务，这家事务所的业务就奇迹般地发达）充当律师的成功和政治上的成功是不能兼得的。

治上的成功，特别是不止一次地上升为内阁官员，就意味他已职业性地集中精力于政治。此人的其他活动已降为副业或必要的打杂。如果我们希望公正地面对事实，我们务必承认，在除瑞士以外的任何类型现代民主制度中，政治不可避免地是一种职业。这点又会使我们承认各个政治家的特殊职业利益和这种政治职业的特殊集团利益。把这个含义插入我们的理论至关重要。一旦我们考虑到这一点，许多谜团就迎刃而解了。① 除廓清别的疑惑外，我们能立即懂得，为什么政治家的行为如此经常地不符合他们阶级的利益，不符合与他们个人有关系的集团的利益。从政治上说，谁要是还没有真正领会和永不忘记一位历史上最成功的政治家的话："实业家不了解的是，正如他们在经营石油，我在经营选票。"他在政治上还是在幼儿园阶段。②



让我们认真想一想，没有理由相信这种情况在社会主义社会组织中会变得较好或者较坏。打算从事医生或工程师职业取得成功来满足其抱负的医生或工程师，将一直是一种特殊类型的人，有特殊的利益模式；打算从事改革他们国家制度的医生或工程师，将是另一种类型的人，有另一种利益模式。

---

① 值得注意，这个论点是怎样和第 13 章第 2 节中我们对知识分子的地位与行为的分析联接起来的。

② 这样的观点有时会被责备为轻薄或嘲讽。相反，我认为，空口白话地赞美口号反倒是轻薄或嘲讽，因为这种赞美说穿了只是占卜者的微笑而已。但是，指出正在讨论的观点并不像从表面看来那样贬低政治家是对头的。它并不排除理想或责任感。说政治家类似实业家将使这点更加清楚。正如我在别处说过，任何了解工商业现实的经济学家绝不会认为，对服务和效率的责任感和理想在形成实业家行为中不起丝毫作用。而且这同一位经济学家，如果他以利润动机为根据的图式作为解释实业家行为的基础，那完全在他的权利范围之内。

第二，研究政治组织的学者总是怀疑庞大而复杂社会里民主政治的行政效率。特别是有人坚持认为，与其他制度相比，民主政府的效率不可避免地要受到损害，因为议会内外无休止的争斗使领导人的精力蒙受巨大损失。由于同样理由，政策不得不迁就政治斗争的紧急情况，从而进一步损害行政效率。这两点理由都不容怀疑，二者均是我们上文说过一句话的推论，我们曾说，民主方法产生的立法和行政，只能是政治职位斗争的副产品。

例如，设想一下总理的处境。在政府动荡不安像法国 1871 年到 1940 年政府频频垮台那种情况的地方，总理的注意力必然集中于有如用台球建造金字塔那样的任务上。在这种环境里只有具备不寻常力量的人才能省出精力根据议案处理日常行政工作；也只有这样特殊的人才能在他的文官下属中有一点威信，他的下属和所有人一样知道他们的长官不久于位。当然，英国的情况没有这样糟，不稳定的联合政府是不常见的，正常一届政府能指望存在五六年。部长们可以安于其位，在议会里不会很容易被撵下台。但这样说的意思不是表示他们可以免去斗争。总有不断的较量，如果政府不是经常处于岌岌可危的境地，那只是因为一般说来它有能力抑制日常的攻击不使其达到危险点罢了。首相必须随时注视他的对手，必须不断地领导他的下属，必须准备应付随时可能出现的背叛，必须一直参加在辩论中的法案的工作，必须控制他的内阁——所有这一切等于说，当议会在开会的时候，如果他在早上还有两个小时思考问题和进行实际工作，他就是幸运的了。政府的个别失策和失败，从整体上说常常是由于领导人或领导班子心力耗竭的缘故。[①] 因此有理由发问，他怎能承担起领导和监督一个包罗所有经济生活问题的行政机构的责任呢？

但是，这种浪费政府精力的原因还不止于此。为了取得职位或者保持职位的无休止的竞争，使他们对每一件政策和议案的考虑都带上偏见，这种偏见从“票数上做买卖”这句话中看得十分清楚。在民主政府中首先必须注重一项政策、议案或行政措施的政治价值这个事实——也就是说，迫使政府依靠议员和选民的选票这个民主原则的事实——很可能扭曲赞成者和反对者的主见。尤其是，这个事实迫使掌握枢要或参预枢要的人采取短期观点，极难要求他们为远期目标作持久努力，为国家长期利益服务；譬如外交政策就有屈从于国内政治斗争的危险。合理地采取对付各类问题的措施也有同样的困难。政府着眼于本身政治机会，做出的决定不一定是能对国家产生最好效果的决定。



因此，民主政体里的总理好像是一个全神贯注于不要摔下马来的骑手，他难以计划好他的马上旅行；或者好像一心想知道他的军队能否接受他命令的一个将军，他无法考虑整个战略。尽管可以引出一些用以辩解的事实，这点总归是事实，而且必须承认，在像法国、意大利诸国中，这一点是反民主情绪传播的根源之一。

① 举一个不详的例子：研究 1914—1918 年世界大战起源的学者，无不对英国政府面对从大公被刺到宣布参战这段时间所表现的消极忍受的态度感到震惊，并非因为未作努力来避免战争的爆发，而是这些努力全然无效和远远没有达到当时可以做到的程序。当然可以把这种情况解释为阿斯奎斯政府不是真正希望避免战争。但如果如我所想的那样，这个解释不为人们所满意，那么我们不得不选择另一个解释：完全有可能，议会中的政府大臣们正全神贯注于政治比赛，以致警觉不到国际形势的危险，等到惊醒过来为时已晚。

首先，出现这些令人感到难以忍受后果的事例，常常能够用社会模式还达不到实行民主制度这个任务的理由来解释。如法国和意大利事例表明，在文明程度远比某些成功地实行民主制度国家进步的国家里，也发生这样的后果。但是，如果换一种说法，人们批评的分量就会减轻：民主方法的令人满意的运行要依据是否具备某些条件而定——这是我们立即要讨论的主题。

于是出现二者择一的问题。这些弱点在非民主模式中显然不是不存在。铺设一个人非民主地走上（譬如说宫廷中）领导地位的道路所消耗的精力和扭曲对问题的看法，其程度和民主争斗中消耗和扭曲的一样多，尽管后者的浪费和扭曲没有前者那样公开明显。这等于说，想要比较地评价政府机器，还必须考虑制度原则以外的其他许多因素。

此外，我们中间某些人将回答批评者说，较低水平的政府效率可能正是我们想要的。我们肯定不想做有效率的独裁制度下的人民，不想做仅仅是政治深层斗争的材料。像国家计划那种东西，在美国目前是不可能的，但这点岂不正好证明，在这个国家里，与俄国国家计划相类似的东西会破坏合众国的有机结构和精神吗？

最后，适当的制度设计可以做些事情来减轻对领导人的压力。例如美国的制度安排就能在这方面表现出优点。美国的“总理”无疑必须注视他的政治棋盘。他也不必为每一个措施负责。同时他不老坐在国会里，至少可以免除因此产生的肉体紧张。他有他想要的培养他力量的所有机会。

第三，我们在上一章中的分析，突出了以民主方法选到领导地位上去的人的品质问题。关于这方面的众所周知的论点几乎不需回忆:民主方法创造职业政客,然后又把他们变为业余的行政长官和“政治家”。这些人本身缺乏处理放在他们面前的工作所必需的条件,他们任命麦考利勋爵那样的“不懂法律的法官和不懂法文的外交官”,破坏文官制度,使所有最好的文官灰心丧气。还有另外一点与专门能力和专门经验无关,但却更加糟糕:使一个人成为候选人的智慧与品格,不一定就是做一个卓越行政长官的智慧与品格,以投票中获得成功的方法选出的人并不一定是在领导工作中取得成功的人。即使选举的产物证明在位时能取得成功,这种成功很可能对国家是失败。足智多谋的政客能成功地经历多次行政失败而不倒。



在所有这些说法中,对真理成分的承认也会被对片面事实的承认所冲淡。特别是在二者取一的考虑中,认为民主政治有理由占有优势:在任何社会环境中没有一种选举制度——也许竞争性的资本主义除外——能完全测试得出候选人的实践才能,能像驯马家挑选赛马那样进行挑选。所有选举制度,虽然程度不同,都重视候选人的其他品质,包括常常有害于实践才能的品质。但我们也许还可以这样说,在一般情况下,一个人在政治上的成功并不证明他有什么才能,而政治家只是业余玩政治的人。虽然这样说不十分正确,但有一点非常重要,即他十分内行地知道怎样操纵人。作为一般规律来讲,能赢得政治领导地位的才能至少具有一定的个人力量以及其他才能,这些对制造总理是十分有用的。在把政治家带上国家首脑地位的溪流中毕竟处处布有礁石,它们对于阻止白痴和牛皮客宦途上进,不是完全没有作用的。

在这类问题中,这样或那样的一般性争论不会导致明确的结论，这应在我们意料之中。更奇怪和更有意义的是，事实证据至少在乍见之下不具有更多的结论性。再也没有比罗列一份给人印象深刻的民主方法的失败事例的清单更容易的事了，尤其是如果我们不但把实际挫折或国家失败包括在内，而且还把国家生活虽然健康繁荣但政治方面的表现显然差于其他方面表现的事例包括进去的话，情况更加如此。可是，要排列对政治家有利的同样给人印象深刻的证据也同样容易。让我们举一个突出的事例：古代战争中的技术性没有后来战争那样重要，这是实在的。可是人们还是认为，在战争中取得成功的能力，即使在当时与一个人能被选入领导地位的能力毫不相干。但共和时代的全部罗马将军都是政治家，他们全都是直接通过他们担任的或凭曾担任的由选举产生的官位而当上军队统帅的。因为这个事实产生过最可怕的灾难。但从整体上看来，这些政治家将军干得十分出色。

为什么会这样呢？这个问题只能有一个答案。



## II. 民主方法成功的条件

如果一个物理学家观察到，同一个装置在不同时间和不同地点运行得不一样，他的结论是这个装置的运行取决于装置以外的诸条件。我们也只能作出同样的结论。要知道可以期望古典民主学说在可以接受程度上适合现实的条件是什么是不难的，就像了解这个学说过去适合现实的条件是什么一样容易。

这个结论明确地表明，我们持有我们一向表明的严格的相对论的观点。正如没有不问时间不问地点的赞成或反对社会主义的理由一样，也不存在赞成或反对民主方法的绝对普遍的理由。正如对社会主义一样，对民主方法也很难使用“其他条件相同”这一条来论证，因为在民主政体是可行的或者是唯一可行制度的局势与民主政体是不可行的制度的局势之间“其他条件”不可能完全相同。民主政体在显示出某种特征的社会模式中盛行，去查问在不具备那些特征的其他社会模式中民主政体的进展如何，或者在那些别种社会模式中人民怎样运用民主这些问题有没有意义是大可怀疑的。我认为民主方法在有可能运行的社会中，它要取得成功必须具备的条件可归纳为四个[1]——我要说的只限于现代类型的大工业国家。



第一个条件是，人的政治素质——领导和管理政党机器的人，选出来进入议会和上升担任内阁职务的人——应该有足够优秀的水平。这点意味着光有足够数量的有充分才能和道德的人还不够。如上文业已指出，民主方法不是简单地从全民中挑选人，它只从愿意接受政治职务的人们中，更确切地说，从愿意竞选的人们中挑选人。当然，所有选举方法都是这样做的。所以，所有方法根据某种职务对才智和品德的程度不等的吸引力，可以在选举中有高于或低于全国平均水平的表现。但争夺当权职位的竞争，一方面浪费了人员和精力，另一方面民主过程很容易在政治领域里创立一些条件，一旦这些条件确立，就将把能在政治领域以外其他领域

① 这里所说的“成功”，我的意思只是指，民主过程能稳定地保持下去，不会出现被迫依赖非民主手段的局势；它还能以所有与政治有关的利益集团从长期观点看来能接受的方法处理日常问题。我的意思不包括使每个观察者根据他们各自观点都得称赞民主过程的后果。

作出成就的大多数人赶出政治领域。由于这两个理由，充分适当的人才对于民主政府的成功特别重要。说人民在民主政治中总会有他们需要的或该有的那种性质和品格的政府，那是不确实的。

也许有许多方法能获得品质极为良好的政治家。但迄今为止，以往经验看来表明，唯一有效的保证在于存在一个社会阶层，它本身是最严格选择过程的产物，又理所当然地一心一意从事政治，如果这样的一个阶层对于外来者既不完全排斥又不来者不拒；如果它强大到足以同化它不断吸收的成员，它不但将为政治事业提供已在其他领域成功地通过考验的——就像在私人事务中充当过练习生——值得信任的产品，而且它还将赋予他们体现经验的传统、专业的法规和共同的观点，增加他们对政治事业的适应性。

能完全满足我们条件的唯一国家——英国——也是具有这种意义的政治阶层的唯一国家，这不仅仅是巧合。更有启发意义的事例是德国在魏玛共和国时期(1918—1933 年)的事例。正如我希望在第 5 篇中说明的，对于通常被认为是惊人失败的那个时期的德国政治家，没有什么缺陷可被指摘的。议员和总理、部长一般是诚实、理智和正直的。所有政党也是这样。但在对这里和那里表现的点点滴滴的才能给予应有敬意同时(虽然在高级领导圈中这种才能很少见)，还必须指出，这些人中的大多数明显地低于一般标准，在某些方面还低得可怜。显而易见，这并非由于整个民族缺乏才能与精力，而是由于精力旺盛的才智之士摒弃了政治事业。没有一个阶级或团体的成员把政治看做他们矢志从事的事业。政治制度陷于困境有许多原因。但这个制度最后在一个反民主领袖手中遭遇彻底失败，还是表明缺乏有鼓舞人心能力的民主领导力量。

民主政治成功的第二个条件是，政治决定的有效范围不应扩展太远。它能扩展到多远，不但要根据上一节提出的分析得出的民主方法的一般限度，而且还要根据每一个个别事例的特殊环境。说得具体一点，有效范围不仅取决于——举例说——为政治生命不得不紧张地不停斗争的政府能成功地处理问题的性质和数量；而且在任何特定时间和地点，也取决于组成政府人员的素质以及这些人必须在其中工作的政治机器的类型和社会舆论的模式。就我们民主理论的观点而言，没有必要要求——不像古典理论观点那样——政治机构只应处理一般民众能彻底理解和有严重意见的事情。比较不严重需要的同样性质的事情依然有处理的必要，这点还要再加评论。



当然，首相领导的议会，如果有必要，通过宪法修正，使自己服从自己的决议，不能有任何法律上的限制。因而埃德蒙·伯克在有关英国政府和议会对美洲殖民地所采取行为的讨论中竭力主张，权力无限的议会要做到运行恰当，必须为自己加上限制。同样，我们也可以说，即使在必须提交议会投票决定范围内的问题，政府和议会在通过议案时也常有必要使它们的决定看来纯属形式性质，最多是纯属监督性质的决议。否则，民主方法会产生反常的立法现象。以十分庞大和十分专门的刑法典为例。不管一个国家是否准备编纂一部法典，民主方法适用于这个问题。民主方法也适用于政府为作出不仅是形式的政治决定时想要挑选的某些“问题”——如劳工或雇主联合会的某些做法应不应被认为是犯罪。至于其他问题，政府和议会不管本身怎么想，不得不接受专家的意见，因为犯罪是一个复杂的现象。事实上犯罪这个词包括许多没有共同点的现象，有关犯罪的民众通用的口号几乎都是错的。合理地对待犯罪要求在这个问题上的立法既要防止惩罚主义，又要防止感伤主义，而政府和议会里的门外汉总容易一会儿犯这种毛病，一会儿犯那种毛病。这就是我强调政治决定有效范围应有限制想要表达的意思——在这个范围内，政治家作形式上的决定，也作实质上的决定。

而且，在讨论中的条件当然可以用相应限制国家活动的办法来实现。但如果读者认为这样的一种限制是必须施加的，那是严重的误解。民主政治并不要求国家的每一种职能都受它政治方法的支配。例如，在大多数国家中，赋予法官不隶属于政治机关的独立性。另一个例子是1914年前英格兰银行所持有的地位。它的某些职能事实上是国家性质的职能。然而把这些职能给予在法律上只不过是一家商业公司的机构，它完全独立于政治部门之外，有它自己的政策。美国的某些联邦机关也是具有同样性质的例子。州际商业委员会的设立体现了扩大国家权力范围而不扩大政治决定范围的意图。或者再举一个例子，美国的某些州“无条件地”为州立大学拨款，也就是说，不干预大学在某些情况下等于实际上完全自治的独立性。

因此，除了通过授予权力和建立使用权力的机关的议案所指的那种事务，以及除了政府的一般监督作用所意指的那种接触外，几乎任何类型的人的事务，可以想象地隶属于国家的范围，不成为竞争政治领导地位斗争的一部分材料。当然，这种监督作用可能蜕变为腐化的势力。政治家任命非选任国家机关工作人员的权力，如果滥用，常常足以使这些机关腐化。但这点对我们正在讨论的原则没有影响。

第三个条件是，现代工业社会里的民主政府为了做好国家事务领域所包括的所有事务，必须有能力支配一个赋有强烈责任感和同样强烈集体精神以及有良好名望和传统的训练有素的官僚机构的工作。这样的官僚机构是对有人提出由业余人士管理政府的最好回答。可能它也是在美国常常听到的一个疑问的唯一答案，人们怀疑，民主政治业已证明其本身不能产生像样的市政府，如果把什么事情，最终包括整个生产过程，统统交给它去做，我们怎能期望这个国家能好好存活下去。最后，它也是刚才我们第二个条件提到的问题的主要回答，①即国家管理范围太大时，依仗的就是这个官僚机构。



这个官僚机构应有效率处理日常行政事务，有能力提供良好意见是不够的。它必须强大得足以引导充当各部部长的政治家，若有需要，去教导他们。为了能够做到这一点，它必须能够逐渐形成自己的原则，并有足够的独立性去维护自己的原则。它必须是一种凭自己重要性取得的力量。就是说，人员的任命、任期和晋升，事实上，虽然不是形式上，必须主要取决于——在政治家不敢轻易破坏的文官制度规则范围内——它自己的共同意见，尽管当政治家或公众发觉他们的意见被它抵制时（他们常常会碰到这种

① 参看第18章中对官僚机构这个主题的一些评论，将使读者深信，在所有三个条件中，用官僚机构作为回答，无论如何不能认为是理想的。另一方面，读者不应听任自身受官僚机构一词通俗说法引起联想的不适当影响。不管怎样，这样回答是唯一现实的回答。

抵制），肯定会引起各种各样的喧嚷。

又和政治官员的情况一样，官僚机构得到合用的人选问题是头等重要的，训练虽然重要，但和这相比只处于第二位。如果存在一个充分优秀和有相当威望能够招徕人才的社会阶层——不太富也不太贫，不坚拒外来者也不让人随便进入——就容易获得所需要的人才和能使官僚阶层发挥作用所必要的传统规则。欧洲的官僚机构，尽管招来不少敌意的批评，把它们的良好记录弄得模糊不清，仍足以成为我试图表达的意思的极好例子。这些官僚机构是长期发展的产物，从中世纪诸侯的管家（原来是为管理和军事目的挑选出来的农奴，这批人由此得到小贵族的身份），经历了几个世纪，直到现在我们看到的强有力行政机器的出现，这部机器不是一下子创造出来的，它也不能用金钱“雇佣”，可是它到处成长，不管一个国家采取什么样的政治方法，在今后，它的扩展是一件可以肯定的事情。



第四个条件可以用民主自制四个字来概括。每个人一定会同意，要使民主方法顺利运行必须要国内所有算得上数的集团乐意接受一旦列入法令汇编上的立法条款，和接受由合法主管当局发出的行政命令。但民主自制的含义远不止此。

首先，选民和议会必须在智力和道德水平上有相当高度，足以保证不受骗子和狂人或现在还不是、但即将被驱赶成为骗子和狂人的那批人的礼物。此外，如果通过的议案没有顾到其他人的权利要求和国家的形势，也会出现玷污民主政治的信誉和破坏对它的忠诚的失败。主张改革议会或行政措施的个别建议必须满足于像在面包店门前秩序井然的排队，必定不可企图冲到店里去。读者回忆一下上一章中关于民主政治的做法所说的话就会理解，这样做要有许多自愿的服从。

特别是，议会里的政治家一定要克制自己，不要在看来做得到的时候就不能抗拒颠覆政府、破坏政府的诱惑。要是他们反其道而行，那就不会有行之有效的政策。就是说，政府的支持者务必接受它的领导，允许它制订政纲和执行政纲，反对党应该接受在它上面的“影子内阁”的领导，允许它把政治斗争约束在某些规则之内。满足这个要求，可以看做提倡恰如其分、不太多也不太少的传统主义，习惯性地破坏这个必要条件，就是民主政治结束的开始。保护这个传统主义，事实上就是议会程序和成规存在的目的之一。

议会外边的投票人必须尊重他们本身与他们所选政治家之间的劳动分工。他们必不要在两次选举之间过早地收回对当选人的信任，他们必须理解，一旦他们选出一个人，政治行动是这个人的事情，不是他们的事情。这意味着他们必不可教导他应该怎么干，这是爱德蒙·伯克时代以来历来宪法和政治理论所公认的原则。可是这个道理不是大家都懂得的，一方面，很少人知道这个原则与古典民主学说有冲突，实际上意味着放弃古典学说。因为，如果人们准备以事事亲躬那种方式进行统治，对他们来说，还有什么比对他们的代表发布指令，像 1789 年和此前法国议会选举人那种做法更加自然的呢？另一方面，人们更少认识到的是，如果这个原则得到承认，不但像法国选民请愿书那种正式的指示，就连比较非正式的限制议员行动自由的一切言行——例如不断地写信和打电话给他们——必然在同样禁止之列。

我们不能讨论种种微妙的问题，因为人们关心的是我们确定的民主政治的真实性质。这里与我们有关的只是,在庞大而复杂的社会里,成功的民主做法无不仇视在后面指手划脚的人——甚至因此采取秘密外交和用谎话隐瞒意图和许诺——公民方面要约束自己不这么干,需要很大的自制力。

最后,有效地竞争领导权需要对意见分歧有高度的容忍心。上文业已指出,这种容忍绝不是、也绝不能是绝对的。但是,必须使每一个竞争领导权的人,只要他未被法律剥夺权利,都有可能提出他的主见而不会出现混乱。这一点的意思是,当有人攻击你最宝贵的利益或冒犯你最珍爱的理想时,你得耐心地站在一旁聆听——或者反过来说,持有这种观点的竞争领导权的人也应相应地克制自己。若不能真正尊重其他公民的意见,达到愿意使自己意见处于从属地位的程度,以上两点都不可能做到。

每一种制度都能经得起一定程度上脱离常规的实践。但是,即使最小程度的必要的民主自制,显然需要某种类型的民族特性和民族习性,而这二者不是任何地方有机会逐渐形成的,也不是依靠民主方法本身能产生的,而那种自制力在任何地方都经不起超过某种程度的严格考验。事实上,读者只要回顾一下我们提到过的几个条件,便能充分了解,即只有所有起作用的利益集团实际上不但一致地忠于国家,而且一致地忠于现存社会的结构原则的时候,民主政府才能充分发挥其有利条件。无论何时,这些原则受到怀疑,引起了使国家分裂为两个敌对阵营的争论,民主政治就在不利条件下运行。一旦涉及的各项利益与理想是人民拒绝与之妥协的利益与理想,民主政治可能根本运行不了。

这些情况可以概括为如下一句话:在困难时期,民主方法将处于不利地位。事实上,一切类型的民主政治一致承认存在某种形势,在那种形势下,放弃由竞争产生领导,采取垄断性的领导是合理的。在古代罗马,宪法规定在紧急时期授予一个非选举产生的职位以这样的垄断领导权。这个职位的任职者称作 magister populi 或独裁者。我们知道,实际上所有宪法都有同样规定,美国自己的宪法规定:美国总统在某种情况下将取得一种权力,使他实质上成为古罗马那种独裁者,不管二者在法律意义上和具体细节上的差异有多大。如果垄断受到有效的限制,或者限于一个明确的时间(如古罗马最早实施的那样),或者限于明确的短期紧急状态的时限,那么竞争领导权的民主原则只是短期中断。如果垄断不论在法律上还是在事实上都没有时间的限制——倘若没有时间的限制,当然往往就成为没有任何其他限制——民主原则荡然无存,我们就处于现代意义的独裁统治之下了。①



## III. 社会主义制度的民主

1. 在提出我们的结论时,我们最好从民主和资本主义制度间的关系开始。

由古典学说反映的民主的意识形态,以人的行为和生命价值

① 在古罗马(我们习惯误用那个时代的术语),一个独裁出现并有所发展,在几个世纪里表现出与现代独裁制度相似的某些特色,虽则不应把它们说成完全一样,但除了 G. J. 恺撒那个事例外,那时的独裁政权不使用共和政府独裁官的头衔。苏拉的独裁只是为了一个明确的目的(宪法改革)而设立的临时行政长官。此外全是十分“正规”的事例。

的理性主义图式为基础。根据上文第 11 章的论证，这个事实本身足以表明它是资产阶级的理论。历史清楚地证实这个说法是正确的：在历史上，现代民主政治与资本主义同时兴起，并和资本主义有因果关系。而从民主实践上看，这样说也是正确的：在我们竞争领导权理论意义上的民主政治，主持了政治和制度的改革过程，资产阶级利用这个过程重新塑造它占优势前原有的社会和政治结构，并依照自己的观点加以合理地改造。民主方法是这场重建工作的政治工具。我们知道，民主方法也在某些非资本主义和前资本主义社会中运用，而且运用得特别好。但现代的民主政治是资本主义过程的产物。

民主政治是不是将随资本主义一起死亡的那些产物之一，当然是另一个问题。资本主义社会运用由它形成的民主方法，运用得怎么好还是怎么坏又是另一个问题。

说到后一个问题，资本主义社会在一个方面运用得很好，这是很清楚的。资产阶级有一套特别适用于怎样把政治决定领域缩减到可以用竞争领导权的方法加以处理那种程度的解决办法，资产阶级处理事物的方案用限制国家权力的领域来限制政治领域；它的解决办法在于实行理想的极度节约的国家，这种国家的存在，主要为了保证资产阶级的合法性，并为所有领域内自主的个人努力提供坚实的精神构架。此外，如果考虑到和平的——无论如何至少是反军国主义的——和自由贸易的种种趋势（我们发觉这是资产阶级社会固有的），就能看清资产阶级国家中政治决定作用的重要性至少在原则上能够降低到无能的政治部门所需要的任何程度。

现在这种国家无疑对我们不再有吸引力。资产阶级民主肯定是一个十分特殊的历史情况，代表它提出的任何要求显然要依据是否接受不再是我们的标准而定。可是要说我们不喜欢的解决办法不是解决办法，资产阶级民主不是民主，那是荒谬的。相反，由于它的色彩消退，认识它在充满活力时如何鲜艳；它为家族（如果不说为个人）提供的机会是如何广泛而平等；它给予通过它考验的人们（或者给予他们的孩子）的个人自由是如何充分，就更加重要了。还有，认识至少在数十年间它应付不适宜条件的严峻考验是多么巧妙，当它面对不符合和仇视资产阶级利益的要求时它发挥的功能是多么确当，也是很重要的。

在另一方面，全盛时期的资本主义社会完全能承担使民主政治获得成功的任务。一个让它不受干扰去实行民主自制最能符合它利益的阶级，要比自然地试图依赖国家而生存的阶级，能比较容易地完成这个任务。主要专心致志从事他私人事业的资产阶级人士，一般说来只要这些事业不受严重威胁，他非常可能比其他任何阶层人士，表示出对不同政见的容忍和尊重与己不同的意见。此外，只要资产阶级标准在社会中占支配地位，这样的态度很可能传布给其他阶级。英国土地利益阶级以相对优雅的姿态接受 1845 年的失败。英国劳工为摆脱本身的无力地位而斗争，但直到本世纪初，得到所要求权利的过程十分缓慢。在其他国家，这样的自制的确还很不明显。这些对原则的偏离并非一直都很严重，或者一直只与资本主义利益有关联。但是，在某些事例中，政治生活几乎全归结为压力集团的斗争，在许多情况下，不符合民主方法精神的做法变得十分重要足以扭曲民主生活。可是认为资本主义制度中不可能。有真正的民主政治显然是一种过火的说法。①

但是，不论在哪一方面，资本主义正在迅速失去它素来持有的优势。与国家理想结合在一起的资产阶级民主，运作起来越来越不灵活已有一段时间了。如我们已经知道，这部分由于：当国家在根本性社会结构问题上有巨大分歧的时候，民主方法决不能有最好的运用。这个困难转过来又被证明是特别严重的，因为资产阶级社会显然不能满足使民主方法发挥作用的另一个条件：资产阶级产生能进入由非资产阶级组成的政治阶级并在争取政治领导权上取得成功的个人，但它并未产生它自己的成功的政治阶层，虽然人们会想，工业资产阶级的第三代具有一切机会去组成这样的阶层。为什么会这样的原因在第二篇中已有详细解释。所有这些事实加起来似乎对这种类型的民主政治提出一个悲观的预测。这些事实还提出一个解释，说明为什么在某些事例里民主政治以明显安然自得的态度向独裁政体投降。

2.经典社会主义的思想意识是资产阶级思想意识的后裔。特别是前者完全有后者的理性主义和功利主义的背景以及包含在古典民主学说中的种种观念和理想。在这种情况下，社会主义者事实上未经任何困难就占有了资产阶级遗产的这一部分，并为这个命题——社会主义无法吸收的那些古典学说的要素（例如强调私有财



① 应该说，存在某些偏离民主原则的情况，这些情况与有组织的资本主义利益集团的出现有关。这样纠正后，不论从古典民主理论观点还是从我们自己理论的观点来看都是正确的。从古典观点得到的结论是，私人利益集团使用的手段常被用来挫败人民的意志。从我们的观点得到的结论是，那些私人手段常被用来干扰争取领导权这种机制的正常运作。

产的保护)，实际上是与它的基本原则不一致的——找到理由。这类信条甚至在全属非民主形式的社会主义中也能存在，我们可以相信舞文弄墨者和伪君子们能以适当的辞令，填平可能存在于信条和实践之间的鸿沟。可使我们感兴趣的是实践——由竞争领导权学说所界说的民主实践的命运。因此，由于我们知道非民主社会主义是完全可能出现的，于是真正的问题又是，假使社会主义试图负起使民主方法发挥作用的任务，它能做得很好还是很坏。

应掌握的真正要点是这样的。没有一个有责任感的人能够以泰然的心态注视民主方法扩展的后果——也就是说从“政治”领域扩展到一切经济事务的后果。如果一个有责任感的人相信民主社会主义扩展的后果完全相同，他将自然地作出结论说，民主社会主义必然失败。但不能说这是必然的推论。正如上文业已指出，国家管理范围的扩大并没有政治管理范围一定相应扩大的意思。可以想象，前者可以扩大到把国家经济事务都吸收进去，而后者可以依旧保持在民主方法限度所设立的界线之内。

但确能由此推定，在社会主义社会里，这些限度会引起十分严重的问题。因为社会主义社会缺乏资产阶级的事物安排方式会施加给政治领域的那种自动性限制。而且，在社会主义社会里，人们再也不可能从“资本主义政治程序的低效毕竟是自由的保证”这个想法中得到慰藉。缺乏有效管理将带来缺乏面包。但是，受命操作经济机器的机关——第三篇所说的中央局以及受命管理各别工业或各别企业的下属机构——的组织和人员配置的方式，可能在执行日常任务中不受政治家的干扰，或者不受吵吵嚷嚷的市民委员会或它们工作人员的干扰。就是说，它们可以远离政治斗争的环境,不会出现与官僚主义这个词有关系的低效率之外别的低效率。即使前一种低效率也可以设法大大减小,如在某些人身上适当集中责任,采用恰当的奖惩制度,在奖惩制度中任命和升迁的办法是最重要的部分。

严肃的社会主义者,当他离开竞选讲台肩负责任时,他总是明白这个问题,也明白"民主政治"不是解答这个问题的办法。德国社会化委员会对这个问题的深思熟虑提供一个有趣的例子。当1919年德国社会民主党明确反对布尔什维克主义时,它党员中的激进分子仍然相信某些社会化措施是十分迫切的实际需要,于是任命一个委员会来明确目的和推荐方法。这个委员会的成员不限于社会主义者,但社会主义的影响占主导地位。卡尔·考茨基担任主席。委员会只在关于煤的问题上作出明确的决定,甚至这些决定也是在越来越浓厚的反社会主义情绪下作出的,没有令人很感兴趣的地方。较有兴趣的倒是在有抱负的希望还很浓郁时的讨论中出现的一些观点。工厂经理应由该厂工人选举的想法受到坦率而一致的谴责。在普遍崩溃几个月中成长起来的工人委员会是被嫌恶和怀疑的对象。试图尽可能疏远关于工业民主这个流行思想的委员会①,尽最



① 工业民主或经济民主是出现在许多准空想社会主义者口中的词语,它保留极少的精确含义。我认为,它主要指两件事:第一,由工会统辖工业关系;第二,由工人在管理委员会或其他机构里的代表实施集权制工厂的民主化,以保证工人在工艺技术改良、一般经营政策、当然特别在维护工厂纪律(包括雇用和解雇的方法)方面的势力。分享利润是方案中的一个万灵秘方。有把握地说,在社会主义政权下,这种经济民主势将消失得一干二净。而且这个方案并不像它听起来那么咄咄逼人。因为这种民主所想保卫的许多利益,那时将不再存在。

大努力把这个思想打扮成无害的模样，不关心去发挥它的作用。更有甚者，这个委员会关心加强工厂当局的权威，保护经理人员的独立性。主要考虑的是如何不使经理人员失去资本主义活力和陷入官僚主义老一套中去。事实上——如果有可能谈谈立刻要失去实际重要性的讨论的结果——这些社会主义经理们与他们资本主义先辈没有很大的区别，在许多情况下得到重新任命的还是同一个人。因此，我们从不同的途径达到第三篇已经作出的那个结论。

但现在能够把这个结论与社会主义下民主问题的答案联系起来。当然，从某种意义上说，目前民主程序的形式和机构，正和民主基本原则本身一模一样，是资产阶级世界的结构和利害关系所产生的结果。可没有理由说它们应与资本主义一起消失。大选、政党、议会、内阁和总理可能依旧证明是社会主义制度为作出政治决定可以保留下来以处理议事日程的最为方便的工具。那时这些议事日程中将减去目前由于私人利益冲突引起的和为调节私人利益需要引起的那种事务。可是会有新的项目替代进来，如投资量应如何决定或原有的社会产品的分配应如何修正等等问题。关于效率的一般辩论和那种英国皇家专门调查委员会类型的调查委员会可能将继续执行它们现在的职能。



这样，内阁里的政治家，特别是作为生产部首脑的政治家，无疑将通过有关管理经济机器一般原则的立法手段，和通过他们不可全无的或全属形式的任命职务的权力，来维护政治要素的影响。但他们这样做必不可达到与效率起矛盾的程度。生产部长不需比英国卫生部长和国防部长干预各自部里的内部工作更多地干预各个工业的内部事务。

3. 不需说，按照指出的方式实行社会主义民主是一项全无希望的任务，除非这个社会具备本书第三篇列举的全部“成熟的”条件，即有能力以民主的方法建立起社会主义制度，和有一个充分能力和经验的官僚阶层。可是真正具备这些条件的社会——我不想再提任何其他条件——首先必定拥有下述可能是极端重要的优势。

我曾经强调，除非所有阶级的绝大多数人坚决遵守民主竞争的规则，这点又表明他们实实在在同意他们制度结构的基本原理，否则不能期望民主政治发挥令人满意的作用。目前，后一个条件尚未具备。许多人拒绝，更多人打算拒绝对资本主义社会准则效忠，单凭这点，民主政治势必遭遇越来越多的摩擦。但在可预见的阶段，社会主义可能弥合这个裂隙，它可以在社会组织的构造原则上重建意见的一致。如果它能做到这一点，那么剩余的对抗完全是民主方法有能力对付的。

第三篇内业已提出，那些剩余的对抗，由于消灭了彼此冲突的资本主义利益，将会在数量上和重要性上进一步减少。农业和工业的关系、大型工业和小型工业的关系、钢铁生产工业和钢铁消费工业的关系、保护主义和出口工业的关系将——或者可能——不再是要由压力集团的相对力量来解决的政治问题，而成为专家们有能力找出冷静而明确答案加以解决的技术性问题。虽然，指望这些关系之间不再存在不同的经济利益或冲突也许是空想，期望不再有意见分歧的非经济问题是更加不可能的空想，但有充分的理由期望，争论不休的问题的总数，即使与全盛时期的资本主义比较也将有所减少，譬如说，不会再有弄虚作假的人。政治生活将单纯得多。

从外表来看，社会主义对于其他形式社会由于出现一个具有稳定传统的政治阶级而解决的问题，提不出明显的解决办法。上文我曾说，将出现一种政治职业。可能会逐渐形成一个政治队伍，关于它的品质，猜测是没有用的。

到目前为止，社会主义占有上风。也许还有人会说，这个优势很容易被可能产生的重大偏差所抵消。在某种程度上我们对这种说法有所准备，我们坚持认为经济的成熟意味着不必要求这一代人为下一代人的利益作巨大的牺牲。但是，即使没有必要通过国家计划使人民艰苦劳作，维持民主过程的任务也证明是极端微妙的。使掌权者能正常成功地解决这个任务的环境也许不容易想象，比较容易想象的环境是，面对着从政治部门传遍整个国民经济的瘫痪局面，可能迫使掌权者采取一条行动路线，这条路线对于眼见社会主义组织内固有的统治人民巨大权力的人们必定一直是具有某种诱惑力的。归根到底，社会主义经济的有效管理，意味着工厂内对无产阶级实行专政而不是由无产阶级来专政。的确，在工厂里受严格纪律抑制的人在选举中是有主权的。但是，正如工人可以使用这种主权来宽松工厂纪律一样，政府——正是把国家未来放在心上的政府——可以利用这种纪律来限制这种主权。作为实际的必然，社会主义民主最终将被证明比资本主义民主更加虚伪。

无论如何，那种民主政治并不意味个人自由的增加。再说一遍，它并不意味更接近于古典民主学说所推崇的理想。

# 第五篇

# 各社会主义政党史略

# 前　　言

由我来写一部社会主义政党的历史是不适合的。不论是铺叙它们兴衰的背景，还是描绘它们解决问题的方式，需要有比我更宽广的视野和更有力的手笔才行。而且，要做这项工作的时机尚未来到：虽然过去20年间已经产生了许多有价值的论文，让我们知道某些特殊形势下和特殊方面需要了解的知识，但还要做大量研究工作，才能写出符合学术条件的现代社会主义活动史。为了补充本书以上诸篇中所说的许多见解，并把它们放置在恰当的位置上，提出某些史实是需要的。我在研究中或亲身观察中发现的另外一些要点，①我希望把它们提出来，因为它们本身看来使人感兴趣。由于以上双重原因，我收集了如下的一些片断，即使一鳞半爪，希望它们能指明整体的轮廓。

不是每一位读者——甚至不是每一位信奉社会主义的读者——赞成我收集的片断给予马克思和马克思主义的中心地位。我乐于承认在这个问题上我有个人的偏见。在我看来，社会主义政策的魅力所在——使政策特别值得注意，并使它具有自身知识上和道德上的尊严的东西——就是它与学说基础有清楚而密切的

① 这些要点之一已在本书其他地方加以论述。见第20章。

关系。至少在原则上,它是由行动或无行动来执行的理论,而有无行动取决于对历史必然性认识的正确与错误(见第1篇)。甚至为了权宜之计和仅从策略上考虑,也带有那种不能消除的特性,并且总是按那个原则进行讨论。但所有这些只有马克思主义那一正统是真实的;在资产阶级众多学说里,当然没有比人们意味深长地称之为“哲学”激进派的边沁激进派更真实的了。所有非马克思主义的社会主义团体或多或少和别的团体和政党差不多;只有纯粹的马克思主义者始终服膺那个对他们来说包含所有问题全部答案的学说。读者能够理解,我并不无条件赞美这个态度。很可以称它为狭隘甚至幼稚。但各类教条主义者,尽管他们没有实干能力,他们有某种美的品格,足以使他们超出一般政客,而且他们拥有的力量源泉,是一般政客绝不能懂得的。

# 第二十四章　未成年期

社会主义学说中某些根源大概和最早言之成理的思想一样古老。只要这些学说没有办法使任何人信服社会发展过程必然导致实现社会主义的话，它们是美丽的或可怕的幻梦，是由接触社会现实产生的无力的渴望。只要它与现存的或潜在的社会力量源泉没有确定的接触，社会主义者的努力等于对着荒野说教——柏拉图式的说教，没有一个政治家需要为之操心，没有一个社会过程的观察家需要把它列入能起作用的要素。



这就是马克思批评先于他的或与他同时的提出竞争性教义的社会主义者的要旨，和他为什么称他们为空想社会主义者的理由。理由不全在他们的许多计划是显然的怪念头或者都在知识上低于一般水平，而是因为这些计划根本上没有执行过也不能执行。有一些例子可以说明这一点，而不需要翻阅大量文献。这些例子还足以表明，马克思判断的错误达到多大程度。

托马斯·莫尔爵士（1478—1535 年）的《乌托邦》直到 19 世纪上半叶一直被广泛阅读、称赞甚至抄录。它表明卡贝和贝拉米的成功。向人们展示一幅朴素、高尚和平等社会的图画。那个社会恰恰和莫尔时代的英国社会相反。书中的理想只能是一种批判社会的文学形式。也许我们不必把它看做莫尔想望的实际社会计划目标的表现。但是，如果它真的被人们这样理解——过去是这样理解的——困难不在于它的不能实行。在某些方面它并不比现时田园诗式的社会主义更少实际可行性。例如，它正视权威问题，它坦率地接受较低的生活标准的前景，无疑还把低标准称道为美德。真正的困难在于书里不想指出，社会怎样逐渐趋向那个理想境地（除非可能通过信仰上的改变），或者什么是产生理想境地所依靠的真正要素。我们可以喜欢或憎恶这个理想，可是我们对它不可能做出有影响的事情。把实际问题的解决寄托在空洞的理想上，是难以据此建立政党和制订政纲的。

另一种类型可以以罗伯特•欧文（1771—1858 年）的社会主义为例。欧文是一位制造商和实际改革家，他不满足于想象——或采取——小型自给自足社会的思想，在那种社会里人们根据共产主义原则（按此词的最大胆意义）生产和消费自己的生活资料。他实际上着手去实现他的想法。首先他希望政府有所行动，然后他试图建立一个典型来实施他的计划。所以看来他的计划比莫尔更能实行；它不仅有理想，它还有通向理想的桥梁。可是实际上，这种桥梁只有助于更明确地说明乌托邦主义的性质。因为不论是政府行动还是个人努力都作为天外飞来的救星引入——这件事之所以必须要做，只是因为某个人认为它值得做。指不出或无法指出有任何社会力量为这个目标努力。没有土壤供给玫瑰花生长。让它们饱餐人们对它们美丽的称赞吧。①



---

① 夏尔•傅立叶（1772—1837 年）的同类计划的情况也一样，但不是每个人会称他的计划为社会主义，因为在他的计划中工人只能得到社会产品的 5/12，其余都拨作

这番话同样适用于蒲鲁东(1809—1865 年)的无政府主义,只是他学说中确切的经济学错误要比轻视经济学论证的其他无政府主义的经典著作明显得多,不论是强调自由的和无政府的个人合作,还是强调为个人合作开辟道路就要完成破坏的任务,他之所以能避免推理错误主要在于他避免推理。像"诗人、精神病人和爱好幻想者一伙人"那样,他们在本质上做不了任何事情,除非捣乱社会主义计划和在革命激动形势中增加混乱。马克思对 M. 巴枯宁的所作所为,感到厌恶,有时还掺杂着绝望,是容易得到同情的。

但无政府主义是带有复仇心理的乌托邦思想。我们提到这种病态的乌托邦思想,只是为了把事情说清楚,即这种 14 世纪心理状态的复活,不应该与真正乌托邦社会主义相混淆,后者在圣西门(1760—1825 年)著作中有最精辟的阐述。在他的著作中,我们发现理智与责任心结合成强大的分析力。设想的目标并不荒唐也不虚幻。欠缺的是方法。他建议的唯一方法又是政府行动——在当时,由政府采取行动基本上是资产阶级的点子。

如果人们同意这样的看法,那么结束社会主义未成年期的巨大转折,事实上必然和卡尔·马克思的名字及著作联在一起。倘若这种转折有可能确定时间的话,我们可以把它定在《共产党宣言》的出版(1848 年),或者定在第一国际的成立(1864 年)。就是在那



资本和经理费用。虽然计划本身这样划分是考虑到现实情况的值得称赞的意图,但可笑的是工人在那种理想状况下的条件比在资本主义社会里的实际状况更坏。例如在战前英国(见 A. 鲍利,《工业产品的分配》,1921 年,第 37 页),制造业和矿业中,160 镑以下的工资和薪金占净产值的 62%,160 镑以上的薪金占净产值的 68%。当然傅立叶的理想主要不在经济上,但就经济问题而言,这件事很好地说明,在改良主义者的信条中,对资本主义事实多么无知。

个时候，理论上的标准和政治上的标准都可以严肃地说是符合了。可是一方面，这个成就只是总结了几个世纪未成年期的发展，另一方面这个成就以特殊方式使这些发展公式化，那种方式也许在实际上（肯定不是在逻辑上）是唯一可能的方式。因此，正统社会主义对未成年期一些人的判断必须在某种程度上予以修正。

首先，如果说几个世纪里的社会主义计划方案全是梦想，那么方案的大多数是合理化了的梦想。个别思想家在合理化上取得或多或少完美成功的，不单单是他们个人的梦想，而是非统治阶级的梦想。因此，这些思想家不是完全生活在云端上；他们也帮着把在下面打瞌睡但准备苏醒过来的人带到上面来。在这方面甚至无政府主义者——可以追溯到活跃于许多修道院中，更多活跃在方济各会第三级教士团体中的中世纪先辈——也有马克思主义者通常不给予他们的重要性。他们的信仰在正统社会主义者眼中不管如何低贱，但推进社会主义的力量许多来自由他们呼喊出来的那些饥饿——而不贪婪——的灵魂的非理性渴望，甚至到今日还是如此。[①]



第二，未成年期的社会主义思想家准备了后来证明有用的许多砖块和工具。社会主义社会这个思想毕竟是他们创造的，由于他们的努力，使马克思和他的同代人能够像讨论每个人都熟悉的东西那样讨论社会主义社会。而且许多空想社会主义者做得更

---

① 这就是为什么受过训练的社会主义者想努力舍弃他自己承认是未受教育信仰者信条中毫无意义和全属幻想的思想但从不完全成功的原因。社会主义受欢迎的魅力不是产生于能合理地证实的东西，而显然产生于资产阶级与社会主义经济学家一致予以谴责的那些神秘的异端邪说。社会主义者试图远离那些邪说时，他不但对推动它的浪潮毫不领情，而且它还招来浪潮力量被其他方面利用的危险。

多，他们制订了社会主义计划或某种社会主义计划变种的细节，以此系统地阐述各种问题——不论怎样不恰当——和清理许多场地。甚至他们对纯经济分析所作的贡献也不能轻视。它为没有它便会黏滞得无法下咽的布丁提供十分必需的发酵剂。何况许多分析简直是专门的著作，改进了当时的理论，对马克思大有好处。精心阐述劳动价值说的英国社会主义者和准社会主义者——如威廉·汤普森等人——就是最好的例子。

第三，并不是被马克思指定为空想社会主义者那些人，与群众运动全无接触。某种接触是不可避免地由这样的事实促使的，那就是使知识分子的笔动起来的社会和经济条件也将使某些团体或阶级动起来，包括农民、工匠、农业劳动者或甚至流浪汉和暴徒，许多空想社会主义者与他们建立起十分密切的接触。16 世纪革命时，农民的要求是由知识分子系统阐述的，在嗣后几个世纪里，知识分子与农民的协调和合作逐渐变得更加密切。法国大革命时期唯一纯社会主义运动的领袖人物“格拉古”巴伯夫(“Gracchus” Babeuf)，被认为是对政府十分重要的人物，1797 年送他上断头台加以表扬。这种情况在英国也有最好的例证。我们只需要从这个角度来比较 17 世纪的平均派运动和 19 世纪的宪章运动就可以理解。在平均派运动中，温斯坦利以个人身份参加和领导这场运动；在宪章运动中，大批的知识分子组成一个团体行动，虽然他们的合作最终集中为基督教社会主义，它不是完全脱离当时群众运动的一批学者的秘密活动。在法国，1848 年路易·布朗的行动提供了最好例子。所以在这方面也像在别的方面一样，乌托邦社会主义与“科学”社会主义只是程度上的不同，不是性质上的迥异。未成年期社会主义与阶级运动的关系是偶然性的，一般说来不是根本原则，阶级运动与马克思及马克思以后社会主义的关系，显然是根本原则性的，类似政府与常备军的关系。

还有非常重要一点要提出来，我希望它不会是一个障碍。我曾经说过，断言存在朝向社会主义的趋势①和它与现存的或潜在的社会力量源泉有永久性的接触——建立社会主义的两个必要的严肃的政治要素——的学说肯定是在19世纪中叶的逻辑上不是唯一可能的方式建立起来的。马克思和大多数同时代人坚持认为，工人阶级是积极与这种趋势有关的唯一阶级，因而它是社会主义者可以开发的唯一力量源泉，正是这种观点使他们的学说带有一种特殊的倾向性。对于他们来说，社会主义主要意味着把工人从剥削中解放出来，而"工人的解放必定是工人阶级自身的任务"。



现在不难理解，为什么工人利益的获得，作为一个实际命题，较之任何其他事业更能吸引马克思，为什么他的学说根据工人利益为中心而形成的原因了。但这个思想甚至在非社会主义者的心中也植根甚深，以致完全抹煞花了九牛二虎之力才解释清楚的某些事实，即工人运动虽然经常和社会主义联结在一起，但直到今天仍与社会主义有区别。事实证明，社会主义者要在工人世界建立势力范围，尽管在他们信条中认为是理所当然之事，还是绝不容易的。无论如何我们可以解释这些事实：应该清楚的是，工人运动在

---

① 要知道这句话的确切意义，读者应再次翻阅第一篇和第二篇中我们的讨论。这里它意指两件事：第一，真正的社会力量独立于人们的愿望，它有助于建立社会主义，所以社会主义将日益获得实际命题的性质；第二，既然如此，采取社会主义路线的政党目前就有活动的空间。第二点将在第25章里加以讨论。

本质上不是社会主义的，正如社会主义不一定是工人的或无产阶级的。这并不令人惊异，因为我们在第二篇中业已见到，虽则资本主义过程缓慢地使经济生活以及别的许多事物社会化，但这是整个社会机构的变化，社会的所有部分受到同等的影响。在这个过程中，工人阶级的实际收入和社会重要性都有提高，而资本主义社会却变得越来越没有能力应付劳工难题。但这个观点是马克思描绘的工人被日益难忍的苦难赶进伟大革命的图画的蹩脚的代替品。如果我们丢弃这幅图画，懂得工人在资本主义制度中所占份额的实际增加，我们将不可避免地认为以进化的逻辑向工人阶级作特别的号召没有多大意义。更难相信马克思主义指派给无产阶级在社会戏剧大变动中的任务。如果转变是渐进的，无产阶级要做的事情极少。如果发生伟大革命，无产阶级只能被说服被恐吓表示同意。矛头由知识分子在半犯罪暴民支持下组成。马克思对这个问题的想法只能是"空想"——正像空想社会主义者的任何信仰一般，都是空想。

马克思与他的大多数先辈不同，他意欲使一个现存的运动(不是梦幻)合理化，他和他的继承人确实部分控制了这个运动，这点基本上仍是正确的，但他和空想社会主义者的差别比马克思主义者要我们相信的更小。如我们已经知道，空想社会主义者思想中有较多的现实主义，而在马克思思想中有较之他们承认的更多的非现实主义的梦想。

根据这个事实，我们将更加看重未成年期社会主义者的见解，因为他们并不唯独强调无产阶级的作用。特别是，在我们看来，他们对政府和对无产阶级以外各阶级的期望要比马克思看来较少幻想性、较多现实性。因为国家，它的官僚机构以及管理政治机器的集团，对于寻找社会力量源泉的早期社会主义者看来是有光明前景的。现在应该清楚，他们很可能有和群众相同的"辩证的"必然性走上所想望的方向。而且，我们称为费边社会主义的资产阶层的赘疣也是有启发意义的。① 马克思所选择的社会动力就这样产生了一种特殊情况，这种情况虽然实际上极为重要，但在逻辑上与正统社会主义者眼中属于骗局和异端的其他情况一模一样。



① 见第 26 章。马克思主义者自然会回答：那些现象仅仅是真实现象的派生物，仅仅是无产阶级大步前进的结果。如果这么说的意思就是指后者是在过去和现在一直产生前者的形势中的要素之一，那是正确的。但从这个意义上说，这个命题并不形成一个反对意见。如果这么说的意思是指无产阶级和国家社会主义之间只有单向的或纯因果的关系，那么这个命题确实形成一个反对意见，但它是错误的。第二篇内描写的社会心理过程，不用任何自下而上的压力，就将产生国家社会主义和费边社会主义，它们反过来甚至会有助于产生那种压力。正如我们将马上见到，有道理这样发问，没有政治上的同情者，哪里会有社会主义？可以肯定，没有资产阶级出身的知识分子，社会主义（有别于工会型的劳工运动）是不可能成功的。

# 第二十五章　马克思面对的形势

1. 按照恩格斯的说法，马克思在 1847 年喜欢使用“共产主义”这个词胜过“社会主义”这个词，因为社会主义这时候带有资产阶级体面社会地位的气味。不管这是否事实，如果这是事实，不管我们喜欢怎样去解释它——不止一次我们发现有充分理由将社会主义解释为资产阶级智力的产物——说马克思和恩格斯本人是典型的资产阶级知识分子是不会有错的。资产阶级出身和传统的背叛者——这个定义确切地说明了马克思的思想和他提出的政策与策略。令人震惊的是他思想流行的广大范围。



首先，这位被赶出家园的知识分子，带着 1848 年永远烙印在他整个灵魂里的形成他性格的经历，抛弃了他自己的阶级，也被他自己阶级所抛弃。从此他能接近的和能信任的只有同样被赶出家园的知识分子和稍为疏远一点的无产阶级群众。这段话解释了我们在上一章见到的急需解释的理论，即工人能够“解放他们自己”的理论。

第二，这位被赶出家园的知识分子在感情上自然成为国际主义者。这不光是意味着任何特定国家的问题和盛衰——甚至是某个国家无产阶级的问题和盛衰——不是他主要关心的，始终放在他感兴趣范围的外缘。这还意味着对他来说，创立超国家的社会主义宗教和构想一个国际无产阶级——阶级内的组成部分至少在原则上彼此结合得比与它们自己国内不同阶级同胞的关系密切得多——是十分容易的。任何人能够用冷酷的逻辑构成这个显然不现实的概念，用它解释过去的历史，并形成马克思主义政党外交政策的观点。但是，这个概念必定会受到由祖国环境使人产生的爱恋情绪的竞争，有千丝万缕感情与国家黏结在一起的人绝不会热情地接受它。在马克思看来不存在这样的黏结剂。他自己没有祖国，便轻易地深信无产阶级也没有祖国。

我们立即会明白这个教导为什么能存活和能存在多久，在不断变动的环境中提出这个主张的用意何在。马克思本人无疑接受它的不干涉主义与和平主义的含义。他肯定认为，不但"资本主义战争"与无产阶级毫不相干，而且战争还是更全面使无产阶级屈服的手段。也许有人认为他已作如下的让步，即参加保卫自己国家抵抗攻击与忠于无产阶级的义务并非不相容，这显然只是一个十分必要的策略办法而已。



第三，不管他的学说怎么教导人，①这位被赶出家园的资产阶级分子的血液里有民主精神。这就是说他相信以民主为中心的那部分资产阶级价值观，它不单是他那个时代或者任何其他时代社会模式特有条件的理智概念，也不仅仅是策略上的事情。真的，社会主义者的活动（和他的个人工作）在不是信奉当时理解的民主原则的任何环境中是无法进行的，或者无论如何进行起来是极多摩擦的。除了非常罕见的事例外，每一个反对派必然赞成自由——对于他自由意味着民主——并全身心忍受"人民"驱使。当然，这

① 见第 20 章和第 23 章。

个要素过去是，甚至在某些国家里现在还是十分重要的。正如我曾指出，这一点显然就是为什么社会主义政党的民主表白在它们的政治力量强大到足以具有选择力之前是没有多大意义的理由，特别是为什么它们在社会主义逻辑与民主政治逻辑之间未能建立任何根本关系的理由。但看来有把握这样说，在马克思眼光中，民主不需要讨论，而其他任何政治模式不值得讨论。必须承认这种看法是 1848 年型革命者所固有的。[①] 当然，要他接受如此重要的一项资产阶级信仰是根本不可能的。这就暴露出最烦人的巨大的共同点。但我们在上一篇中业已看到，他知道怎样去应付这个困难，办法就是大胆宣称只有社会主义民主是真正的民主，资产阶级民主根本不是民主。

2. 这些就是马克思的政治先验论。[②] 不需强调它完全不同于与他同时的甚至任何时候的一般英国社会主义者的先验论，差距如此之大，以致几乎不可能互相同情，甚至不可能互相完全了解，这与黑格尔主义或其他学说上的障碍无关。如果我们拿马克思和另一个具有十分类似背景的德国知识分子费迪南德·拉萨尔(1825—1864 年)作比较，这种不同显得更加突出。由极相类似文化传统模型中铸造出来的同一种族的后裔和同一阶层的产物，同样接受 1848 年经历和资产阶级民主思想的熏陶，可是拉萨尔以一



① 1848 年产生的热情态度也使他不可能懂得(更不用说公正对待)驱逐他的非民主政权。冷静的分析就不会不看到那个政权的成就与成功的可能性。但在这种情况下要作这样的分析是他做不到的。

② 我所知道的语言都未正式承认这个词是名词。可是要使它成为名词是一桩非常方便的词语改动。

种难以用个人因素解释得透的方式与马克思不同。比这点更重要得多的是，马克思是被赶出家园的人，而拉萨尔不是。拉萨尔从不割断与他的国家和无产阶级以外的阶级的关系。他从不像马克思那样是个国际主义者。提到无产阶级，他指的是德国无产阶级。他不反对与当时的国家合作。他不反对个人与俾斯麦和巴伐利亚的国王接触。这些事情是重要的，也许比最深刻的理论分歧更加重要，重要得足以产生不同性质的社会主义和无法调和的对抗。

现在让我们站在马克思先验论的立场上看一看他面对的政治条件。

首先，马克思所写和所想的庞大的产业大军，只存在于英国一个地方。即使那里，在他找到他的方位的时候，宪章运动已经偃旗息鼓，工人阶级越来越变得现实主义和保守。因先前激进活动失败深感失望，工人再也不理睬炫耀一时的政纲和他们有全部产品权利的高调。他们清醒地只想增加他们在全部产品中的份额。工人领袖正小心地试图在资产阶级社会的政治构架中确立、支持和增强工会的法律地位和经济力量。不但在原则上，而且从明显的策略考虑，他们势必把革命的思想和行动看做有害的事情，看做对工人的严肃事业的愚蠢而轻浮的破坏。同时，他们关心的是工人阶级的上层，至于对下层，他们怀着近乎蔑视的感情。



但无论如何，马克思和恩格斯当时所处的环境和所属的类型，他们绝不会想到挺身而出按照他们自己的想法去组织工业无产阶级或这个阶级中的任何特殊集团。他们所希望的只是接触工会领袖和工会官僚机构。一方面他们看到“可尊敬的”工人的态度，另一方面他们也看到(当时)大城市无法组织的群氓的态度[①]——对于后者他们几乎不想去组织——他们面对令人厌烦的两难境地。他们不会不认识工会运动的重要性,这个运动将逐步地完成把工人群众组织成为像一个有发言权阶级那样的巨大任务,就是说,去解决他们自身认为最最重要的问题。但是,由于完全处于工会运动之外,并了解这个阶级有可能持资产阶级立场和采取资产阶级态度的危险,他们必然不喜欢和不信任工会,其程度就像工会不欢喜和不信任他们——只要他们能注意到——一样。就这样,他们被赶回具有经典社会主义特征的位置上,这个位置到今日在重要性上虽已大大降低,仍表示社会主义知识分子和工人之间的根本性对抗(在一些重要事例中,约略相等于社会主义政党和工会之间的对抗)。对于他们来说,工会运动应该改宗阶级斗争的教义;每当劳工纠纷使群众变得激进,并足以使工会官员忧虑和激动得去诱导群众听取福音的时候,作为使运动改宗的手段,就他们的信仰来说偶尔与工会运动合作是正确的。但是,只要改宗尚未完成,特别是只要工会的意见在原则上仍旧反对革命行动,甚至反对采取政治行动,工会运动就不会蒙受天恩,相反它是走上错路,认错了它自己真正的目标,以比无所作为更坏的浅薄无聊来欺骗自己;因而,除非为了要从内部进行破坏,信徒们务必远远地离开它。

这种形势甚至在马克思生前已起了变化,在恩格斯生前变化更大。工业无产阶级的成长最终使它在欧洲大陆也成为一支力量,加上那个时期经济萧条引起的失业,增加了他们对劳工领袖的



① 应记住,马克思主义者很欢喜提到无产阶级群氓(Lumpenprotelariat)一词。

影响，虽然他们从未对群众有过直接影响。但归根到底为群众提供工作材料的主要是知识分子。可是，尽管他们在那个领域的成功相当可观，而知识分子给予他们的麻烦远远多于工人对他们的冷淡有时称得上敌视的态度。存在那么一批社会主义知识分子，他们既不反对参加工会，也不反对参预资产阶级激进型甚至保守型的社会改良。这些人当然执行一种全然不同的社会主义，他们强调眼前利益，是危险的竞争者。此外还有一些知识分子，最典型的是拉萨尔，他在群众中拥有一定地位，具有更直接的竞争性。最后还有一些知识分子，就革命热情而言，他们更为高涨，但马克思和恩格斯十分正确地把他们看做是严肃社会主义的最坏的敌人——像布朗基那样的"盲动主义者"、梦想家、无政府主义者等等。不论出于策略上考虑还是理论上考虑，用毫不动摇地喝一声"不"来对付这些所有形形色色的人群是绝对必要的。



3. 那种理论背景和那种策略形势使马克思非常困难回答下面两个问题，而这两个问题是每个追随者或未来追随者肯定会提出来的。那就是对待资产阶级政党政策的态度问题和当前实行的政纲问题。

关于第一个问题，不能劝导社会主义政党眼看着资产阶级政治活动而默不作声。他们明显的任务是批评资本主义社会，揭穿阶级利益的假面具，指出每一件事在社会主义天堂里要变得多么好，并到处寻找参加社会主义的新党员，总之，一方面批评，一方面组织。无论如何任何要保持一定政治重要性的政党不可能持完全消极的态度，虽然这种态度作为原则是令人满意的。这样做将不可避免地与大多数有组织劳动者的真正需要相冲突，如果比较长期地坚持这种态度，将使这个政党的追随者减少为少数政治上的苦行者。就1914年前马克思教导对伟大德国党和许多较小政党施加的影响而言，看一看他怎样对付这个困难是很有趣的。

只要他感到有可能这样做，他就采取唯一逻辑上无懈可击的立场。社会主义者必须拒绝参预资产阶级用以欺骗无产阶级的假改良。这样的参预——后来被称为改良主义——意味背叛信仰，背弃真正的目标，缀补理应毁灭的东西的阴险企图。像倍倍尔那样一度背离正道后再去神殿进香膜拜的门徒被严厉地归属于这一类。马克思和恩格斯本人在他们1847年共产党时代，曾打算与左翼资产阶级团体合作，这是确实的。而《共产党宣言》也承认偶尔妥协和联盟的必要性，正如它允许策略必须根据时间、地点的条件而有所不同。嘱咐信徒利用各国资产阶级之间的所有对抗和每一个国家里不同资产阶级团体间的所有对抗的箴言也隐含同样的意思——因为不与它们中某些部分合作，就做不到这一点。但所有这些话不过是用来修饰原则，目的在于使它更加有效罢了。在每一桩事例中，例外情况必须严格予以审查，根据设想总是反对这样做的。此外，可以想象的合作是在某种确实紧急状态中——较可取的是在革命中——的合作，而不是包括寻常政治生活谅解在内的长期联盟，后者可能危及信条的纯洁性。

马克思主义者在面对资产阶级敌人提出的显然有利于无产阶级的特定政策时应该怎么办，这点我们可以从大师本人在一个十分重要事例中所作的榜样推论而得。自由贸易是英国自由主义政纲中的一个主要政策要点。马克思这样一位高明的经济学家，绝不会看不到在当时环境下，它给予工人阶级多大的好处。这种好处可以被缩小，资产阶级自由贸易主义者可以被谩骂，但这样做并不解决问题，因为社会主义者肯定不得不支持自由贸易，特别是食品的自由贸易。当然他们这样做并非因为便宜的面包是一种恩惠——啊，不！——而是因为自由贸易会加速社会进化的步伐，从而加速社会革命的来临。这个策略性的计谋是值得称赞的，再者这个论点极为正确，可以在大量事例中加以运用。但大师的言论并没有说到，面对虽有利于无产阶级却未能推动资本主义进展的政策——如大部分社会改良、社会保险等法案——或者面对虽能推进资本主义发展但对无产阶级无直接利益的政策，社会主义者应该怎么办。可是，如果资产阶级阵营在这类问题上分裂，革命的道路就可"利用资本主义的纷争"这个名言而廓清。马克思也是从这个角度出发来对付资产阶级以外如土地贵族与缙绅分子为反对资产阶级而发起的种种改良主张，虽然在他的纲要里并没有这种现象的独立地位。



第二个问题同样棘手。任何政党若没有提出如何满足眼前利益的政纲就不能存在。但在逻辑严格的马克思主义里没有提出这样的政纲。在污浊的资本主义环境中积极做成的或要做的任何事情，就根据它是在资本主义环境中做出的这个事实，就是受了玷污的。实际上，马克思和恩格斯对此深表忧虑，他们一贯阻拦门徒制订含有资本主义制度内建设性政策意味，又不可避免带有资产阶级激进主义气味的政纲。但是，当他们自己面对1847年问题时，他们坚决用快刀斩乱麻。《共产党宣言》非常不合逻辑地列举若干社会主义政策的当前目的，简直把社会主义的驳船靠在自由主义的班轮边上。

免费教育、普选权、禁止童工、递进的所得税、土地和银行以及交通运输事业的国有化、扩大国有企业、开垦荒地、**强制工业为全体人民服务**、全国铺开工业中心——所有这一切清楚地表明马克思和恩格斯允许他们自己成为机会主义者（在当时）达到何种程度，尽管他们总是否定其他社会主义者有这种特权。关于他们这个纲领的惊人之处是，其中不存在任何政策要点，能使我们在其他追随者主张中见到它便能认出它是典型社会主义的或者是社会主义所独具的；政纲中任何单独一条都可以出现在非社会主义政纲之中——甚至土地国有化也被其他方面属于资产阶级的作家以特殊理由鼓吹过——其中大部分简直是从激进派的材料库里取来的。当然他们这样做是唯一可做的明智之举。可是它仍然是道地的权宜之计，其目的显然在于掩饰恼人的实践上的弱点。要是马克思对那些项目的本身含义感到兴趣，他必将别无选择，只能与资产阶级自由主义激进派联合在一起。事实是，他对它们毫不关心，并不认为有为实现它们作任何牺牲的义务；如果资产阶级激进派全部实现它们，这对马克思可能是十分不称心的意外。

4. 同样的原则、同样的策略、同样的政治论据组成他 1864 年在国际工人协会（“第一国际”）的开幕词。国际工人协会的成立当然意味着从德国 1847 年的劳动教育协会和同年的小型国际组织前进了一大步。当然它不是社会主义政党的组织——虽然例如有两个德国社会主义政党加入，而拉萨尔的全德工人联合会很快就退出——更不是无产阶级的国际组织。但许多地区和许多类型的工人团体确实派代表出席，甚至英国的工会表示出相当浓厚的兴趣——虽然态度不明朗，并着眼于可能获得的眼前利益　足以在一个时间内与它维持一种志趣似乎并不相投的联盟关系。乔治·奥杰列名于发起人之中。[①]协会和某些协会历史学家关于协会在当时革命运动和重大劳资纠纷中的任务所作的断言必须打折扣。但是,如果说它的影响极小,说它从未对那些运动和事件作过领导或控制,但至少它提供了统一的词汇。它还建立各种接触,这种接触在愚蠢得为它做广告的资产阶级敌人的好心支持下,最终把它抬高到具有实际重要性的地位。开始时,一切进行得很顺利,最初的四次"大会"是出色成功的,某些非社会主义的小事情,如关于支持继承原则的投票,被正统会员们巧妙地忽略过去。可是巴枯宁的闯入(1869 年)和被开除(1872 年)给协会一个沉重的打击,事实证明协会不能从这个打击中恢复过来,虽然它勉强存在到1874 年。



马克思从一开始就知道这个收容可疑立场的知识分子,同时收容那些显然决定根据不同环境或者利用或者舍弃协会的工会工作者的庞杂队伍所固有的种种可能性和危险。这些正是他一直在争取的可能性和一直在防止的危险。首要的任务是保持组织团结,其次是使它倾向马克思主义,这两个任务都要在这样的事实面前解决,即他个人的追随者总是占少数,而他对其他成员的影响要比从他受推选——应该说受允许——作政纲演说这件事所推断的要小得多。结果,这篇演说包括了对非马克思主义观点的让步,这些观点和马克思本人吃惊地在德国社会民主党哥达纲领(1875

① 他甚至担任过国际总委员会主席。这有许多理由,因为他原是最杰出的工会联合和团结的推动者之一,又是一个伦敦工会评议会的组织者,还是城市工人选举权改革联盟的一个领导人。

年)中发现的那些观点极为相似。同样,明智的策略和妥协嗣后更为明显,这种事情有一次曾使马克思以半幽默的绝望口吻惊呼:"我自己就不是马克思主义者。"但妥协的意义如何要依据作出妥协的人和作出妥协的精神来判断。只关心趋势的他可能会容忍许多偏差。显然马克思相信他本人一直在注意他的趋势,并能在每次偏离之后回到正确的方向。可是我们应该了解,每当他看到别人玩同样手法时,他总感到担忧。因此可以看出,在他的策略性转变路线中和他恶毒地谴责别人的转变路线中,存在着比单纯自我主义更多的东西。

当然,嗣后一直成为正统社会主义经典政策的策略和原则都有可以批评的地方。马克思建立的策略例子使他的追随者可以毫无约束地使用大师的某个行动或格言来证明几乎任何行动或不行动的路线都是正确的。这个原则已被指摘为指向死胡同。更重要的是理解它的基本原理。马克思相信无产阶级革命,他还相信——虽然他自己的学说本应使他怀疑这点——革命来到的时刻不会太远,犹如大多数早期的基督徒相信最后审判的日子就要来到。因此,他的政治方法当然建立在错误的诊断上。那些颂扬他政治敏锐性的知识分子,①全然看不到进入他实际判断的有多少是如意算盘。但在他视野之内的事实和根据他认为当然正确的这些事实所作的推断,就像他对有直接后果的问题和他与资产阶级改良主义者在会议桌上的合作关系立即会产生的看法一般,立即

① 例如,见贝内代蒂诺·克罗齐,《历史唯物主义和马克思主义经济学》,C. M. 梅雷迪思译,1914 年版。

产生那种工作方法。按照这个观点看来组成一个以各国有组织无产阶级为基础的、向着目标大步前进而不丧失它革命信念的、在前进路上永葆朝气的成分纯洁的政党，的确是极端重要的任务，与这个任务比较，其他一切都是无足轻重的了。

# 第二十六章　从1875年到1914年

## I. 英国的发展和费边主义精神

这两个年份具有某种象征意义。1875这一年诞生了其力量强大到可算是一种政治因素的第一个纯粹的社会主义政党。这个重大的事件是通过两个德国政治团体——拉萨尔的团体和倍倍尔、李卜克内西于1869年建立的团体——合并为社会民主党而发生的，该党在当时（哥达纲领）虽然对拉萨尔的政纲作出相当大的让步，[①]最终它接受了马克思主义（埃尔富特纲领，1891年），并稳步地开辟自己的道路，到1914年占有值得骄傲的地位，但就在那年，它和所有社会主义政党一样，遭遇致命的危机。[②] 在评论一个马克思主义政党毋需作出牺牲原则性的妥协，眼看就能取得议会领导权的惊人发展之前，我们应先看一看其他国家事态发展的过程，首先看一看那个时期的英国社会主义，从表面上看，它提供了与德国党完全不同的



① 拉萨尔的主要秘方是把工人组织为有国家支助的生产合作社，以它与私人企业竞争，并最后消灭私人企业。这个办法十分明显带有乌托邦主义的气味，因此不难理解马克思厌恶它的原因。

② 当时它在帝国议会里占有397席位中的110席，又由于资产阶级议会党团没有能力组成意见一致的联合体，这点比数字本身表明的意义更大。

令人惊奇的和有启发意义的对照。

在表层底下，当然存在本质相似的社会过程和(作为过程一部分的)本质相似的劳工运动。英国和德国事态发展之间有基调、意识形态和策略的不同，其原因是容易解释的。自从欧文派的全国团结总工会于1834年垮台以来，或者说自从宪章运动销声匿迹以来，英国的劳工运动不再产生任何坚决的敌对行动。某些工人的经济目标得到自由党的支持，另一些目标得到保守党的同情。[①] 例如，1871、1875和1876年的工会法通过时都没有发生刺激工人好斗心理的任何事情。此外争取普选权的斗争是由非社会主义团体进行并解决的，群众除了欢呼或讥笑外，没有很多的事情可做。在所有这些事情中，英国工人基层群众的优秀品质充分地表现出来，英国政治社会的优秀品质同样明显地表示出来：在证明它们能够避免走上与法国大革命同样道路，能够消灭由昂贵面包引起的危机后，它们还懂得怎样控制日益艰难的社会形势，怎样体面地放弃自己的某些主张——1906年的劳资纠纷法可以为证。[②] 结果是



① 在保守阵营中出现亲劳工态度特别令人吃惊。为了说明这一点，可以提一提保守阵营内由阿什利勋爵领导的集团和青年英格兰团体(迪斯累里的托利民主党)。

② 目前已难理解，这个法案怎样必然会对依然相信以私有财产制度为中心的国家与法律体系的人们是一个沉重的冲击。因为放松关于和平布置罢工纠察线的阴谋法——这实际上等于承认包含武力威胁的工会行动的合法——和免除工会基金对属于侵权行为的损害负有赔偿责任——这实际上等于规定工会不会做错事——这个法案事实上把国家一部分权力交给工会，赐予工会一种特权地位，这种地位是雇主协会形式上免税范围的扩大所无力比拟的。而且这个法案是1903年建立的皇家委员会提出报告的结果，那时正是保守党执政，在该党领导人(贝尔福)的三读致词中，痛痛快快地接受了它，毫无不愉快的表情。无疑1906年的政治形势更能说明该党采取这种态度的原因。可是这一点并不影响我这个论点的有效性。

英国的无产阶级经历较长的过程才具有“阶级觉悟”，才达到基尔·哈迪能够组成独立工党（1893 年）的标准。但是新工会运动[①]的兴起，最终宣布与德国工人运动基本上没有什么不同的（除了语言表达外）事态的来到。

当时存在的这种差异的性质和程度，如果我们看一看能最完整地表达其目的与方法的团体——费边社——就会十分清楚地显现出来。马克思主义者会轻蔑地讪笑在他们看来必定是对从不标榜自己的那个知识分子小团体重要性的严重夸张。事实上，在英国，费边主义者及其态度就像德国马克思主义者同等重要。

费边主义者出现于 1883 年，在我们整个时期一直是个资产阶级知识分子的小团体。[②] 他们来自边沁和穆勒学派，继承两者的传统。他们像在他们之前的哲学激进派一样，对人性抱有同样巨大的希望。他们以同样的实事求是的进步理论，努力为理性的重建与改善而工作。



① 新工会运动意味着一些正规而巩固组织的向外扩展，这些组织在 19 世纪 90 年代中期基本上只限于有熟练技术的行业，并养成职业自豪感和资产阶级体面感的态度（80 年代的几个领导人——如克劳福德——常常强调那种隔绝可尊敬的工会官员与无产阶级群众的鸿沟）来对待在他们底下的程度不同的非熟练工人。那些非熟练工人对自己的谈判能力毫无把握，因此较易接受社会主义的宣传，接受单是罢工是不安全的武器，应该用政治行动加以补充的论点。因此，在工会主义向下扩展与工会对政治行动和对社会主义的态度有所改变中间有了一条重要衔接的链环。就是在那个时候——1889 年码头工人大罢工几年之后——工会全国大会开始通过倾向社会主义的决议。

② 这个团体的成员从来没有超过 3000—4000 人，实际上比它宣布的成员人数还少。至于起作用的核心会员，不超过会员总数的 10%或 20%。这些核心成员不但出身和传统都是资产阶级，在别的方面同样如此：大部分会员在经济上是独立的，至少他们有可以赖以生活的收入。

他们很注意他们的论据,他们中有些人不辞无限艰辛通过大量研究和对某些论点与措施的批判来收集这些论据。可是他们对他们目标的基本原理——包括文化的和经济的——完全不加批评。他们把这些目标看做理所当然之事,就像好心的英国人那样,总是以为自己是对的,不过以另一种方式说出来罢了。他们看不到贫民窟与上议院之间的差别。二者皆是"坏东西",不是吗?这是常识。至于较大的经济平等、印度的自治政府、工会或自由贸易显然是"好东西",谁能怀疑?必要思考的是怎样清除坏东西和怎样取得好东西;其他每一样思考只会激起无益的行动。在所有这些思想中,全心全意为公众事业献身的精神和不能容忍对个人价值和国家价值有别种看法的态度同样明显,还具有小资产阶级憎恶带有贵族情调的(包括对美的欣赏)任何事物的情绪——他们表达这些观点的方式和马克思主义者表达的方式完全一样。



起初,费边社成员得不到任何支持。他们开始劝说愿意听他们讲话的任何人。他们向工人阶级和中产阶级群众发表演说。他们能干地和大量地写作并分发小册子。他们推荐特定的政策、计划和法案,或者抨击它们。但他们施展影响的最重要的途径是接触"要人",或者不如说接触政界、企业界和劳工界领袖人物的随从人员。他们的国家和他们本人在国内的社会和政治地位为建立和利用这种接触提供绝好的机会。

英国政治社会并不总是接受外界的劝告,但它比起任何其他社会都乐意倾听别人的意见。而某些费边社成员不是外人,有些人能够利用在牛津和剑桥大学学生联合会和公共休息室建立起来的联系。从伦理上说,他们不是生活在另一个星球上。他们中大多数人不是现有制度的不可调和的敌人。他们全都强调愿意合作，不愿意敌对。他们不打算出来组织政党，他们非常讨厌阶级斗争和革命的词藻。任何时候只要有可能，他们宁愿做个有用的人，不愿做被人嫌恶的人。他们总有一些主见提供给议员或行政官员，而后者总是欢迎告诉他们应该做些什么和怎样去做的建议。

现代内阁部长一般说来能在他的部内找到他需要的大部分情报和建议。特别是他绝不会感到缺乏统计材料。19 世纪 80 年代和 90 年代的情况不是这样。那时除偶有例外，各级文官只知道他们的例行公事，其他一无所知。担任官职的议员，尤其是未担任官职的议员，除了原有政策外，总是得不到有关“新”社会问题的论据与主意。占有论据与主意并一直愿意把它们贡献出来的团体，把它们妥善编排，准备供政府大臣或一般议员使用，这个团体肯定拥有进入权，尤其是从后门进入的权利。各级文官接受了这些论据与主意，他们不但对费边社成员的眼前目标相当同情，而且还心甘情愿地接受这些主意的宗旨。反过来，费边社成员也接受充当非正式公务人员的角色。事实上他们很合适充当这个角色。他们没有个人野心。他们乐意在幕后服务。通过人数日增、权力日大的官僚机构所进行的活动（这是他们预见到的和赞成的）十分完美地适合他们民主的国家社会主义的总方案。

但是，马克思本来很可能会问，小小的英国马克思主义团体（1881 年成立的海因德曼的民主联盟）确实曾经问过：如果这种成就不能算是与资产阶级利益集团政治上拥护者的共谋，它还能算是什么呢？它怎能被称为社会主义？如果可以这么称谓，它不是乌托邦社会主义（按上文所说的马克思主义解释的意义）的另一种版本吗？不难设想，费边社成员和马克思主义者相互必定多么憎恶，各自对另一方错误观念的蔑视必定多么深切，虽则费边社成员的做法是一贯避免讨论基本原则和策略，而这些正是马克思主义者津津乐道的，他们以稍稍带有保护者的同情态度耐心等待费边社成员来讨论所有问题。然而就超然的观察家来说，回答这些问题并不困难。

费边型的社会主义努力，在任何别的时间不能算是一回事，但它在 1914 年以前的 30 年间有很大的价值。因为在那期间各种事物和人的思想适合并乐于接受这种信息，不需要比它保守或比它激进的思想。整理和组织现存的思想是使每种可能性变成清楚易懂政策所必要的，正是费边社成员以最勤奋、最实际的态度在做这个“组织整理”工作。他们是改革者，时代精神使他们成为社会主义者。他们是真正的社会主义者，因为他们的目标在致力于社会的根本性重建，最终使经济管理成为公共事务。他们是志愿的社会主义者，因此他们在任何早期阶段必然被划为马克思主义者观念中的空想社会主义者。但他们有等待他们的目标，所以以上看法所涉的含义并不符合他们的情况。从他们的观点看来，以空谈革命与阶级斗争使资产阶级那个猎物意识到危险是十足的疯狂。惊醒阶级觉悟正是他们想要避免的事情，至少在开头时是如此，因为这将使他们的原则不可能和平而有效地传遍整个资产阶级社会的政治和行政机构。当事物足够成熟时，他们就毫不犹豫地帮助建立独立工党，遂即与 1900 年的劳工代表委员会合作，并展开工会的政治活动，促使进步党在伦敦市议会里提出自己的路线，首先宣传在市里实行社会主义，然后宣传在全国实行社会主义，最后倡导苏维埃制度的优点。

所有这一切无疑有另外一方面，即容易使他们的组织受到指斥。但无论如何，如果说他们从未发表过更加马克思式的战斗宣言，从未确切地告诉资产阶级那个猎物他们准备怎样对付它，他们同样从不去保护它。对准费边社成员的另一个批评来自相反的立场，它指出他们的方法使他们有在资本主义制度的外国防御工事上被阻住的危险，而这种方法不可能导致大规模的对阵战。这个批评没有考虑到他们特有的态度。可以代表他们作这样的回答：如果他们尽一切可能攻击资本主义制度，不消灭它而成功地对它进行充分的改造，这当然是值得庆祝的事情。至于对阵战，他们事先就以突出巧妙的方法，采用罗马将军的名字，来回答革命的批评家，那位将军尽管小心谨慎，但在把汉尼拔赶出意大利的斗争中，却比他任何急躁的前任起了更大的作用。

因此，这样说可能是正确的，在阶级斗争问题上也像在其他问题上一样，费边主义正好与马克思主义站在对立面上；也可以这样认为，费边社成员在某种意义上说是比马克思本人更好的马克思主义者。集中注意于实际政治范围内的问题，与社会事物进化的步调保持一致地前进，暂且不问最终目标，这些实际上要比马克思本人任意嫁接在他基本理论上的革命思想意识更符合他的基本理论。对资本主义的迫在眉睫的灾变不抱幻想，理解社会主义化是缓慢的过程，这个过程往往能改变社会上所有阶级的态度，甚至能琢磨出基本学说的优越性。



## II. 一方面是瑞典另一方面是俄罗斯

每个国家有她自己的社会主义。但在那些对人类文化价值宝库作出与其国土大小不相称的惊人贡献的大陆国家——特别是尼德兰与斯堪的纳维亚国家——中，事物与英国的范例并无多大的不同，以瑞典为例。像她的艺术、科学、政治、社会制度和许多别的事物一样，她的社会主义和社会主义者之迥然不同于其他国家，不是由于原则或意向的任何特色，而是由于造就瑞典民族的材料和她特出均衡的社会结构。这就是为什么说，其他民族试图抄袭瑞典的榜样是十分荒谬的原因；要抄袭她的唯一有效方法，只有请来瑞典人，让他们执掌主权。

既然瑞典人是那样的人，他们的社会结构是那样的社会结构，我们就能容易地理解他们社会主义的两个突出特征。几乎总是得到干练而认真领导的社会主义政党；它和十分正常的社会过程合拍地缓慢成长，并不试图走在正常发展的前面，不想为对抗而对抗。所以当它执政时未产生任何骚动。它的领导人自然地担任负责的职位，他们能够以平等地位并主要在共同基础上对待其他政党的领导人。到今天，虽然一个共产主义团体理所当然地出现，各党对当前政治的分歧已降为讨论这样的问题，如对一致同意的某个社会项目是否应多拨款几百万克朗，还是少拨款几百万克朗。在该党内部，知识分子和工人之间的对抗，只有凭借显微镜才看得清楚，因为从双方的水平看，他们之间已不存在巨大的文化鸿沟，也因为瑞典的社会有机体比其他社会有机体产生相对少的难以就范的知识分子，被激怒的和激怒人的知识分子没有别的地方那么多。这种情形有时被描绘为工会一般地对社会主义运动特别地对社会主义政党施加的“削弱性控制”。对沉湎于当前激进主义词藻的观察者来说，这种情况显得更加真切。可是这样看问题没有正确看到社会和种族环境的重要性，不仅那里的工人而且还有知识分子都是这个环境的产物，这个环境阻止他们把社会主义提高为一种宗教。虽然在马克思的教导中可能找到这种模式的位置，但当然不能期望一般马克思主义者赞同地看待瑞典型的社会主义政党，甚至不能期望他们承认它是真正社会主义努力的事例。反过来，瑞典的社会主义者所带的马克思主义色彩是轻微的，尽管他们特别在与其他社会主义团体的国际关系中，经常使用符合当时认为是社会主义规格的语言。

在天平的另一端，在俄国，我们发现几乎纯粹马克思主义的、因此具有全部马克思主义色彩的、但不难从其环境加以理解的社会主义。沙皇俄国是主要带有前资本主义面貌的农业国。工业无产阶级——就职业社会主义者可接受的意义来说——只占 1.5 亿总人口中的很小一部分。[1] 工商业资产阶级的人数相应的少，较之其他任何阶级并不更有能力，虽然由政府促进的资本主义进化当时正在迅速积聚力量。插入这个结构中的是一个知识界，他们的思想对当地人是陌生的，犹如俄国上流社会妇女的巴黎服装。

对于许多知识分子来说，当时实行的政府形式当然是令人憎恶的，它是由一个专制的国王(独裁者)率领一个庞大的官僚机构，与土地贵族和教会结成同盟。全世界舆论接受他们对历史的解释。甚至最仇视接替沙皇政权的那个政权的作家，无不急急忙忙地向他们的读者保证，他们对沙皇制度这个怪物感到极度的厌恶。于是简单的真理就完全陷入无意义语言的迷宫，茫无踪迹了。其



① 1905 年工厂工人约为 150 万人。

实，那种政府形式之对于产生它的社会模式，并不比英国的议会君主制和美国的民主共和制更不适合。那种官僚机构的运用效率，考虑到它进行工作的条件，也比人们要世人相信的高得多，它的社会改良——农业的和其他的——和它走向初步宪政的蹒跚步伐，做到了在那种环境里可以期望的一切。和民族精神抵触的是外来的激进主义和知识分子的集团利益，不是沙皇的君主制度，相反这个制度牢牢掌握了所有阶级的绝大多数。

综上所述，可以得出两点结论，乍见之下它们显得自相矛盾，虽然没有一个严肃的历史学者会认为如此。一方面，循着组成卡捷特党（立宪民主党）的自由主义派律师、医生、教授和文官所希望的方向作巨大而突然的行动是不可能的，主要不是因为他们的政纲不能为君主政体所接受，而是因为他们太软弱无力了。让这些人当政就等于让那样的一个集团当政，它与执行沙皇主义的原来集团相比，在群众中能得到的支持不是更多而是更少，对群众的感情和利益的同情不是更多而是更少。那里不存在资产阶级政权出现的余地，更不用说社会主义政权了。在法国 1789 年形势和俄国 1905 年形势之间没有相同的地方。1789 年瓦解的社会结构是过时的，它阻塞了国内几乎每一个有生气事物前进的道路，它没有能力应付当前的财政、经济和社会问题。俄国在 1905 年的形势不是这样。由于在日本手里吃了败仗威信扫地，因此出现社会不满和混乱。可是这个国家证明自己不但有能力克服混乱，而且能够解决混乱背后的各种问题。在法国，结果出现罗伯斯比尔，在俄国，结果出现斯托雷平。要是沙皇制的生命力像法国旧政体那样已经消失，情况就不可能是这样。没有理由假设，倘若没有第一次世界大战使这个社会组织过分紧张，俄国君主政体不能在国家经济发展的影响下并随着经济发展的步伐和平而成功地进行改革。[①]

另一方面，显然是因为社会结构的基本稳定，才使不能希望使用正常方法取得优势的知识分子被迫采取不顾一切的激进主义，走上犯罪暴力的道路。他们采取的是那种其剧烈程度与实际可能性成反比的那种激进主义，也就是软弱无能的激进主义。暗杀是无效的，它只能产生镇压，但此外又没有很多的事情可干。镇压手段的残酷反过来产生报复，于是悲剧就这样发展下去，残忍和犯罪的悲剧不断地相互加剧，这是全世界看到和感觉到的全部情况，也

① 这一段分析当然引起一些大有兴趣的问题，这些问题一方面涉及我们习惯上称为历史必然性那个东西的性质，另一方面涉及个别领导人的品质对历史过程的作用。我想，很难认为俄国是被冷酷的必然性赶入战争的。至少，在和塞尔维亚争吵中受到威胁的利益并没有极端的重要性。1914年国内局势并没有严重到一定要采取作为最后手段的军事侵略政策。前一个原因无疑刺激了民族主义分子，后一个原因刺激了一些（不是全部）极端反动分子以及一些别有企图的个人与集团。但是，沙皇若能在最后表现出少许一般的谨慎和坚决，无疑能够避免参战。当后来不利的形势已经明显，特别是戈尔利采战役以后，所有取得军事胜利的希望已成泡影时，要挽救巨大灾难比较困难，但还不能说已无可能。甚至在君主政体崩溃以后，克伦斯基政府若能谨慎地节约使用资源，拒不同意协约国再三要求，不下令发动铤而走险的最后进攻，绝不能肯定他的政府无法挽救危局。可是资产阶级革命以前的沙皇社会和革命后的资产阶级社会，竟以麻木不仁的状态眼睁睁地看着日益临近的灭亡，这种状态是千真万确的，然而也是难以解释的。这时，出现了一个阵营的集体荏弱无能和另一个阵营的明智干练和精力充沛，当然不能归因于偶然的机会。但在这个事例中，旧政权的无能仅仅表明它没有能力应付全面瓦解的局势，这种局势原来无疑是能够避免的。

读者不会料到我对俄国社会主义及其环境条件的分析会与托洛茨基在《俄国革命史》（英译本M.伊斯门译，1934年）中的分析相一致。更有意思的是二者没有太大的差别，特别是托洛茨基考虑到这样的问题，即如果革命运动冲击的是一个“不同的沙皇”，会发生什么情况呢？他没有从考虑那种情况作出明显的推论，这是实在的，但他承认马克思主义学说并不强制我们忽视个人的因素，虽则看来他并不承认个人因素在分析俄国革命过程中的全部重要性。

是我们可以期望的正确判断。

可是马克思绝不是盲动主义者，对于俄国革命者中某些小丑，尤其是巴枯宁式的那些小丑，他怀有极大轻蔑和同样多的憎恨。此外，他应该看到——也许他确实已看到——俄国的社会和经济结构不具备根据他自己学说规定的那种类型社会主义胜利甚至出现所必需的任何一个条件。但是，从逻辑上说，如果这一点本该阻止俄国知识分子信奉他的教导，那么我们就容易理解，为什么情况却相反，他的教导在他们那里取得巨大成功。他们是或多或少诚实认真的革命者，他们的目的却含糊不清。这里正好有一个力量无与伦比的革命真理。马克思闪闪发光的词藻和千年至福的预言正是他们想要逃出民粹主义可怕荒漠所需要的东西。此外，这个经济理论、哲学和历史学混合物适合俄国人口味达到完美的程度。他们毫不介意这个真理完全不适用于他们的情况，对他们没有真正的指望。笃信者一直听到他们想听的道理，不管预言者实际讲的是什么。实际形势离开马克思设想的成熟状态越远，俄国知识分子——不单是他们中公开宣称自己为社会主义者——越是准备指望从他那里得到解决问题的办法。



因此，一个马克思主义团体早在1883年就出现了，1898年渐渐演化为社会民主党。开始时领导人和党员当然大都是知识分子，虽然它在“群众”中的秘密组织工作取得充分成功，足以使抱同情态度的观察者说它是工人团体在马克思主义领导下的联合。这点说明了为何俄国没有出现有强大工会组织国家中其他马克思主义团体所遇到的很多困难。无论如何在开始时，进入这个组织的工人以绝对驯顺的态度接受知识分子的领导，甚至很少自称要为他们自己决定任何事情。结果，理论和行动都循着严格的马克思主义路线并在高水平上发展。这自然得到德国这种信仰保卫者的祝福，他们看到这种绝对服从的美德，显然感到马克思提出的真正的社会主义只能从成熟资本主义崛起的论点一定有某些例外。但 1883 年这个组织的创始人和该组织最早 20 年的领导人普列汉诺夫(他对马克思学说的有才气和有学问的贡献得到普遍的尊敬)却真正接受这个论点，因而认为不能希望社会主义过早实现。在与威胁信仰纯洁性的改良主义和其他当代异端邪说进行英勇战斗的时候，在坚持革命目标与方法的信仰的时候，这位真正马克思主义者必然早就为在党内兴起一个看来倾向于在最近将来采取行动的团体而感到忧虑，虽然他同情这个团体及其领导人列宁。

使党分裂为布尔什维克和孟什维克的那次不可避免的冲突(1903 年)所具有的意义，要比两个集团名字所暗示的仅仅是有关策略的分歧严重得多。当时，没有一个观察家——不论他的经验如何丰富——能彻底理解这次分裂的性质。到今天其结症应是很明白了。两个集团保留的马克思主义辞令把它们中的一个集团已经无可挽回地从经典马克思主义分裂出去的事实弄得含糊不清。

列宁显然对俄国局势不抱幻想。他看到沙皇政权只有在它军事失败被暂时削弱时才能成功地打倒它，而在随后出现的政权瓦解中，只有一个抱有决心而训练良好的集团以无情的恐怖行动可以推翻可能企图取代沙皇政权的其他政权。对于这个可能性，他似乎比任何别人理解得更加清楚，他决定准备适当的工具。他不喜欢农民的小资产阶级思想意识——当然在俄国农民构成重要的社会问题——更不喜欢那个为了完成伟大的革命，有必要等候工人提高他们自己的积极性的理论。他需要的是一支除了他谁的议论都不听、任何顾忌都没有、对理性或人道的呼声无动于衷的、训练精良的革命近卫军。在这种环境下，根据质量的要求，这样的军队只能从知识分子阶层招募，而能够得到的最好材料只有在党内才找得到。因此他想控制党的企图等于企图毁灭党的灵魂。多数派及其领袖 L. 马尔托夫一定感觉到这一点。他不批评马克思或鼓吹新的分离。他以马克思的名义抵抗列宁，支持马克思主义的无产阶级群众政党的学说。这个新颖的论调受到列宁的攻击。

从记忆不起的时候起，异端分子无不宣称，他们从不打算毁灭他们拥有的任何真理，而正相反，他们试图设法恢复它的原来纯洁性。列宁采取这个历史悠久的做法，他赞扬马克思，说得比马克思还要高得多，从不丢弃对马克思主义的忠诚。充其量他首先提出了这个见解，这个见解可以用一句后来大受托洛茨基和斯大林欢迎的话来概括，即“帝国主义时期的社会主义。”读者很容易看到，列宁不难采用纯粹马克思主义的形式和内容直到某种关键性的范围。同时也容易看到，列宁从这个堡垒出击，占领本质上非马克思主义的阵地。非马克思主义指的不仅仅是在显然不成熟形势下利用宣言实行社会主义化的思想；更多的是指认为“解放”不是（像马克思教条所说的）无产阶级本身的事业，而是一批统率暴民的知识分子的工作的思想。[①] 这点要比关于鼓动做法和妥协做法的意见分歧严重得多，也要比对马克思主义学说次要点上有不一致的看



① 事实上，与犯罪分子建立联系的虽然不是列宁本人，而是由在场的他的随从人员进行的，但这导致了“没收者”（从事实际“没收行为”的抢劫突击队）在俄国本土和波兰的活动。这是纯粹的土匪行为，虽然西方知识分子吞下了为它辩护的“理论”。

法严重得多。这点意味着背离马克思主义学说的最核心的意义。①

## III. 美国的社会主义团体

在美国，一种全然不同的社会模式证明它和俄国社会一般不利于真正社会主义群众运动的生长与发展。因此两个社会出现的类似之处和它们之间的差异之处，同样令人感兴趣。尽管俄国乡村结构中固有共产主义特征，俄国的农业社会实际上不接受现代

① 就我们的目的而言，对众所周知的历史事实细节没有必要进一步评论。只说下面的一节话就足够了。列宁并未成功地制服俄国社会主义党，相反，党的领导人随着时间推移日益离开他。这些人处境的困难可用普列汉诺夫的犹豫踌躇来很好地说明，其原因在于他们希望保持一种像联合阵线那样的东西，又不放弃他们的原则。可是列宁确实成功地保持住他的集团的团结，成功地使它完全服从于他，成功地使它的路线适应1905年革命及其后果造成的问题，问题包括在杜马里出现列宁主义分子。与此同时，他成功地保持与第二国际的接触并保持在该组织中的地位（见下文），他参加三次第二国际的代表大会，有一段时间他代表俄国党参加国际的政治局。要使他的观点和活动能像给予大多数俄国社会主义者的印象那样使国际中其他国家代表有同样深刻的印象几乎是不可能的。事实上，第二国际和一般西方社会主义舆论，只是把他看做正统派左翼的杰出人物，对他以及他固执的极端主义表示厌烦，对他的某些方面表示称赞，在其他方面并不认真看重他。就这样他在政治领域里扮演双重角色，很像沙皇政权扮演的角色，后者的对外态度（可以它发起国际仲裁和国际安全为例）也和它的对内态度大不一样。

不管他的这些成就还是他对社会主义思想的贡献——其中大多数是显著的平庸（顺便说一句，和托洛茨基一般平庸）——都难以保证他在第一流社会主义者中间占有一席之地。俄国在世界大战中崩溃以后他获得的崇高地位，既是各种环境条件独特结合的结果（它使他的武器发挥作用），也是他在运用这些武器中有超人能力的结果。从这方面说（虽然没有别的方面）拉斯基教授在《社会科学百科全书》（乌里扬诺夫条）中对他的崇高评价是完全可以理解的，当然还应说说，知识分子必然拜倒在他们时代的偶像之下。

社会主义的影响，而美国农业社会证明是反社会主义的力量，它准备除掉其重要性足以引起它注意的任何马克思主义活动。如果说俄国的工业部门由于资本主义发展缓慢未能产生举足轻重的社会主义群众政党，美国的工业部门由于资本主义以令人眩晕的步伐猛冲地发展，因而也未能做到这一点。①

最重要的差异在各自知识分子团体之间：与俄国不同，美国在19世纪结束之前没有产生一群就业不足和饱受挫折的知识分子。由开发国家经济可能性这个全国性事业引起的价值方案几乎把全部才智之士吸收进实业界，并把实业家的观念深深印在民族灵魂中。纽约以外我们想象中的那种知识分子人数不多。他们中的大多数接受这个价值方案。要是他们不接受，主要街区的人就拒绝听他们的话，并本能地憎嫌他们。这种态度在训诫他们上，要比俄国政治警察所采取的手段更为有效。中产阶级对铁路、公用事业和大企业的普遍敌视，吸收了当时几乎全部"革命的"精力。



一般有才能和可尊敬的工人都是务实家，也感到自己是务实家。他成功地致力于利用他自己的机会向上攀登，或者无论如何尽可能有利地出卖他的劳力。他理解他雇主的思想方法，也具有同样的思想方法。当他发觉与同一企业内的同等地位的人联络一气是有益的，他就以同样的精神和他们结合在一起。大约自从19世纪中叶起，这种做法逐步越来越多地采取雇员委员会的形式，它是战

① "西部边疆"的存在当然大大减少摩擦的可能性。但这个因素的重要性(虽然不小)很可能被估计过高了。工业发展的那种步伐不断地创造出新的工业边区，这个事实要比打点行装到西部去的机会重要得多。

后城市中取得充分经济与文化上重要地位的公司工会的前驱。①

除此之外，对工人来说，在全国规模上与别地的本行业成员联合起来常常有好处，因为这样做可以改善直接对付雇主间接对付其他行业的谈判地位。这种利益产生了许多典型的美国工会，主要表现在它们都采取行会原则，这个原则在排除未来参加行会者方面比任何其他原则远为有效，真正产生了工人卡特尔。自然，这些卡特尔不表现出丝毫激进主义，这种状况过去和现在都使国内外社会主义者以及同路人有理由感到痛心。他们关心的只有工资率和工作时间，他们十分愿意研究公众甚至雇主在其他每一桩事情的愿望，特别是雇主说出来的愿望。这点已为个别工会和美国劳工联合会的领导人体现那种精神的风格和行为完整地证明，也为工会机构企图以工会基金投入它们十分合意的工业与金融企业领域的做法完整地证明。②



① 这种安排的一般意义和它特别适合美国的条件是十分明显的，正如它成为工会和后来激进知识分子的眼中钉肉中刺一样明显。我们时代的标语口号——近来才正式定下来——诬蔑公司工会是雇主阻挠有效代表工人利益努力的恶毒企图的产物。虽然从无产阶级的好斗组织其性质是一个道德原则的观点看——和按照在我们眼前出现的总体国家的观点看——这个说法也是完全可以理解的，可是它玷污了历史的解释。雇主们为这种类型的组织提供方便，经常采取主动并试图影响它，以便能够与它融洽相处，这个事实并不能排除或反驳另外一个事实，即公司工会以及它们的先驱完成了十分必要的任务，在正常情况下它们很好地为工人的利益服务。

② 机车司机兄弟会沃伦·桑福德·斯通的形象为最后提到的那个方面提供极好的(虽然时间上晚一点)例证。塞缪尔·冈珀斯时代提供的进一步例子，读者一定容易想到，所以毋需再提。但上边所说不应被理解为那种收高额入会费和大批人等着入会的看起来奇怪地像是警察开设独卖商店的工会过去和现在是美国唯一的一种工会。正相反，外来移民输入每一种形式的工会和那些与欧洲建立的形式相同的工会，并在条件适宜的地方，特别在相对悠久和巩固的工业地区和工业部门发展起来。

可以肯定，信条和口号——意识形态——十分不革命和十分厌恶阶级斗争的事实，其本身只有有限的重要性，美国的工会运动者不大喜欢讲理论。如果他们曾经谈到理论，他们可能以马克思主义来解释他们的所作所为。但这样说仍然是对的，且不谈讨价还价，他们认为自己在所有事情上都没有丢失立场，至于与雇主合作——我们中那些不喜欢这种做法的人称之为勾结——不但符合他们的原则，而且符合他们面临形势的逻辑。除少数问题外，政治行动不但是不必要的，甚至在他们看来是无意义的。就其能够施展的影响而言，激进的知识分子可能同样试图改变宾夕法尼亚铁路董事会。

但在美国劳工界中还有另外一个世界。在移民中与品质优秀者一起来的，从一开始就有一些品质低于标准者，这些人在内战以后在相对数量和绝对数量上都有增加。这些人的数量激增还因为有许多人虽然在体力适应性或智力或精力上并不低于正常人，但是，由于过去的不幸，或者由于生活在长期不利环境中所受的影响，或者干脆由于不安分守己，不能适应环境的脾气或犯罪的倾向，而沦入到这批人中。所有这种类型的人容易成为剥削的牺牲品，而道德约束的阙如使剥削肆无忌惮，于是某些人的反应是盲目和冲动的仇恨，这种仇恨心情很容易酿成犯罪行动。在许多聚集各种各样出身和倾向人们的最近迅速发展的工业社会里，法律和秩序必须以其本身不合法的行动来维持（如果要维持的话），粗暴的人们以比他们受到的待遇更粗暴的行为来对付雇主或雇主的代理人，雇主及其代理人尚未养成责任感，往往出于害怕他们财产受损甚至生命危殆被迫采取残酷的行动。

因此社会主义观察家总是这样说，存在最最毫不夸张的阶级斗争——实际上响起隆隆炮声，借以说明马克思主义思想的正确。事实上不存在这类事情。很难想象有任何条件比这些更不利于政治上保护劳工主义和严肃社会主义的发展，只要这些条件不改变，二者均难出现。

劳动骑士团这个不问技术不问行业——事实上只要愿意加入——的全体拿工资工人重要的全国性组织的历史，大约有10年时间(1878—1889年)具有很大力量，进行过有意义的活动。1886年"侠义骑士团"的成员几达70万人。其中由工业劳动者——大部分为非熟练工——组成的一部分人在当时几次经济萧条中精力充沛地参加或甚至倡导罢工或抵制。仔细地查阅纲领和宣言，就能发现它是各种各样社会主义、合作主义偶尔还有无政府主义思想的有点支离破碎的大杂烩，如果我们愿意，还能追索到门类繁多的来源——它们之中有欧文的英国农业社会主义者、马克思主义者和费边主义者。它的政治观点十分明显，总的计划和社会主义重建的思想也极显著。但是，我们之所以可以发现这种明确的目标，实际上是由于我们是以自己时代的观点来复述当时情况。事实上那里并无明确的目标，有的只是追求良好生活的思想(缔造人尤赖亚·S.斯蒂芬斯受过担任牧师的教育)与美国宪法思想特征的总和，而美国宪法对包括农民和自由职业者在内的许多人有吸引力。这样，侠义骑士团成为各种改革者计划的交换场所。就这一方面而言，它的确完成了当它的领导人强调它活动的教育作用时牢记在心中的任务。可是由如此不同的人组成的组织在构成上就不能有所作为。当它明确支持社会主义信仰时就破裂了。同类的运动(人民党运动、亨利·乔治的运动和其他运动)重复了同样的经历。

明白的结论是,在美国当时的环境下,没有、也不可能有进行社会主义群众运动所需要的材料或所需要的动力。追索从劳动骑士团到世界产业工人联合会这条线就能证明这一点。这条线体现在马克思主义知识分子丹尼尔·德·利昂一生的事业中,应该对忠诚信仰者具有相当特殊的分量。① 正是在他的指挥下,劳动骑士团里的社会主义者于1893年起来反对原来领导人波德利,由于这个风波,结果使该组织受到致命的打击。造反的目的是想创立或多或少根据马克思主义路线进行政治活动的工具。打算由一个无产阶级政党发动阶级斗争、革命,毁灭资本主义国家以及其他行动。但不论是社会主义劳动党(1890年)还是德·利昂的社会主义职工同盟(1895年)都没有在这场变动中显示出生命力。不但跟着走的工人阶级人数很少——这点本身不是决定性的——而且甚至像俄国那种成功——占有控制知识分子的核心——也没有得到。社会主义劳动党先是分裂,然后把留下来的大部分地盘输给了新成立的社会党。



社会党和美国任何社会主义团体一样接近于取得正统的成功。首先,它的出身是正统的。它兴起于1892—1894年的劳工斗争,当时罢工由于当局使用武力而失败,联邦政府和司法部门给雇

① 鉴于列宁本人极不寻常地一反以往的作风对德·利昂的著作和思想表示敬意,这个分量更大了。

主以坚决的支持。[①] 这使许多原是“保守”行业工会所属的人们的思想有所转变。无论如何，这使尤金·V.德布斯首先投向产业工会主义，然后赞成政治行动的原则。其次，社会党采取的总的态度是正统的。它试图与工会一起工作，从而“在内部进行破坏”。它建立起正规的政治组织。在原则上它赞成和欧洲社会主义大党同样意义的革命。它的理论不是十分正统的。事实上，它不论在德布斯还是其后任的领导下都不认真重视理论方面，它允许在党员中展开的教育工作有相当大的自由。可是，虽然它从来未能成功地吸收全国各地到处兴起的当地劳工小党，但它直到共产党开始竞争的战后时期为止发展一直十分顺利。我想，大多数社会主义者都会同意称它为美国的唯一真正社会主义政党。它的竞选力量虽然和大多数社会主义政党一样是靠非社会主义同情者才扩大的，但仍可衡量其严肃社会主义努力的程度。



可是德·利昂还有另一个机会。这个机会来自——也消失于——西部矿工联合会。该联合会的激进主义与任何理论背景毫不相干，完全是粗鲁的人们面对艰难环境作出反应的产物。这个工会为世界产业工人组织(I. W. W.)的建立提供基石。德·利昂和他的同事们在这个组织里加进他们自己和其他垮台组织的残余，同时还加进从各处来的或不知来处的大多数性质可疑的分子，有知识分子，有无产阶级，也有有知识的无产阶级。但该组织的领导人——还有他们所说的话——是强有力的。除了德·利昂外，还

① 可以看出，这个行动是在大多数欧洲政府迅速采取另一种态度时作出的。可是，这不能简单地认为大西洋这一边的“落后”。这一边实业界的社会和政治威望比任何其他地方高得多，因之美国的民主政体对劳工问题的看法要比(譬如说)普鲁士的容

有海伍德、特劳特曼、福斯特等。

无所不为的突击战术和不妥协的战斗精神，获得一连串孤立的成功，只有革命词藻和突击战术，此外一无所有是最终失败的原因；与共产主义者的争吵和共产主义者的背信以及内部不断的倾轧加速了最终失败的到来。我毋需重述人们以各种观点讲过多次的故事，与我们有重要关系的是，这个组织曾被称为工团主义——甚至无政府主义——后来几个州实施的工团主义惩治法就是用来对付它的。现场“直接”行动的原则和对西部矿工联合会理论上的让步，指明了产业工会在建设社会主义社会中的基本任务——这是德·利昂对经典马克思主义的贡献，也是他对马克思主义的偏离——无疑表明它是工团主义的组织。但把它说成是工团主义的因素插入实质上一直是马克思主义树干的分株里，要比把它说成完全是工团主义看来较为正确。



这样，这位伟大的社会学家，这个普通人，这次又说对了。他说社会主义和社会主义者都是非美国的。如果我理解他这句话的意思，它完全等于我正在罗嗦地试图说明的道理。美国的发展实际上跳过社会主义阶段，这个阶段目击纯粹马克思主义的经历和第二国际的盛衰。它们的本质性问题是难以理解的。对待它们的适当态度是把它们看做偶尔从国外输入的东西。美国的问题和态度偶尔借用这些外来的东西。但事情就限于这些。下一阶段的事

克政府狭隘许多。当然人们可以根据他的道德或人道主义准则来认识甚至判断这个问题。但与此同时他还能认识到，部分由于国家行政的不发达状态，部分由于存在使较开明的方法无法起作用的种种因素，部分由于国家决心在经济发展道路上尽快前进，使问题的确呈现出不同的面貌，即使一个完全不戴资产阶级有色眼镜的政府机构，也会做出同样的行动。

件冲击着尚未从马克思学校毕业的知识分子和无产阶级。

## IV. 法国的状况;工团主义分析

工团主义到底是什么,我们在法国图像中看得最清楚。[①] 在察看这幅图像之前,我们应大体上扼要说一说关于法国社会主义的几件事。

1. 法国社会主义思想意识的历史相当悠久,也许比任何其他地方更为著名。但那里没有一个社会主义思想,在完美的净化上和为人忠诚信仰的广度上比得上(譬如说)费边社型的社会主义和马克思型的社会主义。费边社会主义需要英国的政治社会,而法国没有出现过像英国的那种社会——大革命以及贵族分子和资产阶级分子随后的失败合起来阻止那种社会的出现。马克思的社会主义要求有广泛而统一的劳工运动;或者有作为召集知识分子的信条,它要求有与法国人无忧无虑天性极不相同的文化传统。但当时已出现的所有其他社会主义信条,只对特殊的精神状态的人和特殊社会地位的人有吸引力,是有宗派性质的。



2. 法国是典型的农民、工匠、职员和小食利者的国家。资本主义发展以标准的步伐进行,大型工业限于几个中心,把法国社会分成这些阶级的不管是什么问题,它们首先在经济上是保守的——其他地方的保守主义没有这么广阔的基础——嗣后它们日益支持

① 意大利和西班牙的工团主义几乎能看得同样清楚。只是与文盲人数相比较,无政府主义者的数字增加得如此之多,以致扭曲了我认为是真正特性的东西。无政府主义者有他们的地位,但不应过分强调。

倡导中产阶级革命的那些团体，其中包括激进社会党，可以用一句话把这个党形容透彻，即它既不激进、也不是社会主义性质的。许多工人属于同一社会学类型，具有同一思想。许多专门职业者和知识分子使自己适应这个情况，从而说明知识分子的生产过多和就业不足的情形虽然存在，却不如我们预期的那么严重。骚动是有的。但在不满分子中间，反对第三共和国中由各种不同环境形成的反教士倾向的天主教徒比讨厌资本主义秩序的人更为重要。正是由于前者而不是由于后者，引起德雷福斯事件(affaire Dreyfus)时期对资产阶级共和国的真正危险。

3.结论是，虽然还是由于不同原因，法国发展严肃社会主义的余地不比俄国或美国更多。因此她有各种各样的社会主义和准社会主义而没有严肃的社会主义。寄希望于“少数意志坚决者”行动的布朗基主义的党就是很好的例子：一小撮热衷于阴谋活动的知识分子和职业革命家，加上巴黎和两三个大城市的暴民，这就是出现在那种团体视野中的一切。但最后由盖德和拉法格建立起具有得到马克思本人批准的阶级斗争纲领的马克思主义工人党(1883年)。它遵循正统路线发展，在一条战线上与埃尔韦型的盲动主义和无政府主义作战，在另一条战线上与饶勒斯的改良主义作战，这情形与德国马克思主义党所做的十分相似。可是它从未得到与德国党同等的重要性，在群众或知识分子眼中也从来没有与德国党近似的意义，尽管社会主义团体于1893年在议会中合并(占有48个席位，而执政的共和党占300席)并最终导致统一社会党的成立(1905年)。

4.我只想简单地谈一谈下面的事实(不打算详加评述)，即上面粗略看到的社会模式不可能产生英国类型的有纪律的大政党。相反，每个人都知道，法国的议会政治变成小型不稳定团体的不断更换舞伴的交谊舞，这些团体按照短暂的形势和个人的利益及阴谋，时而联合时而解体，根据我上面提到的客厅游戏的原则，一会儿建立内阁，一会儿搞垮内阁。这种议会政治的后果之一，就是政府的低效率。另一个后果是，法国社会主义团体和准社会主义团体得到内阁职位的机会要比别的国家快得多，在那些国家里尽管社会主义政党有强大得多的力量，但那里的政治是按照比较合理的方法运行的。在1914年国家进入紧急状态之前，盖德及其团体证明不受诱惑，以最佳的正统风格，一贯拒绝与资产阶级政党合作。但这个改良主义团体，渐渐变为资产阶级的激进主义，它奉行的原则——不经过革命的改良——不谴责这样的合作，实际上也没有理由那样做。于是饶勒斯并不为在德雷福斯危机时（1898年）为了保卫共和国而支持资产阶级政府而感到内疚。就这样，一个长期存在的社会主义原则和策略问题（它在英国或瑞典根本不成问题而在别的任何地方都是一个根本性问题）突然以最实际的形式在社会主义世界爆发了。这个问题由于一个外加的条件显示出它特别的刺激性。这个条件是：支持资产阶级政府是一件事，尽管从严格的正统派观点看够坏的了，而实际参加政府并分担其责任完全是另一回事。M.米勒兰做的正是后一件事。1899年他加入瓦尔德克-卢梭内阁，与M.德·加利费共事，加利费是一个保守的将军，以其1871年参预镇压巴黎公社而举世闻名。

两位爱国者牺牲个人的观点以便在国家危急关头联合力量——这是什么性质？我猜想这个问题会迫使大多数我的读者作

出回答。我不需向读者保证，就我个人而言，我不愿认为这两位绅士使自己丢脸。此外，有理由提出这样的问题：即在那个时候还应不应该称 M. 米勒兰为社会主义者。[①] 最后，法国工人阶级有充分理由以感激的心情怀念他担任内阁职位时在立法上和行政上作出的功绩。

与此同时，我们必须设法了解“米勒兰主义”为何必然要打击法国的盖德主义者和整个欧洲的正统社会主义者。对他们来说米勒兰主义是错误与罪恶，是对目标的背离和对信仰的玷污。这是十分自然的，阿姆斯特丹国际大会（1904 年）对它的诅咒也是十分自然的。可是在理论上诅咒以外和在它的背后是个简单的常识。如果无产阶级不想支持有野心的政治家，不使他们利用这种支持爬上权力高峰，就必须最小心地注视对批准了的做法的每一次偏离。每当形势适合野心家企图获得权力的时候，奢谈国家紧急危机的诡计——说到底，是否有过政治家不认为是紧急危机的形势——是太老生常谈和太丧失信用，不足以骗过任何人，尤其是已经学会从政治言辞中看出真正价值的法国无产阶级。存在着群众有可能轻蔑地厌恶政治社会主义的危险。[②]



① 的确，他是以保护罢工领袖在“左翼人士”中成为杰出人物的，当他参加瓦尔德克-卢梭内阁时，他被称为“社会主义左派”的 60 个议员中的主要人物，但他不过做了资产阶级激进分子也能够做得同样好的事情，以后他作为公共工程部长（1909 年）和作为国防部长（1912 年）的态度并不像他的敌人有意夸张的是非常之大的突变。他 1920 年后在总统任期内与民族主义集团的联合和与左翼联盟的冲突是不同性质的问题，对它们也可以有言之成理的辩解。

② 意大利社会主义者确实谢绝参加内阁的邀请，三次邀请是焦利蒂发出的（1903 年、1906 年和 1911 年）。

事实上，不仅仅有这样的危险。群众确实已经讨厌这种社会主义了。瞧，整个国家都看到政治效率低下、无能和草率从事的可悲景象，它是上文未全面地概述的社会学模式的产物，群众不信任政府、政界人物和粗制滥造的作家，群众不再尊重他们中的任何人，实际上除了对过去几个伟大人物的怀念外，不再尊重任何人和任何事物。一部分工业无产阶级保留天主教信仰，其余的人失去信仰。对于那些已经克服资产阶级倾向的人，工团主义比任何可以得到的、可靠的社会主义更有吸引力，那种社会团体的发起人有可能在较小规模上如法炮制资产阶级政党的游戏。以工团主义为主要继承人的法国式的革命传统当然有助于它的兴起。

工团主义不仅是革命的工会主义，它可以包含与后者无关的许多东西。工团主义厌恶政治和反对政治，因为它一般地蔑视传统政治机构的活动和通过它进行活动，尤其蔑视议会的活动。它反对知识分子，因为它既蔑视根据理论制订的建设纲领，也蔑视知识分子的领导。它**确实**诉诸工人的直觉——不像马克思主义诉诸知识分子想象中必定是工人直觉的那个东西——它答应工人他能理解的东西，也就是占有他工作的工厂，以肉体的暴力去占领，最后以总罢工去占领。

和马克思主义或费边主义不同，工团主义不能为受过经济学或社会学艰苦训练的任何人所信奉。它没有理论基础。遵照任何事物必须达到合理化这个假设行事的作家，如果试图为它设立一个理论，不可避免地会使它荏弱无力。有人把它与无政府主义相联结，作为社会哲学的无政府主义与它在根源上、目标上和意识形态上是完全不同的，尽管巴枯宁的工人阶级追随者的行为（1872—

1876 年)在我们看来多么与它相似。另一些人企图把工团主义作为以特殊策略癖好为特征的特殊部分,纳入马克思主义的范畴。这就得抛弃对两者都是最为重要的东西。另外还有一些人构想出一个新的社会主义品种,作为柏拉图式社会主义思想发挥作用——基尔特社会主义——他们这样做就必须使活动按照一个明确的、有最终目标的图式,而没有这种图式正是它的突出特色之一。组织和领导奉行工团主义信条的劳工总同盟(1895—1914 年)的那些人绝大部分是真正的无产阶级或工会官员或者兼有两种身份的人。他们充满着憎恨和战斗意志。他们并不费神考虑假使成功了他们对这堆烂摊子将做些什么。这还不够吗?我们为什么应该拒绝承认生活每天教导我们的真理——有这么一种抽象的好斗性,它既不需要、也不注意任何议论,关心的只是胜利本身。

但是任何知识分子都能以适合他口味的方式填满这个残酷暴力后面的空虚。暴力本身加上反知识和反民主倾向,若以无数人有各种理由嫌恶的分崩离析的文明为背景加以观察,就有了颇具深意的内涵。那些当时有这种感觉,但对资本主义社会经济制度的憎恨没有对资本主义民主理性主义的憎恨那么深的人,没有自由退到正统社会主义那里去,因为正统社会主义具有更多的理性主义。对于他们智力上的反智力活动来说——不论是尼采派还是柏格森派——工团主义崇尚暴力的反智力活动在群众中作为他们自己信条的补充具有很大的吸引力。就这样,一种十分奇特的同盟实际上产生了,工团主义终于把乔治·索雷尔看做它自己的哲学家。

当然,任何时候共存的所有革命行动和革命思想总是有许多共同之处，它们都是同一社会过程的产物，必然在许多方面以同样方式、对同样需要作出反应。同样，它们在它们的争吵中彼此不免借用对方的观点和宣扬自己的观点。最后，不论团体还是个人常常不知道他们的归属（如果有归属的话），有时是出于无知，有时是出于正确的优势概念，他们把相互矛盾的原理混合成他们自己杂乱的信条。这一切使观察者糊里糊涂，也是目前对它有多种解释的原因。特别是曾在一个短时间盛行，很快被知识分子拥护者遗弃的工团主义的情况更为混乱。然而，无论如何我们可以评价工团主义对索雷尔意味着什么和索雷尔对工团主义意味着什么，他所写的《暴力论》和《进步的幻想》确实有助于我们作出评价。至于他的经济学和社会学观点与马克思完全不同，这件事本身并无多大意义。但是站在反智力活动激流中，索雷尔社会哲学充分表明了社会力量的第一次实际表现，这股力量从某种意义上说过去和现在都是革命的，而从这种意义上说，马克思主义不是革命的。



## V. 德国党和修正主义；奥地利社会主义者

可是，英国的方法和策略为什么在德国不能奏效呢？为什么加强对抗并把国家分裂为两个敌对阵营的马克思主义的方法和策略却得到成功呢？如果没有另外一些社会主义团体为社会重建努力，或者如果统治阶层不理会它们的建议，这个问题原来是容易理解的。可是，一俟我们知道德国当局对当时社会紧急状态比英国政治社会表现出较多而不是较少勃勃生气，而英国费边主义者的工作在德国由十分类似的团体做得效率更高而不是较低的时候，这个问题就变成一个谜团了。

德国并不落后，在主要与劳合·乔治的名字连在一起的社会保障立法通过之前，一直在“社会政策”事务上领先。使那些社会改良法案列入法令全书的是政府的创议，而不是来自下面的以令人恼火的斗争坚持其权利的压力。俾斯麦倡导社会保险立法。发展它并加上其他社会改良项目的是执行威廉二世指示的保守的文官（冯·贝雷普施，波萨多夫斯基伯爵）。创立的制度确实是令人钦佩的成就，全世界都这样认为。同时，工会活动不受束缚，政府当局对待罢工的态度发生了重大的改变。

所有这一切都是在君主制度的外衣下出现的，这一点与英国的过程相比无疑是不同的。但这种不同能趋向更大而不是较小的成功。可是，德国的君主政体向经济自由主义（它的批评者称之为“曼彻斯特主义”）作一段时间让步之后，干脆恢复了它的老传统——有一些必要的变更——为工人做它过去为农民所做的事情。比英国发展得更好和更有力量的文官制度提供了完善的行政机器和立法思想以及起草法案的技术。这个文官制度至少和英国文官制度同样能接受社会改革的建议。它主要由贫穷的容克组成，其中许多人除了够过清苦生活的薪水外别无其他生活资料，他们全心身投入工作，受过良好的教育和专业知识训练，他们尖锐地批判资本主义社会的资产阶级，他们喜欢工作如鱼之喜欢水。

这个文官机构官员的主见与建议通常来自他们大学里的教师——“讲座上的社会主义者”。我们对组织“社会主义政策协会”的教授们的科学成就不论怎么想，[①]他们的工作往往缺乏科学性的精心安排，但他们为社会改革的真正热情是炽热的，他们传播改革思想得到完全成功。文官们坚强地面对资产阶级的沮丧，不但制订实际改革的各个方案，而且大事宣传改革的精神。他们像费边社成员一样，主要对手头的工作感兴趣，不赞成阶级斗争和革命。但是，他们也像费边社成员一样，知道他们追求的目标——他们知道但不介意社会主义在他们前面道路尽头渐渐出现。当然，他们设想的国家社会主义限于一国，也是保守的，但它既不是假的，也不是空想的。

一般世人绝不会懂得这个社会模式和由这个模式产生的立宪君主制的性质。无论如何，世人已经忘却了他曾经知道的任何事物。但一旦我们瞥见真实情况，我们发觉更难理解，在那种非豪富统治的环境中，这个所有社会主义政党中最伟大的党，怎么有可能根据纯马克思主义纲领和前所未有刻毒的马克思主义言辞而发展壮大，并假装向无情的剥削和成为奴隶监工皮鞭下奴隶的国家作斗争。的确，这个问题不能用“客观社会形势的逻辑”来解释。

那么，我想我们必须再次承认，从短期看来——在这类问题上 40 年是短期——方法和错误，个人和团体的缺乏才干，可能比形势逻辑更能说明问题。此外我能指出的任何其他理由显然是不适当的。当然，个别邦的议会里有扩大选举权的斗争。可是对工业群众最重要的事情在帝国议会（*reichstag*）的权限之内，为此，俾斯



① 我真的希望能说服读者细读那个独特组织的短短的历史，这段历史真正表现出德意志帝国真实情况的特色，虽然此书尚未、也许永远不会译为英语。历史作者曾担任协会秘书数十年，他的记叙是如此翔实和朴实无华，给人以更深刻的印象（弗兰茨·伯兹，《社会政策协会史》，柏林，1939 年）。

麦一开始就实施成年男子的普选权。更重要的是保护农业——提高面包价格。这个措施无疑对社会气氛很有害处，尤其因为它的主要受益者不是农民，而是东普鲁士大中型庄园。但是，至于这个措施所发挥的实际压力，这个事实是无可争辩的，即到1900年左右向外移民实际上才停止。不——这条路线是找不到解释的。

但是这种才干缺乏再加上德国行事风格，我们可以就德国在国际关系中的行为的明显特性把事情弄得较为清楚。1914年以前，德国的殖民野心和其他对外野心——隔了这么一段时间后这样说看来是对的——确实不过分，尤其如果我们拿它和当时英国和法国扩大帝国的、干脆而有效的行动作比较就更加清楚。德国实际上做的或表示某种意图要做的，没有一件事可与（譬如说）英国征服特勒凯比尔、布尔战争、征服突尼斯或法国征服印度支那相提并论。比较放肆和比较咄咄逼人的倒是德国人惯于使用的说话方式，令人难以容忍冒犯的倒是德国人即使在提出合理要求时表现的恃强凌弱的姿态。比这更坏的是，德国人从不坚持一条路线；轻率地冲向永远在改变的方向，突然变为狂暴地退却，一会儿有失尊严地抚慰，一会儿毫无必要地拒绝，直至所有这些因素使全世界舆论大哗并彻底厌恶。① 在国内事务上情况也无区别。



① 我要把这一点说得十分清楚，那就是上面这段话并不想把这个政策整个或主要归因于威廉二世，他不是一个不足道的统治者。此外，他完全有资格当得起比洛亲王对他的评价，它是议会中对君主曾经有过的最不寻常的辩护："你想怎么说就怎么说，反正他不是庸人。"如果说他和曾经教导他统治技术的一个人争吵，批评他对待俾斯麦行为的人不应忘记，这场争吵主要是关于对社会主义者的迫害——皇帝希望中止迫害——和关于开始一项庞大的社会立法计划。如果人们不管所说的话，根据皇帝一年年的行动，重新构想他的意图，就必然会得出结论，他对于当时重大问题的看法常常是正确的。

致命的错误实际上是俾斯麦犯下的。这个错误只有假说他完全误解那个问题的性质才可解释。那就是他试图以强制手段镇压社会主义活动，这种手段以颁布一项特殊法令（社会主义者镇压法sozialistengesetz）达到高峰。这个法令实施于1878年，一直生效到1890年（当时威廉二世坚持废除它），也就是其时间之长足以教育德国党，使它在1890年后的战前全部时期里接受经历过监禁和流放并具有罪犯和流放者精神状态的那些人的领导。通过种种环境不幸的结合，结果是恶化了以后发生的整个历程。那些在流放中定型的人无法忍受的一件事是军国主义和军事光荣的思想。而君主政体——它在其他方面同情一大部分有理性的社会主义者认为是眼前实际目标的事情——无法忍受的一件事是对军队和1870年光辉业绩的蔑视。主要是这个差异而不是任何其他分歧使双方把对方看做敌人而不仅仅是对手。在党的大会上，一方面加上马克思主义的词汇——不管有多么明显的空谈味道——另一方面加上前文说过的咄咄逼人的态度，你就能看清这幅图画。不管有多少富有成果的社会立法，不管有多少遵守法律的行为，都不能避免相互呼喝“不行”（*non possumus*），隔着纸板屏障两个主持人互相谩骂，向对方摆出一副最可怕的面孔，原则上要把对方生吞活剥——所有这一切并无真正严重伤害对方的意思。

从这种状态下形成的局势，无疑有其危险性——不负责任的巨大权力总是危险的——但局势全然不像它看来那么令人不安。联邦和邦政府——或者晋升到内阁一级组成那些政府的文官们——主要关心诚实而高效的行政机构，关心有益的总体上进步的立法，和关心陆军和海军的预算。这些目的都未受到社会主义者投反对票的严重危害，特别是海陆军预算的通过大部分时候由于绝大多数国民的支持而得到保证。而组织良好由奥古斯特·倍倍尔杰出领导的社会民主党，一心一意巩固和扩大它的得票数，选票事实上增加得非常迅速。政府并不对此进行严重干扰，政府机构谨慎地遵守给予党徒活动实际需要的所有行动自由的法律条文。[①] 政府机构和该党双方都有理由感谢对方，尤其在比洛执政期间，政府为人们作演说的过多的能量提供发泄机会，这种机会是双方都需要的。

因而，这个党不但令人满意地发展，而且安定下来。这个党有一个办事机构，建立了党报，有一批资深政治家为其支柱，所有人员都有适当的收入。一般地在各自岗位上安心工作，总的说来受到高度的尊敬——就这个词的任何(包括资产阶级的)意义上说。一个工人阶级成员的核心成长起来了。对于核心成员来说，参加党不再是选择问题而是当然之事。越来越多的人“生来就是党员”，养成了毫不怀疑地接受党的领导及其教义问答手册的习惯，就某些党员而言，当时的教义手册对于他们不多不少等于教会的教义手册之对于今天的普通男女。

所有这一切，由于非社会主义政党没有能力有效地竞争工人选票而大大得到促进。这方面有一个例外。中央党(天主教政党)一方面拥有它所需要的所有人才，因为它有质量非同一般的全体



① 行政机关的迫害无疑是存在的，而社会主义者当然把任何能说成是迫害的事情尽量渲染。但这类事情他们做得并不十分多。事实上 1890 年到第一次世界大战之间的社会主义活动史足以证明。此外，这类迫害的性质确实对“受迫害的”政党有好处。

教士的支持，另一方面它准备设法争取劳工的选票，办法是尽量在不会激怒它的右翼而它自觉能够做到的范围内进行社会改革，并采取两次教皇通谕《不朽的上帝》(1885 年)和《新事物》(1891 年)中教义的立场。[①] 但是所有其他政党，出于不同理由在不同程度上都站在和工业无产阶级互不信任(如果不说互相仇视)的立场上，从来不想对任何数量的劳工投票人作自我宣传。这些劳工投票人，除非是活跃的天主教徒，他们相应地除了社会民主党外很难有任何政党可以信任。按照英国和美国的经验看来，这样愚蠢的事情令人难以相信，然而允许社会主义大军——在谨防它带来可怕危险的所有叫嚣声中——大步进入政治上毫无防卫的领域，却是事实。

现在我们可以了解从表面上看来如此难以理解的事实，即为什么德国社会主义者如此固执地坚持马克思主义信条的原因。一个能够提出具有特色的信条然而不但被完全排斥在政治责任之外而且没有任何担负政治责任近景的强大政党，一旦它接受了马克思主义，自然会保持这个信仰的纯洁性。那种对非社会主义改革和资产阶级国家一切行为的一味否定态度——如我们在上文见到，这是马克思推荐的除某些特殊情况外适用于一切环境的策略原则——实际上是强加给它的。领导人既不是不负责任，也不是



① 让我们顺便注意一下一种有趣的(几乎是美国式的)现象：我们看到这个政党，其内部几乎包含尽可能多的有关经济和社会问题的各种意见，从最僵硬的保守主义到激进社会主义，然而它还是一架最强有力的政治机器。绝对不同的类型、出身和愿望的人们，包括极端民主主义者和极端专制主义者，毫无摩擦地进行合作，单就他们对天主教会忠诚的力量而言，就有可能引起马克思主义者的嫉妒。

不管死活，而是他们懂得，在这种形势下，党除了批判和高举马克思主义旗帜外没有更多事情可做。任何牺牲革命原则的事均属有害无益，它只能瓦解他们的追随者，不会给予无产阶级比由君主政体创议（而不由其他政党创议的）的任何情况下更多的好处。由这种行动可能得到的些许额外利益，不值得党去冒风险。于是，严肃的、爱国的和守法的人继续高喊革命和造反的口号——这种血腥气的口号非常奇怪的出自许多爱和平和戴眼镜者之口——幸运的是，他们意识到这个事实，即他们极少可能一定要照口号行动。

可是不久，他们中有一些人开始渐生疑虑，恐怕革命的言辞有一天可能碰到政治争论最致命的武器——微笑。也许微笑是对这种言辞性质的理解，或者就是对马克思主义言辞和当时社会现实间那种几乎荒唐可笑脱节的感觉，这个感觉最终促使老恩格斯这样的重要人物宣布赦免——也就是他在马克思《法兰西阶级斗争》的新版序言[①]中所写的——说，街垒战毕竟有某些不便之处，信徒们不一定要感到非参加不可（1895 年）。

这个及时的和小小的调整激起一小批彻底急性人的愤怒。特别是卢森堡夫人在愤怒谴责老人中表现得非常激动。可是这个调整得到党的默认——也许带着宽慰的叹息——嗣后朝同一方向迈出的更小心的步子也许是策略地制订的。无论如何，当爱德华·伯恩斯坦冷静地着手“修正”党的信条的整个结构时，发生了重大的争吵。经过我对形势的说明，这场争吵是不会令人惊奇的。



---

① 据梁赞诺夫说，此书编者随意更动恩格斯的原文。但对编者笔下的篡改作最可能的估计也不影响文中的论点。见梁赞诺夫《卡尔·马克思和弗里德里希·恩格斯》（库尼茨英译，1927 年）。

即使最老于世故的政党也知道改变其重要政纲会带来的危险。一个政党，其政纲及其本身的生存均寄托在它的信条上，而信条的每一个细节都是用神学的热情制订出来的，在这种情况下要作彻底的改革势必发生可怕的震动。这个信条是信徒准宗教崇敬的对象。它已经被高举达四分之一世纪。在它的旗帜下，党大踏步走向成功。它是党必须明示的一切。现在心爱的革命——革命对于他们犹如基督再临之对于早期的基督徒——就要不举行仪式地取消了。不再有阶级斗争，不再有毛骨悚然的战争呼叫，有的是与资产阶级政党的合作。所有这一切竟来自一个老赤卫队员，一个以前的流放者，事实上还是一个最可爱的党员！

但伯恩斯坦①走得还要远。他把他亵渎的手放在教义的神圣基础上。他攻击黑格尔的背景。劳动价值论和剥削理论也遭到责难。他怀疑社会主义的必然性，把它说成是可争取的"合乎需要的东西"。他以怀疑的目光看待经济史观。经济危机不会杀死资本主义的龙；相反，随着时间推移，资本主义将增加稳定性。当然，日益加重的不幸是胡说八道。资产阶级自由主义已经产生值得努力加以保持的永久价值，他甚至说无产阶级不是最重要的阶级。这还了得！

当然这是党所不能忍受的。即使伯恩斯坦在每一个论点上都是无可争辩地正确，也会是无法容忍的，因为体现在组织中的这个信条不容以大破坏来改革。而且他也不是全对。他是个杰出的



① 他的与我们目的最有关的两本书是《社会主义的前提与社会民主党的任务》(1899年；E.C.哈维译，1909年)和《关于社会主义的历史和理论》(1901年)。

人，可不是马克思智力上的对手。如在第一篇中我们已经看到，他在他并不全部理解的经济史观问题上走得太远了。他断言农业部门的发展反驳了马克思经济控制集中化的理论，也说得过火了。还有别的一些论点招来有效的反驳，以致正统派战士考茨基①发觉掌握他的论据——或其中一部分——并不很困难。同样不很清楚的是，如果伯恩斯坦推荐的策略占了上风，对党是否有利。此时有一派必然要分裂出去，党的威望会大大受损。正如上文已经说过，不会产生眼前的好处。因此，对于"保守的"观点有许多话可说。

在这种环境下，倍倍尔采取的路线既不明显随和也不明显专横，如一些同路人和别的批评者当时指出的那样。他强有力地斥责修正主义，借以掌握左派。他在汉诺威大会（1899 年）和德累斯顿大会（1903 年）上咒骂修正主义。但他要把重申阶级斗争和其他信仰条文的决议写得使"修正主义者"有可能顺从，这批人的确顺从了，于是没有采取进一步的措施反对他们，虽然我相信有过某些惩罪行动。伯恩斯坦本人在党的支持下被允许进入帝国议会。冯·福尔默继续留在党内。



工会领袖们耸耸他们的肩膀，对一再灌输的理论窃窃私议。他们早就是修正主义者了。但只要党不干预他们当前利害攸关的事务，只要它不叫他们做他们的确不喜欢的事情，他们是不很介意

① 从那时以后，《新时代》的创办人和编者以及论马克思主义理论几篇论文的作者考茨基持有只能用教士的语言才能描述的立场，他坚持"革命的"理论反对修正主义，正如后来他坚持正统理论反对布尔什维克异端。他是最教授气的人，但没有伯恩斯坦可爱。但总的说来，必须对党的两派庆贺它们战士的道德水平和智力水平。

这些的。他们保护几个修正主义者，也保护他们的文化机关。他们十分明确的表示，不论党的哲学如何，公事公办，要做的就是这些。

把理论视作十分重要的知识分子修正主义者和某些非社会主义同情者（他们想要参加不强调阶级斗争和革命的社会主义政党）想的当然不同。就是他们在谈论党的危机，并对党的未来大摇其头。他们这样做是有充分理由的。因为他们在党内和党周围的前途确实受到危害。事实上，本人不是知识分子也不是尚空谈的温和激进分子朋友的倍倍尔急忙警告他们丢掉这种想法。然而党的基层党员受这一切的干扰不大，他们跟随他们的领导人，一直高喊他们的口号，毫不在乎马克思或倍倍尔对这件事会说什么，直到他们为保卫他们的国家急忙拿起武器。



奥地利党平行而不同的发展对我们刚才概略评述的事态作了一些有趣的说明。① 根据该国慢得多的资本主义发展步伐，使它多花 20 年时间才成为一个重要的政治要素，这是符合我们预期的。从微小而不大可靠的起点缓慢兴起，它终于在维克托·阿德勒领导下在1888 年成立（海因费尔德大会）。他在团结居住在该地区的所有各民族的社会主义者这个几近绝望的事业中获得成功，他以无比的才能在此后 30 年中领导他们。

这个党也是正式马克思主义的党，形成党知识分子核心的才

① 提到奥地利，这里我指的是奥匈帝国西半部，那里从 1866 年起有自己的一个议会和一个政府（但没有外交部和国防部），这两个机构在平等基础上与东半部匈牙利的议会及政府相协调，后者的正式名称为“圣斯蒂芬神圣国王的国土”。匈牙利社会民主党按照奥地利党的模式建立，但党员人数一直不多。

华横溢的犹太人小圈子[①]——新马克思主义者，如我们在第一篇已经提到，它甚至对马克思主义理论的发展作出大量的贡献——沿着正统的路线前进，在做法上无疑有所改变，但严厉而有力地打击试图想同样做的其他任何人，并一贯以它最不妥协的方式固守革命的意识形态。它与德国党的关系密切而亲善。同时，每个人都知道阿德勒受不了胡言乱语。由于文化和种族的理由，他对他的知识分子极端主义者比倍倍尔对他的知识分子极端主义者有更大的权威。他有能力允许他们在咖啡馆里有他们想要的马克思主义，并在他认为合适的时候允许他们使用它，但不让他们干预他认为真正重要的事情——组织、党报、普选权、进步立法，是的，还有政府的正常工作。这种结合马克思主义理论与改良主义实践的做法收到令人满意的成效。奥地利政府很快发觉这个重要性不比教会或军队更小的政治要素，发觉根据其本身的利益，这个要素必然支持中央当局，支持它与阻挠议案通过的民族主义反对派（特别是日耳曼人和捷克人）的长期斗争。历届政府——主要是像德国那样的文官内阁，由于国王不断企图安插一些官员于其中，至少充当不管部长——以此把恩惠施加予该党，而受惠的党也充分地给予回报。[②] 当一届政府（高奇男爵为首的文官内阁）开始实施普选权



① 托洛茨基（当时还叫勃伦斯泰因）偶尔出现在他们中间，似乎受过他们的影响。

② 这就是社会主义者一再用来帮助政府的手段。当民族主义阻挠议事分子使议会瘫痪，一切事务都陷于停顿时，社会主义者就提出关于预算的“紧急议程”。当这个动议实际上及时通过时，这意味着用这种方式宣布为紧急的议案，如果有多数赞成（在预算问题上总能得到多数赞成）就算通过了，不必去管阻挠议事分子要想使它成为不可能遵守的议会程序的正式规则。

时，阿德勒在没有遇到他追随者任何反对的情况下，能够公开宣布，眼下社会主义党是“政府党”了，虽然内阁职位没有让他们担任，也不会被他们所接受。①

## VI. 第二国际

马克思主义政党政纲中的国际主义政策要求组织一个像已消逝的第一国际那样的国际组织。以马克思信条衡量，其他社会主义团体和劳工团体都不是国际主义的。但是，部分因为继承了资产阶级激进主义，部分因为对各自国家内上层阶级政府的厌恶，它们全都具有(虽然程度不同)国际主义与和平主义的观点与感情，因而它们很容易进行国际合作。第二国际的成立(1889年)体现了真正试图调和不可调和事物的妥协，并且一直工作到1914年。对于这个主题只要说上几句就够了。

它有一个国际局，有代表大会正式辩论策略和原则问题。以实质性的成就来衡量，第二国际的重要性可能正好等于零。革命活动家和劳工组织成员确实评价它为零。但事实上，这个评价并不是对任何种类的直接行动来说的；不论革命行动还是改良主义行动在当时只在一个国家内进行。第二国际要组织所属政党和团体之间的接触，要统一观点，要协调行进的路线，要限制不负责任的行为，要鞭策落后者，要尽可能快地造成国际社会主义舆论，从

① 我想，主要困难在于德国党在这个问题上采取的强硬立场。奥地利社会主义者本身的顾忌倒是次要的。奥地利政府机构或年老皇帝的反感——如果也起作用的话——在阻止那种和谐完美的因素中是第三位起不好作用的因素。

社会主义者的观点看来，这一切都是极端合乎需要的和重要的，虽然根据这些事情的性质，积极的结果要几十年时间才能成熟。

因而，国际局的首脑和成员绝不是国际社会主义的指挥部。他们不像第一国际那样制订政策和施行政纲。各国党和劳工团体有完全的自主权和自由加入其他适合它们特殊目标的国际组织。它们喜欢、甚至企求参加工会，还有合作社和教育团体，但它们在那些团体中不发挥领导作用。各国党仍然保持一个共同点，这个共同点颇为广泛，足以使这一边的斯陶宁和布兰廷和那一边的列宁和盖德继续合作。这个国际组织中的某些成员无疑看不起另一些成员那种胆小如鼠的自我克制，而后者则反对前者头脑发热的激进主义。有时候事态发展到可怕地接近你死我活的程度。但从整体上看来，他们全都从对方手中上了一堂社会主义外交手腕的课。由于这种和解方式——有允许分歧的充分自由——是唯一可能的方式，其本身就是巨大的成就。



听起来有点奇怪，第二国际的成立主要是德国人——在俄国人和盖德主义者支持下——的努力。他们是马克思主义的一个大党，他们在共同点上披上马克思主义的外衣。可他们很清楚懂得，德国以外的声称为社会主义力量的大多数人不是马克思主义者。对于这些人中的大多数来说，签署 39 条是一件事，同时保留解释它的无限自由。很自然，比较热情的信徒对此深为震惊，并明言信仰正堕落为没有实质的形式。无论如何，德国领导人还是容忍了这种情况。他们甚至容忍明明白白的异端邪说，要是在国内，他们早就予以激烈攻击了。倍倍尔知道他能走多远，他的忍耐事实上立刻碰上英国人的忍耐，他知道他的忍耐最后将得到报酬，如果不发生战争，他的目的肯定会达到。就这样，他运用策略巩固无产阶级阵线，意图及时使它具有生命力，在这样做时，他显示出卓越的才能，倘若德国外交有同样的才能，有可能阻止第一次世界大战的爆发。

某些结果确实成熟了。第一个 10 年左右时间中进行的有些不明确的讨论终于集中到外交政策上，有点像共同观点那样的东西终于开始出现。这是与时间的赛跑。这场赛跑失败了。现在提到那个时期的每一个记者都感到有资格为他所想象的国际社会主义在大战爆发时垮台的原因谴责第二国际。可这是采取最肤浅的观点。1912 年巴塞尔非常大会和大会呼吁各国工人努力争取和平，肯定是它在那种环境中可能做的一切。向一个哪里都不存在只存在于少数知识分子头脑里的国际无产阶级发出总罢工的呼吁，不会有更大的效果，它的效果要少得多。争取做到有可能做到的事情不是失败而是成功，不管最后证明这个成功是怎么的不足。要是有失败的话，它发生在各国社会主义政党的国内战线。

# 第二十七章　从第一次世界大战到第二次世界大战

## I."大叛变"



作为第二国际的成员,社会主义政党为了防止战争,做了它们能做的一切事情。但当战争依然爆发时,它们迅速重新集合在它们的民族事业下,确实令人惊奇。德国马克思主义者甚至比英国工党成员更少犹豫。[①] 当然,必须记住,每个交战国全都深信它在进行纯粹防御的战争——在进行战争的所有国家眼里,每一场战争都是防御性的,或者至少是预防性的。[②] 而且,如果我们回想起社会主义政党拥有宪法赋予的不容置疑的投票反对战争预算的权利,和在资产阶级民主政治的总的道德规范内没有拥护国家政策的义务——事实上在所有交战国里与社会主义反军国主义完全无关的人都反对战争——看来我们碰到我们可疑地引证马克思或引

---

① 事实上英国工党于 1914 年单独采取了严肃的支持和平的立场,虽然以后它参加了战时联合政府。

② 这就是为什么战胜国在强加的和平条约上,以一个条文来决定战争责任问题的企图不但很不公平而且是很愚蠢的原因。

证倍倍尔和冯·福尔马先前所作的如果他们的国家遭到攻击他们将予以保卫的宣言解决不了的问题。回想起马克思关于这个主题的正确教导应是不难的。此外,保卫祖国的意思不过是参军尽自己的义务;并没有投票支持政府和加入"神圣同盟"的意思。① 在战时内阁任职的法国盖德与桑巴和比利时的范德费尔德以及投票赞成战时预算的德国社会主义者就这样对他们国家要求的效忠,做得比当时普遍理解的更多。②

这个谜团只有一个解答。不管大多数社会主义政治家是否信仰马克思的国际主义——也许这个信仰在当时已与对宏伟革命的同性质信仰遇到了同一命运——他们肯定知道,根据这个福音采取的任何立场,都会使他们丧失追随者。群众开始时会盯着他们看,接着他们会不再表示忠诚,从而用行动来反驳无产阶级无祖国和阶级战争是与他们利害攸关的唯一战争的马克思主义学说。在这个意义上——附有一个但书,意思是如果战争的冲击发生在资产阶级结构内部经过了较长时间的进化之后,情况可能有所不同——马克思主义结构的最重要的支柱在1914年8月断裂了。③

这点实际上是人家都感觉到的。保守阵营感觉到它。德国保守派人突然开始用极其谦恭的语言谈论社会主义政党。社会主义阵营中仍然对信仰保持原有热情的那一部分人也感觉到它。在英



① 说不这样做会损害国家事业,这也不是正确的。莫利勋爵的辞职显然并未损害英国。

② 目前我们中有些人想法不同。但这仅仅表明我们离开自由民主主义的老锚地有多远。把国家团结上升为道德准则是使人们接受法西斯主义的一条最重要的原则

③ 这个情况在某种程度上也必须归因于非社会主义改良的成功。

国,麦克唐纳不但没有参加战时联合政府,甚至失去在工党中的领导地位,最后丢了议席。在德国,考茨基和哈泽离开了多数派(1916 年 3 月),于 1917 年组织独立社会民主党,虽然该党大多数重要党员在 1919 年回到原来的党。[①] 列宁宣告第二国际业已死亡,社会主义事业被出卖了。

这里有一定的真理。就马克思主义政党的大多数人而言,处于十字路口的社会主义事实上经不起考验,它没有选择马克思主义的道路。信条、口号、最终目标、组织、办事机构、领导人并未变动。大叛变前夕它们怎样,大叛变之后依旧怎样。可是它们体现和支持的东西全变了。经过这次十字架上的考验之后,不论是社会主义者还是反社会主义者不再能够以与前同样的眼光来看待那些政党。那些政党本身也不再能继续它们原来的古怪行为。不管怎样,它们已经走出它们的象牙之塔。它们已证明这个事实,即对于它们来说,国家的命运比社会主义目标更加重要。



但是,像斯堪的纳维亚诸国社会民主党那样从未置身于任何象牙之塔的那些政党的情况就不同。此外还有另外一些政党,它们的情况由从不认真看待那种革命滑稽戏的观察家看来也是不同的。特别就德国党来说,十分接近事实的说法是,这个"社会叛徒"——人们给它的绰号——只不过从非现实主义的云端走下来,

① 值得指出的是,独立社会民主党的党员绝不是完全从不妥协的马克思主义者中招收的。考茨基和哈泽属于那种人,但加入他们的党的许多人不属于那种人。例如伯恩斯坦加入该党,一些其动机不是尊重马克思主义信仰的人也加入了。不过这种情况不足为奇。正统马克思主义当然不是一个社会主义者不赞成多数派所采取路线的唯一理由。这些修正主义者只不过具有与拉姆齐·麦克唐纳同样的信念罢了。

国家的危急状态教会它用脚站在地上，不要用头站在地上。我们有些人还要说，这完全是值得赞扬的事情，根本不是叛变。不论我们采用什么观点，毫无疑问这种新的负责任的态度大大缩短了1914年前似乎横亘在它们与每个政党自然目标——官职——之间的很长间隔。我确实从不认为德国社会民主党人有这种打算，从不怀疑他们决定不在资产阶级社会做官的真诚。但事情很清楚，他们在战争开始时采取的立场，使他们在战争结束时(如果我可以这样说)处于“极其有利的地位”。与其他政党不同，他们没有大喊大叫要离开从而有损自己的名誉。但他们也没有在危难时刻遗弃他们的国家。

## II.第一次世界大战对欧洲社会主义政党前途的影响



1.任何以失败告终的重要战争都会动摇社会结构和威胁统治集团的地位；军事失败造成的威望丧失是一个政权要生存下去的最难对付的事情之一。我不知道这条规律有任何例外。但是逆命题就不是那么肯定。除非胜利来得迅速，或者无论如何它与统治阶层的政绩有突出而清楚的联系——例如像德国在1870年取得的胜利那样——否则，甚至在战胜的情况下，经济上、物质上和心理上的衰竭，定会对各阶级、各集团和各政党的相对地位产生影响，本质上与战败所受的影响没有什么不同。

第一次世界大战证明了这一点。在美国，战争努力的时间不长，消耗不大，不足以表明这种影响。即使在美国，对战争负责的政府在竞选中遭到惨败。在所有其他战胜国中，统治阶层的威信及其对人民的驾驭能力，没有加强反而削弱。德国和英国的社会主义政党交上好运，它们获得权力，或者无论如何获得官职。在德国，社会把中央机构的控制权硬塞到社会主义党的手中。虽然为了争理论上的面子，党内某些人以及一些反社会主义者坚持说是通过了一场革命，事实他们是应邀请——谦恭的要求——而执政的。在英国，工党的选票在 1910 年 1 月还只稍稍超过 50 万张，1918 年还不到 225 万张，[①]1922 年上升到 4236733 张，1924 年更升到 5487620 张（1929 年达 8362594 张）。麦克唐纳再次成为党的领导人，1924 年该党进入政府（如果说尚未真正执政的话）。在法国，政界的构成阻止出现上述鲜明的完美情节，但总的轮廓是同样的：战后工团主义者立即又活跃起来，但劳工总同盟让新成立的工团主义的劳工总同盟和共产主义的统一劳工总同盟去吸收到处不适应的分子，它阻拦革命进程，为承担占优势的政治角色缓慢地作准备。



此外，当时肩负落到它们身上的责任的社会主义或准社会主义政党，可能深深感到它们几乎垄断了使它们事业成功所需要的许多资格。比任何其他团体高明，它们有能力对付因不满而激动的群众。如德国事例表明，此时它们甚至处在比任何其他政党更有利的地位上来坚持对付革命的爆发——如果有必要就使用武力。无论如何，他们是开社会改革正确处方的最好人选：一方面进行改革，另一方面使群众接受改革。最最重要的是，从他们的立场来看，他们完全有理由相信，他们也是医治“帝国主义战争”造成的

① 从 1910 年到 1918 年的增加完全是因为妇女获得选举权和简化选举资格的缘故。

创伤，恢复国际关系和清理不是他们过失纯粹是资产阶级政府作为和平代价造成的混乱局面。在这方面，他们犯了与他们的资产阶级竞争者根据不同立场犯下的同样错误——相信集体安全和国际联盟，重建金本位货币和取消贸易壁垒。但只要我们承认错误的前提，我们也必须承认，社会主义者希望获得成功，特别希望在外交政策上获得成功是对的。

2.两届麦克唐纳政府的成就——麦克唐纳和亨德森在外交部的工作——足以证明这一点。可是德国的情况更有意义。首先，只有社会民主党人才在道德上有条件接受和约。以及支持旨在实行条约规定的政策。当然他们悲叹国家的灾难和灾难带来的沉重负担。但他们有军事光荣的感觉，战败本身和签订和约都没有给他们带来无法忍受的耻辱。他们中一些人几乎赞成英法的战争理论，他们中大多数人不关心重整军备。当其他德国人以冷漠的厌恶心情旁观时，他们以全然不带剧烈仇恨——如果不是全然不带怨恨——的心理为与胜利者达成和平谅解而工作。在别人看来是强加的民主制度问题上，他们甚至和西方国家的看法完全一致：解决了 1918—1919 年共产主义者叛乱和以明智的妥协在国内政界取得支配地位，他们处于最民主的精神状态。

其次，他们控制群众十分有力，足以使这种态度有政治上的效果。当时全国人民中有一大部分人对事物持有与他们相同的看法。他们对形势的看法以及对付形势的正确方法，不管执政政府的政见如何，一时成了官方的看法；他们为谈判道威斯计划和洛迦诺公约的联合政府提供政治支持，没有他们就无法组成联合政府，即使组成，也绝不能采取那条路线。斯特莱斯曼不是社会主义者，可是和他名字联在一起的政策是社会民主党的政策——由于这个政策他们在10年中获得极大声誉，也由于它，他们在另一个10年中备受惩罚。

第三，他们在与国外政治舆论的关系中处于有利地位。世界几乎不知道德国发生的事情。但世界知道两件事：一方面它了解有一个愿意永远接受许多战后安排的政党，事实上该党十分赞成其中的某些安排，这个党是英国和法国曾经深信是它们敌人的敌人。另一方面，世界了解，不需要在其他问题上害怕德国社会民主党——一个政府不论怎么保守，它没有必要像它反对俄国社会主义那样反对德国人。从长远观点看来，这是一个弱点。这种了解与处理德国抱怨问题没完没了的情况有很大关系。这种看法引导英国和法国外交部相信，德国将永远是一个恭顺的请求者，保证它有一天会上升到与强国平等地位就能使它十分快乐。但从短期观点看来，尤其在入侵鲁尔的黑暗日子里，它是一宗资产：这个党——或者应该说大家知道依靠该党支持的政府——具有不给其他人的进入权。



第四，社会民主党与其他国家相应政党从第二国际年代起就有长期的接触。这些接触并没有被战争完全割断。毕竟，第二国际从未正式解散，其中许多个人和团体——尤其是(但绝不仅限于)中立国家的个人和团体——仍原封不动地保持着国际主义的信念。国际书记(C.胡斯曼)继续在活动，1917年在斯堪的纳维亚社会主义者的建议下，他甚至试图召开代表大会，只是因为协约国当时决心粉碎其敌手，拒绝发给护照，才没有开成。[①] 这样，许多

① 在此之前，实际上在瑞士开过两次会议——1915年在齐梅瓦尔德，1916年在金塔尔——我相信与原来的意图相反，这两次会议由于出席者不是官方党的代表，因而具有不同的色彩。下文我将对它们略加叙述。

社会主义者认为复活国际组织是理所当然之事，也就很自然了。

3.国际恢复了，但不是没有困难。1919年和1920年为恢复国际举行的最初几次会议只取得有限成功。与此同时，出现了共产国际（第三国际）（见下文），它所具有的吸引力证明是世界劳工政党和社会主义政党团结的严重障碍。几个不想与共产党人共命运的重要团体仍然希望有比第二国际更现代化的某种组织。这个局势被一项聪明的策略措施成功地满足了。根据奥地利的社会主义者在德国独立社会民主党人和英国独立工党参与下提出的创议，一个新组织"国际社会主义政党联盟"（所谓维也纳国际）组成，其目的在于使复活的第二国际里的团体激进化，抑制那些过分倾向共产主义的团体，通过明智地制定目标，使两方面趋向一致。①

这个事业的意义由共产主义者很快为它找到的绰号"两个半国际"确切地描绘出来。这正是为什么它能满足当时需要的道理。在汉堡大会上（1923年），第二国际和维也纳国际联合起来组成工党和社会党国际，它给和平打上"帝国主义"烙印，号召建立反对国际反动势力的统一战线——这点无论如何听起来很动人——号召八小时工作日，号召争取国际社会立法。一年以前（1922年法兰克福会议决议）宣布必须把德国赔款降低一个明确而合理的数字，取消协约国间的债务和从德国领土上撤军。从嗣后发生的事情看，我们不会不理解这是多么伟大的成就和贡献。



① 在那些目标中，有几个会替18世纪外交家增光。巨大的障碍是阶级斗争。欧洲大陆上的一些团体不谈阶级斗争活不下去，英国人有了它活不下去。所以，当合并工作在汉堡大会上完成时，在德文本和法文本上保留了"阶级斗争"（klassenkampf 和 lutte des classes）字样，而在英文本上这二字由难以辨认的委婉辞令代替。

# III. 共产主义和俄国成分

1. 与此同时，共产主义政党也正在迅速发展。这件事本身在我们意料之中，它也没有什么危险。任何经历过清醒的负责任地位影响的政党，不可避免地不得不为左翼（或右翼）团体的发展留出余地，这样的余地不大可能长时间一直空着。只要脱党行为能保持在一定范围内，不必把它看做极大的损失，这甚至比把不可靠分子留在党内还要好些。社会主义政党与过激派之间总有麻烦。[①] 这样的“左派”团体在战后困难日子里应能发展壮大，它们会抓住机会获得与其他政党不同的重要地位，这并不比他们袭用传统惯例并称自己为“共产党人”或他们显示出比官方党当时所表示的强烈得多的国际主义倾向更令人吃惊。



请记住，所有这一切与俄国方面的共产主义发展毫无关系。如果沙皇依旧统治俄国，也会有好些共产主义政党和一个共产主义国际。但是，因为俄国成分已成为形成全世界社会主义和共产主义命运——事实上形成我们时代的社会和政治历史——的一个因素，很有必要再讲一遍它是怎样发展的和怎样评估它的性质与重要性。为此目的，我们把它的发展分成三个阶段。

① 英国和德国在战争问题上出现的分裂当然是一个不同的事情，但只有暂时的重要性。即使于 1916 年由卡尔·李卜克内西和罗莎·卢森堡创立的德国“斯巴达克同盟”，虽然它在反对战争上比独立社会民主党所赞成的走得更远，它从容地培养起明确的敌对态度，但即使在那个时候，它的言行也不超出（至少在正式场合）坚守埃尔富特纲领文字的范围。据我所知，不论李卜克内西还是卢森堡夫人从未完全断绝与该党的关系。后者是布尔什维克做法最无情的批评者之一。

2.第一个阶段——也就是布尔什维克于1917年取得政权以前——关于共产主义团体的发展,除了那个最强有力的人碰巧是俄国人以及在他的思想体系里存在一股蒙古人专制主义之外,没有什么东西特别是俄国的。战争爆发时,第二国际实际停止活动,当时列宁宣告,第二国际业已死亡,执行更有效的方法的时刻即将来到,很自然,那些与他有相同感觉的人就聚集在一起。在瑞士齐梅瓦尔德(1915年)和金塔尔(1916年)两次大会上出现了机会。因为实际上全部拥护他们国家事业那些人都没有出席,参加会议的斗士们发觉程度不同地集合到列宁提出的化帝国主义战争为国际革命的纲领之下没有什么困难。这样做要比单纯声明信仰纯洁的马克思主义以及提出救世主式的许诺有更大意义。与会的某些人清楚地察觉到各国资产阶级完全看不到的真理,即资产阶级社会结构经受不了长期"总体"战争的紧张和压力,至少有几个国家会崩溃。但是,除此之外列宁的领导未被接受。大多数出席者想要说服、威吓和利用现存的社会主义政党而不愿毁灭它们。此外——列宁同意这点——国际革命要由国内的无产阶级的各别行动来实现,首先在"先进"国家发动。

第二个阶段的时间我定为从1917年到1927年,也就是从布尔什维克在俄国掌权到托洛茨基被布尔什维克党的中央委员会开除(1927年10月)。这10年目击一些共产党和共产(第三)国际的出现。这10年还目击它们与社会主义政党和工人政党(暂时的)断然的决裂,这种决裂在德国由于1918年冬到1919年当权的社会民主党人采取严厉镇压手段而达到无可修补的地步。最后这10年看到俄国锁链的扩展。

但是在整个这10年里，这条锁链既没有磨损也没有变形。必须记住，布尔什维克赢得所有大国中最落后国家的统治权纯属侥幸。[①] 列宁本人在某种程度上也承认这一点。他一再重复谈到，只有较先进国家革命力量的行动才能赢得最后胜利，而这个行动才是真正重要的事情。当然，他像先前一样命令共产党人，他坚持共产国际是严格中央集权的组织——它的执行局有权指挥各党的每一个行动——但他以共产主义领袖的身份而不是以俄国专制君主的身份进行指挥。这一点有重要的区别。共产国际的总部在莫斯科，实际的领导人是俄国人，但指导政策的是彻底的国际主义精神，丝毫没有特别考虑俄国的国家利益，制订政策的原则是各国共产主义者实际上同意的。虽然国际执行局和苏联政权政治局之间的个人关系[②]在当时要比以后密切得多，可是二者仍是截然不同的机构。因此，国际本身和各共产党的行为与它们没有俄国关系时的行为不会有什么不同。



所以，在这10年间，与俄国关系的重要性虽然很大，但再大也不会超过这一些。首先，有一件有分量的事实，即一个共产主义团体的成员不管在质量和数量上如何微不足道，不管这个团体没有多少权利使别人郑重对待，它能享受到征服一个帝国的另一个共

---

① 谈到这种侥幸，布尔什维克主义可能应感谢德国总参谋部，根据它的命令，把列宁递送俄国。如果有人认为这样说夸张了他个人在1917年事件中的作用，在这个局势中还有其他足够多的碰运气的因素，使我们相信这段历史的奇特性。

② 在列宁时代，政府权力由他本人领导的政治局、属于托洛茨基领地的军事委员会和当时由捷尔任斯基管理的契卡行使的。苏联国家宪法没有提到所有这三个机构，宪法把权力授予“人民委员苏维埃”。也许在理论上应该称它们三者为党的机关。但党就是国家。

产党反射过来的光荣，它能从这样的支持下得到鼓舞。第二，布尔什维克的现实尽管存在恐怖、悲惨和喀琅施塔得叛变后采取新经济政策一事暗示的承认失败，但从此以后可以指出一个“能运转的”社会主义制度。布尔什维克党人证明自己是利用可能性艺术的大师，能使英国和美国的舆论吞下任何东西，只要它是以熟悉的口号形式端上来的。这当然也增加其他共产党的优势。第三，只要各国共产党人（包括列宁本人）相信世界革命近在眼前，俄国军队对他们来说，就像 19 世纪第二个 25 年中沙皇尼古拉一世的军队对各反动团体同等重要。[①] 1919 年时这种希望比现在人们准备相信的更加合理、更接近于实现。确实，共产主义共和国只在巴伐利亚和匈牙利实际上成立。[②] 但是在德国、奥地利和意大利，社会结构危险地接近于倒塌，如果托洛茨基的战争机器在当时准备就绪，而不是使用在内战和波兰战争中，那些国家也许还有更西边的国家会发生什么情况就很难说了。[③] 不应忘记，共产国际是在迫



---

① 应该注意到，共产主义者已经像丢弃民主主义一样轻易地丢弃反军国主义和不干涉主义。

② 匈牙利事例（贝洛·库恩政府）颇有启发性。上等阶级的瘫痪和农民的漠不关心使一个知识分子小团体有可能不遇重大抵抗夺取政权。他们是一伙奇怪的人——有些人表现出（在巴伐利亚也一样）真确无误的病态症状——完全不胜任这种或任何别种严肃的任务。但他们对自己和他们的信条有无限信心，不反对任何恐怖主义的方法，这些都有充分的证明。如果协约国不准许（或不命令）罗马尼亚军队驱逐他们，同意他们上演他们的歌剧，有可能永远继续下去。

③ 因此，说西方大国半心半意支持俄国各种不同反革命，特别是支持邓尼金和弗兰格尔的冒险事业是愚蠢和无效的是否正确值得怀疑。在我看来，不论是由于清醒地估计形势还是由于运气，西方国家得到它们能够希望得到的东西：它们使苏联在紧要关头保持中立，由此阻止了布尔什维克主义的前进。支持得太少会危及它们自己的社会制度；支持得太多会陷入长期的、代价昂贵的、也许毫无好处的努力，所消耗的人力物力可能轻易地破坏它们的目标。

在眉睫的生死搏斗的环境中建立的。许多后来具有不同意义的事情——如对各个党有无限权力并剥夺各党一切行动自由的中央集权控制——在当时的环境看来是充分合理的。

第三个阶段我定在从开除托洛茨基开始(1927 年),因为这是斯大林绝对权力上升的、方便的时间界标。那时以后,每一项政策的实际决定看来都是他的事情,虽然直到"审判"加米涅夫和季诺维也夫(1936 年),甚至直到叶卓夫的恐怖统治(1937 年),他还在政治局里和其他地方遇到某些反对。在我们看来,这意味着嗣后的每一项决策是由这位俄国政治家根据合理化了的专制主义立场,代表俄国国家利益作出的决策。如果这样说是正确的,它反过来又决定他对共产国际和对外国共产党的态度必定是怎么样的。它们变成俄国政策的工具,在这种工具的巨大武库中各占一席之地,并被现实主义地根据环境条件估计相对于其他党的价值。在可能重新掀起世界革命的目前这场战争之前,世界革命一直是冻结的资产。留存下来的老战士和国际共产主义的新战士可能受人轻视,但他们依然有用处。他们能宣扬俄国政权的光荣。他们能够被当针使用来刺伤怀有敌意的政府。他们增加俄国与他国讨价还价的力量。所以,为了使他们保持顺从,为了用秘密警察来监视他们,并在共产国际执行局里使用害怕得发抖的绝对巴结的农奴来承担工作,增加一些麻烦和花费一点钱是值得的。

3.在这种情况下(和安于这种情况),斯大林遵行多年来既定的做法。大多数国家政府的做法也和他一样,对他表示特别的愤慨纯属伪善。信奉一种宗教信条的政府的做法提供最明显的例子。只要有关信条有充分的生命力足以激发行动,这些政府常常利用信奉同一信条的外国团体以达到自己的目的。可是，如1793到1815年的历史充分证明，这种做法比这些例子表明的要普遍得多，受到这类做法影响的政府的反应——口头上的和其他的——同样千篇一律：所有类型和所有阶级的政治人物莫不乐于抓住这个机会称对手为卖国贼。

但对于俄国以外的共产党来说，从现代沙皇掌握中的有名无实的废物那里接受命令是一件严重的事情。他们可怜的奴颜婢膝引起两个问题，一个是为何这样做的原因，另一个是这样做对今后革命社会主义的特性和命运可能发生的作用。

第一个问题也许比从它表面看来较易回答。我们必须做的只是把自己放在共产主义者的位置上，考虑到他的类型，以求实精神察看他的形势，他绝不会从人道主义考虑反对斯大林政权。他可能甚至以屠杀为光荣；某些神经衰弱的堕落者——饱受失败和忿忿不平的共产主义者——和别的人的确从某个阶级牺牲者的苦难中得到满足。再者，既然资产阶级人们对这个政权盲目崇拜，他为什么要对它的残酷行为表示愤怒呢？在坎特布雷大主教并不谴责布尔什维克主义的时候，为什么他应为这个理由谴责它呢？[①] 真的，为什么？

而且，共产主义者以"热月政变"为据，就几乎没有任何理由表示反对。这句话首先由新经济政策的反对者使用，但托洛茨基后



① 那个教士所写书中表达的情感，根据下面说法是站不住脚的，他认为"俄国实验"的原则是一回事，而它执行的方式是另一回事。其实斯大林政权真正可怕的地方不是它对几百万牺牲者所做的事情，而是*如果它希望存在下去，它就不得不这样做*。换言之，那些原则和那种做法是分不开的。

来用它来指责斯大林政权是“反革命”，理由是1794年推翻罗伯斯比尔那些人的行动是“反革命”。但这样说根本没有理由。毕竟，是斯大林实行农业集体化，“清算”富农，推倒新经济政策。事实上，他像一个高明的策略家，镇压了反对派，实质上实行反对派的纲领。

最后，对于其他国家的共产主义者来说，只要保护他的权力对待他公正，苏联党在本国做些什么并无头等重要性。即使它对他不公正，他准备怎么做？锁链拉得紧而且擦伤人，而且它也支持他。社会主义政党绝不会接收他。正常心理健康的工人哼的一声掉头离开他。他就将像托洛茨基一样惶惶无所适从。没有这条锁链他什么也不能做，①接受他的奴隶身份同时，他可能还在希望——他可能依旧希望着——时机将会出现，那时他能够飞黄腾达……这场世界大战后，也许……



最后一点在某种程度上回答了第二个问题。当然，有这种可能性，即俄国专制主义将遍布欧洲文明的废墟——或甚至还会超越这个范围——在这种情况下全世界共产党将变作俄国的警卫部队。但还有许多别的可能性。其中之一是，俄国政权将在这个过程中失败崩溃，或者在伸展到其他国家时它取得与这个国家土壤

---

① 当然，这点特别适用美国的共产主义团体。美国的政治条件不利于正式共产党的出现——几个县的党的司库的工作一直停留在招募党员阶段。但共产主义成分的重要性绝不可用是不是正式党的党员来衡量。那些既非正式党员又不是同路人的知识分子的确没有参加党的动机。他们只想留在党外，因为他们不带党的徽章，如果能够在制造舆论的委员会或在行政机关等地方占有一席之地，并能自由和完全真实地否认他们是政党意义上的共产主义者，就能更好地为共产主义服务。像这样的看不见的团体，如果没有莫斯科的领导是无法采取一致行动的。

更加相宜的特性。这种变化的特殊事例是，到最后俄国成分在未来革命社会主义特性中不再存在。指望这样的发展无疑有风险。可是这样指望并不比希冀我们的文明将从眼前的大火中不受损伤地挣脱出来更为愚蠢——当然，除非这场大火比我们有权利期望的熄灭得更快。

## IV. 管理资本主义？

1. 然而，我们迄今没有见到令人信服的理由，说明社会主义政党 1918 年后负担的政治责任的实验为什么没有完全成功的。再说一遍：有几个国家里——如瑞典——社会主义者不过继续巩固他们以前得到的政权；在另外几个国家里，政权不必用革命行动去争夺，自然地送到他们手中；在所有国家里，他们似乎比任何其他政党更能够尽力解决当时的重大问题。如我前面业已提到，看来他们几乎独占了取得成功的主要条件。此外，虽然他们中的大多数以前没有任何从政的经验，他们获得了最有用的组织、谈判和管理的大量经验。实际上应该立刻指出，他们几乎从未做过一件十足的蠢事。最后，不论是左派社会主义者新政党的不可避免的出现，还是那个政党与莫斯科的关系，对他们来说，都没有他们的对手试图说成的那么严重。

但尽管这样，不论在哪个国家他们的形势都是不安全的。对于诚笃的信徒来说，这种情况似乎是很不可能的。尽管有这些策略上的优势，优势后面隐藏着他们无力排除的困难。战争和由它引起的混乱，把社会主义者推上政坛；但在旧外衣的破片底下，社会机构尤其是经济过程依旧和以前的一样。就是说，社会主义者必须管理一个本质上是资本主义的世界。

马克思曾经设想，夺取政权是实行社会主义的先决条件，后者是唾手可得的。这句话的意思是，无论如何，事实上马克思论点的意思完全是，当资本主义走完它的过程时，或者用我们自己的话来说，当物质和精神成熟时，夺取政权的机会就会出现。他想的崩溃是资本主义经济机器由内因促使的崩溃。[①] 资产阶级世界政治上的崩溃只是经济崩溃的附带事件。可是现在，政治崩溃——或与它类似的事情——业已发生，政治机会业已出现，而经济过程没有一个地方接近成熟。“上层建筑”比推进机制运动得更快。这是一种最非马克思主义的局势。



关在书房里的学者也许会推测，如果认清事物现状的社会主义政党拒绝充当执政的特洛伊木马，继续留作反对党，并同意资产阶级去对付战争与和平时期留下来的烂摊子，事物将会怎样发展。也许这样对他们、对社会主义、对世界都会更好一点——谁知道？但对当时已经懂得他们自己与他们的国家共命运，并采取负责任观点的人来说，没有选择的余地。他们坚定地面对一个根本解决不了的问题。

这是一个除非按照资本主义路线否则便无法运行的社会和经济制度。社会主义者可以控制它，根据劳动者的利益调整它，榨取它，直到损害它的效率——但他们不能做特别属于社会主义的事

① 这部分说明了旨在表明资本主义事实上由内因促使崩溃的理论在美国备受推崇的原因。见第 10 章。

情。如果他们想要管理它,他们必须按照它的逻辑来管理它。他们必须"实行资本主义"。他们这样做了。为把他们的措施用社会主义的言辞装扮起来,要做一些事情,还要多少成功地使用放大镜来察看他们的政策与每个事例中想象的资产阶级使用的政策之间的每个差异。但实质上,他们必须做自由党人或保守党人在同样环境中也一定会做的事情。虽然这是唯一可行的途径,但对社会主义政党来说,这是它们遵循的最危险的途径。①

情况并非完全绝望,或者从社会主义信仰的立场而言,并非完全不能防护。本世纪 20 年代初,欧洲的社会主义者有理由希望,有好运气加上小心把握方向,他们会使自己处于政治权力的中心或附近,这就可以有能力挡开任何"反动"的危险,保护无产阶级的地位,直到有一天可能不经暴力破坏,使社会社会主义化;他们将主持资产阶级社会的溘然去世,与此同时,确保死亡过程一切顺利,保证它不会卷土重来。要是除了那些进入社会主义者的或劳动者社会画面的因素之外不存在其他因素,这个希望可能实现。

站在社会主义信仰的立场进行辩护,可能就是以上面提到的命题为基础,那就是形势是从未见过的,是马克思预见不到的。资产阶级受难者转向社会主义者请求庇护——这种情况显然在马克思的图式中是没有规定的。可以这样说,在这种环境下,甚至仅仅"管理资本主义"也是向前迈进一大步。这也不是根据资本主义利益来管理资本主义问题,而是在社会改革领域中做诚实的工作和



① 我不建议讨论另一种可能性,即从根本上重新构思俄国的路线。因为在我看来,这样的企图必定会以混乱和反革命告终,这是十分明显的。

以工人利益为中心建设国家的问题。无论如何，如果选择民主道路的话，这是唯一可做的事情，因为形势不成熟明显而确实地表现在没有大多数人选择社会主义这个事实上。难怪在这样环境中决心要接受官职的社会主义政党大声宣布它们忠于民主政治！

这样，这班渴望官职的政客是能够从最高理论根据和无产阶级利益中找到正当理由的。读者不难想象，这样的大惬人意的协调一定会给激进批评者怎样的印象。但是，因为后来的事态演变引发许许多多人谈论那个政策的失败，并教导当时的领导人他们本应当做些什么，我真的希望着重指出他们观点的基本原理以及他们不得不在其中这样做的社会模式的强迫性质。如果有失败的话，其原因必须在愚蠢和背叛之外别的地方去找寻。为了使我们对此深信不疑，我们只需要看一看英国和德国的事例。



2.一俟民族主义狂潮随着战争结束而消退，在英国出现真正的革命形势，例如，群众愤怒的情绪在政治罢工中突出地表现出来。负责的社会主义者和负责的工党党员被那种情况——也被全国正受形势促使产生真正反动情绪的危险——完全驱使在一起，从此接受共同的领导，至少就议会上运用策略而言是如此。联合力量的主要部分致力于劳工利益和(属于劳工利益一部分的)几个大工会办事机构，以致几乎立刻引起对此不满的知识分子的反对。这些知识分子反对这个联盟的亲劳工性质，声称他们看不到这种做法是社会主义的。工党党员思想意识上的机会主义使这种看法显得有点可信，但我们重视实际形势不重视口号，就劳工力量当时接受麦克唐纳领导而言，我们仍然把他们等同于德国的社会民主党人。

成功地从革命形势中脱颖而出，工党在1924年麦克唐纳执政之前逐步改善其地位。麦克唐纳及其党员表现得如此出色，以致甚至不满的知识分子也暂时表示服从。在外交和殖民政策方面，这个政府能够执行自己的主张——特别在与俄国关系上。在国内事务上，做起来比较困难，主要因为依靠一部分工人选票的保守党政府一直(并继续)按照条件允许尽可能执行财政上的激进主义。可是在立法上，工党政府只限于做相对微小的工作，它证明有资格管理国家事务。斯诺登在财政大臣任上出色的政绩，足以向全国和全世界表明，工党适合执政。这件事本身对社会主义事业是一个贡献。[①]

由于工党政府在议会中是少数，它不但必须依靠自由党人的合作——与他们有很多的共同点，如自由贸易观点——而且在一定程度上得依靠保守党的宽容，这个事实当然大大促成上边所说的成功，也使取得其他方面的成功增加很大困难，甚至变得不可能。他们的处境和保守党人于19世纪50年代和60年代短暂执政时期的处境非常相似。它要像占有多数地位那样采取负责态度是很困难的。但如上所说，它尚未占有多数的这个事实，即使用马克思主义来判断，证明采取较强硬行动路线的时间尚未到来——无论如何以强硬行动实行符合民主要求的任何计划的时间尚未到来。

但一般党员并不理解这一切。群众更不理解：他们应该感激



① 此外，从党的策略观点看，这点使保守党人遭遇的困难要比任性的激进主义给予的严重得多。

工党，不但因为该党本身所完成的业绩，而且为了争取工人选票的保守党为他们做的那部分工作也是工党的赐予。他们思念壮观的重建建议和对他们切身利益的允诺，不知道他们天真地质问："现在社会主义者上了台，为什么他们不为我们做点事呢？"是多么不公平。不甘心处于次要地位的知识分子自然利用这种情绪提供的机会来攻击工党分子支配真正的社会主义者，来煽动当前的不满情绪变成可怕的错误行为，而专横的工会官僚们对此漠然置之。在他们的影响下，独立工党在此后在野的几年中，尤其是麦克唐纳不接受他们主张执行更激进的纲领时，逐渐变得不受控制。[①] 就这样，在许多人眼中，成功看来很像失败，负责任看来很像怯懦。

但这是无法避免的。社会主义政党政策（包括在"不成熟"条件下执政）中固有的困难和危险，被麦克唐纳第二次组阁的历史更清楚地证明了。[②] 历史学家已经懂得对罗伯特·皮尔爵士的政治



① 那个纲领提出银行和某些关键工业的社会化，因而与正统社会主义路线是不符合的。但在当时环境下，它自吹自擂为真正的社会主义，而麦克唐纳的纲领是"改良主义的"——根据这个词的经典用法，同样很适用独立工党的纲领。

② 读者可能未见到关于1926年总罢工的一篇评论。虽然争相把总罢工征象重要性缩到最小是符合两党利益的，虽然官方对罢工的理论业已相应形成，罢工的严重性要比在某种形势下产生的一系列策略错误大得多，在这种形势下工会大会必然会"发出吓唬"，而保守党政府必须会"责备吓唬"。我们只要问问自己，罢工成功对政府权威和对民主政治的后果是什么，就能理解罢工是具有头等重要性的历史事件。如果这个武器证明有效，工会将变成英国的绝对主人，其他政治、司法或经济的力量除非得到工会的默许，将不可能继续与之共存。处于这样的地位，它们将不再保持过去的样子。工会领导人无论如何不愿意、也不得不使用强加在他们身上的绝对权力。

就我们的目的而言，只有两点需加注意。第一，上边描述的形势，特别是基层成员中遍布的并为不负责任分子孜孜不倦地加以鼓动的不满情绪，与引起罢工有很大关系。第二，罢工并没有像原来可能做到的那样损害党的权力。相反，罢工的失败似乎产生群众的激进化，群众的这种情绪是1929年该党成功的部分原因。

家才能与风度应公正地评价。[①]我相信，他们将学会以公正的态度对待麦克唐纳的政治家才能与风度。他突出的不幸是他登台于世界经济萧条开始之时，而这次萧条正是以国际联盟为代表的国际体系崩溃的直接原因。

有少许人可能在想——事实上少许人确实这样想——根本性重建的机会已经到来。这种想法会使国家分裂为二，这样的结果是不容怀疑的。但除了根本性重建外，实施扩大纸币量加上非根本性社会改革——例如个别的国有化措施和外加的社会保障立法——并在国际关系领域依靠重商主义政策，这是有许多人推荐的计划。可这个计划的一部分无疑会加强经济萧条，而其余部分——放弃英镑的金比值和重商主义政策——意味着非常激进地与国家传统决裂，与工党本身的传统决裂，以致社会主义者几乎难以实行它，更难成功地实行它。要安全而有效地实行它，必须得到其他党的同意，也就是要由联合政府来实行。



因此，鉴于没有可能组成联合政府，麦克唐纳及其助手投身于使他们建立的体系运转起来的任务。在这样的条件下，这个任务是他能够承担的所有任务中最困难的一个。当每个人叫嚷必须立刻做“某种事情”的时候，当各种类型的不负责任者有其讲坛的时候，当群众在抱怨，商人感到绝望，知识分子慷慨陈词的时候，他们坚定地为他们认为正确的事情而斗争。在国内，他们维护金融秩

① 麦克唐纳与皮尔的相似之处不但在于二人面对的政治和经济形势的某些特点（虽然皮尔有 1836—1839 年危机后进入内阁的有利条件），还有政治上的细节事情。两人都大胆地甘冒党的分裂的风险，并最后大胆地接受党的分裂；而党的领导人都被认为是“叛徒”。

序，他们支持英镑，他们制约立法机器的增速运转。对国外，他们竭尽全力——相当成功地——使日内瓦体系发挥作用，降低全世界的危机和紧张局势。当时机来到，国家利益值得该党冒险时，他们断然行动，帮助举国一致政府的成立。

在许多重要场合中，一个政策越是贤明，必然使公众和知识分子批评者越不欢迎，回想起来使人忧郁。这是一个确当的例子。对于不能把那种政策与英国比较温和的经济萧条和随后的稳步恢复相联系的知识分子批评者来说，那种政策中没有任何优点，只有荏弱、无力、褊狭的传统主义，如果不说它背叛地放弃社会主义事业。它也许是民主政治历史上最好成就之一，也许是根据经济和社会形势的正确理解而负责地决定行动的最好例子之一，却被批评者用"羞耻和憎恶"的目光看待，充其量他认为麦克唐纳只是一个使马失前蹄的蹩脚骑师。可是对他最有吸引力的假设是，麦克唐纳政府在英国银行家有魔法的耳语下，(或更坏)或者在他们的美国支持者的压力下投降了。



不幸的是，这种胡言乱语是有真实重要性的一个因素，在试图作任何预测时必须把它考虑进去。它会严重干扰社会主义政党在我们生活着的过渡时代服务于文明事业的能力。但是，如果我们舍弃这个因素，也舍弃为国家利益作出牺牲的任何政党从短期看来将为之受苦的陈词滥调，我们将没有什么困难地认清，从长期看来劳工势力极可能由于麦克唐纳第二次组阁而得到加强。与罗伯特·皮尔爵士的第二次内阁的相似性再一次有助于说明这一点。皮尔的保守党多数在废除谷物法问题上分裂。皮尔一派虽然在人数上和重要性上大大超过麦克唐纳的个人追随者，但它很快解体。

保守党受到重创，证明没有能力执政——虽然它又三次组阁——直到1873年迪斯累里的伟大胜利。但从那以后，直到亨利·坎贝尔-班纳曼爵士1905年的胜利，保守党执政的时间占三分之二。比这更重要的是，从政治上说，英国的贵族和绅士一直来坚持他们自己的做法要比不曾去掉提高面包价格的恶名时他们原来会做的好得多。

事实上，工党在紧跟着分裂后的几年里很快恢复和巩固在国内的地位。有把握说，即使在事物的正常进程中——也就是不考虑战争——社会主义者具有增加了的力量和更好的成功机会，不久就会再次组阁，而且他们会有能力采取比以往采取的更强硬的路线。但有相等的把握说，鉴于他们制订的纲领和实施纲领的能力，他们的政策与麦克唐纳的政策只有程度上的不同——主要在于实行社会化的某些个别手段。



3.德国社会民主党的战后经历，在许多细节上当然不同于英国工党。但是留在社会民主党内的德国社会主义者一旦参加政府，决心反对共产主义，他们就和英国同事完全一样从事于“管理资本主义”。如果我们同意这些前提，并考虑到他们过去没有、在可以预计的将来也不能期望在联邦议会中或普鲁士议会中或在总人口中占有多数这个事实，其他一切事情都将以无情的逻辑随之而来。1925年总人口约为6200万，无产阶级（劳动者及其家属，我把家庭佣仆包括进去）的人数不足2800万，这个阶级部分选票归其他政党。“独立劳动者”人口比上数少不了很多——大约2400万——大部分不接受社会主义的信念。即使我们不算上层阶层——比如说100万——只计算可望投票的集团——农民、工匠、小商贩——能争取到的选票不会很多，这个情况不但眼前如此，即使在近期的将来也是如此。介于这两部分人中间，有人数不少于100万的白领雇员（包括他们的家属）。社会民主党当然理解这个阶级的关键位置，花大力气争取它。但是，尽管取得相当成功，这样的努力只有助于表明，白领阶级比起根据马克思社会阶级理论所说的是严重得多的障碍。①

这样，即使共产主义者是社会民主党人的同盟者而不是他们的死敌，这个党依旧属于少数。确实，非社会主义多数的所有派别并非都抱严重敌意：左翼自由党人（民主人民党）人数不多能力很强，他们一贯愿意合作（在一定范围内）。这个多数分裂为许多团体，它们没有能力和谐一致地行动，它们的成员和支持者也不像社会民主党人本身那样有纪律，但那些既无能力又不愿意从事充满惊险事业的明智的人们依旧觉得，对于他们只有一条道路可走——民主道路——这条道路就是联合政府。



最合格担任同盟角色的党是天主教党（中央党）。它强大而有力量。在希特勒登上政治舞台之前，看来什么都不能动摇它的支持者的忠诚。它的组织极为出色。倘若教会的利益得到保护，它准备在实行眼前实际性质的社会改革方面走得和社会主义者本身一样远，在某些方面甚至走得更远。对被取代的王朝不抱特殊热

① 面对这个事实，社会主义者通常用如下论点以自慰：非社会主义雇员正是迷途羔羊，他们尚未找到他们正确的政治位置，但他们最后肯定会找到的，或者说他们受到雇主不准他们参加政党的无情压力。第一个论点不能使马克思主义团体外任何人相信——我们看出社会阶级理论是马克思一系列理论中最薄弱环节中的一个。第二个论点的虚妄是明明白白的事实。不管它在别的时候可能包含多少真理，20世纪20年代的德国雇主，除了极少数例外，不可能影响他们雇员的选举。

情，它断然支持魏玛宪法。最后但同样重要的是，它欢迎能保证它独占利益不受侵害的分赃安排。这样，谅解就以在外国观察家看来是惊人容易的情况下达成。社会主义者以最尊敬和最得体的方式对待天主教会。他们毫无困难地与教皇达成契约，契约给予教士的比在异端霍亨索伦王朝统治下教士曾经得到的还多。至于政策方面，几乎完全没有意见分歧。

但是，虽然这两个党的联盟是主要的，但没有一个表示忠于魏玛宪法的政党被排除在政府之外。民主党人、国家自由党人、国民党人（保守党人）全被接纳，甚至担任极重要职务。联盟作为普遍原则意味着妥协作为普遍原则。在各种措施上的必要让步事实上是事先商定的。不能动军队，实际上它由自己选择的管理部门管理，得到充分的供应。东普鲁士得到补贴，一般说来农业是十分小心关注的对象。这一套政策的某些含义可能不十分符合社会主义的规范，把这个东西称作*计划*，使它更合出钱的无产阶级的口味——也许读者会感觉到，这些东西说白了，没有一样是新的。

在它对工业群众和对它自己的纲领的态度上，社会民主党越来越和工党一样。开始时，它通过一个十分温和的法案，把包含在“社会化”一词中最激进的特色插入法案的标题中作为象征性的报偿（1919 年）。可是社会主义者很快把这一切束之高阁，以便致力于制订美国人在新政中熟悉的那种劳工立法。这样做使工会满意，工会办事机构越来越被允许成为该党制订政策机器的工作部门。

人们可能会想，对于一个有马克思主义传统（这种传统继续在党的学派中流行）的党，这样做该是有困难的。但情况不是如此。

除了一定数目共产主义者拂袖而去外，可以期望在党内提出反对意见的知识分子，牢牢掌握在党的手中。和英国党不同，德国党已经在帝国、各邦和大都市的行政机构里有牢固基础。此外，它在它的新闻出版业及别的地方有可以提供的自己的许多职业。这种任命职务的权力得到最大限度的运用。在文官职位、学术事业、大量公共事业及其他单位中，顺从招来晋升。这些手段有效地使激进分子就范。

社会民主党人对国家行政机器各部分的牢牢掌握，不但有助于更严格的纪律，而且有助于增加党员和党可以指望的选票。当然，它还用别的办法增加力量。例如，社会主义者在普鲁士自由邦得到占支配地位的权力。这使他们能控制警察力量，他们小心地选择党员或可靠的热衷名利者充当大城市的警察局长。他们就这样巩固他们的阵营，直到他们的地位根据寻常标准看来达到坚不可摧的程度。再根据政治分析的一般规律，甚至正统的马克思主义者也以提出如下论点而自慰，那就是，在那些战壕里他们可以十分舒服地安顿下去，直到事物按照其长期进程，使他们从少数变为多数，目前只要拉上掩蔽**最终目标**的帷幕就行了。引自《共产党宣言》……

撇开党的权力机器的机制不顾，一般的社会形势以及政治体制看来显著的稳定。此外，针对许多个别的立法和行政措施不论有什么样的反对意见，从总体上说，联合政府的政策有利而不是不利于稳定。它所做的许多事情必定能得到我们真挚的尊敬。它所做的事情中没有一件证明比缺乏威信与魅力的政权所做的引起公众不满的一般性措施更坏。唯一可能的例外在金融领域。这个政府体系的文化与政治成就的一部分，与政府支出的大量迅速增加有关。再者，支出资金的筹集方法——其中虽然包括十分成功的销售税——吸干了积累的来源。只要国外资本继续流入，一切进行得比较顺利，虽然预算困难甚至现金困难在资本流入停止一年多以前开始出现。当它真的停止时，那种众所周知的将破坏最具魅力的领导人地位的形势就出现了。但总而言之，对党及当政时期的指挥提出意见的社会主义批评家有理由夸耀不凡的成就，如果他们万一能执政，他们应干得一样漂亮。

## V. 当前的战争和社会主义政党的未来

当前战争将如何影响现存社会主义团体的命运，当然要看战争的持续时间和结果。就我们的目的而言，我不知道怎样加以推测。可是让我们运用事例分析的方法，从大量可能事例中考虑两种事例。

即使到现在(1942 年 7 月)，许多观察家似乎预期，战争结束俄国将获得巨大的力量和威望，事实上斯大林将作为真正的胜利者出现。如果情形确实这样，也未必可以作出推论说，其结果将是共产主义世界革命，或者甚至是欧洲大陆的“俄罗斯化”，以及上等阶层的消灭和对非共产主义的社会主义(和托洛茨基主义)团体的彻底清算。因为，即使不谈英美可能对俄国势力扩张的抵抗，也不能肯定俄国专制政权的自我利益会采取那种做法。但可以肯定的是，发生这样一种结果——完全实行列宁纲领——的机会大大地增加了。不过这种世界革命可能与马克思的想象不同，对于那些愿意接受它作为代替品的人来说，它无疑不再是白日梦，而且不只是与欧洲有关。

在那种情况下，正统社会主义及其所有主张的命运将被决定。在欧洲大陆上，假使法西斯政权不被打败，它们的命运也毫无二致。但是，如果我们假设英美俄同盟获得完全胜利——就是说依靠英美的力量实现无条件投降的胜利——那时我们很可能看到德国社会民主党型或者工党型的正统社会主义有好得多的机会在欧洲大陆生存下去，至少能生存一段时间。相信这个事态的一个理由是，人民如果发现走向布尔什维克和法西斯的道路俱被堵塞，很可能倾向社会民主共和国作为可以选择的最明显的道路。但还有一个最重要的理由，工党型的社会主义可获得战胜国的好感。根据我们现在的设想，一个完全胜利的结果将是由英美控制战后世界的事务——一种英美的统治，它在我们眼前采取的形式，根据我们知道的观念，可以称之为伦理帝国主义。在这种世界秩序中，其他国家的利益与抱负只有在得到英国和美国理解和赞成时才能算数，这种秩序只有凭借军事力量建立；只有永远准备使用武力才能维持。也许不必要解释，在我们时代的政治和经济条件下，为什么对英美两国说来，这样建立起来的只能是适当地称为军国主义的社会主义的社会组织。但很清楚，控制和警卫世界的任务是轻而易举的，因为一方面在欧洲重建和新建小而无效率的国家，另一方面又设置工党型或社会民主党型的政府。尤其在德国和意大利，社会民主党的破片是建立政府的唯一政治材料，这样的政府可能在战败屈服期以后仍旧接受这个世界秩序，并能毫无心理保留地与世界保护国的代理人合作。不论这样做的价值如何，这是自由社会主义的机会。

可是按照本书主旨的立场(不是按照其他立场),所有这一切都只有第二位的重要性。不论某个或某些特定的社会主义团体的命运如何。毫无疑问,当前的大战将——到处不可避免地与战争的结果无关——意味着趋向社会主义制度迈出的另一大步。根据我们经验中第一次世界大战对欧洲社会结构的影响,就足以使我们作出这样的预测。不过这次在美国也跨出了一大步。

但那种经验虽然是一个有价值的指南,却是不充分的指南。四分之一世纪过去了。它甚至对于走向本书第二篇说明的那个意义上社会主义的社会力量而言,也是不能忽视的一段时间。其他一切不谈,我们在这场战争结束时将面对与1918年时根本不同的经济形势、社会环境和政治力量的分布。无论如何这许多变化是在最近25年内发生的,是难以单单根据社会的一般趋势预测到的。其中尤其是大萧条,它冲击微妙的形势,震动社会结构的基础,对任何地方都没有对美国厉害。破坏社会结构更厉害的是对付萧条所采取的政策,这主要归因于部分是偶尔形成的政治结构,后果是明显的。特别是已经逐渐形成庞大的官僚机构,到现在它的强大力量足以保持它的阵地和执行根本性重建的政策。

工商业和工商业阶级的战时赋税负担,没有一个国家会以1919年后减轻的速度降低。这点本身可能足以使资本主义机器永远瘫痪,因而为政府控制提供另一个论据。通货膨胀,即使其趋势不再超过譬如说美国眼前政治模式不能避免的程度,它完全可能直接地,或者通过被剥夺的债券和保险单持有人思想的激进化而间接地做完其余的事情。此外,战时管制在任何地方不会取消到1918年以后几年的经验使我们相信的程度。管制手段可以移到他处应用。在美国已经采取步骤为政府控制战后调整准备舆论,不考虑资产阶级的抉择。最后,没有理由相信,政府将放松对资本市场和投资过程已经实行的管理。可以肯定这一切加起来不等于社会主义。但在这样的条件下,社会主义可能自称为唯一可以取代僵局和不断磨擦的实际办法向人们兜售。

细节和用语在不同国家当然不同,政治策略和经济成果也有不同。英国的发展比较容易预见。工党人员进入丘吉尔政府响应国家危急的号召。但如上文业已指出,与危急状态无关,他们当时在官职与权力道路上已走得很远。因此,他们很自然地有能力单独管理,或者——证明是最有效的办法——在他们控制的联合政府里管理战后重建工作。战时经济将会实现他们某些当前目标。在相当大程度上他们只要保持他们已经得到的东西就行了。在没有多少东西留下来可供资本家争夺的条件下,进一步向社会主义目标前进,可以期望是相当轻易的。进行的方式有可能证明是坦率的,清醒地以井然有序的方法和主要得到同意后实行社会化。有许多理由,但主要是因为官方社会主义党的衰弱,美国的情况较难预测,但最后结果不可能不同,虽然口号几乎肯定不同——福利上和文化价值上的代价也不同。

再说一遍:只有本书限定其意义的社会主义,才这样可以预测。其他意义上的社会主义无法预测,特别是没有什么理由可以相信,这种社会主义的实现意味着正统社会主义者梦想的文明的来临。更有可能出现法西斯的特征。这是向马克思祈祷者奇怪的回答。但历史有时喜欢开令人难解的玩笑。

# 第二十八章　第二次世界大战的后果

## 统治世界的是很少的一点儿智慧

上节谈了战争对我们时代社会结构和对正统(即非共产主义)社会主义团体的地位和前途的影响,现在(1946 年 7 月)还能再说上一些。到 1942 年 7 月,事情已很清楚,不论各社会主义团体命运如何,总会出现另一次向社会主义制度的大踏步迈进,这一次的迈进也出现在美国。同样清楚的是,现存社会主义团体的命运决定于战争的持续时间和结果。最后还提到,如果战争以英美俄联盟彻底胜利告终(意指敌人无条件投降),正统社会主义遭遇的结果将根据斯大林是否以真正胜利者出现还是全部荣誉归英美而有所不同。要是发生后一个情况,德国社会民主党型的正统社会主义或英国型的劳工政党将有极好机会改善它们在欧洲大陆的地位。

斯大林是东欧已经出现的主人。英国和美国争取在中欧和西欧保持其势力。社会主义政党和共产主义政党的命运反映了这些事件。但还有极大地影响全世界社会局势的另一个要素,那就是可以断定有利于资本主义制度的美国经济发展。因此,本章首先论述正统社会主义和劳工主义的地位，特别论述英国的形势；其次论述美国引人瞩目的工业成功可能产生的影响；最后论述俄罗斯政治成功的可能影响。所以我们的议论自然地分作三个部分，即

Ⅰ.英国和正统社会主义

Ⅱ.美国的经济可能性

Ⅲ.俄国的帝国主义和共产主义

## Ⅰ.英国和正统社会主义

许多事实表明，不计俄国因素，第二次世界大战对欧洲社会局势的影响和第一次世界大战的影响相似，只是更为强烈。也就是说，我们将看到现有的向社会主义生产组织（本书限定意义上的）发展的趋势加快。



这些事实中最重要的事实是英国工党的胜利。如在上一章中业已指出，这个胜利在意料之中，不会使任何人惊讶。这个胜利也不比我们预期的更加完美。由于英国选举制度的性质，实际议席再分配很容易示人以夸张的画面。工党得票约1200万张，保守党为1000万张。自由党的好日子当然已经过去。但仅存的十几个自由党议员所代表的选民超过任意挑出来的72个工党议员所代表的选民。换言之，在比例代表制下，工党并没有占有超过保守党与自由党加在一起的议会多数，而且工党—自由党的联合能得到宽余的多数。英国选举制度的基本原理在于产生强有力的政府，避免出现相持不下的僵局。这个例子里的情况就是这样。但在估计什么在政治上可行，什

么在政治上不可行时，与议会形势不同的国内形势依旧是需加考虑的事情。这个明显的推论由于下列事实而加强：即比官方工党更激进的团体在选举中显然未能改善它们在议会中的地位：独立工党刚好保持它的三个议席，共和党（Commonwealth）加上共产党失去它们原有四个席位中的一个。鉴于存在许多期待"激进化"的理由，这一情况确实值得注意，也是英国政治成熟得令人瞩目的证据。

这种形势必定会表现出来。事实上它已经在内阁的面貌和在采取或预示的措施中表现出来。请读者重读一下本书上文《立法前的社会主义政策》中的内容（第 19 章，第 4 节）就能看到，首先，工党想做的或提出要做的全部事情全都符合那段文字简略举出的纲领的精神和原则；其次，实际做法没有走得这样远。特别是英格兰银行的国有化是极有意义的象征，因而可以算是令人注目的历史里程碑。可是这件事的实际重要性可以说等于零：这家银行自从 1914 年以来一直是财政部的一个部门，在现代条件下任何中央银行都和它一个样。其他如煤业法案或充分就业立法，在英国几乎不再争论。工党政府处理这些事情的方式或者可能采取的方式，推测起来会得到几乎普遍的同意。对根本原则问题的辩论无疑会使严肃的工作活跃起来；这不是因为这些问题或对这些问题的分歧十分重要，而是因为没有它们政府和议会将无所事事，名存实亡。这一切均是应有之义。无疑这又是"管理资本主义"的做法，但由于这场战争，还由于时间的推移，这样做的时候目的更加明确，措施更加坚决，并且更清楚地看到最终消灭私有企业的前景。无论如何有三点应予特别注意。

第一，显然，政治行动与社会及经济形势事实这种几乎理想的一致性是非常重要的，从私有财产社会的立场来看是非常危险的。不论知识分子极端主义者可能怎样说——当然工党政府的态度使他们有事可做——向社会主义英国迈进的步伐更加坚实了，因为对此胡说八道是不大听到了。认真负责地采取的步伐，绝不会往回退。除了从外部来的扰乱，有可能避免出现社会、政治和经济的灾难。如果政府成功地把握住它的路线，它将恰当地完成处在权力不足的工党政府（如麦克唐纳政府，见上文 27 章第 4 节）的任务和未来工党政府（它将占有议会多数和选民多数）的任务之间的任务。这是民主社会主义的唯一希望，欧洲大陆的这种希望当然会因英国范例而多少得到加强。

第二，在上一章我们曾经提到，早期的社会主义思想家绝不能预计到，也不能期望他们预见到，会出现政治权力硬塞给工人而资产阶级受害者会向工人要求保护的局面。我们还提到一件他们不能预见的另一件事，即证明不需正式破坏资本主义制度的法律体制，只使用诸如税收和工资政策这种非激烈革命手段就有可能征用资产阶级的社会政治结构。战时税制和战时控制肯定不能完全保留。但从那些措施上后退，可能会在能自动完成某些最受欢迎的社会主义政纲项目的那一条线上停顿下来。纳税后收入的平均化已经实行到损害俄国人说的诸如医师或工程师那样的“专家”的效率的程度。这肯定是由臃肿而浪费的机关做出来的，人们不久就会看到，较好的办法是限制交纳直接税后的收入，而不是支付以后又得收回的收入。但无论如何，要榨汁的橘子连同许多激进的辞令，总是容易变成干巴巴的。

第三，假使在下次大选中，工党改进了它目前的地位，得到大多数选民的支持，政府将做些什么？他们在平均收入方面会走得稍稍再远一点；他们会根据贝弗里奇计划或别的方针比任何政府更多地改进社会福利；他们在企业社会化方面会走得相当远。可是这三项工作并不好做。我们已经懂得，在现代英国的条件下，对大规模社会化不会产生多大纯粹经济上的反对，资产阶级的抗拒也不可能是严重的障碍；英国依靠她的实业家的程度比 1917 年的俄国大得多，可是，除非不必要地引起他们的对抗，是可以得到他们的合作的。最后我们也不需把对社会化热忱信徒有强大吸引力的论点，即内阁制不适合实行社会化任务，看得十分重要：那些沉湎于专制手段幻觉的知识分子当然会怀疑它的效率；但要民主地实行社会化，它是唯一有用的制度——对社会化企业的实际管理当然需要半自治的机构，内阁必须像与（譬如说）军队总参谋部合作那样与这些机构合作。真正的问题是工人。除非社会化招来经济崩溃，一个社会化的政府不可能忍受目前工会的所作所为。最不负责任的政治家，在可以设想的情况下，必须面对只有俄国业已解决的现代社会的基本问题——工业中的纪律问题。意欲实行大规模社会化的政府将不得不实行工会的社会化。事实表明，在一切事物中工会是最难社会化的。但问题不是无法解决的。在英国，以民主的政治方法成功地解决问题的机会要比其他任何地方为多，但解决的途径可能是曲折而漫长的。

除俄国外，欧洲大陆的政治形势基本相同。在有选择自由的地方，我们看到群众保持或恢复忠于社会民主党或忠于天主教政党的强烈倾向。最明显的例子是斯堪的纳维亚诸国。但同样的倾向甚至在德国也感觉得出来,可以有把握地断言,如果德国有自由和不受外来影响,某种十分类似魏玛共和国的东西将从目前苦难中出现。虽然这方面的证据由于英美当局对社会民主党人表示的喜爱而部分失效,但它又因俄国当局允许在它的地区里恢复社会民主党组织而加强。把办不到的政治和经济条件不合理地强加在德国人民头上当然会使工人政党政府丧失信誉,并消失现尚存在的巩固其地位的机会。但是,如果为了心理实验起见,我们选择不考虑俄国因素,同时如果我们进一步愿意假定,美国和英国会以通常体面和合乎常识的方式对待德国,以上就是可以采取的一般判断和预测。其他国家也可以采取同样的预测,虽则有各种不同的限定条件:工党政权——在天主教国家里多半与天主教政党组成联合政府——在其左面有土生土长的不太重要的共产主义团体,其政策比 20 年代更为进步,但不论经济上、政治上、还是文化上,它体现的还是同一路线。奥地利这个小小的例子很有启发性。基督教社会主义者(保守分子组成的天主教政党)干得很好,共产主义者干得不好,社会民主党人差不多恢复了原有地位,大多数幸存的原领导人牢牢地占据党的高层领导岗位。就总的原则而言,甚至这个党的纲领与以前相比也没有多大的变化。新近趋向社会化的行动,不是经过选择作出的。其他小国家的情况——只要不受俄国操纵——也属于同一类型,包括意大利在内。法国的情况,由于共产党的力量强大,与这个类型不同(见下文第 3 节)。只因我们除了自己模式外,没有能力懂得其他任何模式,使我们不能理解西班牙的情况确实是所有各国事例中最不成问题的。①

## II. 美国的经济可能性

（1）　通过税收的收入再分配

（2）　巨大的经济可能性

（3）　实现经济可能性的条件

（4）　过渡问题

（5）　停滞主义者的论点

（6）　结论

（1）在讨论英国事例的时候，我们已注意到，在现代条件下，有可能运用税收和工资政策从资产阶层抽走大部分马克思主义术语称为剩余价值的东西，这在一定程度上是19世纪马克思主义者梦想不到的。② 这种观察结果也适用于美国。在一定程度上（这点不能被普遍意识到）美国的新政甚至在战争之前就在剥夺高收入阶层的收入。指出一组数字就足够了，这组数字表明1936年以



① 佛朗哥政权只不过根据大家容易理解的必要性复制19世纪西班牙建立得很好的制度模式而已。佛朗哥过去与现在所做之事都是在他之前纳瓦埃斯、奥唐纳、埃斯帕特罗、塞拉诺已经做过的事情。目前不幸的西班牙变成国际大国政治比赛中的足球（在这场比赛中她本身没有利害关系）的事实，成为出现混淆原来十分简单事态的宣传的原因。

② 读者当然会看到，上边的论述并不断言，这样的一种政策对国民收入的大小——和长期增长率——有任何影响。特别是，这个论述并不排除这样的可能性，即从长期看来，如果收入完全平均化，工人实际收入在总数上有可能要比马克思主义者所说全部剩余价值归于“资本家”阶层时还要少。

前(个人)所得税和累征所得税增加的后果:1929年实际付出的总收入估计为806亿美元,可征税收入超过5万美元的阶层在征收所得税和累征税后保留52亿美元;到1936年,实际付出的收入总数估计为642亿美元,5万美元以上收入阶层所保留的收入只有12亿美元。[①] 10万美元以上的可征税收入,如果把遗产税计算在内,那时甚至全部都被征收光了。从天真的激进主义观点看来,使用这种手段和嗣后没收手段的唯一不足是它们还不够彻底。但这并不改变我们眼前关心的事实,即与战争无关的庞大数字的财产转移实际上业已实行,其数量可以与列宁实行的转移相比较。目前可处理收入的分配与俄国实际施行的分配完全可以比较。特别是从下边事实来看更加如此,即由于上等阶层支出中个人服务项目和包含相对多劳动量的商品所占比重越来越大,上等阶层美元的购买力在美国要比下等阶层美元的购买力下降得很多。[②] 此外,我们可以再说一遍上文有关英国的另一种观察结果。上等阶层所受的压力当然不限于"5万美元或以上者"。它扩及下至5千美元的收入,但压力程度递减。这种情况有时形成许多必需效率的损失,尤其是对



① 见德弗格富有启发性的文章《储蓄,投资和消费》,载《美国经济评论》(1941年2月,第53届年会的论文和记录汇编)。书中解释说,计算纳税后收入总数所根据的数据包括资本所得,不包括完全免税的政府债券收入。又这些总数与实际付出总收入的数字(商业部估计数)当然不能作严格的比较。后一个数字无论如何可以看做可比数字的指标。我为什么不简单地从《收入统计》那里采用后一个数字的理由很清楚,但选择比较的年份须加解释:1929这一年所得税和累征税后超过5万美元的收入是绝对最高额,选择1936年是因为它,第一,未受1937—1938年经济衰退影响和第二,它是完全未受1939年起出现的严重战争影响的最后一年。

② 不同国家间的比较当然困难,也许绝不会有很大说服力,但俄国1940年4月4日关于所得税的法令显露,低到年收入为1812卢布的收入就要征收所得税。这项法令

于中等成功的医师是这样，这是不能有任何怀疑的。

那么，迄今战争及其自然后果——劳工纠纷——对美国社会结构的影响，看来和英国的情形完全一样。美国没有组织良好的全国性工人政党的事实，可能会使我们推测，美国有朝向基尔特社会主义而不是朝向中央集权社会主义发展的可能性。要不然，这个事实只会加强本书详尽论述的预测，由于压力集团和政党一样有强大力量而责任心却少得多，因而是更有效率的攻城槌。

(2) 但是美国形势的另一种事实是世界任何其他地方没有的，可以想象这个事实影响我们对至少今后 50 年左右短期内私营企业制度机会的判断，它就是我们现在目睹的巨大工业成功。某些观察家似乎在想，打赢这场战争加上保护美国工人免受匮乏的工业成功，也将支配战后局势。在一定程度上有可能消灭建立社会主义的全部理由，只要这个理由纯属经济性质。让我们以最乐观的观点谈谈这个论点。



还显露存在每年超过 30 万卢布的收入，当时征税率为 50%。现在，让我们完全不顾最低收入的征税，把收入 1812—2400 卢布这一组的众数定为 2 千卢布；再让我们把最高一组众多纳税后收入定为不高于 15 万卢布（虽然那些纳税前 30 万卢布收入是较低的限额）。那么我们发现，这些较高众数是较低众数的 75 倍。即使我们把 1940 年美国的最低众数（当然不是指购买力，而是指收入等级的相应位置）定为 1000 美元，我们显然不会找到美国税后收入的分配（即使不提由于战时财政需要特别提出的折扣）中有很多东西（以俄国范例作标准）足以支持当前流行的说法，如万恶的不平等，以收入集中衡量的“权力集中”等是有根据的。宾斯托克、施瓦茨和尤戈夫合著的关于俄国《工业管理》名著中提出的证据倾向于支持这个观点。许多指向同一方向的其他细节，例如在美国那些过去雇得起而现在雇不起家庭仆人的这类职业，在俄国的确还能享受这个特权，这要值一吨家用电器设备。所有这一切还没有考虑到不通过收入账的优越条件。俄国企业经理的权力和社会地位——这是估价高收入的主要理由之一——尤其是布尔什维克党地方党委的领导人的权力和地位，是美国工业家远远不能比拟的。

暂时不谈复杂的过渡问题，把1950年定为第一个"正常"年份——预测者十分通用的做法——我们以劳工统计局1928年物价水平指数来计算这一年的国民生产总值——生产的全部商品和劳务未扣除折旧和损耗前的价值——假定为2千亿美元。当然这不是这一年可以期望的生产实际量的预测；也不是高就业水平下（即使不是充分就业）能达到的可能生产量的估计数。这是若能满足某些条件就可以达到这个生产量的估计数（条件将马上提到）。像这样的数字是高的，但它既非不正常——有人提到过更高的数字——也非不合理。它符合过去经历的这个经济制度的长期平均成就：如果我们把"每年3.7%正常增长率"（见上文第5章）应用到1928年大约900亿的国民生产总值数，我们得到1950年的数字稍稍低于2千亿。当然不应该给予这种计算法不应有的重要性。但我仍然要再说一遍，有人反对说，这样的推断没有意义，因为30年代的产量没有达到这个增长率，可是反对意见没有看到问题的要害，只证明反对者没有能力掌握它。无论如何，就可能的生产量而言，这个制度战时实际表现所提供的标志肯定有更大的说服力：要是战时统计数字可以用作依据的话，1943年国民生产总值按1928年的物价水平调整后，其数量远远不止达到1950年2千亿的目标。

现在假定这个可能性实际上实现了。[①] 同时让我们留出充分的400亿用作替代旧投资和增加新投资（包括住房建筑），这个数字是2000亿的20%，百分率相等于库兹涅茨教授所说的1879—



---

有趣的现象——这种观念的落后！美国许多好心的人们，现在对社会不平等表示害怕或愤怒，这种不平等在50年前确实存在，但现在不再存在。事物变了，口号依旧。

1929年50年的平均数。[①] 其余1600亿的重要意义如何，要根据两个事实而定。第一，只要没有恶劣的管理失当，这个数字代表的庞大有用的商品和劳务（仍不包括新住宅）能允许甚至最贫穷的社会成员（包括老年人、失业者和患疾病者）也达到满足经济需要的水平，能消灭（在每周40小时工作条件下）任何可以称为苦难或匮乏的状况。本书论述中曾经强调，建立社会主义的理由决非完全是经济的，还指出日益增加的实际收入迄今完全不能博得群众或他们知识分子同盟者的好感。但在这个事例中，允许的东西不但惊人的多而且立即兑现：实现这个允许主要是我们具有战争中业已证明的能力与资源，把为战争目的而生产（包括向盟国出口消费品）转变到为国内消费而生产；1950年后这个论点的应用更不容置疑。第二，只要没有恶劣的管理失当，所有这一切能够在不破坏资本主义经济有机条件下完成，有机条件包括对企业成功的高额



① 人们设想，这个可能性的实现必须做到每周工作40小时，加上紧要关头的超时工作。可是人们没有设想充分就业。充分就业的定义和能满足任何给定定义的就业量变化很大，不但牵涉统计问题，而且牵涉到某些相当微妙的理论问题。我必须满足于作这样的说明：在美国劳动市场条件下，并假设1950年的劳动力总数约为6100万（包括军队二、三百万），我看不到统计表上失业男女的人数在那一年有可能低于五、六百万人。在这个数字中除了真正非自愿失业（即在任何定义中都是非自愿的失业）外，包含大量属于半非自愿失业和纯属统计上的失业。这个数字不包含"隐蔽的"失业。我相信这个失业数字符合那一年2000万国民生产总值的估计。这与特别属于资本主义制度的邪恶没有什么关系，反而与资本主义社会给予工人的自由有很大关系。甚之在威廉·贝弗里奇爵士论充分就业一书中，也有指导就业和强制就业的隐约暗示。但还应指出，我把1950年设想为周期繁荣的一年。倘若不是这样，那么应该理解，我们讨论所指的是这一年之后的繁荣的一年。把好年份与坏年份平均一下（统计的平均数），失业数应在500万人到600万人以上——也许达700万人到800万人。这毋需害怕，如下文还要解释，因为能给予失业者适当的生活供应。但资本主义经济的周期性波动是造成过多地超过"正常"失业的主要原因。

① 10%到12%的折旧率对于进行高水平生产的经济制度并不是过分的高。8%到10%的"新"投资当然是充裕的，根据大多数预测者的看法是太多了。见下文第5节。

奖励金，以及为使资本主义机器按照设计运转所需要的一切收入不平等。只有在美国，在现代社会改良计划后面不会潜伏着选择经济进步与选择立即增加群众实际收入的两难困境，这是任何其他地方都会瘫痪每个负责任者意志的根本性的困境。

此外，有了2000亿的国民生产总值，要在不损害经济机器条件下筹集400亿国家收入就不困难了。按照1928年的物价，有300亿的收入就足以提供资金使联邦、州和地方政府在1939年实际完成其任务，并能提供大大扩展的军事设备的经费和支付1939年后出现的公债和其他长期债务的本息。[①] 这样支出后1950年大致上还可留下100亿——按1928年物价计算，如出现较高物价水平，这个数字也相应提高[②]——在下一个10年里留下的数字还要大得多，可用作创办新社会服务事业，或者改进现有的社会服务事业的资金。



(3) 就是在这里，即在政府财政和管理领域里，我们上述但书——"没有恶劣的管理失当"——使我们深切地感到极为生动。因为在这个领域里，我们确实有过真正恶劣的管理失当。按照目前的原则和目前的做法，要从2000亿国民生产总值水平上筹集400亿，又要不伤害经济机器是不实际的。而300亿——或者在1928年物价水平上相当于300亿的任何数字——能满足上面提到的需

---

① 就眼前目的而言，没有必要区分国家用于商品和劳务的支出和用于"公共事业"的开支。但可以大致上假定，这300亿中以250亿用于前者，50亿用于后者。应该看到，这些支出中未列入1950年老兵的年金和其福利开支，这部分支出是应该分开处理的。

② 一般说来，不能认为政府收入能与物价水平成比例变化。但我们的目的只在于得到粗略的概念，我们可以用这个方法来简化假设。

要也是不实际的，只有整个国家行政机关实行合理化，消灭了双轨或三轨活动——如我们在所得税事例中必须提到的一个例子——才有实现的可能。所谓双轨和三轨指的是联邦机构与联邦、州和地方机构的重叠，缺乏有效的协调和明确的各自责任。在联邦方面主要由于没有组织严密的“部”，却存在众多的半独立的“部门”或“委员会”，以及许多其他产生浪费和阻碍提高效率的根源，但最重要的是存在花费1亿足够的地方喜欢花10亿的那种浪费风气。目前的事态预示政府管理财政金融和工业凶多吉少，事实上，事态本身就是许多非“经济保皇党人”[①]反对这个事态的正当而充分的理由。

事情还不限于此。节约——这个词现在变得多么不得人心！——在某种意义上说，对一个穷国十分必要，对富国就不很必要，换言之，浪费在穷国而不在富国形成匮乏的威胁。但从另一个意义上说，节约——真正的节约而不是官僚机构和议会那种虚假的节约（它们在十分乐意节省几个便士的同时乱花几十亿）——使富国有效利用其财富和使穷国保证人民温饱上二者一般必要。[②]这点不但适用于政府行政机构的费用。也适用于各种不同福利支出的基金的使用。当然最适当的例子是支付给个人的失业救济金，除非就业的和失业的工人的行为像俄国那样在政府的控制之下，为支持失业者基金的节约使用，不可避免地意味着失业者得到的救济金必定大大低于他能希望得到的工资。如美国劳工流动统计数字表明，这个国家里正常有大量支付给半自愿和半非自愿失



① 指新政拥护者。参看第8章的有关注。——译者

② 与此针锋相对的理论将在下文第5节讨论。

业的救济，救济金负担由于宽松的失业救济金管理或者由于它相对于工资的高比率，必然不断加重，势必破坏达到 2000 亿目标的可能性。

为了证明这个可能性是合理的，还有另一个条件必须做到："政治活动"和官僚机构务必不可阻碍我们达到这个目标。最明显不过的是，当经济有机体最重要的"作用参数"——工资、价格、利息——被转移到政治领域，并在那里根据政治比赛的需要而运作，或者有时更加严重，根据某些计划者的主观意念而运作时，一定不可能按照原来设计那样发挥作用。有三个例子必定足以说明这个道理。第一，当前实际的劳工形势，如果继续下去，其本身足以阻塞向 2000 亿国民生产总值的目标进展，更不必说超过这个目标。造成这种情况的唯一理由是这种形势形成的工资率；企业家计划的混乱和就业工人的无组织，也同等重要。这些状况不但阻碍产量的可能的扩大，而且使就业低于原来可能达到的水平，因为它们使每个人觉得尽可能少雇工人才对他们有利——导致一种"逃避雇用工人"的倾向。①



第二，不管读者相信价格控制有什么好处，这个办法实施至今证明是妨碍产量扩大的另一个障碍。我听说斯大林主义政权

① 可以看到，产量的增加和就业的增加不能看做同义语。事实上在某些限度内，减少雇用而不减少产量或者增加雇用而不增加产量是可能的。为什么在当代文献中，常常把产量和雇用说成按比例变化的理由，可以从凯恩斯理论体系的一个根本特征中找到。这个体系假定工业设备的数量和质量保持不变，各生产要素的结合不能有巨大的变化，因之这个体系被限于论述相当短期的因果关系。要是事情确实如此（在最短期内事情接近如此），那么产量和雇用当然是一起变化的，虽然一般说来，变化并不成比例。

鼓励人们批评它的官僚主义。显然我们并没有这样做。我愿遵从现行的礼节，直率地承认许多有才能的人在价格管理局内作出了极佳的服务；许多才能略逊的人竭尽他们的努力；同时我愿抑制存在于我内心的对它迄今为止取得成就的怀疑，特别是因为它最显著的失败与它未加控制的环境有关。但确实应该承认，至少在当前和以后，除非意图迫使私营企业屈服，否则鼓励工资率增加政策加上价格控制对于促进产量扩大是不合理和有害的；我们应该承认，由于价格管理机构能够非常有效地“控制”某些没有什么政治力量的生产者的价格，不能同样地管理政治力量较大的生产者的价格，结果打乱了相对价格体制，降低了这个体制的经济效率；我们还应承认，并非固定价格本身造成全部损害，同等重要的是，“津贴”高成本生产者和“榨取”低成本生产者的办法奖励了低效率。[①]



还能够看到，我们的论点表示，货币工资率的变化可以引起就业人数向相反方向变化。我相信，事实上，美国货币工资率的高水平一直——但尤其在30年代——是美国人失业的重要原因，如果高工资政策继续下去，今后还可以期望有相同的后果。这个命题与凯恩斯的正统经济理论以及某些其他经济学家的主张有矛盾，在这里尚不能证实。因此，就我们眼前目的而言，幸运的是，如果只谈到1950年不及以后的发展，一个较弱的命题能解决这个矛盾，它必将博得已故凯恩斯勋爵的同意：在今后4年内，在大概会在美国盛行的条件下，除非物价有额外增加起抵消作用，较高的工资率势必对产量与就业起相反的影响，对就业的影响要大过对产量的影响。

① 我并不假装知道，总统否决第一个价格管理法，并在一个月后通过一个法案规定迅速取消管理，由此造成混乱局面最终有什么结果。可是，因为我准备坚持，从价格管理局的实际作用看，它必然堵塞走向有效和平经济的道路，再因为那场混乱局面的可能结果肯定是保持价格管理必要性的正面证据，我必须请读者考虑两件事。第一，主张废除价格管理的论点并不是主张当没有人希望它取消或者看来准备取消它的时候就听任它消失，不准备用过渡办法替代它。第二，如果价格管理局为本身的失败作出反应，它报复地猛打那些因其不受欢迎而并非有任何言之成理的理由挑选出来的靶子，由此产生的后果完全与取消价格管理本身无关。至于通货膨胀问题请看下文第4节。

像现在这样受舆论强烈支持的官僚机构对工业自治——自行组织、自行调节、相互合作——的顽固敌意是走向有序进步的第三个障碍，从而也是向可能解决许多经济周期政策问题最后还有解决社会主义政权过渡问题发展的第三个障碍。官僚机构的发言人莫不否认说，这个看法毫无根据，因为实业家的联合行动只有含有"勾结性抑制"的意思时才成为非法并被起诉。但即使对流行做法的这个解释可以接受——对什么是形成勾结性抑制或是一般性反社会行为的官方理论也可以接受[①]——下面三点还是正确的：(a)"抑制"这个概念包括许多在价格与产量政策方面进行工业合作的意图，甚至这种合作确实能发挥极为需要的职能；(b)那种是非比较难分的问题和那些具有抑制成分但不形成协议主要点的问题，不一定为许多人公正地加以考虑，他们中有的不够熟悉商业问题的性质，有的猛烈反对这个制度或者至少反对这个制度中的"大企业"部分；(c)永远存在因违法受检举的威胁，而违法行为与不违法商业行为总是难以区分的，这就可能对商业行为产生谁也不愿施加的影响。



最后一点说明从未得到应有注意的劳工纠纷、价格管理局

① 可是事实上，这些理论是无法接受的。它们的确有不少做法是每个人都同意必须由法律系统宣布为非法。但在这些做法之外，另外有不少做法，法律精神对之只是采取由社会通行偏见教导它的态度。许多实例的重要根源是歧视。甚至大多数有能力的经济学家在分析某个事例的全部长期后果时都会碰到相当多的困难。如果正义只受示威"运动"的支配，根据一般法律口号或流行口号去执行，那么反歧视态度含有的健全思想要素可能荡然无存。旨在体谅形式上非法歧视对所有有关各方都有利益那种案件的本意良好的有选择的检举方法——凡学过基本经济学课程的每个人都知道，或者应该知道这种案件——那时可能只会增加最恼人的专横作风。说我们能够指出补救这种事态的方法，只不过随便说说罢了。

纠纷和“反托拉斯”纠纷的一个侧面，那就是企业家和管理人员的精力耗尽，实业家不停地被迫离开他的事业正道，不但必须面对天天变样的法制规则，而且必须被“召唤”去这个或那个委员会，再也没有解决技术问题和业务问题的精力。十个经济学家中没有一个认识实业家这个特定的“人的要素”毕竟就是个人的机体——虽然任何明白事理的人不可能不会（例如）把 1945 年工业生产中的体力量指数的相对可怜的表现与这个人的要素联系起来作为许多原因之一，这就充分暴露了经济学家的机械态度和他们远离“实际生活”。事情还不限于此。管理企业的成功在目前条件下绝大部分依靠应付劳工领袖、政治家和国家官员的能力，而不是依靠经营能力——这个词的正确含义。因之，除了有条件雇用各种专家的最大企业外，占有企业的领导位置的往往是“向官方行贿或疏通者”和“处理麻烦事情老手”，而不是“管理生产的里手”。



读者可能觉得，执行这一切现象所表明的路线的政策是不会成功的。它必然会在正义愤怒的风暴中崩溃，在毁灭的岩石上或其他形式的抵拒下失败或垮掉，因此，2000 亿的目标本身比白日梦好不了多少。可是，事实并不完全这样。一方面，美国的经济机器强大，足以经得起某些浪费和不合理现象——如我们知道，包括某种可以避免的失业和为个人自由付出的代价。另一方面，政治家和公众近来表示出某些“苏醒过来”的迹象。我们必不可忘记本书多次强调的人性可锻性（特别见第 18 章，第 2 节）。新政的实验和战争时期的实验可能不是结论性的，因为工业资产阶级从不期望这些条件会持续下去。可它们也许起了某种“教育”作用。这样，对现有税制作相对微小的调整也许就是所需要的全部，即使不能达到最高效率，也能达到适当程度的效率。[①] 另一方面，相对微小地增加法律保护——也许可用恰当制订工业法规做到这点——有可能去掉实业家工作日中遭受专横干预造成烦恼的毒刺或威胁，而管理机构不

① 例如——我只不过从一组可能方法中举一个例子——以下措施可能很够了。(a)取消以股息付出的那一部分公司利润的双重征税；鉴于英国的做法，很难证明“正义愤怒风暴”是对的：我们的做法是德国做法，对这种做法的纯属形式的论证出自德国经济学家阿道夫·瓦格纳(1835 — 1917 年)。(b)允许从应征税收入中扣除用以投资的个人收入部分。我个人同意欧文·费雪教授的意见，储蓄那部分应该扣除(特别鉴于通货膨胀的危险)。但为了免得凯恩斯主义者的怀疑，我自己只说投资部分。技术上的困难并不严重，至少不是不可克服的。(c)采取几个办法中合用的一种，以便全部扣除这一时期的各种损失。(d)销售税或营业税的国有化、系统化和扩展。这点应能投俄国崇拜者之所好，不致引起他们的勃然大怒。事实上，像俄国那样的税率〔即质量最好面粉每磅 31 分(1940 年莫斯科)，但由于卢布数折合美元数难以确定，故而改用按零售价计算：土豆征税 62%，食糖征税 73%，食盐征税 80%；见 P. 亨塞尔，《苏联财政》，载于《财政杂志》第 1 号，1946 年〕，在俄国那样极度贫困的人口中，这样的销售税的确是可怕的惩罚；但在像美国那样富裕的国家，采用适度的税率，销售税是极好而完全无害的国家财政工具，特别适合专门有利于低收入群众的财政目的。这种税可以收集 50 亿美元或 60 亿美元而不致使任何人感到负担沉重。但由于州政府和地方政府因销售税国有化引起的收入损失必须给予补偿——当然，说这种税是“新引进”的税，严格说来是不正确的——加上对现有货物税必须作某些调整，所以联邦国库净收入估计不能超过 20 亿美元或 30 亿美元，这样，销售税加上特种货物税总数可能达到 90 亿美元到 100 亿美元光景。(e)为了照顾妻子和孩子，把遗产税国有化并大幅度往下调整，这样做的理由是，现行立法以没收超过中等数字的遗产为手段，作为消灭资本主义事物秩序的一个最基本要素。不论是谁以非经济理由赞成这种没收，根据他的立场，倡导这方面的宪法修正是理所当然的；不论是谁以已故凯恩斯勋爵在《就业、利息和货币通论》第 373 页提出的经济学论点——或者由此引申出来的理由——赞成这种没收是十分错误的。

我们不关心如何满足政治上受到影响的利益集团的问题。但事实上迄今大多数出自实业家团体的关于税收改革的建议显然是温和的，这些建议虽与我们的论述无关，它们看来表明，实业阶级所受的教育多么有效。

断增加的经验和工作人员的更好训练可能做好其余的一切。[①] 此外，不久以前，有一定证据证明美国愿意接受像国家复兴法案那样的立法。至于劳工形势，也许从下面事实可以得到一些慰藉，那就是根据深思熟虑路线所制订的政策，不但不需放弃大多数人认为是新政中社会改革重大成就的任何一个项目，而且为进一步前进提供经济基础。特别应注意的是，年工资制度只有以做最大坏事的方式来引进、管理和供给资金时，它才威胁我们达到目标的机会。就其本身而言，它是一个完全可能的命题。[②]

即使如此，要期望这些必要的调整都能实现——或者甚至期望国家的政治条件能够产生承担如此严肃而无私、为口号丑化的、充满细节困难的、显然无人感谢的工作的意志——是要有充分乐观精神的。许许多多人会喜欢从这个任务中浮现而出的美国，但他们憎恨承担这个任务的人。



① 我这里注意到一点，它对许多别的主题比对在讨论的主题更加重要。良好的官僚机构是缓慢成长的，不是随意创造的。美国的官僚机构表现出一定程度快速成长的失调，这种情况使暂时的减速政策不但符合公众利益，也符合其本身的利益。华盛顿官僚机构不谈别的，它至今尚未发现自己的位置。它的个人成员一再希望有自己的纲领，觉得自己是改革家，不与他们的领导人商量就和众议员、参议员及其他机构的成员进行谈判。某种想法会突然获得使人非相信不可的力量，但没有人知道这个想法的来源。这种方式的前途是混乱和失败。

② 为了说明这一点，让我们稍稍回忆一下近期的历史。30 年代早期的新政人物，采取嘲笑改革对复旧这个口号的做法。这种嘲笑证明他们完全理解口号中的真理成分。事实上，就政治口号而言，这个口号是相当公正的。但应当懂得，所指的是实行“改革”的粗暴而不负责任的方式，不是指它宣告的目的。现在我们处于相似的地位，不幸的是，对资本主义经济过程的伤害，对某些人来说正是他们最喜欢的改革的特色。没有这种伤害的改革对他们几乎没有吸引力。他们眼中最糟糕的是改革使用了保证资本主义取得成功的政策。

(4)我们尚未提到过渡的问题。这些问题事实上只有下述这方面和我们的主题有关:过渡困难所产生的局势和导致采取的手段很可能半永久性地阻止产量的扩大并使我们对"可能性的估计"全部落空。最严重、也是最明显的情况是通货膨胀的危险。1920年批发价格指数大约是1914年的2.3倍。价格上升发生在一场战争努力之后,而那次战争努力不但在商品和劳务消耗上远比最近这次战争努力数量少、时间短,而且每单位商品和劳务支出也比较谨慎负责。现在需求量之大是当时不能比拟的。而税收优惠为投资者永远保持大量战时公债提供充分动机。目前的情况是,调整后的存款总数(不包括银行相互间存款、美国政府存款和在途未收存款)和银行外通货总数在本年4月份达到1740亿(1929年6月为551.7亿,1939年6月为609亿),还没有说到公众持有的政府债券有多少会变为现金用于还债以外的其他用途。任何明白事理的人应能对这些在特定环境下意味着什么形成自己的意见,尤其是鉴于政府鼓励或默许任意而普遍地要求较高的货币工资率——因为通货膨胀通过工资清单到来。① 这位明白事理者在宣扬"不存在通货膨胀"的作家② 和看到猖獗通货膨胀迫在眉睫的作家之间会发觉不难作出判断。为了提出与我们的论证有关的一个论点,并在面对不可能在这里令人满意地讨论这个问题的情况下,让我仅仅为了使事情明确起见,



① 读者会愉快地看到,这句话是凯恩斯主义的意见,因而应得到华盛顿经济学家的同意。

② 在这些作家中间我们必须把那些战后需求的预言家包括进去,他们预言,紧接着政府大部分战时需要终止,肯定会出现一场经济衰退和广泛失业,同时呼吁政府实行进一步的赤字开支。对于这些(短期)预言,见即将出版的《经济统计评论》上E.希夫的文章。相应的长期预测,将在下文第5节讨论。

提出我的见解:在我看来有可能把1950年的价格水平定为大约高过1928年数字的50%(这段时间中间有几次突破这个水平);在我看来,在这个范围内使价格水平运动作为调整的工具是合理的;在我看来,人们对一般价格的这种程度的增加的恐惧和对以后几年价格从这个水平下降的恐惧是被大大夸张了。但为了使价格不可避免的增加保持在那个限度之内,必须实施几个措施,这些措施全都极不受欢迎,为使它们产生预期效果,需要具有我尚未遇见过的丰富经验和才能,其中有几个措施将在某种程度上降低产量扩大的速度;任何人知道如果不干预生产,就不能阻止威胁人的通货膨胀。现在从另一方面说,如果什么都不做,只设立另一个价格管理局,甚至根据激进派所持的理论,向未受通货膨胀威胁的收入课重税,同时不顾后果地提高工资率,那么极可能出现一种局势,此时,华盛顿政府可能不顾一切地依靠笨拙而蛮横的手段,如采取货币贬值、“冻结”存款、实行“直接控制”、惩罚“投机暴利者”和“垄断者”或其他替罪羊,同时小心地不侵犯农民的利益。这一切会破坏原来计划,以至于把我们带到(不是2000亿目标)某种半生不熟社会主义的边缘。有这种可能。当然还有其他种种可能。

(5)还要注意对许多经济学家说来是战后典型的问题:怎样保证有充分的消费。迄今,我们的确看到许多理由,使我们怀疑规定的目标——1928年美元价格水准的2000亿国民生产总值——到1950年能否实际达到。但所有理由都建立在对经济过程以外的障碍可能阻塞实现目标途径的可能性上。无论如何,经济过程本身能完成那个目标的力量已经引起许多经济学家的怀疑,他们中的大多数人(不是全部)写过关于政治信念和科学信念的文章。我们想用一个相当流行的名词称呼他们：停滞主义者。①

停滞主义理论适宜的典型是由已故凯恩斯勋爵提出来的。读者只要研究一二项最近几年出现的对战后需求的估计，就能使自己十分熟悉这个理论应用于当前事例的情形。② 作这些估计的作者在估计1950年潜在生产量的数字上与我们是一致的，也就是与我们同样巨大，以致为了简单起见，我们可以继续主张2000亿国民生产总值。他们甚至比我们更乐观，因为他们不坚持一定需要一个有利于资本主义成功的环境条件，③理由是他们心照不宣地假定，当前的政治、行政和劳工的实际状况是不会改变的。此外，我不坚持反对他们提出的失业必然减到最小的估计或对他们统计方法有效性表示异议，我还接受他们作出国民净收入和可支配收入（个人支付税和强制性非税支出后的收入总数）数字可以达到的种种假设。为了明确起见，让我们假定这笔可支配收入合计大约为1500亿，而公司未分配的利润数约为60亿。④



战后需求指的是预期私人家庭花费在消费品上（不计新住宅）

① 关于停滞主义理论的某些一般方面，见第10章。

② 最重要战后需求的估计已由A.G.哈特著文批判地分析，文章标题为“模型制作和财政政策”，载1945年9月《美国经济评论》。所以没有进一步提出参考书目的必要。

③ 我承认，我有时弄不清楚他们是否知道这种说法所暗示的对私人企业的极大赞赏。

④ 这些数字接近于一个战后需求估计者提出的数字。这些数字不是我的，它们与我们在第2节中据以推理的实验数字也不相符。把这些数字应用到过去时期的程序——当然此时假设被事实取代——（见《联邦储备委员会公报》，1946年4月，第436页。）但应该看到，第一，这些数字指的是当前美元；第二，数量庞大的“净个人储蓄”不能证明“正常”时期的储蓄百分率，即使1937、1938、1939和1940年的数字也不应无批判地加以接受，尤其不应不参照商业部通过的储蓄定义而加以接受。

的总数，它当时是这样得到的：根据战前时期（譬如说1923—1940年）的数据，计算每人在这些消费品上的支出和每人的可支配收入（二者均按生活费用指数调整），算出二者之间的平均关系，再把这个关系应用到1500亿的可支配收入上去。[①] 如果这个计算方法得到的总数为1300亿，那么剩余200亿的数量是储蓄，或者，如果我们在此数上面加上公司未分配利润，储蓄就是260亿。这个论点通常继续去探查这笔储蓄总数可能的出路即投资机会（新住宅建设、存货、工厂和设备的增加、国外投资），并作出结论或者提出意见认为，这些投资机会不可能吸收1950年充分就业水平下国民收入中人们想要储蓄的那么多的数字，至少没有政府帮助不可能完全吸收。因此，政府的国内支出或政府强制"国外投资"的行动是必要的。但后来另一个建议为人们所喜爱。因为在当前条件下，主张政府赤字开支的任何人显然有被人取笑的危险，华盛顿的经济学家已经转变方向推荐平衡预算了，他们要求在极高水平税收上平衡的预算，税收采用高累进率，用以消灭高收入，而这正是威胁储蓄的主要原因。因为高收入获得者才有储蓄。所以这样做符合"在现代社会里，失业的最终原因是收入不平等"的口号。

由此可见，我们期待能解决许多经济和社会问题的高水平的国民收入，其本身反而成为所有问题中最严重的问题。因为高收入意味着高储蓄，又因为这些储蓄不能被投资支出完全抵消，经济就不可能保持在收入和就业的高水平上——除非财政政策硬把水



① 实际上，这个程序比这里所说的稍为复杂。使用的回归方程式包括一种倾向要素，也就是要考虑这段时间关系的可能变化。此外，也要考虑延迟需求和流动收入积累的影响。但为了集中讨论突出的要点，我们对这些情况就略而不谈了。

平保持在那里——如果真的能达到这个高水平的话。应该看到，这种理论能得到(至少部分)舆论的支持，特别是实业界舆论的支持。没有比下面这个观点更普通了，那就是只要我们能够引导人们“全部用光他们的收入”，或者只要我们能够“得到足够的消费者需求”，一切问题都能解决，一切都能顺利。为什么与任何政治纲领(包括政府支出或收入平均化)肯定没有利害关系的明智之士对这一点仍感到关心，这是一个有兴趣的问题。这个国家的推销员心理加上战前20年的经验，就是我为这个在讨论的理论没有被一笑置之的惊人事实所能提供的全部解释。

那些反对这个理论的人没有看到这一点，他们争辩说，国民生产总值和由此产生的国民收入要比估计者假定的数字小，而投资机会实际上比估计者设想的数字大，估计者估计前者时是这么的乐观，而在估计后者时却是这么的悲观。这些议论以及类似的议论可能包含不少真理。特别是，可以着重指出，1830年时没有人预见到或者能够预见铁路时代的资本需要或者50年后电气时代的资本需要。但决定性论点比所有这些简单得多。这个理论建立在这样的假设上，即按照不变的心理学规律，①个人储蓄与有没有投资机会无关。显然这不是正常的情况。在正常情况下，人们储



① 这个心理学规律说，一个社会的消费支出C(由此产生的社会愿意储蓄数S)决定于国民收入Y，它们的规律是，当Y增加为△Y时，C增加为△C<△Y或者$\frac{\triangle C}{\triangle Y}<1$。这是被称为消费函数的真正凯恩斯假设。可凯恩斯本人偶尔使用他的追随者经常使用更强有力的假定，即随着收入的增加，储蓄的百分比也增加。现在我们只关心那个真正的假设。但应该看到，称它为心理学规律是名词的误用。在经济学中，心理学规律充其量只是令人怀疑的顾客。但正在讨论的命题与另一个命题比较，较少资格被称为心理学规律，另一个命题是，在我们一片接一片吃面包时，我们对面包的需求是递减的。

蓄希望得到金钱的回报或某种“投资利益”的服务。不但是大量的个人储蓄,而且实际上所有的工商业储蓄——形成总储蓄的大部分——都是怀有特定投资目的去储蓄的。投资的决定一般总是先于储蓄决定,投资的行动常常先于储蓄决定。甚至在一个人不怀有特定投资目的而进行储蓄的那种情况下,在他作出投资决定前的时间延误,使他受到延误时间内报酬损失的惩罚。看来可以由此推定,第一,除非人们看到投资机会,他们不会正常地储蓄,在消失投资机会的情况下,很可能也消失储蓄;第二,每当我们看到人们表现“宁愿保存现金和存款”的倾向时,也就是说他们只有储蓄愿望而没有投资愿望——一种窖藏的愿望——必须以特殊理由来解释,不能求助于专门设想出来的心理学规律。

这种特殊理由是存在的。其中有一个理由在周期性经济萧条的最低点——大致上平均 10 年中的 1 年——有相当重要性。当周围事物漆黑一团,人们不论干什么,能够预期的只是损失。那时候他们当然拒绝用现有储蓄去投资(甚至拒绝他们先前事业结束时收回的资金作再投资),或者他们将延迟投资,以便在价格进一步下跌中获利。与此同时,由于人们预期他们的经营收入即将受损或者即将失业因而减少收入,储蓄的数额不但不会减少反会增加。这是萧条机制里的一个重要因素,而政府的赤字开支确实是一项最明显的打破此种“恶性循环”的手段。无论如何,不能以此为据,为任何“过度储蓄”理论辩护,因为这个理论的出现只能是经济萧条的后果,因而不能用它来解释其本身。可是它产生了凯恩斯心理学规律的心理学解释。1929—1932 年的大萧条和随后的缓慢复苏依旧留在每个人的思想里。心理学规律以及以此为根据的窖藏理论简直就是那个经验的概括。①

因此，萧条引起的窖藏在我们下面的总命题中不是真正的例外：储蓄决定依靠投资决定，并是投资决定的先决条件，虽然反过来说是不正确的，因为很明显，银行贷款可以为投资提供资金，在这种情况下，与个人储蓄就没有关系。② 除表面上的例外外也有真正的例外。但两者都不重要。真正例外的例子是，窖藏的目的在于积聚每个人知道只有在印度、中国和埃及曾经广泛有过的大量财富；以及暂时性的出于习惯的储蓄，这种习惯和其他任何习惯一样，一旦形成可能存在得比理论解释得通的时间还长。③ 表面例外的例子（和我们提出的萧条—窖藏的事例相类似）如为准备一项十分巨大投资的资金而积贮，这是一个可能有、但显然不重要的



① 人们希望把上面的论点稍加变动，加上某些战时因素，就能不必求助于人性中固有的对窖藏不能满足的渴望这个假设来解释人们战时囤积流动财产的原因。

② 无论如何，我们的命题没有像不熟悉1936年凯恩斯勋爵《通论》出版以来所进行的讨论的读者看来那么简单。我们的命题很像是、但不是重复“古典理论”（杜尔哥、A.斯密、J.S.穆勒）的一个古老定理，不能用可以满足古典理论的推理来支持这个命题。为了全面证实它，需要冗长而乏味的论证，作这样的论证十分令人沮丧，因为它产生不了多少有趣的结果，此外只会毁坏30年代艰苦建立起来的共识。但由于篇幅限制，使我们不能进一步对它详细探讨。可是有一点必须提一提，以免产生自然会发生的令人遗憾的误解。虽然我们的命题表明，停滞理论不能以储蓄这个要素为基础，虽然，我们可以说在这个意义上不存在储蓄问题来表达这个意思，可是这并不等于说在别的意义上不存在储蓄问题。问题是存在的。大多数问题集中表现为这种情况，即以购买有价证券方式的个人储蓄用于偿付企业在扩充工厂与设备时向银行借的债务。可是这是另一回事了。

③ 在资产阶级生活方式中，尤其在清教徒生活方式中植根深厚的持久的储蓄习惯看来不是不重要。但使那些习惯显得不合理的投资机会的消失，在没有外部因素影响下，是一个缓慢的过程，在这个过程中有时间进行调整与适应。希望断言已经成为不合理的持久的储蓄习惯仍然是经济形势中一个要素的华盛顿经济学家因此面临不值得羡慕的抉择：他们不得不承认30年代是萧条—窖藏时期，这就等于向长期停滞理论投降；或者承认投资的吸引力相当突然地受外部要素的干预而下降，这个要素不是别的，而是他们自己支持的各种政策。如果他们承认后者，当然我不反对。

例子;或者为了准备发生意外事件,预备老年使用等目的而进行储蓄,这种储蓄即使除了安全感之外即使没有机会取得"报酬"还是会进行的。①

因此,如果停滞主义者的忧伤是唯一使我们烦恼的事情,我们就不必为达到2000亿国民生产总值担忧了。如果证明200亿这个数字超过了按照使边际储蓄者满意的利润率进行新投资的数额,那么人们只会太高兴他们不会花掉多余部分。我们不必担心如何促使他们"全部用掉他们的收入",也不必担心公司和个人储蓄的出路。特别是,我们不应认为强制国外投资是必要的,在目前条件下提倡国外投资只不过试图把一笔实际上的战争赔偿硬加在这个国家身上,使它接受时感到惬意罢了。②

另一方面,我们应该在这样的范围内同意政府赤字开支的鼓吹



① 这些事例之所以不重要,主要根据两个事实:第一,这些积累目前正消耗殆尽(虽然,由于不断变动的国民收入和人口的年龄分布,增加和减少在一般情况下不是正好平衡的);第二,只要存在由货币利息吸引的储蓄,在总"供应"中出现不是由利息吸引的储蓄并不证明有趋向过度储蓄的倾向。这个理由不需强调就能自明。但实际上,由于看到现代条件下保险事业的发展大大降低了为不测事件必须进行储蓄的数量,如为老年准备和为妻子儿女需要而存储那种正常意味着积贮"财产"的储蓄(当然这笔数字不是藏着不投资),加强了这个理由的分量;现在这种准备可以用从"消费中撙节"出等于保险费金额来实现。所以,最近25年中保险的增加表明,其趋势刚刚和停滞主义者所写的著作所指出的方向完全背道而驰。

② 我从来没有说过或者暗示过,不可能有使美国人民基于道德或政治原因作出巨大牺牲的事实。但这个事实必须坦率地根据道德或政治的理由,而不是根据可疑的经济状况否定这些牺牲的现实意义。建议把过多储蓄可以有用地投向显然没有希望收回(不必说赢利)的渠道是更加阴险的,因为本来其任务是反对这种政策的阶级将欣然接受它:因为在政府作保的体制下,个人企业家所冒的风险微乎其微。他对国家损失关心极小(如果有一点的话)——尤其是有人告诉他这种损失是因为保证就业的缘故,实际上是国家的收益。

者:每当有“累积的下降过程”的危险时(不论由于经济周期机制所固有的原因或由于任何别的原因),也就是说,每当A对生产的限制导致B对生产的限制如此扩散遍及整个经济的形势威胁着要出现时,此时价格在原来下降基础上进一步下跌,失业在原来基础上进一步扩大,政府赤字开支将停止这种“恶性循环”,因而,如果我们有意忽略其他一切应该考虑的因素,正好称它为有效的补救办法。①真正要反对的不是紧急情况出现时可以产生收入的政府开支,而是制造紧急危机的政策,在危机中这种开支非付出不可。

(6)但不幸的是,如果它是预测会实际发生什么的问题,我们的结论与停滞主义者的结论无很大出入,这是读者可能预料的。虽然从人们的储蓄嗜好来说,没有什么可怕的,但从别的因素说有大量可怕之处。工人骚动、价格控制、烦人的行政措施和不合理的税收足以使收入和就业产生正像停滞主义理论证实的结果,可能真的产生政府赤字支出非产生不可的形势。我们甚至能够看到很像过度储蓄的现象,就是人们不愿执行他们投资决定的情况。我们一直在讨论一种可能性。我们已经发觉,在经济过程本身中没有固有的原因阻止这种可能性的实现。我们也看到在经济过程之外有种种原因会起阻止作用。此外,我不假装懂得实际结果将是什么。不论它是什么,它将是社会形势中占支配地位的要素,不但美国如此,全世界都是这样,可是只有此后半个世纪左右是这样。



① 这就是为什么默里法案的原来形式(不仅是它通过时的形式)就纯粹经济上考虑而言是无可指摘的缘故。在任何情况下全盘谴责产生收入的政府开支都是可以理解的,在许多人看来是理由十足的,他们认为,一旦准许使用这种工具,让各种不负责任的立法与行政手段出笼的大门就洞开了。但从纯经济理由上说,不能赞成这种指责。

本书详细论述的长期预测不受影响。

## III.俄国帝国主义和共产主义

与我们预测有关的另一个因素是俄国对她的盟国的胜利。这个胜利和美国的经济成功不一样，它不仅是一种可能性，眼下还是既成事实。从并不强大的地位出发——在这个地位上，根据所有通常政治比赛的规律，俄罗斯可能必须接受她的盟国认为适当施加的任何条件，并在新的国际秩序中处于不顶重要的位置——她上升到远远超过沙皇统治下她曾经有过的强大地位，尽管人们可能设想，英国和美国曾经希望或曾经争取过不出现这种情况。而且——最高成就！——她的政治系统特有的方法使她能够扩展她的实际力量超出她正式征服的地域，同时使她的权力范围看起来比实际小得多——所以那些在危险关头她所作的使逃跑主义者和绥靖主义者满意的虚假的让步，即使没有为她带来实际上的收益（如有时事实表明的），却从不包含真正的牺牲。[①] 假如读者回忆起 1939 年以来美国政府制订政策的目标——民主、免于恐惧和匮乏的自由、小国独立自主等等——他必然理解现在发生的事情等于俄国战胜她的两个主要盟国，可以期望得到差不多完全的投降。

首先要解释何以产生这个结果。我担心那些只认识非个人因素——也许还加上机会因素——的历史分析家做不好这个工作。

① 例如，答应处于完全控制下的国家（如波兰）以虚假的独立（我们坚持把她看做独立国家），增加了俄国在国际机构中可以支配的选票，也增加俄国政府可以收到的津贴和贷款；如果俄国率直地并吞波兰，她就不会像现在这么强大。

非个人或客观因素都对俄国不利。甚至她庞大的军队也不是众多人口和富裕经济的产物，而是一个人工作的结果，此人强大得足以使人民习于赤贫和顺从，能够把不发达和有缺陷的工业设施的力量集中于军事目的。但这还不够。那些从来不懂运气与天才怎样纠缠在一起的人们，在以伟大胜利告终的一长串事件中，当然只注意幸运的机会。可这一连串事件包含一样多或者更令人绝望的形势，在这些形势中布尔什维克政权有过多次毁灭的机会。政治天才的含意显然在于非常完美地利用有利可能性和消除不利可能性的才能，但在事后，肤浅的观察家只看到前者而看不到后者。察看从第一次惊人杰作——与德国达成"谅解"——引起的一系列事件，我们看到一位大师的手笔。斯大林从未遇到能力可以与他匹敌的人，这是确实的。但只会加强历史哲学的正确性，即历史为领导人的才能——在这个特殊事例中为领导个人的才能——留下充分的发挥余地。现实主义分析能为"非个人理论"所作的唯一让步是，一个独裁者在对外政策问题上不受那些会分散民主政治领导人注意力的需要考虑事情的牵制。①

第二，虽然我们通过对种种细节发展的注意，可以懂得这种难



① 有些读者会看到，此刻我们正接触到历史社会学家之间，也是历史学家之间的一个长期争论不休的问题。因此，有必要声明，我不宣扬"英雄崇拜"或者赞成"（个别）人创造历史"这些口号。本书论点中包含的方法论不外乎这些：在解释各种事件的历史过程时，我们使用大量系统的资料，在这些资料中有各国的气候、土地的丰度、幅员大小等等，还有那里人口短期内不变的品质。由于人口的品质并不单独决定政治人员的品质，而后者也不单独地决定领导人的品质，这两者必须分开排列。换句话说，在特定形势中，掌舵人物的头脑与神经，正像一个国家铁矿中铁的含量和这个国家有没有钼和钒一样，都是客观事实。

以置信的形势是如何出现的，但这并不帮助我们懂得现在世界打算怎样对付显现在每个人眼前的形势。这个问题最终要看美国的态度。因为欧洲大陆的一些国家正处于衰竭、饥饿，并毫无保护地随时有被俄国报复的可能，当然不能指望它们作有意义的抵抗。真正独立于俄国的唯一欧洲大陆国家是西班牙——俄国对她的政策使我们大多数人深受感触。几乎同等独立的法国其国内的共产党是所有共产党中最强大的俄国卫戍部队。① 至于英国，大量征象表明，要是她有能力作决定，1941 年以来事态发展的整个进程早就大不相同了，所有能从政治上看问题的英国人莫不带着厌恶与忧虑的心情注视当前的局势。可是她仍然不采取强硬的路线，这只能是由于这样的事实，即如果她这样做事，她将冒可怕的风险，冒单枪匹马和俄国作战的风险。虽然美国很可能与她站在一起，但这是不确定的。为什么？



① 这个事实极端有趣。也许有些美国人相信，法国人会以欢乐和感激的心情欢呼他们的解放，同时他们会立刻专心致志于重建一个民主法兰西的任务。而事实是，我们发觉莱昂·布鲁姆委婉地描写为病后休养期心身疲乏的实情，或者用平易的英语说，普遍不愿运用民主方法。有 3 个政党，它们大致上有相等的党员，三者都没有力量根据民主原则产生有效的政府：共和人民运动（天主教和戴高乐主义的党）、正规的社会党和共产党。有三点与我们有关：第一，实际上完全不存在"自由主义"团体；第二，不存在美国政治家可以全心全意与之合作的团体；第三点最重要，共产党有强大力量。很明显，共产党的强大不能用有人数众多的法国人改信共产主义原则来解释。其中许多人从理论意义上说根本不是共产主义者。那些理论上不信共产主义的人是特定的共产党员，也就是说，他们是由于对国家局势的看法才成为共产党人的。这意味着他们只是亲俄国。他们把俄国看做"我们时代的伟大事实"，看做与法国真正利害攸关的强国（重建美元是另一回事），是法国必须攀附的强国，为了获得再生，在未来反对英国和美国的斗争中，法国必须依附的强国，因此很清楚，未来斗争将成为世界革命形式的斗争。迷人的许多问题就从这一点上展开！可是我为不可能深入讨论这些问题而感到的遗憾，因深信我的读者不会相信这个论点而稍感安慰。

对于一个从另一个星球来的观察家来说，再明显不过的事情是，从荣誉和利益考虑，美国不能容忍这样的一种局势，在这个局势里一大部分人被剥夺我们认为是基本人权的东西，在这个局势里有比战争更残酷和更不法的行为要加以制止，在这个局势里巨大的权力和威望集中在象征否定基本原则的政府的手中，而这些原则在美国大多数人心目中是宝贵的。要美国人民承担牺牲去进行一场使数百万无辜妇孺经受无限恐怖的战争，而主要结果是从两军包围中除掉所有独裁者中最强大的独裁者，那当然是不值得的。但这肯定是一件半途而废比不做更坏的事情。而且未做的另一半不但可能而且相当容易完成，因为日本投降以后，美国的军事力量和技术（不必说她的经济力量）保证她无可匹敌的优势。

但是，如果来自另一个星球的观察家对这些道理进行争论，我们不得不回答他，指出他不懂政治社会学。在斯大林主义俄国，外交政策仍是沙皇统治时的外交政策。在美国，外交政策就是国内政治。的确有一个由华盛顿总统忠告传下来的传统。可是它本质上是孤立主义的。它没有玩任何其他外交政策复杂游戏的传统和机关。在受到宣传的猛烈刺激时，美国会采取或接受干预海外事务的积极活动的路线。可是她会很快对之感到厌倦，而现在她已经厌倦了——厌倦现代战争的恐怖，厌倦牺牲、税收、兵役，厌倦官僚机构的规章，厌倦战争口号，厌倦世界政府的理想——十分渴望回到她习惯的生活方式。在没有立即受攻击危险的时候，任何力图促使她进一步加紧努力的企图，对于任何希望这样做的政党或压力集团是很失策的政治行动，任何政党或集团看来都不怀有这样的希望。那些痛恨德国或国社党政权的人现在满足了。他们使用他们过去常常指责为逃跑主义的同样论点来支持对俄政策，这个政策在希特勒德国时代常常被指责为绥靖政策。如果我们遍查形成美国政治模式的利益集团名单，我们发现它们（虽然由于不同理由）全都赞成绥靖政策。农民对此不大关心。有组织的工人可能受到、也可能没有受到真正亲俄派的重大影响，工会或者某些工会会积极阻止对俄开战，这个看法也许是正确的，也可能不正确。我们不必讨论这个问题——通常讨论时不是毫不在乎地否定就是毫不在乎地肯定——因为目前在政治家看来与形势关系最大的事实是，没有人会怀疑，1940 年拥护战争的工人现在明确地反对战争。可是令人最感兴趣的观察结果是，工商阶级也持有相同的观点，虽然它们的态度在感情和意图上当然不是亲俄的，但在后果上实际是亲俄的。激进的知识分子喜欢说资产阶级怀有置苏维埃共和国于死地的意图。他们当然会把对俄战争描绘为大资产阶级向社会主义发动的战争，再没有比这种说法更不现实了。工商阶级同样厌倦战争口号，厌倦税收和控制。对俄作战将堵住眼前对工商业有利的趋势，意味着更重的税收和更严的控制。它将使工人处于更强有力的地位。此外，它不但将打乱国内工商业的生产与贸易，而且将失去十分诱人的工商业发展前景。同时苏俄可能成为非常巨大的顾主。她从不曾延迟付款。许多资产阶级反社会主义信念正在被这个事实破坏。这就是资产阶级的思想方法——即使见到绞刑架上的套索时还一直这么认为。但是要想把这个不愉快的景象文饰过去是不难的。任凭俄国再吞噬一两个国家。那有什么关系呢？让她充分得到她需要供应的任何物品，她就会不再蹙眉不快了。20 年后俄国人会和我们一模一样地爱好民主与和平，他们所想所感也和我们一样。此外，到那时斯大林也不在世上了。[①]

再说一次，本书目的不是引导读者达到明确而实际的结论，而是提出使读者取得自己实际结论有用的一个分析见解。此外，在由机会决定的问题和易受新的意想不到的要素侵入的问题中，预测不可能比先知预言更有意义，因此不可能有科学根据。相信读者能彻底理解这一点，我现在仍然要以总结我们这部分论点的方式，采用一个看来合理的结论，但我的目的只是确定我们的看法。换言之，我们准备要做的恰恰就是本书一般地关于伟大社会主义主题一直在做的事情。我们正在推断一些观察得到的趋势。

我们已经看到的一些事实说明，除非斯大林犯了他一生中的第一次错误，否则在今后若干年内不会有战争，俄国将不受干扰地开发她的资源，重建她的经济，建立起全世界从未见过的不论在绝



① 最后几句话全是摘引来的。它们是这样的有揭露性和有价值，显然因为它们不是别人提出问题的答复，由被访问者作这般承认的。它们是不自觉的言词，是说话人不知道自己在暴露心理活动时说出的，更确切地说，它们是他试图为自己找理由的合乎逻辑的半自觉的态度。除了含义天真可以分开来理解的第三句外，整段话（或者说十分相似的话）人们听到过不止一次。几乎每一次都有人指出他态度的不合理（包括这个态度与1939—1941年态度之间的矛盾），但从来没有任何逻辑上像样的回答或反应，有的只是(a)表现出好脾气的烦恼或(2)表现出看来接受批评的绝望的姿态，但又带有这样的但书："有什么好处呢？"

从本节前面提到的一个观点来看，无论如何我必须加上一句话：事实上在第四次逃避现实中有些重要事情可说，要是真是像我认为的那样，那些俄国领导人的能力在其他民族中极为少见，那么看来大自然的行动在适当时候能解决许多问题。如果承认这个论点有相当道理，那么还应该说，从这个论点可以引出太多的东西。在某些方面，一个有至高能力的敌人要比一个能力较差的敌人容易对付——这的确不是谬论。此外，虽然要建立标准石油公司确实需要第一流的天才，但一旦公司建立后并不需要天才去管理它。俄国世纪一旦开始，它可能沿着几乎是它自己的方向走。

对上、还是相对上最为强大的战争机器。前面插入的“除非……”，我想它限制而并未消灭这个结论的实际价值，那就是一次赤裸裸的侵略行动——它是那样的赤裸裸，甚至同路人也难以把它解释为全属正当的“防御”——无疑会在任何瞬间突然发生战争。但是要防止这个可能性必须具备下列条件：第一，斯大林政权的外交政策必须以谨慎忍耐为最突出的特性；第二，这个政权在忍耐中能得到各种好处；第三，在达到帝国主义成就的顶峰上，这个政权能够在出现真正危险信号时，或面对“更强硬语调”时，做到忍耐并放弃前哨阵地，就像它近来不得不做那样。① 但是在10年重建时期之后，这个看法将大大地改变。战争机器准备完毕可以使用，此时要想不用它越来越困难。而且，除非英国信奉布尔什维克主义，还得舍弃她的全部传统立场，否则仅仅存在的那个独立的岛屿国家可能证明是俄国独裁政权所不能容忍的，正如她为拿破仑独裁政权所不能容忍一样——反过来说也一样。对这个事实的理解当然是丘吉尔警告的实质，也是业已开始的军备竞赛的理论根据。

但为了正确评价所有这一切，另一件事情必须记在心里。在和平时期和在可能即将发生战争的时期，尤其在没有战争但充满战争威胁的中间形势下，全世界共产主义团体和政党对俄国外交



① 应该看到（为了说明这个论点的有力）这三件事实没有一件在1939年德国的事例中出现。有些读者在有关第三件事实上，至少根据慕尼黑会议以后盛行的形势否定这一点。但这只是因为我们对德国野心的态度与现在对俄国野心的态度大不相同。从政治角度看，决定性的一点是，德国当时没有全部恢复她的国土，而斯大林政权只要在外国领土的取舍上作出妥协，这件事做起来要容易得多。此外，正文中提到的“更强硬的语调”只是赖以防止更多的侵占罢了。

政策自然有最大的重要性。[①] 结果是，官方的斯大林主义近来恢复宣传资本主义和社会主义日益接近的斗争——迫在眉睫的世界革命——以及只要资本主义还存在就不可能有持久和平等就不足为奇了。远为重要的是，了解像这样的口号虽然从俄国观点看来是有用或必要的，但它们扭曲了俄国帝国主义[②]这个实际问题，除了第五纵队需加考虑外，它们与社会主义毫不相干。俄国的麻烦不在于她是社会主义，而在于她是俄国。事实上，斯大林政权本质上是军国主义专制政权，因为这个政权以单一的严格纪律的政党统治国家，不允许新闻自由，它具有法西斯主义[③]的一个明确特

① 就要探究的这个论点的目的而言，很幸运没有必要去解答在美国的共产主义第五纵队实际上有多么强大的问题，无论如何它要比任何统计数字显示的、或任何工人团体发言人正式宣布的强大得多，肯定不可忽视。对这个问题的讨论和亲俄态度对战争努力效率的可能影响的讨论，我想几乎毫无价值，这不仅因为出现很多有偏见的夸大或缩小的言词，而且因为参加讨论的人未能把问题界线划分清楚。有人的态度在我们看来实际上是亲俄的，但他在感情上和意图上不是亲俄的。有人是共产党人，实际上却不是亲俄的。所有这些变异必须仔细地加以区分，一旦战争实际开始，某些态度和一个人的行为并无关系。

② 帝国主义一词是整个通俗政治理论中最被误用的名词之一，有必要确定这里使用这个词的含义。但为了我们有限的目的，没有必要像 30 年前出版的专题著作里企图做到的那样分析帝国主义现象，也没有必要采用一个适合于细致分析的定义。只要使用下面这个定义就足够了，虽然我认为它极端不充分(但它符合本书第 4 和第 11 章该词的用法)：帝国主义是一种政策，它旨在把一个政府的违背非同民族意志的统治扩展到这些民族集团。这就是俄国所做的，在战前如外蒙和芬兰的情况，在战时和战后有其他许多情况。其要点是这个政策没有固有的限度。行动时与所说的动机无关。

③ 这是因为误用而失去全部明确意义的另一个词语。美国人通常说话中，这个词的用法事实上暗示了这样的定义：法西斯是使用这个词的说话者或写作者所不喜欢的任何政策、集团或国家。但在本书的正文中，根据本书第 22 章提出的政治理论，它的意思是指相对于竞选领导权的独占的政治方法。看得出来，这句话的意思并不等于说，在任何或每一个其他方面，斯大林主义和希特勒主义或意大利法西斯是“一回事”。

征，并剥削（在此词的马克思主义意义上）群众。我们可以谅解并惋惜美国知识分子，他迫于环境不得不把这个政权称作民主社会主义——至少说它业已在望——虽然我们愤慨在他期待受到信任意图中所暗示的对我们智力的侮辱。但这样一个政权向整个欧亚扩展统治权的可见趋势显然不能简单地等同于任何社会主义的扩展。甚至不能推论说俄国统治的扩大将有助于（这个词任何较为通用意义上的）社会主义。究竟它会不会扩展要完全依据俄国专制政权的实际利益和想象的利益（见上一章最后一节）。这点可以用斯大林主义宗教政策的相似例子来说明：只要专制政体需要，宗教就是人民的鸦片；一旦他懂得东正教会证明可能在世界某些部分比共产主义或世界工联（1945 年）是更为有用工具的时候，就宣布俄国是"爱基督的国家"，于是在沙皇"圣教会议首席大主教"的位置上与新任大主教一起出现了一位"东正教教务会议"的共产党员主席，而那位大主教很快证明是一位东方各国的热忱观光者。在俄国可以自由行动、不必顾虑外交政策上的策略考虑而束手束脚的所有国家里，期望实行工业国有化的确有充分理由，因为国有化工业使征服者更容易管理和剥削，不会成为反对的中心。除此以外别无其他理由。不可能断定这个动机是否压倒其他可能的动机。[①] 甚至可以想象，俄国力量的进一步扩展可能最终证明是朝



① 读者将高兴地注意到，上边论证中所作的或暗示的事实陈述，如有需要可以从俄国官方资料得到证实。事实上，对我们论证，尤其对我们所说俄国政权性质的判断十分重要的一切材料，可以不需求助于任何受怀疑的事实陈述而确立。我有意不提那些——不管它们在进一步说明这个政权的性质上如何有价值——可以引起对事实怀疑的任何事实，诸如在征服或控制国家里的屠杀，格鲁吉亚用铁链锁在一起的囚犯队和集中营。即使能称为暴行的事情是完全不存在的，我们的论证丝毫不受影响。

大多数人在说社会主义这个词时想到和感到的方向发展的障碍。

把俄国问题和社会主义问题混淆在一起——除非是为了效劳俄国所做的诡计——就是误解了世界的社会形势。俄国问题只在两个方面和社会主义问题有关系。第一，共产主义团体和非共产主义团体中亲俄派的存在，形势的必然结果倾向于使工人政治活动激进化。也不是总是如此，例如法国共产党人曾投票反对两个重要的社会化法案。但总的说来，如果唯一目的在于瓦解资本主义国家，形势的必然结果一定会出现。第二，在战争情况下，我们将得到战争的社会后果和政治后果，这是现代条件下任何战争都有的，即使是一场想象的社会主义国家和想象的资本主义国家之间的战争，也不会有什么两样。

# 人名译名对照表

（按汉语拼音排列）

## A

Adler, Fritz　阿德勒，弗里茨
Adler, Victor　阿德勒，维克托
Adler, Marx　阿德勒，马克斯
Alberti　阿尔贝蒂
Asquith　阿斯奎斯
Ashley　阿什利
Aretino, Pietro　阿雷蒂诺，比特罗
Orkney　奥克尼
Odger, George　奥杰，乔治
O'Donnell　奥唐纳
Hervé　埃尔韦
Edgeworth　埃奇沃思
Espartero　埃斯帕特罗
Ingres　安格尔

## B

Bernstein, Eduard　伯恩施坦，爱德华
Burns, A. F.　伯恩斯，A. F.
Boese, Franz　伯泽，弗伦茨
Burke, Edmund　伯克，埃德蒙
Blanc, Louis　布朗，路易
Blanqui　布朗基
Branting　布兰廷
Blum, Léon　布鲁姆，莱昂
Bottomore, Tom　博托莫尔，汤姆
Bortkiewicz, L. von　博尔特凯维兹，L 冯
Beauharnais, Eugène　博阿尔内，欧仁
Bailey, S.　贝利，S.
Bellamy　贝拉米
Berlepsch, von　贝雷普施，冯
Barone, Enrico　巴罗尼，恩里科
Bakunin, M.　巴枯宁，M.
Bülow　比洛
Beaconsfield　比肯斯菲尔德
Powderly　波德利
Posadowsky　波萨多夫斯基
Bismark　俾斯麦
Bebel, August　倍倍尔，奥古斯特
Bannerman, Campbell　班纳曼，坎贝尔
Picasso　毕加索
Bentham　边沁
Bienstock　宾斯托克

Bauer,Otto　鲍尔,奥托

## C

Charles V　查理五世
Charles,E. 查尔斯,E.
Zassenhaus,H.　查森豪斯,H.

## D

Dromard,G.　德罗马,G.
Debs,Eugene V.　德布斯,尤金 V.
Delacroix　德拉克鲁瓦
Tugan-Baranowsky　杜干-巴拉诺夫斯基
Turgot　杜尔哥
Dürer　丢勒
Denikin　邓尼金
Dobb,M. 多布,M.
Tinbergen 丁伯根
Disraeli 迪斯累里

## E

Engels　恩格斯

## F

Fisher,Irving　费雪,欧文
Ferrara,Francesco　费拉拉,弗朗切斯科
Fabian　费边
Philippe,Louis　菲利普,路易
Filmer,Robert　菲尔默,罗伯特
Wrangel　弗兰格尔
Frisch,Ragnar　弗里希,拉格纳
Foster　福斯特
Vollmar,Von　福尔马,冯
Fugger,Jacob　富格尔,雅各布
Vinci　芬奇
Voltaire　伏尔泰
Freud,Sigmund　弗洛伊德,西格蒙德
Fourier 傅立叶
Wundt,Wilhelm　冯特,威廉

## G

Grenville　格伦维尔
Gladstone　格拉德斯通
Gladstone　格莱斯顿
Greco　格列柯
Gobineau　戈比诺
Godolphin　戈多尔芬
Coperni　哥白尼
Guesde　盖德
Goncourt　龚古尔
Gompers,Samuel　冈珀斯,塞缪尔
Cournot,Augustin　古诺,奥古斯丹

## H

Hart,A. G.　哈特,A. G.
Harley　哈利
Hayek,F. A. Von　哈耶克,F. A. 冯
Hardie,Keir　哈迪,基尔
Haase　哈泽
Humphrey,D. D.　汉弗莱,D. D.
Hannibal　汉尼拔
Hegel　黑格尔

Wallas,Graham　华莱斯,格雷厄姆
Huysmans,C.　胡斯曼,C.
Haywood　海伍德
Hohenzollern　霍亨索伦
Hermens,F. A.　赫门斯,F. A.

## J

Giolitti　焦利蒂
Jefferson　杰斐逊
Calixtus　加里斯都
Galileo　伽利略
Chigi,Agostino　基吉,阿戈斯蒂诺

## K

Clark,Colin　克拉克,科林
Clark,J. B.　克拉克,J. B.
Croce,Benedtto　克罗齐,贝内代蒂诺
Crawford　克劳福德
Cabet　卡贝
Carnegie　卡内基
Kahn,R. F.　卡恩. R. F.
Kautsky,Karl　考茨基,卡尔
Cole　科尔
Cobden,Richard　科布登,理查德
Kun,Béla　库恩,贝洛
Kuznets　库兹涅茨
Comte　孔德
Kondratieff　康德拉季耶夫
Caesar　恺撒
Kent　肯特
Canning　坎宁
Quesnay　魁奈

## L

Rodbertus　罗德贝尔图斯
Robbins　罗宾斯
Robespierre　罗伯斯比尔
Lassalle,Ferdinand　拉萨尔,费迪南德
Lafargue　拉法格
Ricardo　李嘉图
Liebknecht　李卜克内西
Leon,Daniel De 利昂,丹尼尔·德
Le Bon,Gustave 勒邦,古斯塔夫
Lerner,A. P.　勒纳,A. P.
Lévy-Bruhl,Lucien　莱维-布吕尔,吕西安
Lexis　莱克西斯
Reed,John　里德,约翰
Ribot,Théodule　里博,泰奥迪勒
Luxemburg,Rosa　卢森堡,罗莎
Rousseau　卢梭
Richelieu　黎塞留
Lenin　列宁
Locke,John　洛克,约翰
Lincoln　林肯
Roos　鲁思
Ryazanov　梁赞诺夫

## M

Martov,L.　马尔托夫,L.
Marcuse　马库塞
Marshall,Alfred　马歇尔,艾尔弗雷

德

Matisse　马蒂斯

Malthus　马尔萨斯

Masaccio　马萨乔

Mill, F. C.　米尔，F. C.

Mises, L. von　米塞斯，L. 冯

Millerand, M.　米勒兰，M.

Michelangelo　米开朗琪罗

Mill, James　穆勒，詹姆斯

Mill, John Stuart　穆勒，约翰·斯图尔特

Moulton, H. G.　莫尔顿，H. G.

More, Thomas　莫尔，托马斯

MacDonald　麦克唐纳

Macaulay　麦考利

Morgan　摩根

Mazarin　毛佐林

Mason, E. S.　梅森，E. S.

**N**

Nero　尼禄

Nicholas I　尼古拉一世

Newcastle　纽卡斯尔

Newton　牛顿

Narvaez　纳瓦埃斯

Noman　诺曼

**O**

Owen, Robert　欧文，罗伯特

**P**

Plekhanov　普列汉诺夫

Prinkipo　普林基波

Poincaré, Raymond　普安卡雷，雷蒙

Pareto, Vilfredo　帕累托，维尔弗里多

Pacioli, Luca　帕乔利，吕卡

Palmerston 帕默斯顿

Pigou, A. C.　庇古，A. C.

Peel, Robert　皮尔，罗伯特

Proudhon　蒲鲁东

Pit　皮特

Persons, W. M.　珀森斯，W. M.

**Q**

Churchill　丘吉尔

George, Lloyd　乔治，劳合

Cellini　切利尼

**R**

Jaurés　饶勒斯

**S**

Strafford　斯特拉福德

Snowden　斯诺登

Sternberg, Fritz　斯登堡，弗里茨

Smith, Adam　斯密，亚当

Sloane　斯隆

Stamp, Lord　斯坦普，洛德

Stephen, Leslie　斯蒂芬，莱斯利

Stolypin　斯托雷平

Stephens, Uriah S.　斯蒂芬斯，尤赖亚 S.

Stone, Warren Sanford　斯通，沃伦·桑福德
Stauning　斯陶宁
Stresemann　斯特莱斯曼
Stalin　斯大林
Schmoller　施莫勒
Schwarz　施瓦茨
Stürgkh　施蒂尔克
Say　萨伊
Sapori, A.　萨波里，A.
Sombart, W.　桑巴特，W.
Sembat　桑巴
Cézanne　塞尚
Serrano　塞拉诺
Sulla　苏拉
Suetonius　苏埃托尼乌斯
Sorel, Georges　索雷尔，乔治

**T**

Theresa, Maria　特蕾西亚，玛丽亚
Trautmann　特劳特曼
Thomas, Norman　托马斯，诺曼
Trotsky　托洛茨基
Twain, Mark　吐温，马克
Tisch, K.　蒂施，K.
Taussig, F. W.　陶西格，F. W.
Taylor, Fred M.　泰勒，弗雷德·M.
Thompson, William　汤普森，威廉

**W**

Wicksell, Knut　威克赛尔，克努特
Wilkes, John　威尔克斯，约翰
Wellington　威灵顿
Wallas, Graham　沃拉斯，格雷厄姆
Walpole, Robert　沃波尔，罗伯特
Walras, Léon　瓦尔拉，里昂
Wagner, Adolf　瓦格纳，阿道夫
Winstanley　温斯坦利
Wieser, F. Von　维塞尔，F. 冯
Weber, Max　韦伯，马克斯

**X**

Hilferding, Rudolf　希法亭，鲁道夫
Hicks　希克斯
Hitler　希特勒
Senior, Nassau　W. 西尼尔，纳索·W.
Sismondi　西斯蒙第
Shaw, Bernard　萧，伯纳
Shelburne　谢尔本

**Y**

Joseph II　约瑟夫二世
Yugov　尤戈夫
Aristotle　亚里士多德

**Z**

James, William　詹姆斯，威廉
Jennings, L.J.　詹宁斯，L.J.
Chamberlain, Joseph　张伯伦，约瑟夫
Juglar, Clément　朱格拉，克雷蒙

**图书在版编目(CIP)数据**

资本主义、社会主义与民主/(美)约瑟夫·熊彼特著;吴良健译.—北京:商务印书馆,2017
(汉译世界学术名著丛书:120年纪念版:珍藏本)
ISBN 978-7-100-14213-7

Ⅰ.①资… Ⅱ.①约… ②吴… Ⅲ.①现代资产阶级经济学②现代资产阶级哲学③资产阶级政治学
Ⅳ.①F091.354②B712.59

中国版本图书馆CIP数据核字(2017)第137694号



汉译世界学术名著丛书
(120年纪念版·珍藏本)
**资本主义、社会主义与民主**
〔美〕约瑟夫·熊彼特 著
吴良健 译

---

商 务 印 书 馆 出 版
(北京王府井大街36号 邮政编码100710)
商 务 印 书 馆 发 行
南京爱德印刷有限公司印刷
ISBN 978-7-100-14213-7

---

2017年12月第1版 开本710×1000 1/16
2017年12月第1次印刷 印张37½
定价:188.00元